U0466519

科学家学术成长资料采集工程

科学院院士传记丛书

# 超豪传

# 共产党人的数学人生

张剑　段炼　周桂发◎著

老科学家学术成长资料采集工程

中国科学院院士传记 丛书

# 一个共产党人的数学人生

## 谷超豪 传

张剑 段炼 周桂发 ◎著

$$
\begin{cases}
\dfrac{\partial u}{\partial t} + a_1 \dfrac{\partial u}{\partial x} + b_1 \dfrac{\partial v}{\partial x} = f_1, \\
\dfrac{\partial v}{\partial t} + a_2 \dfrac{\partial u}{\partial x} + b_2 \dfrac{\partial v}{\partial x} = f_2,
\end{cases}
$$

$$
\sigma_u = \limsup \frac{1}{x} \log T(x),
$$

$$
T(x) = \underset{-\infty < \tau < \infty}{\text{u. b.}} |\beta(x, \tau)|,
$$

$$
\beta(x, \tau) = \int_0^x e^{-i\tau l} d\alpha(l),
$$

中国科学技术出版社

上海交通大学出版社

图书在版编目（CIP）数据

　一个共产党人的数学人生：谷超豪传／张剑，段炼，
周桂发著．—北京：中国科学技术出版社，2014.1
　（老科学家学术成长资料采集工程　中国科学院
院士传记丛书）
　ISBN 978-7-5046-6480-8

　Ⅰ．①一⋯　Ⅱ．①张⋯　②段⋯　③周⋯　Ⅲ．①谷
超豪（1926—2012）－传记　Ⅳ．① K826.11

　中国版本图书馆 CIP 数据核字 (2013) 第 283780 号

| | |
|---|---|
| 出 版 人 | 苏　青　韩建民 |
| 责任编辑 | 余　君 |
| 责任校对 | 赵丽英 |
| 责任印制 | 张建农 |
| 版式设计 | 中文天地 |

| | |
|---|---|
| 出　　　版 | 中国科学技术出版社　上海交通大学出版社 |
| 发　　　行 | 科学普及出版社发行部 |
| 地　　　址 | 北京市海淀区中关村南大街16号 |
| 邮　　　编 | 100081 |
| 发行电话 | 010-62173865 |
| 传　　　真 | 010-62179148 |
| 网　　　址 | http://www.cspbooks.com.cn |

| | |
|---|---|
| 开　　　本 | 787mm×1092mm　1/16 |
| 字　　　数 | 340千字 |
| 印　　　张 | 22.5 |
| 彩　　　插 | 2 |
| 版　　　次 | 2014年1月第1版 |
| 印　　　次 | 2014年1月第1次印刷 |
| 印　　　刷 | 北京华联印刷有限公司 |
| 书　　　号 | ISBN 978-7-5046-6480-8 / K·135 |
| 定　　　价 | 65.00元 |

（凡购买本社图书，如有缺页、倒页、脱页者，本社发行部负责调换）

# 老科学家学术成长资料采集工程
# 领导小组专家委员会

主　任：杜祥琬
委　员：（以姓氏拼音为序）

巴德年　　陈佳洱　　胡启恒　　李振声
王礼恒　　王春法　　张　勤

# 老科学家学术成长资料采集工程
# 丛书组织机构

**特邀顾问**（以姓氏拼音为序）

樊洪业　　方　新　　齐　让　　谢克昌

**编委会**

主　任：王春法　　张　藜
成　员：（以姓氏拼音为序）

艾素珍　　曹振全　　董庆九　　胡化凯　　韩建民
景晓东　　李虹鸣　　廖育群　　罗　晖　　吕瑞花
苏　青　　王康友　　王扬宗　　夏　强　　张柏春
张大庆　　张　剑　　张九辰　　周德进

**编委会办公室**

主　任：张　藜　　许向阳
副主任：许　慧　　张利洁　　刘佩英
成　员：（以姓氏拼音为序）

崔宇红　　冯　勤　　何继红　　何素兴　　李金涛
李俊卿　　李惠兴　　刘　洋　　罗兴波　　沈林芑
万红军　　王传超　　言　挺　　余　君　　张晓华
周　勇

# 老科学家学术成长资料采集工程简介

　　老科学家学术成长资料采集工程（以下简称"采集工程"）是根据国务院领导同志的指示精神，由国家科教领导小组于 2010 年正式启动，中国科协牵头，联合中组部、教育部、科技部、工信部、财政部、文化部、国资委、解放军总政治部、中国科学院、中国工程院、国家自然科学基金委员会等 11 部委共同实施的一项抢救性工程，旨在通过实物采集、口述访谈、录音录像等方法，把反映老科学家学术成长历程的关键事件、重要节点、师承关系等各方面的资料保存下来，为深入研究科技人才成长规律，宣传优秀科技人物提供第一手资料和原始素材。按照国务院批准的《老科学家学术成长资料采集工程实施方案》，采集工程一期拟完成 300 位老科学家学术成长资料的采集工作。

　　采集工程是一项开创性工作。为确保采集工作规范科学，启动之初即成立了由中国科协主要领导任组长、12 个部委分管领导任成员的领导小组，负责采集工程的宏观指导和重要政策措施制定，同时成立领导小组专家委员会负责采集原则确定、采集名单审定和学术咨询，委托中国科学技术史学会承担具体组织和业务指导工作，建立专门的馆藏基地确保采集资料的永久性收藏和提供使用，并研究制定了《采集工作流程》、《采集工作规范》等一系列基础文件，作为采集人员的工作指南。截至 2012 年底，已启动 247 位老科学家的学术成长资料采集工作，获得手稿、书信等实物原件资料 21496 件，数字化资料 72310 件，视频资料 96582 分钟，音频资料 104289 分钟，具有重要的史料价值。

采集工程的成果目前主要有三种体现形式，一是建设一套系统的"老科学家学术成长资料数据库"（本丛书简称"采集工程数据库"），提供学术研究和弘扬科学精神、宣传科学家之用；二是编辑制作科学家专题资料片系列，以视频形式播出；三是研究撰写客观反映老科学家学术成长经历的研究报告，以学术传记的形式，与中国科学院、中国工程院联合出版。随着采集工程的不断拓展和深入，将有更多形式的采集成果问世，为社会公众了解老科学家的感人事迹，探索科技人才成长规律，研究中国科技事业的发展历程提供客观翔实的史料支撑。

# 总序一

中国科学技术协会主席　韩启德

　　老科学家是共和国建设的重要参与者，也是新中国科技发展历史的亲历者和见证者，他们的学术成长历程生动反映了近现代中国科技事业与科技教育的进展，本身就是新中国科技发展历史的重要组成部分。针对近年来老科学家相继辞世、学术成长资料大量散失的突出问题，中国科协于2009年向国务院提出抢救老科学家学术成长资料的建议，受到国务院领导同志的高度重视和充分肯定，并明确责成中国科协牵头，联合相关部门共同组织实施。根据国务院批复的《老科学家学术成长资料采集工程实施方案》，中国科协联合中组部、教育部、科技部、工业和信息化部、财政部、文化部、国资委、解放军总政治部、中国科学院、中国工程院、国家自然科学基金委员会等11部委共同组成领导小组，从2010年开始组织实施老科学家学术成长资料采集工程。

　　老科学家学术成长资料采集是一项系统工程，通过文献与口述资料的搜集和整理、录音录像、实物采集等形式，把反映老科学家求学历程、师承关系、科研活动、学术成就等学术成长中关键节点和重要事件的口述资料、实物资料和音像资料完整系统地保存下来，对于充实新中国科技发展的历史文献，理清我国科技界学术传承脉络，探索我国科技发展规律和科技人才成长规律，弘扬我国科技工作者求真务实、无私奉献的精神，在全社会营造爱科学、学科学、用科学的良好氛围，是一件很有意义的事情。采集工程把重点放在年龄在 80 岁以上、学术成长经历丰富的两院院士，以及虽然不是两院院士、但在我国科技事业发展中作出突出贡献的老科技工作者，充分体现了党和国家对老科学家的关心和爱护。

自 2010 年启动实施以来，采集工程以对历史负责、对国家负责、对科技事业负责的精神，开展了一系列工作，获得大量反映老科学家学术成长历程的文字资料、实物资料和音视频资料，其中有一些资料具有很高的史料价值和学术价值，弥足珍贵。

以传记丛书的形式把采集工程的成果展现给社会公众，是采集工程的目标之一，也是社会各界的共同期待。在我看来，这些传记丛书大都是在充分挖掘档案和书信等各种文献资料、与口述访谈相互印证校核、严密考证的基础之上形成的，内中还有许多很有价值的照片、手稿影印件等珍贵图片，基本做到了图文并茂，语言生动，既体现了历史的鲜活，又立体化地刻画了人物，较好地实现了真实性、专业性、可读性的有机统一。通过这套传记丛书，学者能够获得更加丰富扎实的文献依据，公众能够更加系统深入地了解老一辈科学家的成就、贡献、经历和品格，青少年可以更真实地了解科学家、了解科技活动，进而充分激发对科学家职业的浓厚兴趣。

借此机会，向所有接受采集的老科学家及其亲属朋友，向参与采集工程的工作人员和单位，表示衷心感谢。真诚希望这套丛书能够得到学术界的认可和读者的喜爱，希望采集工程能够得到更广泛的关注和支持。我期待并相信，随着时间的流逝，采集工程的成果将以更加丰富多样的形式呈现给社会公众，采集工程的意义也将越来越彰显于天下。

是为序。

# 总序二

中国科学院院长　白春礼

　　由国家科教领导小组直接启动，中国科学技术协会和中国科学院等12个部门和单位共同组织实施的老科学家学术成长资料采集工程，是国务院交办的一项重要任务，也是中国科技界的一件大事。值此采集工程传记丛书出版之际，我向采集工程的顺利实施表示热烈祝贺，向参与采集工程的老科学家和工作人员表示衷心感谢！

　　按照国务院批准实施的《老科学家学术成长资料采集工程实施方案》，开展这一工作的主要目的就是要通过录音录像、实物采集等多种方式，把反映老科学家学术成长历史的重要资料保存下来，丰富新中国科技发展的历史资料，推动形成新中国的学术传统，激发科技工作者的创新热情和创造活力，在全社会营造爱科学、学科学、用科学的良好氛围。通过实施采集工程，系统搜集、整理反映这些老科学家学术成长历程的关键事件、重要节点、学术传承关系等的各类文献、实物和音视频资料，并结合不同时期的社会发展和国际相关学科领域的发展背景加以梳理和研究，不仅有利于深入了解新中国科学发展的进程特别是老科学家所在学科的发展脉络，而且有利于发现老科学家成长成才中的关键人物、关键事件、关键因素，探索和把握高层次人才培养规律和创新人才成长规律，更有利于理清我国科技界学术传承脉络，深入了解我国科学传统的形成过程，在全社会范围内宣传弘扬老科学家的科学思想、卓越贡献和高尚品质，推动社会主义科学文化和创新文化建设。从这个意义上说，采集工程不仅是一项文化工程，更是一项严肃认真的学术建设工作。

中国科学院是科技事业的国家队，也是凝聚和团结广大院士的大家庭。早在 1955 年，中国科学院选举产生了第一批学部委员，1993 年国务院决定中国科学院学部委员改称中国科学院院士。半个多世纪以来，从学部委员到院士，经历了一个艰难的制度化进程，在我国科学事业发展史上书写了浓墨重彩的一笔。在目前已接受采集的老科学家中，有很大一部分即是上个世纪 80、90 年代当选的中国科学院学部委员、院士，其中既有学科领域的奠基人和开拓者，也有作出过重大科学成就的著名科学家，更有毕生在专门学科领域默默耕耘的一流学者。作为声誉卓著的学术带头人，他们以发展科技、服务国家、造福人民为己任，求真务实、开拓创新，为我国经济建设、社会发展、科技进步和国家安全作出了重要贡献；作为杰出的科学教育家，他们着力培养、大力提携青年人才，在弘扬科学精神、倡树科学理念方面书写了可歌可泣的光辉篇章。他们的学术成就和成长经历既是新中国科技发展的一个缩影，也是国家和社会的宝贵财富。通过采集工程为老科学家树碑立传，不仅对老科学家们的成就和贡献是一份肯定和安慰，也使我们多年的夙愿得偿！

鲁迅说过，"跨过那站着的前人"。过去的辉煌历史是老一辈科学家铸就的，新的历史篇章需要我们来谱写。衷心希望广大科技工作者能够通过"采集工程"的这套老科学家传记丛书和院士丛书等类似著作，深入具体地了解和学习老一辈科学家学术成长历程中的感人事迹和优秀品质；继承和弘扬老一辈科学家求真务实、勇于创新的科学精神，不畏艰险、勇攀高峰的探索精神，团结协作、淡泊名利的团队精神，报效祖国、服务社会的奉献精神，在推动科技发展和创新型国家建设的广阔道路上取得更辉煌的成绩。

# 总序三

中国工程院院长　周　济

　　由中国科协联合相关部门共同组织实施的老科学家学术成长资料采集工程，是一项经国务院批准开展的弘扬老一辈科技专家崇高精神、加强科学道德建设的重要工作，也是我国科技界的共同责任。中国工程院作为采集工程领导小组的成员单位，能够直接参与此项工作，深感责任重大、意义非凡。

　　在新的历史时期，科学技术作为第一生产力，已经日益成为经济社会发展的主要驱动力。科技工作者作为先进生产力的开拓者和先进文化的传播者，在推动科学技术进步和科技事业发展方面发挥着关键的决定的作用。

　　新中国成立以来，特别是改革开放30多年来，我们国家的工程科技取得了伟大的历史性成就，为祖国的现代化事业作出了巨大的历史性贡献。两弹一星、三峡工程、高速铁路、载人航天、杂交水稻、载人深潜、超级计算机……一项项重大工程为社会主义事业的蓬勃发展和祖国富强书写了浓墨重彩的篇章。

　　这些伟大的重大工程成就，凝聚和倾注了以钱学森、朱光亚、周光召、侯祥麟、袁隆平等为代表的一代又一代科技专家们的心血和智慧。他们克服重重困难，攻克无数技术难关，潜心开展科技研究，致力推动创新发展，为实现我国工程科技水平大幅提升和国家综合实力显著增强作出了杰出贡献。他们热爱祖国，忠于人民，自觉把个人事业融入到国家建设大局之中，为实现国家富强而不断奋斗；他们求真务实，勇于创新，用科技为中华民族的伟大复兴铸就了辉煌；他们治学严谨，鞠躬尽瘁，具有崇高的科学精神和科学道德，是我们后代学习的楷模。科学家们的一生是一本珍贵的教科书，他们坚定的理想信念和淡泊名利的崇高品格是中华民族自强不息精神的宝贵财富，永远值得后人铭记和敬仰。

通过实施采集工程，把反映老科学家学术成长经历的重要文字资料、实物资料和音像资料保存下来，把他们卓越的技术成就和可贵的精神品质记录下来，并编辑出版他们的学术传记，对于进一步宣传他们为我国科技发展和民族进步作出的不朽功勋，引导青年科技工作者学习继承他们的可贵精神和优秀品质，不断攀登世界科技高峰，推动在全社会弘扬科学精神，营造爱科学、讲科学、学科学、用科学的良好氛围，无疑有着十分重要的意义。

中国工程院是我国工程科技界的最高荣誉性、咨询性学术机构，集中了一大批成就卓著、德高望重的老科技专家。以各种形式把他们的学术成长经历留存下来，为后人提供启迪，为社会提供借鉴，为共和国的科技发展留下一份珍贵资料。这是我们的愿望和责任，也是科技界和全社会的共同期待。

周济

谷超豪

2011 年 9 月在复旦大学数学学院采访陈恕行教授
（左起：张剑、周桂发、陈恕行、丁士华、段炼）

2011 年 10 月周桂发、张剑在温州中学档案室查阅
有关谷超豪档案材料

2011 年 10 月在北京采访谷超豪妹妹谷月卿
及其丈夫傅方浩、弟弟谷超俊后，段炼与他们的合影

# 目 录

# 图片目录

# 导 言

    2012 年 6 月 24 日 01 时 08 分，著名数学家、2009 年度国家最高科技奖获得者、中国科学院院士、国际高等学校科学院院士、复旦大学数学研究所名誉所长谷超豪，在上海华东医院不幸逝世。著名华裔数学家、哈佛大学终身教授丘成桐送来挽联："超然远去留得方程可积曾规范，豪杰仰止尚有桃李芬芳传后世。"挽联首字嵌入了谷超豪的名字，上联揭示了谷超豪在国际数学领域的双曲型方程、多元混合型偏微分方程、孤立子理论中的 Darboux 方法、规范场理论等方面所取得的重大成就。下联指出谷超豪不仅是一位杰出的科学家，更是一位卓著的教育家，他直接指导的研究生中已有 3 人当选为中国科学院院士。谷超豪作为一个著名数学家，一生对数学痴迷，"人言数无味，我道味无穷"，他的一生与数学结下了不解之缘，他的一生都在数学的海洋里遨游。他同时也是一个共产党人，14 岁就参加中国共产党，一生以共产党员的标准严格要求自己。

## 主要经历与学术贡献

    谷超豪院士（1926—2012），浙江温州人，国内外享有盛誉的数学家、教育家，中国现代数学第二代代表人物。1943 年，考入浙江大学理学院数学系，因学业优异毕业后留校任助教。院系调整到复旦大学数学系，1956

年晋升副教授。1957 年前往苏联莫斯科大学进修。由于成绩突出，1959 年7 月通过论文答辩，获得物理—数学科学博士学位。谷超豪师承苏步青、陈建功，在一般空间微分几何学、齐性黎曼空间、无限维变换拟群、多元混合型和双曲型偏微分方程、规范场的数学理论和可积系统理论等多个重要领域获得了富有开创性的成就。1980 年当选为中国科学院学部委员（后改称院士）。曾任中国数学会副理事长，国家"973"项目"非线性科学"首席科学家。1995 年，获得"华罗庚数学奖"。2002 年 2 月，荣获上海科技功臣称号。2005 年，获得"何梁何利基金科学与技术成就奖"。2010 年1 月 11 日，被授予 2009 年度国家最高科学技术奖。

谷超豪院士长期在教学、科研第一线辛勤耕耘，曾任复旦大学数学系主任、数学研究所所长、副校长兼研究生院院长，中国科学技术大学校长，温州大学校长等职。为中国教育事业做出了重要贡献，培养了一大批优秀的数学人才。他撰写了十多部专著和教材，曾多次获得"国家教委优秀教材奖"、"全国优秀科技图书特别奖"。2008 年，被上海市人民政府授予"上海市教育功臣"称号。

谷超豪院士青少年时代即投身革命，1940 年加入中国共产党，大学期间积极从事学生运动，为共和国的建立做出了贡献。1949 年以后，在科研教学岗位上多次因国家的需要而改变自己的研究方向，从微分几何到偏微分方程，再到数学物理，他的学术生涯与祖国的命运紧紧地联系在一起。谷超豪还曾当选第三、六、七届全国人大代表，第五、八、九届全国政协委员，第八、九届政协常委。

## 已有研究成果与本研究资料基础

因谷超豪院士在数学科学领域取得的卓越成就，已有传记、访谈录和事迹介绍（主要载体为报刊、杂志及网络媒体）数量不少，比较重要的传记有郭梅、董玉洁《数学战略家——谷超豪》（江苏人民出版社 2011年版）、李大潜《谷超豪》（《中国现代科学家传记》第 5 集，科学出版社1994 年版）、朱光华《谷超豪》（《中国现代数学家传》第 1 卷，江苏教育出版社 1994 年版）。9 万字的《数学战略家——谷超豪》主要讲述了谷超豪的人生经历、革命生涯、学术成就、日常生活等各个方面，是目前唯一一本比较完整的谷超豪人物传记。该书是中央电视台科教节目制作中心《大家》栏目与凤凰出版传媒集团共同推出的"大家丛书"之一，囿于电视访谈节目的体例和相关史料挖掘的深度，作为通俗科普读物，主要面向青少年读者。后两篇人物传记的作者，分别是谷超豪院士的弟子和曾经的校长办公室主任，从专业角度概括了谷超豪在数学研究领域的杰出成就，具有较高的学术价值和史料价值。但作为单篇人物传记，受篇幅所限，不能充分展开，太过简略。至于各类媒体上大量的采访报导，多为素描式的事迹介绍，尚无专门的研究性文章，更无科学史界的学者参与其中。

课题组所掌握的谷超豪院士相关资料，主要包括如下几类：

（1）学术论著：谷超豪先后发表专业论文 150 余篇，出版专业著述 27 种，其中专著 6 本，译著 2 本，教材 3 本，科普读物 6 本，主编文集 10 本。这些出版物，为我们研究谷超豪院士学术成长历程及其对教育事业的贡献奠定了雄厚的资料基础。

（2）个人文集：2005 年，复旦大学出版社为庆祝谷超豪院士八十华诞，出版了一本重要的纪念文集——《奋斗的历程：谷超豪文选》。该文集分为"教育篇"（9 篇文章）、"科学篇"（10 篇文章）、"纪念师友篇"（12 篇文章）、"生平记述篇"（18 篇文章）和"附录"（收录诗歌 42 首、数学论著目录和简单的年谱）。这些文章记录了谷超豪院士从小学到 2005 年的学习和工作历程，勾勒了谷超豪院士的家庭背景、求学历程、投身革命、与师友的交往、从事科研教育工作等经历，是难得的第一手研究资料。

（3）档案资料：主要包括复旦大学档案馆藏档案；俄罗斯莫斯科大学有关谷超豪博士论文答辩档案；温州市广场路小学、温州中学、浙江大学学籍档案；中国科技大学档案馆、温州大学档案馆校史档案；上海市档案馆、浙江省档案馆有关档案资料。这些档案中尤其珍贵的有 1957—1959 年在苏联莫斯科大学进修期间的档案（主要是博士论文、相关博士论文答辩记录及相关报导）、"文化大革命"期间谷超豪及其团队与杨振宁合作研究档案等。这些珍贵档案的搜集和整理，是课题组最大的收获与发现，也是课题组力求突破的重点和难点。如何利用这些档案资料，梳理谷超豪院士的人生道路与学术成长经历是本研究的亮点之一。

（4）遗物整理：谷超豪院士去世后留下了大量遗物，在谷超豪哲嗣谷晓明的大力支持下，课题组采集到谷超豪院士与杨振宁、陈省身、周光召、胡国定等人的书信，大量的手稿，申请华罗庚数学奖、国家最高科学技术奖的材料等，这些为准确表述谷超豪的学术成就、了解谷超豪的学术交往与交流奠定了坚实的基础。

（5）大事年表：《奋斗的历程：谷超豪文选》附录部分有谷超豪院士亲自修订的《年谱》，约5800字。在此基础之上，经过课题组成员多方搜集，详细考证，认真甄别，改正了不少错误，编订了一份超过18000字的大事年表，尽可能地记载了谷超豪院士一生中的大事要事，为本研究和进一步研究夯实了基础。

（6）口述访谈：课题立项之际，谷超豪院士因健康原因，基本上已不能口头表达，因此无法对他本人进行第一手的访谈，这是课题组面临的最大困难。为此，课题组将访谈的重点转移到谷超豪院士身边的亲友和学生，从侧面了解他学习、科研、生活方面的详细情况。我们先后采访了他的学生陈恕行教授，入党介绍人冯增荣老人，妹妹谷月卿、妹夫傅方浩和弟弟谷超俊，还采访了他在中国科技大学任校长时的副校长史济怀教授，在中国科技大学指导的博士生王晓宏教授，以及校办主任孙保明先生，获得访谈音频资料706分钟，视频资料547分钟，访谈整理文字稿7万余字。谷超豪院士病逝后，乘社会各界悼念之际，课题组又相继采访了谷超豪院士生前的工作人员和亲朋好友，以音像视频的形式采访了跟随谷超豪院士11年之久的秘书虞彬；通过书信形式采访了谷超豪院士的同班同学、美国哥伦比亚大学荣休教授、中研院院士周元燊先生，形成了近5000字的文稿。这些口述访谈为我们了解谷超豪院士的人生道路与学术成长提供了详细的细节。

（7）相关文献：课题组还搜集到谷超豪院士的老师苏步青、陈建功、竺可桢等人的传记、日记、书信、回忆录、口述访谈材料，以及谷超豪求学与工作过的温州市广场路小学、温州中学、浙江大学、复旦大学、中国科技大学、温州大学的一些校史文献。这些已有的成果，为本研究的开展奠定了相当的文献基础，提供了制订采集计划和资料收集的线索，也成为本书撰写的重要基础。

## 本传记思路及结构

马克思说，人是社会的人，不能离开社会环境与时代而独立生存。与中国近代大多数科学家留学欧美直接沐浴西方科学不一样，谷超豪师从留日的苏步青，他的学术成长中有日本因素；与新政权建立后成长起来的大多数科学家一样，谷超豪留学苏联获得博士学位，他的学术成长经历中有苏联数学的基因。"科学无国界，科学家有祖国"，谷超豪上述求学经历在一定程度上具有其独特性。另外，与一般的科学家不一样，谷超豪年少就积极参与政治活动，这也是他学术成长历程中的独特之处。本书展现了谷超豪个人学术成长经历的这种独特性及其与一般科学家在大时代环境背景下的共同性，在此基础上希望通过对谷超豪学术成长与学术传承经历的梳理，为研究当代中国科学事业提供一份珍贵史料。进一步了解复旦大学数学成就在国内数学学科的地位，更好地理解中国数学这门纯粹科学在中国社会政治经济的大背景下，在中国科学家的努力下，是如何发展与演进的，展现苏步青、陈建功、谷超豪、胡和生等数学家为中国数学的发展所做的艰苦努力。

谷超豪生逢祖国面临存亡危机、无处能放下一张平静的书桌之时。青少年时期他就背弃出生的阶级，14岁参加中国共产党，并积极为党工作，但他的一生毕竟是以著名数学家的角色安身立命的。本书名为《谷超豪：一个共产党人的数学人生》，就是要梳理谷超豪如何从一个富家儿童转变为一革命青少年，如何从一个共产党的党务干部转变为著名数学家的生命历程与心路历程，展现一个时时以共产党员严格要求自己的数学家纠缠于学术与政治的一生。探讨他应国家需要而不断转变自己研究方向的原因，及其这种转变对他个人和国家的影响，试图以他为个案剖析政治与学术之间的关系。

本书以贯穿谷超豪院士一生的"科学"与"革命"两大主题为主线，共分为十二章，外加"导言"和"结语"。第一章叙述了谷超豪的家庭背景，幼年时代接受启蒙教育、投身革命的传奇经历；第二章述说他在中国近代数学重镇浙江大学数学系的求学历程，师从苏步青、陈建功初露学术才华，成为一个优秀的数学毕业生；第三章叙述了他在浙江大学求学期间再次投身革命，以及新政权建立后从事科技统战工作那段特殊岁月；第四章讲述他因取得数学科研成绩之后，割舍不下数学，最后回归数学的历程；第五章叙述他留学苏联，获得博士学位的艰难历程；第六章主要叙述谷超豪回国后在复旦大学开展科研工作，特别是新开辟偏微分方程和数学物理新领域的过程，也包括"文化大革命"期间的一些活动；第七章描述他走出国门进行学术交流与交游的辛苦及其取得的重大成效、主持学术会议及其与中国数学会的关系；第八章叙述了谷超豪担任高校领导从事行政管理工作做出的成绩；第九、十章内容为谷超豪在科研和教育领域所取得的杰出成就和获得的荣誉；第十一、十二章叙述了谷超豪的婚姻家庭、日常生活、诗文创作和社会活动；结语主要分析探讨了谷超豪学术成长的独特性及其成长的社会因素，并以他为个案思考学术与政治的关系。书后附录有谷超豪院士的大事年表、主要著述目录、参考文献，为谷超豪研究及相关学术史研究提供进一步深入研究的资料基础。

# 第一章
# 少年共产党

2011 年，为纪念中国共产党成立 90 周年，上海市评选优秀共产党员。胡和生对已年满 85 岁的丈夫、已获得各种荣誉称号的谷超豪说："你什么荣誉都拿到了，这次就让给别人吧！"谷超豪沉思一会儿却说："我认为我够这个资格！"谷超豪晚年学术秘书讲述的这个轶事，充分展现了谷超豪这位中国当代著名数学家对党的感情与忠诚。谷超豪，这位出生于地主家庭的年轻人，没有沉溺于家庭的温柔乡，却向他出生的阶级告别，14 岁就成为了一名共产党员。

## 小 康 之 家

民国十五年农历四月初四日（1926 年 5 月 15 日），谷超豪出生于浙江永嘉县城（今温州市鹿城区）华盖山麓高盈里 7 号[①]一户殷实的人家。

浙江温州，位于浙江省东南部，瓯江下游南岸，东濒东海，南接福建

---

① 　为配合旧城改造，谷超豪故居已于 2004 年搬迁至温州市区的锦绣路与温瑞塘河及飞霞南路交汇处的白鹿洲公园内。

图1-1 浙江省行政区划图

宁德市，西与丽水市相连，北与台州市毗邻。古为永嘉郡，隋开皇九年（589）废永嘉郡置处州，改永宁县为永嘉县，县沿郡名。唐时析永嘉、安固两县置温州。据《浙江通志》引《图经》曰："温州其地自温峤山西，民多火耕，虽隆冬恒燠。"① 意思是温州地处温峤岭以南，冬无严寒，夏不酷热，气候温润，所以称为温州。明代始设温州府，下辖永嘉、瑞安、乐清、平阳、泰顺 5 县，雍正年间添设玉环 1 厅，府治在永嘉。1949年后，以瓯江为界，南置温州市，江北仍为永嘉县。建置和境域几经变革，如今的温州市是浙江省重要的地级市，下辖鹿城区、瓯海区、龙湾区 3 个市辖区，瑞安市、乐清市 2 个县级市，永嘉县、苍南县、平阳县、泰顺县、文成县、洞头县 6 个县。

温州偏处东南一隅，位于浙闽交界地带，三面环山，一面靠海，自然环境得天独厚，千百年来如世外桃源一般远离战火的侵扰和政治的纷争。"一片繁荣海上头，从来唤作小杭州。"② 自古以来，温州山川秀美，物产丰富，经济繁荣，人文荟萃。雁山云影，瓯海潮踪，孕育了温州特有的区域文化，也铸造了温州人如山一样务实而不张扬的创业精神，和水一样灵动变通且充满生机的智慧。温州诗人辈出，从山水诗鼻祖谢灵运，到唐宋

① （清）《雍正浙江通志》卷八。转引自徐顺平：《温州历史概述》。新新出版社（香港），2004年，第43页。

② （宋）杨蟠：《咏永嘉》。见《全宋诗》。

时期的"永嘉四灵"①，再至一代词宗夏承焘，许多诗人词家在此留下了优美的篇章。近代温州，更成为数学家的摇篮，涌现出了以姜立夫、苏步青为代表的一大批现代数学史上里程碑式的人物。

南宋时期兴起于温州地区的永嘉学派②，提倡"事功之学"，认为"既无功利，则道义者乃无用之虚语"③，主张提高商人地位，反对传统的"重本抑末"即只重农业、轻视工商的政策。这种反对空谈性理的"功利之学"，不仅是温州商人创业精神的思想渊源，也是温籍数学家得以产生的土壤。清末民初，温州地区开风气之先，较早接触到西方现代科学，这是温州能成为中国数学之乡的重要原因。在孙诒让、黄庆澄等一批维新人物的带领下，西方现代数学一传入中国，便迅速在温州生根发芽。1896年，瑞安创办学计馆，是国内最早的数学专门学堂之一。1897年，黄庆澄创办《算学报》，是中国第一份数学普及刊物。自1898年起至民国建立前，温州出洋留学生近150人，是当时留学最热的地区之一。许多温籍留学生出国后选择了研习数学，他们认为数学是一切自然科学的基础，只有培养了大批数学人才，国家才能富强。为此，孙诒让自豪地说："迩来吾乡学者多涉西学，而治算者尤甚。"④正是这种孕育较早的数学意识，为温州获得"数学之乡"打下了基础。

一百多年来，温州孕育出六十余位数学家，其中已有十位荣膺海内外科学院院士，分别是1948年首届中央研究院院士姜立夫、苏步青，中国科学院院士苏步青、柯召、谷超豪、姜伯驹、李邦河，台湾中央研究院院士徐贤修、项黼宸、杨忠道、项武忠；七位大学校长：苏步青（复旦大学副校长、校长、名誉校长）、柯召（四川大学副校长、校长、名誉校长）、李锐夫（华东师范大学副校长、顾问）、潘廷洸（美国俄克拉荷马大学校

---

① 指南宋中期徐照（字灵晖）、徐玑（字灵渊）、赵师秀（字灵秀）、翁卷（字灵舒）四位诗人。他们同出于永嘉学派叶适之门，其字或号中又都带有"灵"字，故称永嘉四灵。

② 永嘉学派，又称"事功学派"、"功利学派"，南宋时期在永嘉地区形成的一个儒家学派，是南宋浙东学派一个重要分支。主要人物多为浙江永嘉人，叶适是其代表。

③ （宋）叶适：《学习记言·序目》。

④ 孙延钊：《孙衣言、孙诒让父子年谱》。徐和雍、周立人整理。上海：上海社会科学院出版社，2003年，第289页。

长）、徐贤修（台湾新竹清华大学校长）、谷超豪（复旦大学副校长、中国科技大学校长、温州大学校长）、陆善镇（北京师范大学校长）；另有31 位曾任高校数学系主任或数学研究所所长，如南开大学算学系创始人、中央研究院数学研究所首任所长姜立夫，北京大学数学学院院长姜伯驹，杭州大学数学系主任白正国，厦门大学数学系主任方德植，西安交通大学数学系主任徐桂芳，台湾大学数学系主任项黼宸，宾夕法尼亚大学数学系主任杨忠道，普林斯顿大学数学系主任项武忠，等等。在温州这块弹丸之地，如此短的时间内出现了数量如此之多、质量如此之高的数学家群体，难怪被国内教育界、数学界人士视为奇迹，著名数学家陈省身更是

明确指出，这是"中国现代数学史中一件大事"，因此也被作为一个课题进行了专门研究①。

图 1-2　温州高盈里 7 号（谷超豪出生于此，现已搬迁至温州白鹿洲公园）

在众多的温州籍数学家当中，中国现代数学的奠基人之一苏步青及其弟子谷超豪是代表性人物。苏步青 1902 年出生于浙江平阳，谷超豪出生时他正在日本东北帝国大学攻读数学博士学位。当时正徜徉在数学王国的苏步青可能没有想到，离他故乡不远呱呱坠地的谷超豪会成为他一生最得意的弟子。谷家是当地一户地主家庭，有土地四百余

---

① 温籍数学家群体在现代的突起，多年来一直是学界与新闻界关注的现象，一些数学史家和媒体记者也曾对此现象进行探求，并垂询苏步青等老一辈数学家。苏步青等也曾有对此进行"求真务实"调查研究的想法。谷超豪就任温州大学校长后，于 2000 年成立了以他为顾问的"温藉数学家群体及其成因分析"课题组，最终成果为胡毓达主编《数学家之乡》（上海科学技术出版社，2011 年）。课题组研究结果表明，温籍数学家群体的出现，得益于温州"具备重视数学的社会传承"、"拥有德学兼优的数学师资"、"继承刻苦实干的地域品性"和"地处信息开通的沿海环境"等四个方面的优越条件。

亩，房产十余幢。谷超豪的父亲谷传声（字伯琴），每年都会亲自下乡收租，全家依靠地租和房租过着衣食无忧的生活。母亲陆仲祯，在家操持家务，是一位传统的家庭妇女。尽管家境较为优裕，但谷家一直保持着勤俭节约的传统美德，生活非常简朴。平时吃饭四菜一汤，主要以吃饱饭为主。小孩穿的衬衫，都是用便宜的布自己缝制。想吃水果的话，也是买来切开大家分着吃，算是偶尔解一下馋。抗战期间，谷家曾一度投资于钱庄、布店、商行、酱园等行业。抗战胜利后，钱庄、布店、商行相继倒闭，只留下一间酱园。这样一来，全家的生活就更节俭了，除了吃饱穿暖，并没有其他任何奢侈的开销。但无论如何，在当时的中国，谷家还是属于比较富裕的阶层。

囿于落后的医药卫生条件，当时婴儿死亡率非常高。在谷超豪之前，谷伯琴、陆仲祯夫妇已生有两个女儿谷素莲和谷仲莲。此后生下的男孩都未能存活下来，其中还有一对双胞胎兄弟也不幸夭折[1]。按习俗"不孝有三，无后为大"，谷伯琴又娶了一房太太胡玉香。胡玉香是陆仲祯的表亲[2]，因此两人关系很好，彼此和睦相处，成了无话不说的好姐妹。胡玉香进门后，于1921年生下了谷家的长男谷超英（后改名谷力虹）。五年之后即1926年，陆仲祯生下了谷超豪。自谷超豪出生后，谷家再生下的孩子，无论男女，再无夭折。谷超豪下面还有两个弟弟和三个妹妹，庶母胡玉香相继生下了谷超志、谷超俊两个男孩和谷月卿、谷月婵两个女孩，母亲陆仲祯又生下了最小的妹妹谷月霞，谷家人丁逐渐兴旺起来。因此，全

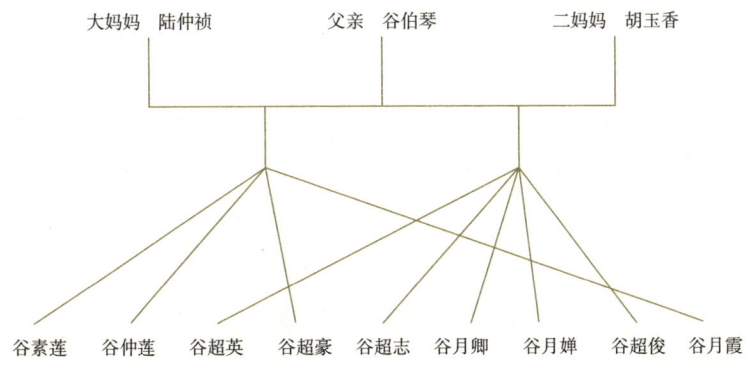

---

①　谷月卿访谈，2011年10月11日，北京。资料存采集工程数据库。

②　同上。

图 1-3　1937 年谷家六兄妹合影（前排左起谷月霞、谷月婵、谷月卿；后排左起谷超俊、谷超志、谷超豪）

家上下都很喜欢谷超豪，认为是他给谷家带来了好运。

谷超豪的叔叔很早就病逝了，婶婶跟谷超豪一家住在一起。为了延续叔叔的香火，谷超豪被过继给了这位婶婶。这样一来，谷超豪名义上就有了三位母亲。亲生母亲陆仲祯自然非常疼爱自己的这个儿子，庶母胡玉香也把谷超豪视如己出，寡居的婶母更是把这个侄子当作自己的命根子，无微不至地关怀照顾着谷超豪。谷超豪天生性格内向，又是一个非常听话的孩子，在三位母亲的影响下从小就养成了纯真、善良的良好品质。由于婶母长期寡居，平时以念经拜佛消磨时光，情绪上也相当悲观，这种悲天悯人的性格对谷超豪影响很大。谷超豪后来回忆说，他从婶母身上接受了一些同情受苦者的思想；同时因种种特殊的照顾，也形成了在这个家庭中特别优越的地位与软弱的性格。在家里，他的吃、穿、住都优于弟妹，许多本应他自己做的事情都由婶婶代劳了。

幼时的谷超豪特别听话，所听到的也只是赞扬，"从来没有挨过打骂，连不如意的事也很少碰到"。后来，大哥谷超英参加革命投奔新四军去了，谷超豪更成了家里最受重视的男孩。

## 学 海 启 航

作为家里最为得宠的男孩，父母亲为谷超豪选择了一条好好读书将来继承祖业的人生道路。谷超豪 5 岁入私塾接受启蒙教育，两年后插班进入离家不远的瓯江小学（今温州市广场路小学）直接读二年级。瓯江小学是温州城区一所高水平的新式学校，创办于光绪二十二年（1896），设施完善，师资优良，培养了著名文学家郑振铎、词学家夏承焘、数学家徐桂芳等一大批文化名人。在学校里，谷超豪如饥似渴地学习文化知识，非常用功，成绩也很好。

20 世纪 30 年代，迷信还很盛行。在婶婶的影响下，谷超豪四五岁的时候也烧过香，拜过佛。进入小学之后，自然常识课上那些有趣的实验，让谷超豪知道了雨由水蒸气凝结而成，雷电由阴电荷和阳电荷接近后放电形成，这些都是大气和水相互运动的自然现象。课堂上学到的自然知识，使谷超豪认识到，自然科学的道理对于树立一个正确的世界观很有好处。科学能够解释世界，能够改造世界，人类要进步，必须破除迷信，掌握先进的科学技术。以后，家里人再让谷超豪拜佛烧香，他就拒绝了。

三年级时，张竹钦老师讲授"循环小数和分数互化"，讲到分数 $1/3$ 可以转化为无限循环小数 $0.333\cdots\cdots$，因此 1 也可以写成 $0.999\cdots\cdots$。谷超豪第一次知道了无限的概念，感受到了数学的神奇魅力。晚年，他回忆起小学时代这一堂课，动情地说："我不知道我有没有天赋。但我对数学的兴趣源于小学三年级接触到循环小数，数学要靠想象，熟悉这个无限的概念激发了我的想象能力，之后我便爱上了数学。"[1] 到了高年级，老师在课堂上讲解算术应用题，其中有"鸡兔同笼"、"童子分桃"等中国古代有趣的数学题。当时已经有了类似"升学指导"的辅导书，对这些问题一一列了相应的公式，只要背出来就可以应付考试。但谷超豪认为这不是办法，他在哥哥谷超英的书橱里找到了几册中学代数课本，开始尝试用代数方程式的方法来寻求解题。未知数 $x$、$y$ 一设，方程式一列一解，答案就出来了，他对数学的兴趣又增加了一层[2]。由于学习成绩优异，谷超豪被学校评为模范生，并被授予特制的徽章。时至今日，弟弟妹妹们还对二哥胸前那枚

---

① 尤莼洁：谷超豪——学海茫茫欲何之，人生几何学几何。《解放日报》，2010 年 1 月 12 日。

② 请勿歌仰止，雄峰正相迎——谷超豪院士在上海社会科学院的演讲。《解放日报》，2006 年 5 月 14 日。

模范徽章印象非常深刻呢！①

　　按理说，生于富裕家庭的谷超豪应该有一个幸福安逸的童年，但此时正是日寇加紧对华侵略时期，年少的时光并不只有读书那么单纯，爱国救亡的教育既贯穿于课堂教学之内，也体现在课外活动之中。因此，瓯江小学的学生对于鸦片战争、甲午战争、八国联军侵华、屈辱的二十一条，以及"九一八"、"一·二八"事件，都知道得非常清楚。每个星期的"周会"活动，学校经常组织大家唱《五月的鲜花》、《锄头歌》、《开路先锋》、《拉犁歌》等爱国歌曲，在学生们年幼的心灵中，激发起高尚的爱国热情。高年级的语文课上，徐达之老师选用读书生活出版社出版的《给年少者》作为教材，这本文集内容大多取自进步作家的著作，呼吁人们团结奋起，共同抗日。书中还有一张外国小朋友围坐在一起吃饭的照片，饭菜非常丰富，孩子们的脸上洋溢着幸福的笑容。徐达之老师指着照片对同学们说："这些幸福快乐的孩子来自苏联，来自社会主义国家，只有社会主义才能救中国。"② 尽管"苏联"、"社会主义"都是很陌生的名词，但谷超豪记住了徐老师说的"只有社会主义才能救中国"这句话。

图1-4　1983年12月谷超豪回母校瓯江小学（左为老校长吴文瑛）

　　小学三年级时，谷超豪参加了一场文艺短剧《两兄弟》的表演。该剧有两个人物——忠哥和孝弟，谷超豪出演孝弟一角。日寇入侵，民族危难，忠哥决定投笔从戎报效国家，临行前弟弟拉着哥哥的手也想去参军。忠哥对孝弟讲了自古忠孝不能两全

①　谷月卿访谈，2011年10月11日，北京。资料存采集工程数据库。
②　这些宣传性的话语与口号，对谷超豪幼小的心灵产生了巨大的影响。

的道理，希望弟弟在家照顾好年迈的父母。谷超豪性格内向，不太善于在大庭广众讲话，念台词就好像背书一样，因此演出并不成功。但年幼的谷超豪由此明白了忠孝不能两全，为了民族大义可以抛弃一切的道理。

在瓯江小学读书的那几年，是谷超豪接受启蒙教育的起步阶段，也是谷超豪确立人生观的重要时期。学校礼堂的墙上，孙中山"青少年要立志做大事，不可立志做大官"的格言，深深地印在了少年谷超豪的脑海里。"国家兴亡，匹夫有责"，他暗暗下定决心，毕生要立大志做大事，做革命救国和科学发明的大事。

瓯江小学的放学也很有意思，60 年后谷超豪还清楚地记得，只要天气允许，各年级的同学都要在操场上集合，校长吴文瑛和各班级的老师都参加，一起唱歌："一天容易，夕阳西下，铃声报放学，欢天喜地转回家。日日相聚，暂别是一夜，先生们，再会吧！小朋友们，再会吧！"学生向老师鞠躬，老师回礼，各自分开[①]。

1937 年 7 月 7 日，日军悍然炮轰宛平城，抗战全面爆发。温州地处东南沿海，常常有敌机前来轰炸。那一年谷超豪考入联立中学（今温州市第二中学），第二年转入温州中学初中部。温州中学是当时温州地区唯一一所完全中学，其前身是著名的中山书院[②]，光绪二十八年（1902）由国学大师孙诒让商请改为温州府学堂，民国后成为浙江省立第十中学。1933 年更名为浙江省立温州中学[③]。

1923 年，朱自清曾为温中谱写校歌歌词，其中"英奇匡国，作圣启蒙。上下古今一冶，东西学艺攸同"，成为学校当时办学宗旨、教学特色的生动写照，也成为校训。温州中学教学一贯严谨求实，教师大多毕业于高等师范或大学，不少全国知名的学者、专家也曾在温中担任过教职。初中国文老师邵梦兰，曾以"全校国文最优、全系成绩第一"的身份毕业于复旦大学政治系。学生的每一篇作文，邵老师看得都很仔细，篇篇有评

---

① 谷超豪：珍贵的启蒙教育。《光明日报》，1997 年 5 月 14 日。

② 关于中山书院，详见张宪文：清代温州东山、中山书院史事考录。《温州师范学院学报》，1985 年，第 1 期。

③ 温中百年简史。见温州中学校庆筹委会编：《温中百年》（内部资料）。2002 年，第 1 页。

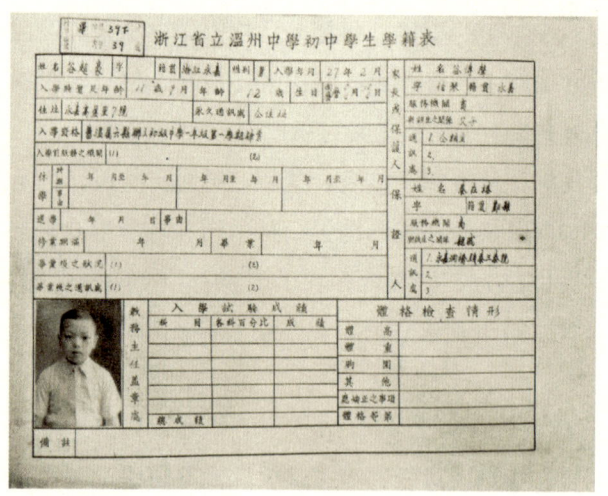

图 1-5　谷超豪温州中学（初中）学籍表（原件藏温州市档案馆）

语，指出文章的优缺点。有一次，谷超豪写了一篇作文，文章第一句是"自'七七'卢沟桥事变以来"，结尾是"最后胜利必属于我们"。他自认为很满意，但老师的评语是"抗战八股"，因为这样的文章在当时的报刊上比比皆是。作文不能用套话，必须要用自己的语言表述自己的真情实感。谷超豪深受启发，从此之后，作文得了很多"优"和"优加"的评分①。邵老师虽然只教了半年课，却对谷超豪影响很大，彼此留下了非常深刻的印象。1992年复旦大学世界校友联谊会上，师生偶然重逢，张口就说出了对方的名字。后来谷超豪率团出访台湾，还专程去拜访了这位初中时代的国文老师。高中国文老师董朴垞，是燕京大学国学研究所首届毕业生，授课之余还教学生读司马迁《史记》中一些经典的篇章。通过学习，学生们不仅掌握了古代汉语，提高了文学修养，还学到了很多历史知识。但凡温籍知名学者和社会名流回到家乡，学校往往会请他们来校讲课，谢文锦、戴立夫、朱昊飞、姜伯韩、高觉敷、夏承焘、沈炼之、林仲达、董每戡、周予同、苏步青、侯士贤、王季思等都曾经在温州中学作过专题讲座②。那时，词学大师夏承焘在温州中学兼课，在高一个年级讲授古典诗词，谷超豪就到那个班级去站着旁听。他听过两堂课，一堂讲苏轼的词《临江仙》，一堂讲杜甫的诗《月夜》。经夏先生的点拨，古典诗词所蕴藏的深沉感情和意境便

---

① 谷超豪：古典文学对我的熏陶。见谷超豪著：《奋斗的历程——谷超豪文选》。上海：复旦大学出版社，2005年，第173页。

② 温中百年简史。见温州中学校庆筹委会编：《温中百年》（内部资料）。2002年，第7页。

深深地映入了脑海，令人回味无穷①。这两首诗词谷超豪直到晚年还能背诵。谷超豪对于语文学科的兴趣一点也不比数学差，后来在科研工作之余还经常写一些古诗怡情养性。他对于文学的兴趣即来自于温州中学老师们的悉心指导。

初中一年级时，吴人鉴老师讲授数学。为了引导大家理解什么是菱形，吴老师在课堂上问大家："一个四边形，每条边长都是 1，那么面积是否为 1？"谷超豪想，用 4 根火柴可以拼成一个正方形，也可以拼成一个很扁很扁的菱形。于是，站起来大胆地说："边长为 1 的四边形面积不一定是 1，如果把这个四边形压扁成为一条直线，那么面积就等于 0 了。"当时，谷超豪还不知道菱形面积公式，只是从物体形状的变化来思考这个问题。后来，吴老师讲到乘方的知识，给大家出了一道趣味数学题："如何不借助运算符号，将 4 个 1 组成一个最小的数？"同学们议论纷纷，各种答案都有。只有谷超豪举手回答说："是 1 的 111 次方。"老师又问："那么 3 个 9 组成的最大数呢？""是 9 的 9 次方的 9 次方。"

其实，谷超豪在一本课外书即伊林的《十万个什么》中看到过类似的题目，而且通过阅读他已经了掌握了有关"概率"的初步概念②。谷超豪并不满足于课堂上所学的知识，课余时间还读了不少科普书籍，大大拓宽了自然科学的视野。高中时，谷超豪曾经读过一本刘薰宇编写的《数学的园地》。刘薰宇早年毕业于北京高等师范数理系，是开明书店的创始人之一，主要负责编辑数学方面的书籍。《数学的园地》出版之后，原本艰涩难懂而被广大学子视为畏途的数学，经刘薰宇"巧妙的手腕，把枯燥、繁难、令人感到头痛的题材，都变成为趣味与丰富，令人爱读的文字了"③。从这本书中，谷超豪初步了解到了数学中无限的三个层次：循环小数、微积分、集合论，极大地提高了学习数学的兴趣。谷超豪初中阶段的化学课和物理课是徐启发老师教的，徐老师讲课从不让学生死记硬背，而是讲明

---

① 温中百年简史。见温州中学校庆筹委会编：《温中百年》（内部资料）。2002年，第174页。

② 谷超豪：国家兴亡，匹夫有责。见谷超豪著：《奋斗的历程——谷超豪文选》。上海：复旦大学出版社，2005年，第180页。

③ 《数学的园地·书后简介》。上海：开明书店，1933年。

白其中的道理，启发学生独立思考。而且徐老师善于把化学课和物理课相融合，使得数理化融会贯通。谷超豪发现，要很好地弄清楚一个物理或化学中的问题，都要借助数学来解决。他数学底子好，这样学物理和化学也就不怎么困难了，从而进一步看到了数学对于认识自然和改造自然的重要性，学习起来也更有劲了[①]。学校一位数学教师对谷超豪说，如果数学考80分以上的可以读工科，考90分以上的可以读理科。谷超豪数学成绩大多在90分以上，因此渐渐开始倾向于念理科了[②]。

# 温 中 入 党

1937年8月14日，11岁的谷超豪正在温州城区中山公园玩耍，看见东边上空有18架飞机列队向北飞行，不一会儿警报拉响了，这才知道那是日军的飞机。过了两个小时，警报再次响起，那些飞机往南返航，却已经是七零八落不那么整齐了。事后得知，原来日机从台湾起飞，轰炸杭州笕桥机场，中途遭到中国空军阻击，被击落了好几架。这是谷超豪第一次感受到战争的气氛。1938年上半年，日机开始空袭温州，先是轰炸南塘机场，后来逐渐延及城区。那时，日军的水上飞机停在瓯江口翁垟[③]，天天来空袭，有段时间甚至一天四次。温州人白天纷纷躲到郊外，晚上才敢回家，温州整座城市差不多都瘫痪了[④]。

日寇的暴行激发起了民众强烈的爱国热情，温州城内抗日气氛高涨，许多中学生都参加了宣传和募捐工作。谷超豪的大哥谷超英是温州中学高中部的学生，那时已经参加了中国共产党，而且是温州中学党组织的

---

①　谷超豪：我在中学里如何学数学的。《解放日报》，1962年10月10日。

②　谷超豪：国家兴亡，匹夫有责。见谷超豪著：《奋斗的历程——谷超豪文选》。上海：复旦大学出版社，2005年，第179页。

③　位于乐清县东南，东濒乐清湾，与洞头县、玉环县隔海相望。

④　谷超豪：国家兴亡，匹夫有责。见谷超豪著：《奋斗的历程——谷超豪文选》。上海：复旦大学出版社，2005年，第178页。

创建者和负责人。课余时间，谷超英和其他几位学生党员组织成立了一个读书会，这是由共产党领导的秘密组织，因成立于 1937 年 9 月，所以叫作"九月读书会"。参加者都是温州中学的进步学生，高中、初中都有。读书会经常在高盈里 7 号谷家开展活动。谷超豪的求知欲很强，平时也喜欢看些课外书，初一暑假期间一下子迷上了武侠小说。为此，大哥开始有意识地引导谷超豪读《大众哲学》、《十万个为什么》等一些浅显易懂的书籍。

艾思奇所写的《大众哲学》，是一本优秀的马克思主义通俗哲学著作，以通俗的语言、有趣的事例，对什么是哲学、唯心论、二元论和唯物论，哲学与日常生活的关系，辩证唯物论的认识论，唯物辩证法的基本规律，以及唯物辩证法的主要范畴等等，逐一进行了系统的介绍和阐述。通读之后，谷超豪眼界大开，明白了什么叫"唯物论"，什么叫"辩证法"，对他的思想转变起了很大的作用。《十万个为什么》是苏联著名科普作家 M. 伊林于 1929 年出版的一本小书，副标题为"室内旅行记"。此书从一个求知心旺盛的孩童的角度，把好奇的目光停留在居室内的 6 个角落：自来水龙头、炉子、餐桌和炉灶、厨房锅架、碗柜、衣柜，渐渐引出"人什么时候开始洗澡？""为什么用水来洗澡？"等一系列问题。擅长讲故事的伊林，就这样以文学的手法来讲述科学知识，用活泼生动的语言为读者送上精确的科学解释。这本大约五万字的小书，在传播知识、普及科学方面发挥了积极的作用，影响了几代青少年走上了科学研究的道路[1]。同样，《十万个为什么》也让谷超豪学到了许多与日常生活息息相关的科学知识。在大哥的引领下，谷超豪加入九月读书会，还担任了小组长。每次读书会在谷家开会，年幼的谷超豪就站在家门口，帮高年级的师哥师姐们望风放哨。谷超豪个子比较小，外表像个小孩，不怎么引人注意，一些会议材料就由他负责传递[2]。在读书会，谷超豪更进一步阅读了狄超白的《通俗经济学讲话》、斯诺的《西行漫记》，以及毛泽东的《论持久战》等大量书籍，开始信仰马克思列宁主义，希望能像大哥谷超英一样，早日成为中国

---

[1]　参见陈芳：伊林《十万个为什么》在中国的传播。《中国社会科学报》，2010 年 1 月 28 日。

[2]　冯增荣访谈，2011 年 10 月 12 日，北京。资料存于采集工程数据库。

共产党的一员。

谷超英、谷超豪兄弟俩就读的温州中学，不仅教学质量高，还具有光荣的革命传统。辛亥革命武昌起义爆发后，温中师生首起响应，策动独立运动。五四运动期间，学生踊跃组织进步社团，宣传新思想和新文化。"九一八"事变，日寇侵占东北，学校师生又一次走到了抗日救亡运动的前列。长期以来，温州中学一直是浙南学运和温州革命运动的中心，因此日军飞机也把学校列入了空袭的目标。1939 年 4 月，温州中学在仓桥的校舍被日机炸毁，学校被迫停课。停课后，大家同仇敌忾，自发组织了一支抗日宣传队，下乡宣传抗日救国思想。4 月 30 日晚上，总共 40 个同学，一块儿出发到农村去。谷超豪与大哥谷超英一起，跟着宣传队在温州城郊上河乡三溪一带①，做一些口头宣传、家庭访问工作。这是谷超豪第一次离开家庭，过了十几天集体生活，时代把这位 13 岁的少年投入了抗日救亡运动的洪流。

不久，学校在青田复课。青田是一处山清水秀的地方，学校搬到水南，就在瓯江的南边。谷超豪和大哥谷超英一起回到学校念书，地下党在抗日宣传队的基础上扩大了读书会组织，于 1939 年 5 月重新成立了"五月读书会"，会员最多时达到七八十人。读书会是秘密的，不公开活动，主要讨论一些国家大事，读一些马列主义的著作，彼此交流读书心得。大家还租了间房子，搞了一个图书馆，找了一些进步书籍，集中在一起，谁想看就可以去看。

中华民族解放先锋队是"一二·九"运动以后在党的直接领导下成立的革命组织。温州地区"民先队"组织比较迟，不过发展很快，温州中学好几个班级都有分队，谷超豪也参加了。民先队主要做抗日宣传工作，不对外公开，打的是学生联合会的牌子。1939 年，温州三所主要学校温州中学、瓯海中学、联立中学建立了永嘉学生联合会，谷超豪是学联代表。学校在青田上课，离温州差不多有一百二十里路。那时没有汽车，每次去温州参加学联会议还要坐船，开一次会来回要好多时间，耽

---

　　①　上河乡位于温州西南方，三溪即瞿溪、雄溪、郭溪的总称。

误好几天的功课。但谷超豪依然意气风发，为能参加学联工作而感到非常自豪。在学联工作了一段时间后，党又领导了温中师生发动了迁校斗争。自从学校迁到青田，温州的学生运动比较冷落，区委要求将温州中学迁回城区，重振学运。学生大多是温州人，住在青田这块陌生的乡下地方，既难受又不习惯，所以也想回去。迁校请愿总共搞了三次，广大师生纷纷响应，但学校方面就是不同意。谷超豪也参加了这几次请愿运动，表现得非常积极①。

1938 年，温州的联立中学、瓯江中学都已有了中共基层组织，唯独温州中学却因青黄不接，一时未能发展在校学生，没有建立独立的党支部。1939 年 2 月，温州城区区委指派党员金家麟考入温中高中部，开始着手开展建立党支部的工作②。无论在宣传队还是在读书会，谷超豪都表现得很积极，成了组织上优先发展的对象。1940 年，经上级组织批准，温州中学正式成立党支部，由金家麟担任书记，黄镇华任组织干事，管鹤鸣任宣传干事，冯增荣、徐章分任青年干事和妇女干事③。同年 3 月，经冯增荣介绍，年仅 14 岁的谷超豪宣誓加入了中国共产党，10 月转为正式党员。谷超豪是温州中学党支部成立后最早发展的党员之一。

"抗敌效微力，报国托童心"④。入党之后，谷超豪更积极地投身于革命工作。1940 年夏天，谷超豪所在支部全体党员参加了一次散发革命传单的行动。"七七纪念日"前夕，中共中央发表了《为抗战三周年纪念对时局的宣言》，内容是反对投降、反对倒退、反对分裂。这份宣言从党中央传到温州，印刷成标语和传单，发放到每一个支部，由党员负责张贴，或者塞进每家每户的信箱和门缝。7 月 6 日，温州中学的学生，在党组织的领导下，从青田赶回温州城里，先在瓯江小学集中，把传单、标语分好，

---

① 冯增荣访谈，2011 年 10 月 12 日，北京。资料存于采集工程数据库。

② 中共温州中学地下党支部建党活动纪事。见浙江省温州中学编：《革命薪火传承在温中》（内部资料）。2007 年，第 35 页。

③ 何生：抗日战争时期温中党的建设和学生运动。见温州中学校庆筹委会编《温中百年》（内部资料）。2002 年，第 138 页。

④ 谷超豪：寄母校温州中学（一）。见谷超豪著，《奋斗的历程——谷超豪文选》。上海：复旦大学出版社，2005 年，第 236 页。

然后各自分头行动。谷超豪和同学们一起，张贴标语，散发传单，从夜里一直忙到天亮，完成了任务之后才回家休息。温州市民一夜醒来，发现到处都是共产党的宣传，甚至国民党机关的办公室里也有传单。为此，国民党当局很是恼怒，随即进行全城大搜捕，抓了几十个人。不过，谷超豪心里还是觉得很高兴，只要能为抗战出力，能为革命做点贡献，艰苦和危险又算得了什么呢？[1]

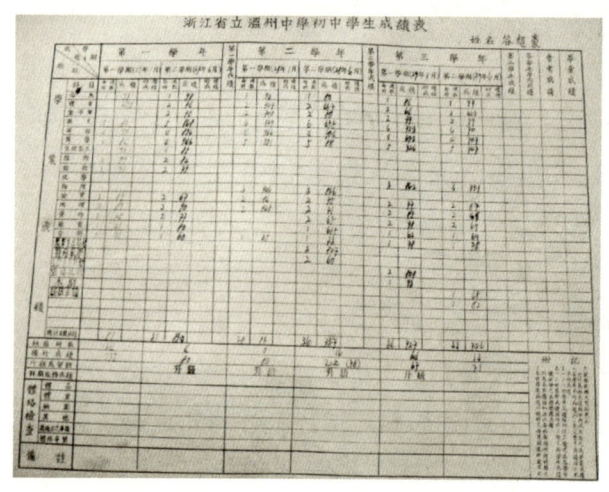

图1-6　谷超豪初中成绩表（原件藏温州市档案馆）

因积极参与革命工作，谷超豪自然不能正常上课，缺课时间大为增加。初中期间，二年级上学期一课不缺，下学期缺课16节，三年级上学期缺课达到64节，下学期面临毕业也缺课13节。大量的缺课自然影响到学习成绩，一年级平均分分别为85、83；二年级上学期也有83分，下学期急剧下降到73.7分；三年级两学期也分别仅有72.7、74.4分。操行也从80分左右下降到60—70分。他最喜欢的算学一二年级分别为84、94.6、95.1、88分，三年级两学期分别仅有72.6、74.7分，成绩下降之巨显而易见。但他毕竟天资聪慧，即使缺课如此之多，还是以初中毕业第一名考入高中。

中学是一个人身心成长非常重要的阶段，对世界与社会的看法大多在此阶段形成，过早地介入成人世界，特别是参与残酷的政治斗争，对一个青少年来说，未见得是幸事。中学阶段也是奠定一个人求学基础知识的时期，广泛兴趣的培育，广博知识的涉猎，对一个学者的成长至关重要。谷超豪却将大量的时间花费在学业之外，可以说失去了较为系统学习的机会。

---

① 冯增荣访谈，2011年10月12日，北京。资料存于采集工程数据库。

# 因 故 脱 党

1939 年年初，父亲和婶婶相继病逝，母亲成为当家人，谷超豪开始了比较自立的生活。尤其在青田读书的那段时间，要比温州艰苦得多。因粮食紧张，除了交学费外，每人还要带 200 斤谷子。那时，吃的是大锅饭，也没有什么菜，但求吃饱。怎么才能吃饱呢？谷超豪的数学天赋立马派上了用场。首先用的碗要大，第一碗要盛得浅一些，要以最快的速度吃完。马上去盛第二碗，尽可能地盛满一些，这样才能吃饱。如果第一碗盛多了，等你吃完再去盛，饭桶早就空了。这套盛饭理论也完全符合统筹学的原理。

1940 年，国共矛盾加深，温州地方当局也加紧了反共工作，开始逮捕共产党员与进步青年，民主进步的空气逐渐被压制下去。鉴于严峻的政治形势，组织上让谷超英马上离开温州，去农村参加浙南游击队。当时谷超英从事革命

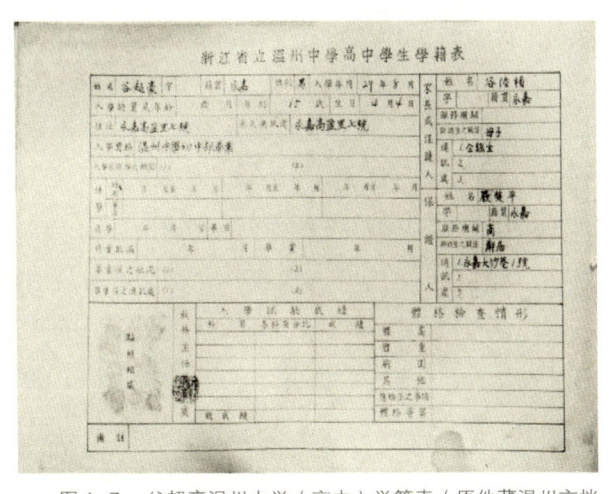

图 1-7 谷超豪温州中学（高中）学籍表（原件藏温州市档案馆）

工作，非常危险，家里想用婚姻来束缚他，谷超英也有逃婚的意图。夏天的一个晚上，谷超英回家拿了几件衣服，离家不归[1]。温州中学的政

---

[1] 离开温州后，谷超英长期杳无音信，家里人都以为他牺牲了。直到 1949 年杭州解放，谷超豪才与谷超英重新见面。参加新四军后，谷超英改名谷力虹，曾任《火线报》主编、《苏南报》副总编兼新华社苏南分社负责人、《大众日报》副总编等职。1952 年，调任中共中央宣传部。1956 年后，历任中共中央对外联络部一处副处长、展研组副组长、苏联东欧局副局长。2006 年 5 月，在北京病逝。

治环境也不容乐观，进步学生成为学校迫害的对象，环境越来越糟糕。有一次，一位同学与谷超豪开玩笑，在给他的信上标了许多小点，却没有写一个字。结果这封信被检查邮电通信的特务给查了出来，怀疑这是秘密通讯，谷超豪因此受到学校军训教官的调查和警告。时任温州中学校长朱一青，原来也是共产党员，后被捕脱党，但思想还是比较开明。他特意叮嘱谷超豪注意点，他的名字已经上了"黑名单"。

5月，上级党组织决定金家麟调离温中，转入永嘉地下活动，由黄镇华继任温州中学支部书记。没想到，刚接任不久，支部书记黄镇华和宣传干事管鹤鸣也暴露了。管鹤鸣是从新四军教导队回来的，党组织让他到温州中学工作。他有一本新四军教课的笔记本，被校方突击大检查搜走了。黄镇华原来是瓯海中学党支部书记，非常活跃，同学们都知道。在同一次大搜查中，他藏在棉被里的有关党的工作日记也被搜走了。尽管里面使用的是一些符号和秘密性的语言，别人不一定看得懂，但一看就知道是共产党的东西。一个宣传干事、一个支部书记出了这样的事情，大家都很紧张。学校还算好，没有把搜到的材料交给温州地方当局，在学期结束后以"品行不端"为由勒令黄镇华和管鹤鸣退学①。

1941年上半年，先是"五月读书会"因无法继续活动而宣告结束。接着，又发生了学校初中党支部②办公室被发现的事件。当时，温州中学还在青田县水南村上课。党支部秘密租赁了一间民房，安放一些理论书籍，有时也作为开会碰头的场所。与谷超豪同一个班级的薛天士，是党支部宣传委员，理论兴趣很高，天天去那里学习。这样就引起了特务分子的注意，屋子很快就被发现了。校长朱一青找薛天士谈话，并警告了他一番。形势紧迫，党支部马上停止了薛天士的工作，要他完全隐蔽，由谷超豪个别和他联系。后来，由于日军再次进攻温州，学校当局也就没有进一步追究下去。

---

① 冯增荣访谈，2011年10月12日，北京。资料存于采集工程数据库。

② 黄镇华被勒令退学后，由冯增荣继任支部书记。不久，校内成立中心支部，冯增荣担任中心支部书记。下设高中、初中两个支部，陈建新、冯增荣分别兼任高中、初中支部书记。参见何生：抗日战争时期温中党的建设和学生运动。见温州中学校庆筹委会编：《温中百年》（内部资料）。2002年，第138页。

图 1-8  1941 年赴丽水演出抗日话剧的温州中学剧团合影（后排右一为谷超豪）

与此同时，日本侵略者也加紧了对温州的进攻。1942 年 7 月 11 日，日军攻占温州，称为"七一一"事变，这是日军第二次占领温州。第一次占领温州是 1941 年 4 月 19 日，由于兵力不足，只占领了短短的 13 天。第二次占领也仅一个多月。1944 年 9 月 9 日，第三次占领温州的时间比较长，达 9 个多月之久。在日军第二次占领温州的这一个月里，党组织准备发动抗日游击战。当时，冯增荣已经毕业，转任温州城区区委书记。他通知谷超豪、何生，以及温中其他一些学生党员，准备到农村去打游击。谷超豪去茶山，何生在上河乡的老竹一带，冯增荣和县委组织部长一起暂驻河西村。温州城区一起出来的有几十名党员，有工人、教师、学生、妇女。不久，日本人就撤退了，抗日游击战也就没有发动起来[1]。

黄镇华、管鹤鸣被勒令退学之后，冯增荣继任温中党支部书记。1941年，冯增荣毕业离开学校，何生接任党支部书记，谷超豪任组织委员，王森任宣传委员。尽管政治环境不断恶化，形势非常危急，但温中支部还是

---

[1]  冯增荣访谈，2011 年 10 月 12 日，北京。资料存于采集工程数据库。

领导广大进步师生开展了一系列抗日救亡的工作。组织剧团进行演出是宣传抗日救亡活动的重要形式。早在 1939 年 9 月，温中学生自发成立剧团，首场演出《凤凰城》大获成功。以后为庆祝湘北胜利、募集寒衣、纪念孙中山诞辰、纪念"三八"节、救济贫民、筹募剧团基金、校庆 40 周年等等，先后在永嘉、青田、丽水举行了 16 次公演。尤其是 1941 年在永嘉演出阳翰笙的四幕名剧《塞上风云》，轰动一时，应各界要求连演三场，场场爆满。《塞上风云》讲的是蒙汉两族青年，粉碎日本特务济克扬喇嘛的分裂阴谋，携起手来共同抗日的故事。在温中剧团的演艺活动中，谷超豪是一名积极分子。《塞上风云》巡演，谷超豪是主要幕后工作人员，他还随剧团远赴丽水进行演出。尽管谷超豪缺乏表演天分，主要从事剧务和后勤工作，但毕竟为抗日演剧事业出了一份力[1]。

自从父亲去世，大哥谷超英离开温州之后，年仅十四五岁的谷超豪成了家中的顶梁柱。母亲有意让他参与打理家族生意，从事一些社交上的应酬。谷超豪对这些并不感兴趣，而且在大哥的影响下，他走上了革命的道路，对于靠剥削致富的观念非常反感。但他性格较柔弱，又很听话，也感受到了自己身上的责任，他必须挑起家庭的重担，必须照顾两位母亲和年幼的弟弟妹妹。因此，谷超豪有时候也要下乡去收租，还要陪一些亲戚朋友喝酒、打麻将。当时，温州港时断时续可以通航，是极少数几个没有沦陷的商业口岸。因此，投机商业在温州空前发展，出现了一批专事投

图 1-9　高中时期的谷超豪

---

① 陈冰原：还凭粉墨写春秋——回忆母校的话剧演出活动。见温州中学校庆筹委会编：《温中百年》（内部资料）。2002 年，第 122 页。

机的商业资本家。谷家几个做生意的亲戚，也劝谷超豪母亲投资商业。虽然谷家过着衣食无忧的生活，但战乱之际仅靠地租与房租收入能否长久维持一大家子的开销值得怀疑。毕竟几个孩子还小，都要上学读书，长大后还要成家。母亲对那些发了财的人也很眼热，于是在亲戚的怂恿下，拿钱投资，成了一家钱庄和一家手工布厂的股东。家庭与这些经商的亲戚来往更频繁了，谷超豪有时要以谷家代表的身份出席股东大会，请客吃饭，喝酒、打牌等应酬活动也多了起来。

1943 年 1 月，温州中学支部书记何生、支部宣传委员王森同时被捕，温中地下党组织遭受重创。那一天正值寒假，谷超豪在学校打乒乓球，听到了这个消息之后，赶紧回到家中，销毁了一些重要的文件。为了不引起当局进一步注意，谷超豪就以喝酒、打牌来掩饰自己，平时躲在家里读《庄子》等古书，避免与外界联系。虽然这是革命事业遭受挫折的无奈之举，也是为了更好地保护自己，但毕竟与自己的信仰相悖。为此，谷超豪常常自责，认为这是他一生中"最为低迷消极的一段时期"。

在狱中，何生和王森经受住了考验，保存了党的机密，没有出卖同志，温中党组织和谷超豪没有暴露。出于策略上的考虑，两人写了自首书，经保释后出狱。何生后来曾找过谷超豪，让他注意隐蔽，还要小心潜伏在学生中的特务分子。何生想投奔活跃在浙江东南地区的新四军三五支队，请谷超豪资助一些旅费。几天后，谷超豪拿着钱来到约定地点，何生却因故没有赴约，结果未能成行。不久，永嘉县委书记范亦辰叛变，接着组织部长陈能孝被捕牺牲，还有几个区委书记也叛变了，温州地下党组织遭受极大破坏，谷超豪与党组织也彻底失去了联系。当时党的指导方针是保存力量，潜伏起来，等待时机。党组织一直非常关心谷超豪，知道他准备报考浙江大学，为了安全起见，也没有主动联系他。

大学为谷超豪的生命之途打开了另一扇大门。考取大学之后，他与温中同学薛天士在暑期里有过一次交谈。他们认为，虽然看到了革命的正途，却没有勇气走下去，今后可以在学术上做出一番事情来，也能对社会有所贡献。这是当时谷超豪心境最真实的写照：对未能在革命道路上继续前行感到悲观，但也表现了他要以学术上的成就为国家、为社会做出贡献的愿景。客观地说，谷超豪在这场重大变故中，是经受住考验的，革命信念丝毫没有动摇，一直坚持着自己的政治方向。1944 年夏天，谷超豪曾经到幸存的党员江钊同志那里探询过党组织的情况。因此，永嘉县委准备重新恢复温州城区工作时，即与谷超豪取得了联系。此时，谷超豪已经是积极投身于爱国民主运动的浙江大学学生了。

# 第二章
# 浙大数学优等生

无形中脱党的谷超豪，陷入长期的痛苦中。1943 年 9 月，在痛苦中的谷超豪考入了浙江大学，也许是长时段的痛苦使他出现了精神上的恍惚，喜欢数学的他居然糊里糊涂地填报了工学院。幸好当时浙江大学有规定，工学院的学生都可以转读校内任何学院。于是进校不久谷超豪就转入了理学院数学系，开始了大学生活。脱党对谷超豪来说，可能是一种暂时的"解脱"，他开始在他喜欢的数学上用功，成为浙江大学数学系优秀学生。

## 中国近代数学艰难起步

1928 年正式成立的国立浙江大学文理学院数学系，在钱宝琮、陈建功、苏步青等人的领导下，声名鹊起，迅速发展成为中国最为重要的系科，与北平的北京大学数学系、清华大学算学系和首都南京的中央大学数学系共同辉耀当日数学界。

中国近代数学与其他各门科学一样，不是传统数学自行发展或转型的结果，而是通过引进与移植西方先进数学而逐渐发展起来的。早在晚明的

1607 年，徐光启与传教士利玛窦合作翻译的《几何原本》前六卷就在北京刻印。虽然徐光启已经相当深刻地认知《几何原本》的系统逻辑思想，也认为"百年之后，必人人习之，即又以为习之晚也"。但此后因政局变动等各种原因，西方科学输入中国的道路被阻断，《几何原本》所表达的思想与传统中国思想相去甚远，也不被一般人所理解。与此同时，传统中国数学在经过宋元时期的高速发展达到顶峰之后，进入长期的停滞期。直到鸦片战争以后，随着西方科学的成规模输入中国，出现了中国传统数学最后一位大师李善兰，其成就代表了传统数学学科的最高水准，使传统数学绽放了最后的异彩。同时，他又是中国近代数学的启蒙者，与传教士伟烈亚历等合作翻译《续几何原本》（1858）、《代数学》（1859）、《代微积拾级》（1859）等。

问题是，大门被打开的晚清中国，科学的发展一直停滞不前，输入的科学知识杂乱而陈旧。数学方面翻译出版了十多种著作，除上面提及的外，比较重要的有《代数术》、《微积溯源》、《决疑数学》、《代数难题解法》等，分别介绍了算术、初等几何、代数学、微积分、三角学、概率论和对数表造法等内容。世界数学发展日新月异，分析领域内的常微分方程、偏微分方程、变分法，代数领域内的布尔代数、超复数，几何领域的非欧几何、射影几何等分支学科已经在 18 和 19 世纪发展起来，可输入中国的还是微积分、概率论等近世以前的知识，遑论群论、集合论、曲面几何、黎曼几何、拓扑学等不断涌现的新分支学科。当时输入中国的数学与世界前沿相差二百年左右。即使是新学堂的科学教育，也远未达到制度化

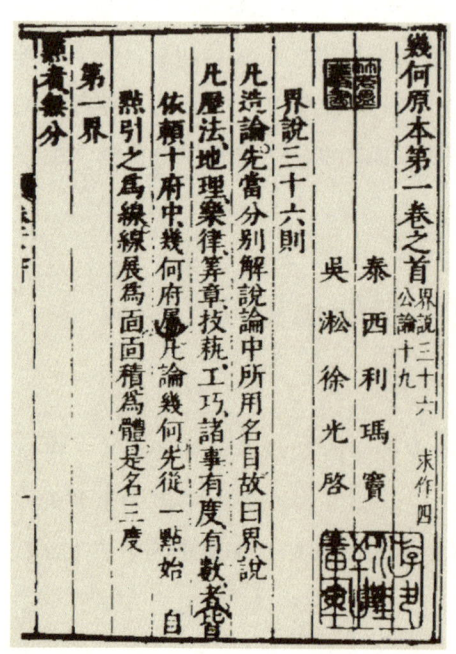

图 2-1　利玛窦、徐光启合作翻译的《几何原本》内页

程度，随意性很强，如京师同文馆数学教学"无论是在教学内容、教学用书，还是在解题方法上，所表现的是一种西学与中算相互交杂，或相互结合的形式"，传统数学仍在教学中占据相当重要的地位，而教学的西方数学内容仅仅停留于初等范围，对微积分的教学并不重视[①]。

与之形成巨大差异的是，晚十余年被西方轰开国门的日本却在明治维新之后迅速发展起来。1862年，日本学者访问中国，带回李善兰等翻译的《代数学》和《代微积拾级》。明治维新向全世界学习科学，命令"和算废止，洋算专用"，全盘学习西方数学，除派留学生外，还大量聘请借用"洋才"。1877年创建东京大学，1879年成立东京学士会院，1877年东京数学会社成立，1882年设立地质调查所，日本科学技术无论是科学教育、科研机构，还是学术社团等科学体制化方面迅速发展起来，将中国远远抛在了后面[②]。

正是1894年的中日甲午一战，再次唤醒了中国人，中国历史发展道路进入了新的时期，新政、改良、革命与留学运动，此起彼伏。正是在这个过程中，浙江大学前身求是书院于1897年创设于杭州。1901年改为浙江求是大学堂，翌年改为浙江大学堂，1903年改为浙江高等学堂，1928年正式更名为国立浙江大学。也正是在这个过程中，科举制度废除，新学制颁布，中国科学教育体系从初等到高等在制度上得以实现。1913年，北京大学数学门开始招生，标志着中国数学高等教育的真正开始。也正是在这个过程中，大批青年人奔向东洋、西洋，汲取先进的西方科学知识，并学成归来，日渐建立起中国各门科学的基础。

在数学上，1904年，冯祖荀被京师大学堂派遣到日本留学，在京都帝国大学理学部研读数学，后回国到北京大学就任数学门教授；1913年，秦汾获哈佛大学数学硕士学位，回国后到北大任教；1915年，王仁辅获得哈佛大学数学硕士学位，回国也就任北大数学教授，他们三人将北大数学系办得有声有色，为北大后来在数学上取得成就打下了坚实的基础。1909年，胡敦复

① 郭金海：京师同文馆数学教学探析。《自然科学史研究》，2003年，第22卷，增刊。
② 相关问题的分析讨论，请参阅张剑：《中国近代科学与科学体制化》第一章。成都：四川人民出版社，2008年。

获得康乃尔大学数学学士，回国后就任清华学堂第一任教务长，很受学生们欢迎，后因与美国教员起矛盾而被去职，转而创办大同学院，在上海贡献其数学知识。1910 年，黄际遇毕业于东京高等师范，回国先后任教天津高等工业学堂、武昌高师等，在武昌帮助学生创办学会，发刊杂志，培养了一批人才，为以后武汉大学数学的发展奠定了基础。其后一批数学博士、硕士学位获得者胡明复、姜立夫、何鲁等相继归来，到 20 世纪 30 年代，更多的人加入了这一行列，国内大学数学系科也相继设立，为社会不断输送毕业生。

**表 2-1　20 世纪 30 年代主要大学数学系情况**

| 校　名 | 设立时间 | 1932—1935 年间系主任 | 1932 年前后任职主要教授 |
|---|---|---|---|
| 北京大学 | 1913 | 冯祖荀、江泽涵 | 王仁辅、胡浚济、申又枨等 |
| 南开大学 | 1920 | 姜立夫 | 刘晋年、蒋硕民等 |
| 南京高等师范 | 1920 | 张镇远、孙光远 | 段子燮、胡坤陞、曾远荣、郑尧拌等 |
| 北京高等师范 | 1922 | 赵进义 | 王仁辅、傅种孙、程廷熙、刘亦珩等 |
| 武昌高等师范 | 1922 | 曾昭安 | 汤璪真、刘正经、肖文灿等 |
| 成都高等师范 | 1924 | 胡少襄、谢苍璃 | 魏嗣銮、张鼎铭、周润初等 |
| 中山大学 | 1924 | 何衍璇、刘俊贤 | 黄际遇、赵进义等 |
| 东北大学 | 1925 | 冯祖荀 | 刘正经、武崇林等 |
| 清华大学 | 1927 | 熊庆来、杨武之 | 郑之蕃、孙光远、曾远荣、赵访熊等 |
| 金陵大学 | 1927 | 余光琅 | 张济华等 |
| 燕京大学 | 1927 | 陈在新 | 靳荣禄、徐献瑜、赖朴吾等 |
| 交通大学 | 1928 | 胡敦复 | 顾澄、范会国、陈怀书、汤彦颐等 |
| 浙江大学 | 1928 | 陈建功、苏步青 | 钱宝琮、束星北等 |
| 辅仁大学 | 1929 | 刘景芳 | 傅种孙等 |
| 暨南大学 | 1929 | 陈荩民、汤彦颐 | 张镇谦等 |
| 大夏大学 | 1929 | 沈璇、陈荩民 | |
| 光华大学 | 1929 | 朱公谨（副校长兼） | |
| 安徽大学 | 1930 | 郭坚白、单粹民 | 何鲁、刘亦珩、樊映川等 |
| 山东大学 | 1930 | 黄际遇 | 李仲珩、曾炯之、李先正等 |
| 河南大学 | 1930 | 陈作均 | 黄敦慈、黄际遇（校长）、单粹民等 |
| 重庆大学 | 1932 | 段子燮、郭坚白 | 何鲁、谢苍璃等 |
| 大同大学 | 1932 | 吴在渊 | 胡敦复、范会国、高扬芝、武崇林等 |
| 广西大学 | 1934 | 张镇谦 | 段子燮等 |

资料来源：任南衡、张友余编著《中国数学会史料》，第 22-23 页。

注：南京、北京、武昌、成都高等师范后来演化为中央大学、北京师范大学、武汉大学与四川大学。

浙江大学也迎来了数学系的创办人留学英国的钱宝琮，与卓越的领导人留日的陈建功、苏步青。

# 数学重镇浙大数学系

谷超豪就读的浙江大学数学系，诚可谓师资强盛，人才辈出。1928年，浙大创办数学系，创办人钱宝琮以中国数学史研究蜚声海内外。钱宝琮1892年出生于浙江嘉兴。1908年从苏省铁路学堂考取浙江首届官费公费留英，入伯明翰大学学习土木工程，1911年毕业获得学士学位。后求学于曼彻斯特工学院建筑系，1912年归国。先后在南洋大学（上海交通大学前身）、江苏省立第二工业学校等校任教，1925年经姜立夫推举任南开大学数学系教授。两年后，到南京第四中山大学（旋改名为中央大学）任数学系副教授。因不堪系里派系争斗，1928年8月到浙江大学创建数学系，并担任系主任兼教授。

一年后，数学系聘请富有创造力的留日博士陈建功来系任教，钱宝琮将发展数学系重任交予陈建功[①]。

陈建功作为中国函数论研究的开拓者，在正交函数、三角级数、函数逼近、单叶函数与共形映照等领域取得了重要成就，在浙江大学数学系的创建与发展上也厥功至伟。1893年生于浙江绍兴的陈建功受民国初年实业救国思潮的影响，1913年考取官费东渡日本入东京高等工业学校学习化工，晚上在夜校攻读他喜爱的数学、物理。1918年毕业回国，任教于浙江甲种工业学校，教学之余，全力钻研数学，并指导一个学生数学兴趣小组。1920年，再次东渡入日本东北帝国大学数学系深造，达成他学习数学的夙愿。翌年在日本《东北数学杂志》发表论文《关于无穷积的一些

---

① 何绍庚：钱宝琮。见程民德主编：《中国现代数学家传》第三卷。南京：江苏教育出版社，1998年，第48-72页。与此前一直辗转各校不同，此后钱宝琮一直任教于浙江大学，直到1956年奉调进京，担任中国科学院中国自然科学史研究室（自然科学史研究所前身）一级研究员，《科学史集刊》主编，1974年病逝于苏州。钱宝琮与李俨是中国数学史研究的两座丰碑，他们的著述被合辑为10卷400多万字的《李俨钱宝琮科学史全集》出版（辽宁教育出版社，1998年）。

图2-2 陈建功教授

定理》（Some theorems on infinite products）。苏步青评价该文"无论在时间上或在内容上，都标志着中国现代数学的兴起"①。1923年毕业回国，到武昌高等师范任教，在这里他培养了曾炯之、王福春两位高足。1926年，他第三次东渡，在日本著名数学家藤原松三郎指导下研究函数论。1928年在《东京帝国学士院进展》发表《关于具有绝对收敛傅里叶级数的函数论》，其结果由著名数学家哈代和李特伍德同时得到，标志着中国数学家研究成果已达到国际水平。1929年获得博士学位，成为在日本获得博士学位的第一位外国人。藤原松三郎说："我一生以教书为业，没有多大成就，不过有一个学生陈建功，是我最大光荣。"② 陈建功与正在同校攻读博士学位的苏步青，本着振兴中华的强烈愿望，共同立下宏愿，要为中国创办一个具有现代水平的教学与科研相结合的研究基地。当时，因陈建功在三角级数的突出成就，导师欲留他继续从事三角级数方面的研究，北京大学、武汉大学和浙江大学同时聘他为教授。他与苏步青商量后，毅然选择了家乡，到浙江大学任教。

成立之初的浙大数学系，学生很少，入学成绩也远不如具有悠久历史的工学院，数学系的主要教学任务在工学院。钱宝琮等数学系教职员主要忙于数学基础公共课的教学，无力顾及本系专业课的设置与教学。陈建功到校后，立马将精力投入到本系专业课的设置与教材的编写上，开设级数

---

① 苏步青：陈建功文集·序言。见《陈建功文集》。北京：科学出版社，1981年。

② 转引自张奠宙：《中国近现代数学的发展》。石家庄：河北科学技术出版社，1999年。第77-78页。

概论、实变函数论等新课，几乎包揽了数学高年级的专业课。

1931年，苏步青获得博士学位，校长邵裴子接受陈建功的建议，苏步青被聘请到浙大数学系。苏步青专长几何学，陈建功擅长函数论，两人密切合作开设了多门近代数学课程，并从教学和科研的角度出发，开设了国内首创的数学讨论班。1933年，陈建功推荐年轻有为的苏步青继任系主任，两人通力合作。

此际，浙大数学系培养了并汇聚了王福春、曾炯之、方德植、卢庆骏、白正国、徐瑞云等当时国内一流的数学家，很快就成为国内最为重要的数学研究基地[①]。1936年执教于南开大学数学系的蒋硕民，对正要走马上任浙江大学校长的竺可桢说"浙大数学系允称国内第一"[②]。

抗日战争爆发后，浙江大学被迫西迁。1940年，浙大数学系在贵州湄潭立足下来。当时条件极为艰苦，师生住在破庙中，常常靠番薯度日，但数学系的教学及科研仍得到不断发展。1941年，浙江大学数学研究所成立，陈建功、苏步青招收培养研究生。即使是在抗日战争最为艰难的阶段，陈、苏两位所主持的数学讨论班始终没有间断，学生们的科研论文仍然一篇篇陆续在国外杂志上发表。在陈建功、苏步青的悉心教育下，浙江大学数学系培养了诸如程民德、谷超豪、夏道行、王元、胡和生、熊全治、杨忠道、周元燊、张素诚、越民义、秦元勋、叶彦谦、张学铭、陈庆益、方德植、张鸣镛、曹锡华、卢庆骏、吴祖基等一批蜚声海内外的学者，形成了著名的"陈苏学派"，为中国现代数学的发展做出了重要贡献。在1941—1947年国民政府教育部学术审议会所举行的六届学术奖励中，相关数学的获奖作品共有15件（具体情况见表2-2），除华罗庚、许宝騄、钟开莱、周鸿经、李华宗、蔡金涛、吴大榕等7人的7件作品外，其他8件作品获奖人都与浙大密切相关，或浙大毕业生或教授。浙大数学系所获成

---

① 程民德：陈建功。见：程民德主编《中国现代数学家传》第2卷。南京：江苏教育出版社，1994年，第16-42页。陈建功此后一直在浙大任教，直到1952年院系调整到复旦大学。期间，他曾随罗宗洛、苏步青赴台接收台湾大学，曾任台大代理校长兼教务长，也曾赴美任普林斯顿高等研究院研究员。1948年，以"傅氏级数、正交函数等研究，曾主持浙江大学数学系分析组"正式候选首届中央研究院院士，惜未能当选。1955年，当选中国科学院学部委员，1958年离开复旦大学担任新创立的杭州大学副校长，1971年在杭州逝世。

② 竺可桢：竺可桢全集，第6卷。上海：上海科技出版社，2005年，第52页。

表2-2　1941—1947年教育部学术审议会相关数学类获奖作品名单一览表

| 届次 | 名单 |
|---|---|
| 一 | 一等奖：华罗庚《堆垒素数论》；二等奖：许宝騄《数理统计论文》 |
| 二 | 一等奖：苏步青《曲线射影概论》；二等奖：钟开莱《对于几率论与数论之贡献》、周鸿经《傅氏级数之可和性因子等论文》 |
| 三 | 一等奖：陈建功《富里级数之蔡茶罗绝对可和性论》；二等奖：李华宗《方阵论》；三等奖：王福春《富里级数之平均收敛》、卢庆骏《富里级数之求和论》、熊全治《曲线及曲面之射影微分几何学》 |
| 四 | 三等奖：张素诚《曲线与曲面射影微分理论之新基建》、吴祖基《曲面之附属二次曲面系统》、蔡金涛《展开一般行列式》 |
| 五 | 三等奖：吴大榕《同步机常数之理论分析》 |
| 六 | 一等奖：王福春《三角级数之收敛理论》 |

果超过一半，并且在4件一等奖中占据3件，王福春一人独自获得三等奖和一等奖，浙大数学系在当日学术界地位可想而知。据统计资料显示，自1932—1952年全国高等院校系调整的近二十年时间里，浙大数学系总共培养了100多名毕业生，其中25人担任了高等院校数学系正、副主任，或有关研究单位的主要负责人，有5人后来当选为中国科学院院士[①]。

　　这就是谷超豪考入就读的浙大数学系。时当抗日战争最为艰苦之际，内迁贵州的浙江大学报请国民政府教育部批准，在浙南地区龙泉设立分校。凡浙江以及上海、江西、福建等周边省市的学子，一年级时均在分校就读，第二年再转入遵义总校。1943年9月，谷超豪从温州家里启程赶往龙泉上学。

# 求学龙泉分校

　　龙泉县位于浙江省西南部，浙、赣、闽三省交界处，东临温州，西接福建武夷山，素有"瓯婺入闽通衢"、"驿马要道，商旅咽喉"之称。境内

---

　　①　这5位中科院院士分别为程民德、谷超豪、夏道行、王元、胡和生。另有杨忠道、周元燊膺台湾中研院院士。参见谷超豪：曾是离乱坚斗志　识途犹抱百年心——敬贺苏步青老师九十五寿辰.《数学物理学报》，1997年，第3期。

层峦叠嶂，溪流纵横，是抗战期间浙江省未被日军侵占的 12 个县之一。

浙江大学龙泉分校位于龙泉县城十多里外一个名为坊下的小山村里。时任分校主任的浙江大学教务长郑晓沧①教授是浙江海宁人，海宁方言中"坊下"和"芳野"谐音，而郑晓沧又颇具雅兴，"坊下"自然就改名"芳野"了，并沿用至今。郑晓沧还给芳野取了一个英文名字"The Fair Field"，这个名字不但谐音而且谐意，当时在浙大同学中也很流行。学校租用了当地一户曾姓人家的大宅院，为中西合璧式木结构楼房，坐南朝北，共二进七开间，占地约三亩。就在这座曾家大屋，浙大龙泉分校前后办学 7 年，招生七届，培养了大约 1000 多名学生。当时，理学院、农学院和工学院挤在一起，学生吃、住、上课都在大屋里面。老师们住在学校旁边另一处简陋的木头房子里。一到梅雨季节，外面下大雨宿舍里就下小雨，无奈之中只能找出锅碗瓢盆等容器放在漏水处接水。雨水滴滴答答地敲打着这些家什，为寂寞的教学生涯平添了几分浪漫，郑晓沧雅兴再起，又为这座木头房子起了个富有诗意的名字——风雨龙吟楼②。

谷超豪所在的数学系一年级二十几个同学，挤在一间十几个平方的小屋里，白天当教室上课，晚上用来自修。晚上没有电灯，每人一盏桐油灯，满屋子黑烟，大家鼻孔里都是黑黑的。浙南地区气候潮湿，臭虫、蚊子成群，咬得让人难以入眠。学校伙食更差，每餐一小碗青菜，偶然有几小块豆腐。早餐往往是稀饭，加点食盐调味。因为粮食少，每个同学的饭都是用秤称好平分的，根本吃不饱。而且坊下村正在闹鼠疫，时刻威胁着学校师生的健康③。老师们的生活也很艰苦。有一位毛路真先生，职称副

---

① 郑晓沧（1892-1979），著名教育家，名宗海，字晓沧。清华学校留学，为杜威学生，获哥伦比亚大学教育学硕士学位。1918 年回国，历任南京高等师范教育学教授、浙江省立女子中学校长等。1929 年任教浙江大学，创办教育系，历任教育系主任、师范学院院长、教务长、龙泉分校主任、研究院院长和代理校长等职。1949 年后，曾任浙江师范学院教授、院长、杭州大学教授、顾问等职。参见吴立德、姚福昌、胡金明主编：《郑晓沧教育思想研究》。北京：中国文献资料出版社，2002 年。

② 关于"芳野"和"风雨龙吟楼"的得名，也有人说是分校学生所起。但郑晓沧是浙江海宁人，海宁方言"坊下"和"芳野"同音，源头应该来自郑晓沧的口音。

③ 朱光华：谷超豪。见程民德主编：《中国现代数学家传》第 1 卷。南京：江苏教育出版社，1994 年，第 502 页。

教授，是分校主要的数学教师之一，教学非常认真："他讲微积分、高等微积分和微分几何，上课从不带讲稿，只带两支粉笔，一堂课下来，刚好把粉笔用完。据说这是南派功夫，大家十分佩服。"[①] 但毛老师家里孩子多，微薄的工资难以维持生计，只好靠搞点副业来补贴家用。看到敬爱的毛老师，每天赤着双脚，在田间地头放羊，同学们内心无不感到酸楚。

不过，生活上的艰苦并没有吓倒浙大师生。面对强敌入侵，浙江大学不但没有屈服，反而在靠近敌占区的地方增设分校，这在世界教育史上也是罕见的。正如分校英文教授林天兰在开学典礼上所言，浙大龙泉分校设立的最大意义在于显示我们中国具有最伟大的力量[②]。因此，大家都很珍惜这来之不易的学习机会，爱国热情成了同学们努力学习的动力。为抗战救国而读书，为抗战建国而读书，为民族独立而读书，浙大师生都抱着这样一个信念：中华民族一定会战胜一切困难，取得最后的胜利。

在龙泉分校，数学系一年级时的课程很多，有微积分（包括微分方程）、代数方程式论、立体解析几何、普通物理、英语、语文和中国通史等等。数学要做大量的习题，物理经常举行临时测验。中学时期，由于躲警报和老师生病，还有参与党的革命工作，有的数学课程谷超豪并没有认真念或念完。这时，谷超豪就结合微积分学习，把中学的数学课程一并补上了。一年级的课程主要是培养学生的直观能力、演算能力和解应用题的能力，并不要求太多的逻辑推理。这些训练为谷超豪打下扎实的数学基础[③]。谷超豪本来不太细致的毛病，通过微积分的学习也逐步克服了。他读了一本用综合方法写的射影几何的著作，完全不用计算便能把二次曲线的基本性质描述清楚，这激起了谷超豪对几何学的兴趣。他也非常喜欢笛沙格（Desargues）定理、帕普斯（Pappus）定理和帕斯卡（Pascal）定理。通过这些学习，他慢慢对几何学有了偏爱，为以后跟随苏步青学习几何奠定了基础[④]。尽管物质条件十分艰苦，龙泉分校的教学和科研并没有因此而松懈。台湾中研院院士、美国

---

① 朱兆祥：晓沧先生和芳野。《龙泉文史资料》，第 9 辑，第 19 页。
② 毛昭晰：芳野与浙大龙泉分校。《龙泉文史资料》，第 9 辑，第 48 页。
③ 谷超豪：大学生活的几个片段。《高教战线》，1985 年，第 1 期。
④ 同上。

哥伦比亚大学教授、著名数理统计学家周元燊，抗战期间在贵州湄潭浙大数学系本部读书，多年后回忆说："我原来以为分校没有校本部好，结果发现情况不对。分校来的，比湄潭来的要好。"①

1944年夏天，谷超豪升入二年级，已经准备好了去遵义湄潭本部的路费，但日军占领了湖南衡阳，交通受阻，只能回到故乡温州。没多久，温州第三次沦陷，谷超豪避居茶山。然而，母亲陆仲祯却不愿意离开老宅，谷超豪只能返回城区。求学在外可以不管家中杂事，回到家后这位早熟的青年不得不再次担负起家庭的责任。刚开始，谷超豪还只是帮家里收收租子，大部分时间躲在家中，靠看书和做数学题消磨时间。后来，那些帮谷家打理生意的亲戚也陆续回到温州城区，令人厌恶的应酬往来又一次包围了谷超豪。打牌、喝酒，虽然属于正常的人际交往，也不算什么恶习，但谷超豪实在不愿意过这样消沉的生活。而且，年幼的弟妹看在眼里，影响很不好。有一次，谷超豪在同住一屋的姨妈家里打牌，内心却感到非常难过，下定决心不再打牌、喝酒。从此之后，人家打牌，他就跑开去，看也不看。1945年初，谷超豪想回到龙泉分校自修，却生了一场大病，只好留在家里休养。病愈之后，谷超豪在家专心读书，读有关高等微积分的材料，有时还给弟弟妹妹及几个亲戚的小孩补习功课。他托人买了一本Gousart的 *Mathematical Analysis*（《数学分析》），自己啃了下来，对更深入的数学分析有了更多的了解。同时，通过自学，还掌握了若干射影几何的知识②。学习的动力终究代替了无聊的生活，因此在弟弟妹妹们的记忆里，他们的二哥平时也不贪玩，整天就是看书学习，甚至吃饭也要看书，没心思吃饭③。回忆起家乡这段岁月，谷超豪曾说这个转变在客观上是有些益处的，加强了他对科学事业的爱好。而这段时间的努力也对他以后的学习很有帮助。

1945年五六月间，日军撤离温州。8月，日本宣布无条件投降，中国

---

① 周元燊访谈，2012年4月15日，上海。资料存于采集工程数据库。

② 谷超豪：我的数学生涯。见谷超豪著：《奋斗的历程——谷超豪文选》。上海：复旦大学出版社，2005年，第209页。

③ 谷月卿访谈，2011年10月11日，北京。资料存于采集工程数据库。

人民终于迎来了抗战的胜利。10 月，谷超豪回到龙泉，入读二年级。1946 年初，随学校迁回杭州本部。

# 师从苏步青

谷超豪本想在二年级去贵州湄潭本部时跟随苏步青学习，因交通阻隔，在家延宕一年。龙泉分校和湄潭总校迁回杭州后，时机终于来临，马上就能见到闻名遐迩的数学大师，谷超豪心里别提有多高兴了。但苏步青和陈建功两位浙大数学系的灵魂却奉命赴台收台湾大学去了。龙泉分校和湄潭总校迁回杭州后，谷超豪想见他梦寐以求的几何学老师苏步青。谷超豪本想在二年级去贵州湄潭本部时跟苏步青学习，因交通阻隔，在家延宕一年。现在时机终于来临，他心里别提有多高兴。但苏步青和陈建功两位浙大数学系的灵魂却奉命赴台接收台湾大学去了，谷超豪只能继续等待着，等待着能早一天见到苏步青教授，当面聆听他讲授自己感兴趣的几何课程。

苏步青作为中国微分几何奠基人，在仿射曲面理论、射影曲线的一般理论、曲面的射影微分几何理论、共轭网的射影理论、一般空间微分几何学和曲线的仿射理论在几何外型设计中的应用等方面，都曾进行深入、系

图 2-3　1947 年浙江大学数学系师生合影（中排左五为谷超豪）

统的研究。1914 年考取浙江省第十中学（即后来的温州中学），在这里喜欢上了数学。1919 年，在曾经的中学校长洪彦远（此时已赴教育部任职）的资助下赴日留学，先入东京高等工业学校电机系，后考入东北帝国大学数学系习数学。1927 年毕业进入研究院攻读博士学位，在导师窪田忠彦指导下从事微分几何研究，领悟到可以用几何的构造方法替代解析的方法来探索图形的结构，并取得了一系列相关成就。1931 年，继陈建功后第二个获得日本数学博士学位。北大、清华、厦门大学和他的母校日本东北帝国大学的聘书接踵而来，苏步青践诺来到了浙江大学数学系，与陈建功一起建设浙江大学。教学之外，苏步青克服国内各种困难，一直在微分几何领域耕耘。陈省身说，1928—1940 年是苏步青数学研究工作中的"黄金时代"，他的"苏步青锥面"成为整个仿射微分几何曲面论的核心[①]。因其在数学领域所取得的重大成就，苏步青担任 1936 年创刊的《中国数学会学报》总编辑，成果《曲线射影概论》获得第二届教育部学术奖励一等奖。抗战胜利后，苏步青参加以罗宗洛为主任的接收委员会（成员还有陈建功、蔡邦华、陆志鸿、马廷英）赴台接收台湾大学，任理学院院长兼数学系主任，1946 年 4 月，与陈建功、蔡邦华挂冠而去，回到了浙大。

苏步青回到杭州，给浙大学生演讲。谷超豪终于见到了仰慕已久的苏步青教授。这是一次面对全体学生的演讲，主要介绍台湾光复后的情况。多年以后，谷超豪仍能清晰地回忆起那一天苏步青讲演时的风采："只见他神采奕奕地走上讲坛，展示了一幅台湾地图，以洪亮的杭州式官话，向大家介绍台湾情况。当时台湾刚刚回归祖国，我们听了都很高兴，但我总觉得有些不够味，因为他没有讲数学。"[②] 好在谷超豪平时有许多机会能够见到苏步青，而且他们这一个班级的几何课程，包括坐标几何和微分几何，都是根据苏步青所设定的内容，由他的学生、毕业留校任教的白正国讲授。

---

① 谷超豪、李大潜：苏步青。见程民德主编：《中国现代数学家传》第 1 卷。南京：江苏教育出版社，1994 年，第 97–112 页。1948 年，苏步青以"卵形论与投影微分几何等研究，主持浙江大学数学系"荣膺中央研究院首届院士。1952 年院系调整时到复旦大学，曾任副校长、校长、名誉校长，全国政协副主席等职。2003 年 3 月病逝。

② 谷超豪：苏步青老师引导我做研究。见：谷超豪著，《奋斗的历程——谷超豪文选》。上海：复旦大学出版社，2005 年，第 204 页。

四年级了，谷超豪终于有机会聆听苏步青讲课。苏步青开设的是综合几何课，用纯几何即不用代数和分析工具讲授射影几何。课堂上，苏步青那种条理清晰、推理严谨的讲解，配合图文并茂的板书，有助于对问题的深入理解，因此谷超豪学得颇为轻松。在一次讨论课上，苏步青给学生讲解三次空间曲线，提到这个曲线的某些性质还有待阐明。在苏步青的启发下，谷超豪很快就做出了一个有关三次代数曲线的问题，大致是关于二次曲线的 Pascal 定理到三维空间的三次曲线上的一个推广。课题完成之后，苏步青很满意，建议谷超豪尽快整理成学术论文发表，并亲自修改了文章的英文部分。谷超豪的学长、时任数学系助教的杨忠道，为这篇论文配画了相应的示意图。后来，谷超豪在数学系图书室的一本专著中，发现国外学者已有了类似的研究结果，投稿之事也就作罢了。不过，这件事鼓舞了谷超豪的信心，他相信自己完全有能力在数学研究领域做出创造性的成果。

虽然随苏步青、陈建功两位大师学习，尽管自己课余也看了不少的书，做了大量的习题，但谷超豪终觉得很是肤浅。他认识到，必须把自学与课堂严格训练结合起来，打好扎实的基础。除数学外，谷超豪还广泛涉猎其他学科知识。他认为物理和数学可相互促进，因此对物理学课程很感兴趣。理论力学是必修课，他并不满足于做对题目，还常常探索其他的解法，深受授课老师周北屏教授的称赞。周老师也告诉谷超豪，理论力学要有几何的眼光和手段。他还选修了量子力学、波动力学、理论物理等课程。这些都对他未来学术研究及研究领域的转向与扩展奠定了基础。如 1974 年与杨振宁合作研究规范场理论时，深深地感到这些课程学习对研究的帮助。

1948 年，谷超豪以优异的成绩毕业，专业课成绩在 90 分左右，毕业总平均分数达到 84 分。他与张鸣镛两人因成绩优异，得以留校担任数学系助教。苏步青尤其偏爱谷超豪，要他兼管数学系图书室。在苏步青、陈建功两位长期经营下，浙大数学系的藏书非常丰富，管理图书室即意味着可以方便地在里面看书学习、查找资料。谷超豪知道，苏步青是刻意培养他，给了他这个机会，这可是一份实实在在的"美差"。可是，谷超豪当时正从事党的地下工作，随着内战胜利的临近，事务十分繁忙。图书室要求每天按时开门，中间不能关闭，这对于谷超豪来说是不可能做到的。有一次，苏步青来到图书室，发现门还没有开，很不高兴。虽然苏步青没有直接发脾气，事后还是有人告诉了谷超豪。囿于党的纪律，谷超豪无法向苏步青解释，但毕竟错在自己，赶紧交出了图书室的钥匙，建议请别的助教接替他担任管理员。时隔多年，谷超豪还觉得在这件事上很对不起苏步青[1]。尽管苏步青非常同情

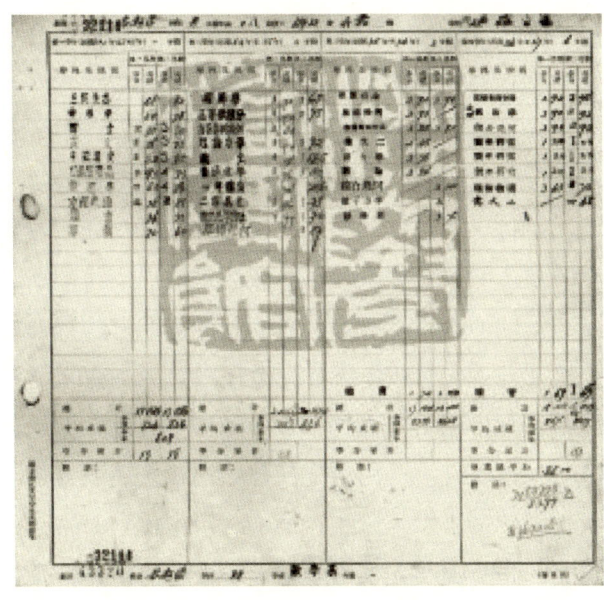

图 2-4　谷超豪浙江大学成绩单（藏浙江省档案馆）

学生运动，却也担心谷超豪过多地把时间和精力花在学生运动上而影响学习。有一次，苏步青对谷超豪说："学生会这类事情少做一点吧！"[2] 其实，谷超豪做什么事都很专心，两方面都能全心投入，做学生工作的时候就不想数学，研究数学的时候也不想学生会工作。因此，谷超豪在学业上也取得了很好的成绩，苏步青还是很满意很高兴的。大学期间谷超豪跟随苏步青掌握了比较扎实的相关微分几何的基础知识，也了解了一些微分几何的发展前沿，更学会了如何从事科研工作，为他以后的研究奠定了坚实的基础。

## "数学讨论班"显才华

浙江大学数学系四年级的学生，都要修学一种特殊的课程——"数学

---

① 陈怡采访整理：谷超豪：数学对我就像诗。《东方早报》，2005 年 5 月 27 日。

② 谷超豪：答中央电视台"大家栏目"记者问。见谷超豪著：《奋斗的历程——谷超豪文选》。上海：复旦大学出版社，2005 年，第 221 页。

研究"，即由学生在陈建功的分析和苏步青的几何两科中选择一科作为专门方向，再由导师选一本德文或法文的数学书及一篇在国际杂志上最近发表的论文攻读，每周由学生轮流向全体学员（包括学生与青年教师）报告。"数学研究"若不及格，不管其他成绩如何优秀，亦不能毕业。这是为了训练学生独立读书及论文写作的能力，由苏步青、陈建功专门制定教学方法。两位数学大师，不仅想把自己毕生的所学无私地传授给学生，更希望把他们都培养成为具有独立科研能力的数学家。1947 年下半年，谷超豪就要升入大学四年级了，他和班上另一位同学张鸣镛[①] 被获准同时修学分析和几何两个方面的"数学研究"，即参加陈建功主持的函数论专题讨论班和苏步青主持的微分几何专题讨论班。这在浙大数学系历史上还是首次，以前一个学生只能参加一个讨论班。原来，苏步青和陈建功都觉得谷超豪和张鸣镛两人学习成绩优秀，科研能力很强，经商量后决定给这两位年轻学子多压些担子，让他们在求学期间打下更为扎实和广泛的基础。

　　苏、陈两位的这个决定，对于谷超豪来说既是无上的荣耀，更是巨大的压力。应该读哪几本书？读哪些论文呢？心里还真没底。开学前的暑假里，谷超豪登门拜访了苏步青，当面向他请教。苏步青推荐的书是美国数学家爱森哈特（Luther Pfahler Eisenhart）的《微分几何引论》，这是一本新版的教科书，是用张量记号处理初等微分几何的，写得非常清楚，很有条理，一切从头讲起，并不难读，谷超豪没花多少力气就读完了。论文的情况就不容乐观了，苏步青给他布置的是有数学界诺贝尔奖称誉的菲尔兹（Fields）奖首届得主、美国数学家道格拉斯（Jesse Douglas）[②] 的一篇文章，内容是有关变分反问题的，即给定了偏微分方程，看它是否是一个变分问题的 Euler–Lagrange 方程。论文分两部分：第一部分是关于偏微分方

---

① 张鸣镛（1926–1986），浙江温州人。1948 年浙江大学数学系毕业，并留校任助教。1952 年调任厦门大学数学系讲师，1978 年破格晋升教授，并任数学系副主任。1986 年病逝。详见张鸣华：张鸣镛。见程民德主编：《中国现代数学家传》第 1 卷。南京：江苏教育出版社，1994 年，第 487–499 页。

② 菲尔兹奖设立于 1936 年，奖励 40 岁以下做出卓越贡献的青年数学家，由国际数学家大会颁发，四年一届，每届不超过四人，到 2010 年华人数学家先后有丘成桐（1982）、陶哲轩（2006）先后获奖。道格拉斯在 1936 年以 39 岁高龄因"普拉托极小曲面问题、变分问题的反问题"问鼎。

程系统的一般理论，主要介绍 Require 等人在解析领域中偏微分方程的理论；第二部分是把这个理论应用于变分反问题中去。拿到这篇论文后，谷超豪先要把它抄下来，在抄的过程中，他已经感到这是一块并不好啃的硬骨头。当时大学没有开设偏微分方程的课程，谷超豪只接触过一点点一阶的单个方程，而现在摆在面前的是任意个、任意阶的方程，按他的话说完全是"丈二金刚摸不着头脑"，只好硬着头皮啃下去。

初生牛犊不怕虎，做学问也需要无畏的精神。谷超豪认为数学本身是有内在逻辑的，只要耐下性子阅读，总能理出些头绪，这样一步步坚持下去，终究会看懂的。在严师的督责下，谷超豪花了整整一个暑假的时间，阅读完这篇长达几十页的文章，总算基本弄清了文章的脉络，知道了基本的结果和所用的方法。开学以后，他的研究报告在讨论班得以通过。经过这一番苦读，谷超豪深感获益颇多，不但学到了文章里的关于变分反问题的最新知识，也对以后阅读那些艰深的学术论文树立了信心。直到半个世纪以后，已经是中国科学院院士、中国科技大学校长的谷超豪仍对这一次阅读念念不忘："五十多年过去了，我对这篇论文还有眷恋之情，它帮助我了解的东西是很有意义的，例如，它帮助我了解外微分形式的 Cartan-Kahler 理论和吴文俊先生的数学机械化的部分思想（用于微分几何和偏微分方程系统）和方法。又如，变分反问题仍然是数学中的重大问题，用更现代化观点来研究完全是很值得做的一件事，我还时常会产生想做这件事的念头。"[1]

在苏步青的微分几何讨论班上，谷超豪显露出他面对困难敢啃硬骨头的"拼搏精神"；而在陈建功的函数论讨论班上，谷超豪显露出他的数学天分，做出并发表了平生第一个科研成果。陈建功、苏步青的数学讨论班，每周一次，一次三个小时，中间休息十分钟。讨论班的座椅很舒适，不像教室的桌椅。谷超豪一周要参加两个讨论班，别人可能不行，但对他似乎不是问题。当时他是学生自治会领导，有不少课外活动占去不少时间，可在两个讨论班他表现都非常突出，周元燊当时也参加函数论讨论

---

[1] 谷超豪：苏步青老师引导我做研究。见谷超豪著：《奋斗的历程——谷超豪文选》。上海：复旦大学出版社，2005 年，第 206 页。

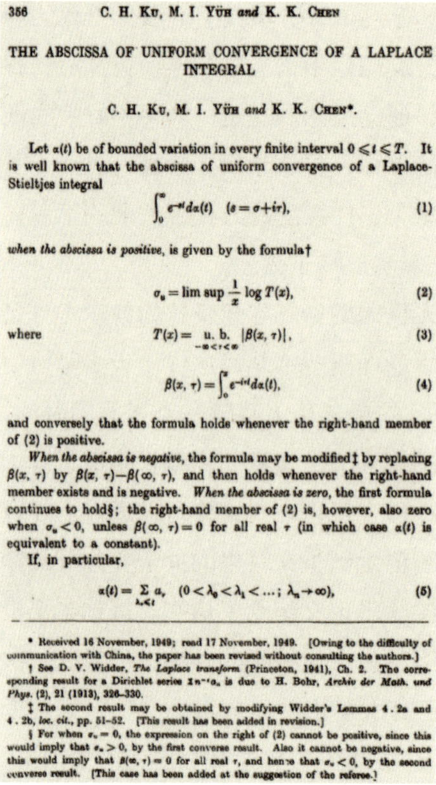

356 C. H. Ku, M. I. Yüh *and* K. K. Chen

THE ABSCISSA OF UNIFORM CONVERGENCE OF A LAPLACE INTEGRAL

C. H. Ku, M. I. Yüh *and* K. K. Chen*.

Let $\alpha(t)$ be of bounded variation in every finite interval $0 \leqslant t \leqslant T$. It is well known that the abscissa of uniform convergence of a Laplace-Stieltjes integral

$$\int_0^\infty e^{-st} d\alpha(t) \quad (s = \sigma + i\tau), \tag{1}$$

*when the abscissa is positive*, is given by the formula†

$$\sigma_u = \limsup \frac{1}{x} \log T(x), \tag{2}$$

where

$$T(x) = \underset{-\infty<\tau<\infty}{\text{u. b.}} |\beta(x, \tau)|, \tag{3}$$

$$\beta(x, \tau) = \int_0^x e^{-i\tau t} d\alpha(t), \tag{4}$$

and conversely that the formula holds whenever the right-hand member of (2) is positive.

*When the abscissa is negative*, the formula may be modified‡ by replacing $\beta(x, \tau)$ by $\beta(x, \tau) - \beta(\infty, \tau)$, and then holds whenever the right-hand member exists and is negative. *When the abscissa is zero*, the first formula continues to hold§; the right-hand member of (2) is, however, also zero when $\sigma_u < 0$, unless $\beta(\infty, \tau) = 0$ for all real $\tau$ (in which case $\alpha(t)$ is equivalent to a constant).

If, in particular,

$$\alpha(t) = \sum_{\lambda_\nu < t} a_\nu \quad (0 < \lambda_0 < \lambda_1 < \dots; \lambda_n \to \infty), \tag{5}$$

* Received 16 November, 1949; read 17 November, 1949. [Owing to the difficulty of communication with China, the paper has been revised without consulting the authors.]

† See D. V. Widder, *The Laplace transform* (Princeton, 1941), Ch. 2. The corresponding result for a Dirichlet series $\sum n^{-s} a_n$ is due to H. Bohr, *Archiv der Math. und Phys.* (2), 21 (1913), 326–330.

‡ The second result may be obtained by modifying Widder's Lemmas 4.2a and 4.2b, *loc. cit.*, pp. 51–52. [This result has been added in revision.]

§ For when $\sigma_u = 0$, the expression on the right of (2) cannot be positive, since this would imply that $\sigma_u > 0$, by the first converse result. Also it cannot be negative, since this would imply that $\beta(\infty, \tau) = 0$ for all real $\tau$, and hence that $\sigma_u < 0$, by the second converse result. [This case has been added at the suggestion of the referee.]

图 2-5 谷超豪与越民义、陈建功合作论文的首页书影

班，他回忆说："我对谷超豪的印象，他是学生会主席，整天闹学潮，但在分析讨论班我发现谷超豪了不起。"① 谷超豪虽跟随苏步青全力学习几何，可在分析讨论班上也充分展现其数学天分。毕业留校做助教的谷超豪继续参加陈建功的函数论讨论班。1948 年 10 月，陈建功在课堂上说，Laplace 积分的收敛横标问题虽已解决，但还没有一个统一的表达式，建议大家可以试试。谷超豪在陈建功的指导下，找到了一个表达式，交给陈建功。另一名助教越民义也得到了一个表达式。陈建功本人对这个问题也很有兴趣，综合了两人的成果，加上自己的研究，写成论文，得到谷超豪与越民义同意后投寄出去。这就是谷超豪师生合作完成的论文"拉普拉斯积分的一致收敛横坐标"②，谷超豪在其间完成了 Laplace 变换收敛横坐标公式的推导，这是他的第一篇学术论文。

与谷超豪共同研究 Laplace 积分的越民义，1921 年生于贵阳，1945 年毕业于浙江大学数学，留校任教。1951 年调中国科学院数学研究所，成为中国运筹学的奠基人之一，曾任中国科学院应用数学研究所副所长。讨

① 周元燊访谈，2012 年 4 月 15 日，上海。资料存于采集工程数据库。不过，当时谷超豪并不是浙大学生自治会主席，仅是学生会副常务理事。

② The Abscissa of Uniform Convergence of a Laplace Integral, *Journal of the London Math. Society*, 1952 年第 27 期，第 359–362 页。陈建功先将论文投寄给《美国数学通报》(*Bulletin of American Math. Society*)，编辑部将稿子寄回要陈建功修改。陈建功不高兴，又转寄给英国《伦敦数学会杂志》，1952 年发表。

论班这种课堂讲授与课外讨论相结合的授课方式，后来一直被苏步青、陈建功两位的弟子所沿用，并逐步发展成为一种小型的学术研讨会。谷超豪以苏步青为榜样，在复旦任教的几十年岁月里，只要时间、身体允许，他每周必定要组织一次讨论班。大家围坐成一圈，交流各自的研究进展和学习所得。几十年来，讨论班的学生换了一茬又一茬，但这种传统却薪火相传，成为复旦校园一道独特的风景线，并被学校称为小型学术讨论会，向全校推广。

谷超豪在陈建功指导下完成处女作显露其数学天分，也选修了陈建功的复变函数课程。但他志在微分几何，函数论的研究只是小试牛刀，很快将研究方向转向微分几何。可当时的谷超豪并没有把全部身心放到学术的数学研究上，当学生与留校任助教仅仅是其一个身份，从事革命才是他的主要工作。

# 第三章
# 再次投身革命

抗战胜利后，风起云涌的民主运动在杭州也激起强烈的反响。身怀救世情怀的谷超豪自然会被吸引，他再次投身于政治运动中。领导游行示威、组织进步社团，参与各种政治活动成为他的主业，并于 1948 年 4 月再次加入了中国共产党。

## 领导学生运动

进入大学以后，虽然与党组织失去了联系，谷超豪的信仰并没有改变。抗战胜利那一刻，谷超豪非常高兴，认为中国从此再也不会有战乱了，人民从此可以过上安定的生活。然而，昆明"一二·一"事件烈士的鲜血[①]，再一次打破了校园的宁静，也重新唤起了谷超豪的政治热情。按他的话说："我的心与当时的争取民主，反对内战的浪潮起了共鸣。"

---

① 1945 年 12 月 1 日，大批国民党特务和军警围攻西南联大、云南大学等学校，毒打学生和教师，并向学生集中的地方投掷手榴弹，炸死西南联大学生潘琰、李鲁连，昆华工校学生张华昌，南菁中学青年教师于再等 4 人，重伤 29 人，轻伤 30 多人，造成了震惊全国的"一二·一惨案"。

当时，三青团组织在浙江大学有一定的势力，甚至在杭州组织了几次反苏游行，反对苏联在东北的作为。谷超豪逐渐意识到，必须把学生中的进步力量组织起来，必须有领导地对群众进行宣传工作。他想到了中学时代的读书会，于是，酝酿组织一个进步社团，来推进学生活动。1946年上半年，谷超豪与同学吴士濂、薛天士等人共同发起组织了"求是学社"，一共 20 人左右，由谷超豪任负责人。每周六晚上举行讨论会，分析时局，学习哲学和社会科学。每两三个星期出版一次壁报，宣传对时局的看法。适逢民主斗士马寅初来到杭州，谷超豪和另一位社员王万里一起登门拜访他，邀请他到浙江大学演讲。马寅初很高兴，马上就答应了。演讲那一天，工学院大厅人头攒动，到的人很多，不仅有学生，也有教师员工，甚至还有校外慕名而来的听众。马寅初情绪很高，在演讲中以具体事例向大家揭露了官僚资本对中国经济的危害，表明了他和独裁政权斗争到底的决心。6 月 13 日，以浙江大学为主，杭州部分大中学校学生组织发起了一场反对内战捍卫和平的大游行。马寅初和其他几位教授，冒着被捕的危险，迎着滂沱大雨走在队伍的最前面，谷超豪和大会主席团成员紧紧跟在后，浩浩荡荡的队伍吸引了数以万计的围观群众。"反对内战"、"反对开放内河航行权"、"抗议出卖国家主权"等口号声，响彻杭城上空；"人民第一，民主第一"、"和平第一，建国第一"等标语、传单，贴满了沿途的街头巷口；浙大学生还将《马赛曲》重新填写了反内战的歌词，一路高唱。游行队伍到达浙江省政府前的大操场后，马寅初再次登台演说[①]。杭州这次"六一三"游行影响很大，比南京下关事件[②]所引发的游行示威还要早，极大地鼓舞了学生与民众的士气。

浙大学习期间，有不少学生利用暑假回乡开设补习班，传授科学文化知识，顺便在家乡开展民主运动。当时温州就成立有回乡大学生联谊会，简称"大联"，共产党通过这个公开的组织，在温州开展民主运动。入学

---

① 《中共杭州党史》第 1 卷（1922–1949）。http://www.hangzhou.gov.cn/dsyjs/dswx/zghzds/T293145.shtml。

② 1946 年 6 月 23 日，以马叙伦、雷洁琼为首的上海人民和平请愿团去南京国民政府和平请愿，在下关火车站遭到特务袭击，马叙伦等均被严重殴伤。

后不久，谷超豪就参加了浙江大学温州同学会，1946年和1947年暑假曾两次回温州从事"大联"工作。当时，一艘英商太古公司的轮船非法驶入瓯江，企图偷运货物。对这起悍然侵犯国家主权的事件，地方政府当局不闻不问，听之任之。谷超豪和"大联"成员四处奔走，组织民众严正抗议，终于把该轮驱逐出了温州港。谷超豪是"大联"的理事兼补习学校教务主任，主要负责在温州地区的中学里组建学习小组，组织进步学生从事革命运动。另外，"大联"还经常举办时事晚会，既有文艺节目，又有时事讨论，吸引了不少学生。这些活动受到了浙南地区党组织的重视，负责温州城乡工作的永嘉县委书记曾绍文找到了谷超豪，谷超豪又见到了冯增荣等一批过去温中的同学，老友重逢彼此都很高兴。这样，谷超豪再次与党组织建立起了联系。当时，革命力量不足，缺少干部，有的同志提出应该叫谷超豪回来工作。曾绍文虽然也很欣赏谷超豪的革命斗志和工作能力，却坚决主张让他回浙大读书。曾绍文感慨地说："全国解放以后，国家建设也需要科学家，还是让他继续读书吧！"从支持谷超豪读书这件事可以看出，这位县委书记还是很有远见的。如果他同意把谷超豪叫回来的话，谷超豪必须无条件服从组织的决定①。这样，中国也许就有多了一位纯粹的党务工作者，少了一名蜚声国际的数学工作者。

1947年，浙大学生运动一浪高过一浪。谷超豪出任浙大学生自治会代表会数学系代表，筹编学生自治会机关报《求是周报》。年初的抗议美军暴行的示威游行，"五二〇""反饥饿、反内战"运动，谷超豪都积极参与其间，发挥了巨大的作用。6月18日，校长竺可桢欧美访问归来，立刻召集谷超豪等学生自治会代表询问学生运动特别是罢课情况②。同年10月，浙江大学学生自治会负责人于子三等四人被捕后，谷超豪等立即向学校报告，展开营救。惜乎于子三很快被害，全校师生悲愤万分，掀起了声势浩大的抗议活动。学生们打着"踏着烈士的血迹前进"、"一个人倒下去，千万人站起来"的横幅上街游行。校长竺可桢主持正义，以苏步青为首的教授会决定罢课一天，支持同学们的正义行为。谷超豪作为学生自治会代

---

① 冯增荣访谈，2011年10月12日，北京。资料存于采集工程数据库。

② 竺可桢：竺可桢全集，第10卷。上海：上海科技教育出版社，2006年，第465页。

表，和另外几名学生、教授代表一起察看法医验尸，含着仇恨和眼泪目送烈士遗体入殓。国民党当局一面镇压学生运动，一面又派遣和扶植一些学生争夺学生自治会的领导权。为此，浙江大学学生自治会决定举行改选，由各学生社团向群众推荐一批进步分子作为候选人。谷超豪因在历次运动中表现突出，功课又好，在同学中威信很高，被好几个学生团体联合提名参选。竞选期间，学校壁报上

图3-1　1947年浙江大学学生自治会理事合影

（中排右二为谷超豪）

出现了一条醒目的标语："科学＋民主＝谷超豪"[①]。最后，谷超豪以高票数当选为副常务理事，后兼任主任秘书，成为浙大学生自治会主要负责人之一。

自从1943年脱党之后，谷超豪在学生运动中又与党组织建立起了联系，也萌生过想重新入党的念头。此时的谷超豪更成熟了，作为一名在党领导下进行工作的积极分子，他谦虚地说："我一向把党员看得很崇高，应该是'钢铁材料炼成的'，在学生运动中，我虽然已在党组织的直接领

---

① 谷超豪：答中央电视台"大家栏目"记者问。见谷超豪著：《奋斗的历程——谷超豪文选》。上海：复旦大学出版社，2005年，第218页。

导下做了一定的工作，但总感到还没有锻炼成熟。"[①] 党组织鉴于谷超豪坚定的革命信念和在学生运动中杰出的工作能力，再一次把他列入发展的对象。1948 年，浙大学生、城工系统党组织负责人赵槐，委派谷超豪温州中学的同学徐恭恕找他谈话，希望谷超豪能在党的组织之中为党的事业而奋斗。于是，谷超豪向党组织郑重提出了重新入党的申请。1948 年 4 月，经赵槐介绍，谷超豪再一次加入了中国共产党。

入党之后，谷超豪受党委派，投身于另一进步学生团体"华社"的领导工作。华社，1944 年 9 月成立于贵州遵义，当时就得到了浙江大学地下党的关心和支持，经常举行关于新民主主义和社会主义的学习活动，探讨如何进一步推动学生运动，以及在讲师、助教中开展工作。在浙大历次学生运动中，华社社员一直是起带头作用的积极分子。随着社员的毕业和就业，华社又逐渐成为一个全国性的组织，在上海、南京、武汉、北平、天津等地都有社员，总社设在上海。1947 年下半年，华社与燕京大学的进步学生团体"创社"合并，组成"人民世纪创造建设社"，简称"民创社"，而在杭州的组织习惯上仍然称为华社。1947 年 6 月间，谷超豪受邀加入华社，1948 年成为该社在杭州的主要负责人之一。党组织交给谷超豪的主要任务，是继续领导华社杭州分社，并通过华社在浙大学生中发展党员。在谷超豪的领导下，浙大农学院、理学院、工学院都成立了华社小组，组织大家学习《新民主主义论》等书籍，并积极安排社员参加各项群众活动。按照上级的要求，谷超豪发展华社杭州分社另一位负责人任雨吉加入了党组织，又介绍邵浩然、包洪枢参加华社，随后发展这两位同志入了党。其中，邵浩然在浙大外语系建立了华社的小组。1948 年底，谷超豪又发展了池志强、许殿英两位学生自治会的骨干加入了党组织。

1949 年 3 月，杭州地下市委成立，谷超豪奉命将他所联系的学生党员的组织关系移交给了其他同志，开始以全部力量从事校外科技界的工作，他的学生运动工作告一段落。

---

① 谷超豪：解放战争时期浙大学生运动的一些回忆。见谷超豪著：《奋斗的历程——谷超豪文选》。上海：复旦大学出版社，2005 年，第 151-152 页。

# 策反雷达研究所

　　1948年，淮海战役打响以后，国民党军队节节败退，解放军很快陈兵长江北岸，国民党政权败局已定。此时的南京，人心惶惶，军政机关纷纷南下撤往广州。国防部第六厅下属的雷达研究所也在准备撤离的名单中。由于找不到火车皮和船只，雷达研究所只能先从南京撤到杭州，稍作调整后准备继续南迁。12月的某一天，在雷达研究所工作的张叶明，突然来到浙大拜访谷超豪。

　　张叶明是浙江大学物理系毕业生，上大学时参加进步社团，组织学生运动，是出了名的活跃人物。中共浙大地下党支部书记许良英，当时的公开身份是浙大物理系助教，张叶明正是许良英的学生。由于学习刻苦，又热心进步活动，许良英很早就注意到张叶明。只是他过于活跃，出于安全考虑，没有发展他入党。毕业以后，经许良英介绍，张叶明来到无锡青城中学做物理教师。后来，在党组织的授意下，通过同乡关系进入雷达研究所工作。因此，张叶明回到杭州，首先找到了许良英。但是，许良英领导的浙大地下党支部主要负责学生工作，遵照组织原则和秘密工作的纪律，不能涉及校外事务。于是，许良英让张叶明去找隶属于城工系统的党员谷超豪。

　　在谷超豪这里，张叶明谈了一些雷达研究所的情况，希望能够得到组织上的帮助。雷达是20世纪30年代中期才发展起来的新型武器，在二次世界大战中与原子弹、火箭并称为三大新式武器。在《国防部第六厅特种电讯器材修理所三十六年度工作报告书》中曾有这样一段描述："日美中途岛海战，日海军以四倍优势兵力进袭美军，而美军利用雷达先发制人，日军惨败，日军当局遂认为雷达亦为出击重要武器。"当时，雷达刚刚起步，只有英美等少数几个国家拥有这项技术，连一度不可一世的日本，也是在吃了亏之后才开始重视雷达技术的。抗战胜利后，日本留在中国的大部分装备被国民政府接收，其中就包括 100 多部雷达。为此，总参谋长陈诚责令由国防部第六厅负责整修这批雷达，并计划运用。1947 年，国防部第六厅成立特种电信器材修理所，下设京区所和台区所，分别在南京和台湾两地同时开展工作。京区所侧重训练雷达工作人员，兼任修理；台区所侧重修理雷达设备，兼任训练。年底，台区所撤销，人员和设备并入京区所。1948 年 11 月，特种电信器材修理所改编为雷达研究所，成为国防部下属极为重要的一个军事部门①。

谷超豪想，如果能够策动雷达研究所起义，让它加入人民的队伍，必将有利于未来革命军队的现代化建设。谷超豪所属的城工系统党组织，主要工作就是团结广大的科技工作者，立足本职，做好护厂、护校斗争，把一个完整的城市交到人民手中。策反雷达研究所，正属于城工系统党组织的分内之事。谷超豪立即把这一重要情报向他的上级徐恭恕作了汇报。经过研究，党组织指示谷超豪：与张叶明保持经常的联系，条件成熟时发展他入党；并通过张叶明进一步摸清雷达研究所情况，做好该所的策反工作，力争把它完整地留在杭州，等待解放军的接管。

除了张叶明之外，还有好几位浙大毕业生在雷达研究所工作。其中范复礼是谷超豪的同班同学，早在 1943 年浙大龙泉分校时就已经认识了。经过谈话，范复礼也表示不希望南迁，愿意为雷达研究所留在杭州而努力。所内有一位中级科技人员程嘉钧，原是主要由浙大理工学生发起组织的进步团体科学时代社的成员，受台湾共产党指派打入雷达研究所，是一位没有暴露身份的秘密党员。雷达研究所迁来杭州后，程嘉钧立即与科学时代社恢复了联系。谷超豪也是科学时代社社员，他安排张叶明和范复礼参加了科学时代社。于是，在谷超豪的领导下，张叶明、范复礼、程嘉钧三人形成了雷达研究所策反工作的核心。他们分析了雷达所的情况，认为其中大多数科技人员是为了谋职业到该所去的，思想并不反动，在战争形势直转的情况下，也不愿意追随政府继续南迁；所长葛正权，美国加州大学伯克利分校博士，原为武汉大学物理学教授，是一位正直的科学家，也是有可能争取的；还有一些

---

① 赵家新：《我国雷达事业萌芽时期历史的初考》。http://blog.sina.com.cn/s/blog_4879dfc4010002g6.html。

国民党政工人员，也有所动摇，正在观望犹豫之中，未必能够完全控制该所；只有副所长叶彦世，曾长期在军统局主持电讯工作，是铁杆的孤忠派。通过分析，杭州地下党制定了"团结进步分子，争取中间分子，孤立反动分子"的策反方针。谷超豪对于党组织布置的这一任务充满着信心。

1949 年二三月间，解放大军渡江已近在眼前。根据上级指示，杭州地下党组织特别成立了一个党小组来从事浙大以外科研机构和科技人员的工作，谷超豪任小组长，并分工负责雷达研究所的策反工作。在谷超豪的授意下，雷达研究所公开成立了一个类似"应变委员会"的组织，目的在于反对搬迁，保障研究所的安全。当时，地下党领导下的"科学工作者协会杭州分会"发出号召，呼吁科技工作者起来保全国家仅有的一些科技力量和设备，使其不受战争的破坏，不要因迁移而受损失。在雷达研究所，也发展了好几位科协的会员，这些人都成了反搬迁斗争的骨干。

雷达研究所的技术人员，大多是江浙人，听说要南迁广州，甚至还要迁到台湾，都十分担心，害怕这么一走从此再也回不来了。通过张叶明、范复礼、程嘉钧等人的宣传和教育，大部分技术人员表示坚决反对迁粤逃台，一些政工人员也有所动摇，不再愿意继续追随政府。4 月下旬，南京被攻克，解放军向杭州逼近。国防部下达命令，要求雷达研究所迁往台湾。经过张叶明等人的说服工作，所长葛正权已明确表示不再继续搬迁，也不会解散研究所。对于国防部的命令，葛正权软磨硬拖，以资金匮乏、交通不畅为由，拒不执行。几个最坚决的政工人员，包括坚持搬迁的副所长叶彦世，一看势头不对，灰溜溜地逃跑了。在张叶明等人的领导下，所内科技人员自行组织起来，维护设备器材和文件档案。自从迁到杭州以后，国防部只给雷达研究所发了一个月的薪水，全所一百多人的吃饭问题成了头等大事。为了稳定人心，应变委员会提出了"只要这个所还存在，大家就有饭吃"的口号。所长葛正权在应变委员会的感召下，拿出了国防部拨给雷达所搬迁用的美金，这样全所员工的吃饭问题得以解决。有了粮食以后，工作人员们把家属也接到所里一起生活[①]。所长葛正权下令，将

---

① 黄加佳：策反：数学大师谷超豪早年的一段"谍战传奇"。《北京日报》，2010 年 2 月 9 日。

雷达器材、文件资料予以封存，静候解放大军的接管。

1949 年 5 月 3 日，解放军进入杭州。第二天，杭州市军管会主任谭震林派航空处处长王中笑接管了雷达研究所，技术人员、装备器材、车辆和文件档案全部保存完好，我国唯一的雷达研究机构完整地保留下来。为此，谭震林还特地给张叶明写了一封信，感谢他们为保护雷达设备策动研究所起义所作的贡献。不久，谷超豪通知张叶明，地下党杭州市委已批准他加入中国共产党，了却了他多年的夙愿。10 月，雷达研究所迁回南京，归属华东军区航空办事处领导。1950 年 4 月，在原雷达研究所的设备和技术力量的基础上，扩充人员，加强领导力量，正式组建成立空军电讯大队，后改称雷达第 101 营。这是中国人民解放军的第一支雷达部队。5 月，雷达部队又奉命调往沈阳至鸭绿江铁路沿线布防[①]。

# 从事科技统战工作

1948 年留校任教之后，党组织交给谷超豪的一项主要任务，是团结广大的科技工作者，保护杭州市内各科研机构，反搬迁、反破坏，以确保顺利接管。1948 年下半年，谷超豪和李文铸、张翰等人在浙江大学发起组织了一个进步科学社团"求是科学社"，由谷超豪任负责人，目的是吸引爱好科学技术的学生，从事学术知识交流，支持进步学生运动。求是科学社成员有一百余人，大多是三四年级的学生。在谷超豪的领导下，求是科学社积极举办各类学术演讲，组织大家参观工厂、观测天象，在报刊上发表科普文章。浙大地下党组织和"华社"也非常支持求是科学社的活动，后来杭州即将解放，别的事情很多，这个社团才逐步停止活动。从"求是科学社"中，后来走出了好几位两院院士，除了谷超豪，还有胡海昌、潘家铮、杨福榆、沈允纲、沈家骢、韩祯祥等，在各自的科研岗位上为祖国的建设

---

① "雷达所人员起义"专题征编组：党策动雷达研究所人员起义简述。《杭州党史资料》，1984 年，第二期。

作出了突出的贡献。由此可见，谷超豪具有极强的统战领导能力，能团结科技界爱国人士投身革命事业，完全能够胜任党在科技领域的统战工作。

1948年秋天，谷超豪加入"科学工作者协会杭州分会"。当时的科学工作者协会（简称科协），也是党领导下的进步团体，成员中有不少上层的科学家、学校里知名的教授。谷超豪加入科协就是为了动员广大科技界人士投身反搬迁斗争，把杭州市的各个科学技术部门保留下来。为此，地下党组织专门成立了一个负责科协工作的小组，谷超豪就是这个小组的主要成员。当时，政治环境虽然恶劣，但客观条件也很有利：一是战争形势很好，大家的思想觉悟提高得很快；二是浙江大学有一批民主运动的积极分子。谷超豪即以浙大的这些积极分子为骨干，开展统战工作，利用科协的活动来团结广大的科技工作者。当时，地下党在浙江大学以外的科技工作者中力量还很薄弱，因此科协重点面向浙大以外发展会员，结果杭州的许多单位都建立了科协的支会。在党的领导下，科协高举科学、民主、自由的大旗，号召科技界人士团结起来，反对搬迁，反对解散，全力保护国家的财富，这一点得到了广大科技工作者的拥护与支持。杭州解放之际，包括雷达研究所在内，科协所联系的单位都完整地保留下来了，仪器设备、文件档案都没有受到破坏，顺利地完成了交接任务。

新政权建立后，科协工作进一步得到了党和人民政府的重视。5月下旬，杭州召开了第一次科协代表大会，市军管会主任谭震林在会上作了重要讲话。大会选举谷超豪为中国科学工作者协会杭州分会理事兼秘书，并以党支部书记的身份主持日常工作。杭州市科协广泛团结全市科技人员，组织他们为经济建设出谋划策。浙江省筹建中华全国自然科学专门学会联合会杭州分会，谷超豪担任秘书长、党组书记，配合主席苏步青开展工作。同时，谷超豪还担任了浙江省人民政府文教厅文化局科普科科长，科普工作搞得有声有色。科协杭州分会位于长生路4号，当年杭州的一些科技界人士，至今还能亲切地回忆起50年代初期市科协的"长生路4号精神"，那就是齐心协力让科学为人民服务的精神。

党领导的科学事业需要争取老一辈学者的支持。时任浙江大学教务长的苏步青，在科技界具有崇高的威望，是共产党人非常敬重的科学家，应邀出任浙江省科联（科联即自然科学专门学会联合会）主席一职。因此，苏步青既是谷超豪的恩师，也是他统战的对象。谷超豪去苏步青家，不仅仅是求知问学，也经常向他宣传党的科技政策，介绍新中国在建设事业上的伟大成就。对于这位得意门生，苏步青更是偏爱有加，不时加以指导，鼓励谷超豪不断取得更大的成绩。师生两人，在科技统战领域彼此配合，相互支持，共同开展工作。回忆起当时的情景，谷超豪说："当时我和他的关系很特殊，一方面，他是我的导师，我是他的小字辈学生；另一方面，他是科联的主席，我是秘书又是党组书记（未公开），一面帮助苏先生做具体工作，一面贯彻省委、市委意图。苏先生心中明白这一点，对我非常客气。"①

当时，浙江大学民盟组织刚刚开始恢复活动，成员主要是农学院的几位教授。为了更好地开展科技界上层人士的统战工作，党组织要求谷超豪帮助民盟发展盟员，开展活动。谷超豪早就对中国民主同盟有了一定的了解。抗战胜利之后，国共两党经过谈判，签订了《双十协定》，决定召开政治协商会议。1946 年 1 月 10 日至 31 日，政协会议在重庆召开，参加者除了国共两党代表，还有民盟等其他党派代表和无党派爱国人士。旧政协的召开，让谷超豪知道除了共产党外，还有一个追求进步的组织——中国民主同盟。张澜、沈钧儒、黄炎培、费孝通等一大批知名学者都是民盟成员，李公朴、闻一多等民盟革命先驱更是让谷超豪敬佩不已。1951 年 12 月，根据党的指示，谷超豪加入了中国民主同盟，还被选为民盟杭州市委委员。不久，谷超豪第一批发展了苏步青和谈家桢两位教授加入民盟。苏步青是谷超豪的老师，谈家桢也是谷超豪在科协工作中经常接触的前辈，两位在学术界具有非常高的威信，在科学研究和教育事业上作出了杰出的贡献。与两位交谈时，谷超豪介绍了民盟的基本情况，加入民盟有助于个人思想觉悟的提高，是一个进步的行动。出于对党组织的信任，加上谷超豪耐心细致的工作，苏步青和谈家桢都欣然加入了中国民主同盟。后来，两位又都成为民盟重要的领导人，在政协和人大也担任了非常重要的职务。

在浙江民盟工作时，谷超豪得到了党组织和民盟组织的双重关心和帮

① 谷超豪：苏步青老师引导我做研究。见谷超豪著：《奋斗的历程——谷超豪文选》。上海：复旦大学出版社，2005 年，第 207 页。

助。"三反"、"五反"运动中，学校工作出现了偏差，把矛头错误地指向大批教授。接着，又要开展思想改造运动，说是要打"思想老虎"。一时之间，人心惶惶，生怕自己一不小心就成了政治运动的牺牲品。中共浙江省委得知后，让谷超豪找苏步青、谈家桢谈心，让他们带头做示范检查，放下思想包袱，率先通过。虽然这种做法仍然很"左"，让苏步青、谈家桢受了委屈，但在当时的情况下，也避免了更大的偏差，在全校师生中产生很好的影响。不少民主党派的朋友们，正是在谷超豪的身上看到了中国共产党与民主党派"长期共存，互相监督，肝胆相照，荣辱与共"的亲密合作关系。院系调整后，谷超豪来到复旦大学，不再担任民盟的盟内职务。但许多年来，谷超豪与民盟中央、民盟上海市委的领导同志常有接触，与民盟科技界盟员更是保持着真挚的友谊。

# 出席世界科协大会

在浙江省科联工作期间，谷超豪曾以全国科联代表的身份，前往捷克斯洛伐克首都布拉格出席世界科学工作者协会第二届代表大会。世界科学工作者协会（World Federation of Scientific Workers，WFSW，简称世界科协），由英国进步科学家于1946年发起成立，首届代表大会于1948年8月在布拉格举行[①]。1951年4月10日，世界科协将在法国巴黎召开第二届代表大会。代表全国科联出席此次大会的代表团，由梁希、茅以升、曹日昌、张昌绍、谷超豪等5人组成，包含了不同的学科、不同的地区、不同的年龄的科学工作者，梁希、茅以升分任正副团长，谷超豪以浙江大学助教身份参加。作为最年轻的团员，谷超豪主要负责整个团里的生活事务。这是新政权成立后较早向国外派出正式科学代表团，可谓意义重大。临行之前，周恩来总理亲自接见了代表团，对重大原则问题作了指示，并

---

① 梁希：世界科学工作者协会在团结中前进。《科学通报》，1951年第2卷第8期，第847页。

同意他们在苏联参观访问三周的要求①。

代表团到达布拉格之后，通过捷克斯洛伐克外交部，向法国政府提出了入境申请。然而，法国政府拒绝给中国代表团签证，捷克等东欧国家的代表也被阻止入境。因此，世界科学工作者协会只能宣布本届大会分巴黎、布拉格两地举行，凡重要问题均须经两地充分讨论发表意见后方作决定，并派英国代表伍斯德与法国代表卡亨前往布拉格担任大会联系工作。伍斯德与卡亨两人于11日中午到达捷克斯洛伐克，布拉格大会随即在当天下午开幕。大会首先讨论了几个重要而可能有不同意见的议案，如关于世界科协与世界工联的合约问题，关于理事会议权问题，关于会长与理事的提名问题等等。布拉格会场一面进行讨论，一面用长途电话与巴黎会场进行联系。对于这些问题，各人民民主国家的代表和西欧科学家的进步组织，出于大会团结的考虑，以及若干会员团体的实际困难，在坚持世界科学工作者协会会章与宪章的原则之下，作了很大的让步，并提出一些修正的意见，这些意见也得到巴黎方面的同意。

4月12—13日，布拉格会场继续开会。到会的有中、捷、保、罗、波、德等6个人民民主国家的代表，以及从巴黎赶来的英、法两国代表。会场上，各代表团就世界科协的杂志《科学与人类》的编辑和发行问题，世界科协的经费问题，关于世界科学工作者增进接触与科学工作成果互相交流的问题，都作了审慎地研究。会议间隙，各国代表彼此交换礼物、徽章，处处体现着世界各国科学工作者之间真挚的友谊。代表大会在融洽和谐的气氛下解决了许多问题，从而巩固了整个世界科协的团结。

在捷克斯洛伐克，中国代表团所到之处，均受到了热情的欢迎和接待。捷方给中方安排了很好的参观与访问的节目，凡是中方要求去的地方，凡是中方希望有的专门的接触，主人们一定尽其最大的可能来使这些要求能够实现。根据中国代表团5个人不同的学科背景，捷方特意安排了不同节目。谷超豪一行到达布拉格的当天晚上，捷克教育部就派专人来照料他们的生活起居。第二天，捷克斯洛伐克科学与技术发展中心研究局的

---

① 谷超豪：鞠躬尽瘁　功垂千秋——纪念周总理百年诞辰.《复旦》，1998年2月24日。

负责人福卡脱廓，会见了中国代表团，向他们介绍该局以及捷克科学研究的大体情况。随后，著名学府查理士大学的教授来看望他们，约他们去学校参观访问。许多政府部门和科研机构，如农业部，林业研究所等，也纷纷向中国代表团发出了邀请。

作为出国访问的科学工作者代表团成员，让谷超豪他们感到无比光荣自豪的场面实在太多了。世界科协代表大会结束后，捷克斯洛伐克的科学工作者专门举行了一场传达大会。梁希团长应邀在大会上作报告，介绍中国科学工作者在新中国成立后积极参加国家建设的具体情况。梁希的报告，引起了与会听众的关注，欢呼声与掌声持续不息。作为中国代表团里的年青人，谷超豪更是受到许多捷克青年的热情接待。一位地方青年组织的负责人，紧紧握住谷超豪的手说："为了捷克与中国的青年的团结，前进！"流露出了青年人特有的热情。捷克斯洛伐克科学与技术发展研究中心局的青年组织，特地召开会议欢迎谷超豪这位来自中国的青年科学家[①]。

4 月 24 日，梁希、张昌绍、谷超豪三人先行从布拉格飞抵莫斯科。苏联科学院、农业部、林业部等部门集合了十几位负责人，以科学院秘书长托布契也夫为首，来到机场迎接谷超豪一行，苏联汉学家郭赞生担任翻译。在苏联科学院的招待下，谷超豪一行参观访问了莫斯科各科学机构、各大博物馆，并且参加了"五一"劳动节庆典。5 月 8 日，茅以升、曹日昌也抵达莫斯科，继续参观访问。

4 月 28 日晚上，苏联科学院主持召开科学工作者庆祝"五一"劳动节的晚会。谷超豪一行被安排在大会主席台前排就坐。主席台上坐的都是苏联科学界的领袖，与科学领域最有成就的人物，

图 3-2　谷超豪收藏的列宁徽章

---

① 谷超豪：参加世界科学工作者协会二届大会的观感。《科学通报》，1951 年第 2 卷第 8 期，第 851 页。

如苏联科学院院长涅斯米扬诺夫、院士勒柏辛斯卡雅等等。5 月 12 日，苏联科学院又为中国代表团举行欢迎茶会。中国科学院副院长竺可桢恰随中国赴苏参加"五一"节观礼代表团访问苏联，也应苏方邀请出席了欢迎会。竺可桢在当天的日记里写道："四点和曹日昌……赴苏联科学院，梁叔五、张昌绍、谷超豪已先在，即引入院长招待室，由院长涅斯米扬诺夫及院士、生物科学部秘书奥巴林（生物化学研究所）等八九人作陪。"[①] 在会上，院长涅斯扬诺夫发表讲话，除了介绍苏联科学院的情况以外，还频频列举中国人在科学上许多伟大的成就，表示了中苏科学界如同兄弟一般的亲密关系。临走之际，苏联科学院、全苏政治与科学技术普及协会，赠送了专门的书籍、演讲稿、幻灯片、标本等等，这是中国代表团最感有意义的礼品。

"五一"节红场上的情景更使代表团感动万分。游行的队伍里，毛泽东、刘少奇、周恩来、朱德等领袖的画像，在花束与人群所组成的洪流中频频地出现。"中华人民共和国万岁"的口号声不时在红场上空响彻。除了谷超豪他们的科技界代表团，观礼台上还有很多受邀的中国代表，队伍行进到中国代表面前又掀起了一阵欢呼鼓掌的高潮，形成了红场上特别引人注意的一角。此情此景，让谷超豪为伟大的祖国、伟大的人民而感到光荣与骄傲！[②]

在苏联科学院的安排下，谷超豪一行在莫斯科还参观了许多科学与教育机构。他曾谈到，通过参观"使我首先感到的是苏联科学的进步和优越性，这种进步性表现在它能够很好地为征服自然改善人类的生活而服务"。而且，苏联科学的先进性还表现在大量培养人才这一点上。在苏联，科学研究与培养人才紧密结合在一起，做研究工作的人要指导学生，以教育工作为主的人也要做研究，这样才能培养出大量具有研究能力的科学工作者。另外，通过参观访问，谷超豪深刻感受到苏联科学工作者具有明确政治立场。苏联科学院数学研究所斯米尔诺夫主任说："苏联的数学工作者

---

① 竺可桢：竺可桢全集，第 12 卷。上海：上海科技出版社，2007 年，第 348 页。

② 谷超豪：参加世界科学工作者协会二届大会的观感。《科学通报》，1951 年第 2 卷第 8 期，第 851 页。

是唯物主义者，科学首先为人民，为建设共产主义服务，苏联学者的兴趣在于人民的需要，国家建设，世界和平。"莫斯科大学副校长说："大学教育的任务不仅在教课，每一教授还要对学生作教育工作，不但要培养科学工作人员，而且是培养爱祖国、爱和平，能为和平、共产主义斗争的人才。"[①] 在苏联三个星期的参观活动，苏联在科学技术方面的成就，深深触动了谷超豪，充分体会到了向苏联学习的必要性，再一次激发了他研究数学的热情。

---

① 谷超豪：参加世界科学工作者协会二届大会的观感。《科学通报》，1951 年第 2 卷第 8 期，第 853-854 页。

# 第四章
## "回到数学"

革命虽然具有极大的吸引力与号召力，党务与行政工作也是重要的革命工作，但对谷超豪来说，都不能替代他对数学的兴趣与热情甚至嗜好。革命工作之余，他追随苏步青在微分几何方面做出了开创性的研究成果，获得成果的喜悦使他回想起大学岁月中跟随苏步青、陈建功学习数学的快乐时光，数学也就越来越吸引他。最终，谷超豪选择了回归数学，回到了浙大，全身心投入数学研究与教学中。

## 微分几何出成果

受苏步青影响，谷超豪很早就对微分几何学感兴趣。

由欧拉开启，经由高斯、黎曼等数学大师开拓传承的微分几何学，是以数学分析为工具研究空间形式的一个数学分支，主要研究可微分形体（曲线、曲面、微分流形等）的几何性质。1872 年，德国数学家克莱因（Felix C. Klein）在他的《埃尔朗根纲领》（Erlanger Program）中把到当时为止已发现的所有几何统一在变换群论观点之下，提出几何学是研究空间在变换群作用下不变的性质。根据不同的变换群有欧氏几何、射影几何、仿射几何、共形几何等。这种利用群论观点统一几何学的思想，成了此后几何学研究的指导思想。20世纪初期，射影微分几何研究相当活跃，产生了以威尔辛斯基（E. J. Wilczynski）为代表的美国学派，以富比尼（G. Fubini）为代表的意大利学派和以苏步青为代表的中国学派。仿射微分几何和共形微分几何由陈省身的老师德国数学家布拉施克（W. J. E. Blaschke）开创。到二三十年代，法国数学家E·嘉当（E. Cartan）融黎曼和克莱因思想于一体，开创并发展了外微分形式与活动标架法，建立起李群与微分几何之间的联系，尤其是李群在流形上的作用，导致了齐性空间和对称空间的深入研究，从而为微分几何的发展奠定了重要基础且开辟了广阔的园地，并与微分方程、代数、拓扑等学科相互渗透，在机械工程、力学、引力理论、理论物理等领域有广泛的应用[①]。

作为射影微分几何学中国学派奠基人，苏步青一直致力于射影曲线与射影曲面的研究，取得了一系列的成就，也在仿射微分几何和一般空间微分几何方面用力，在教学与课堂中会不时提出一些问题与同学们讨论，以期教学相长。新政权建立后，谷超豪有一段时间离开浙大，全职在中国科学工作者协会（科协）杭州分会和后来的中华全国自然科学专门学会联合会（科联）杭州分会工作（科联成立后，科协宣布解散）。忙于行政工作的谷超豪，总感觉生活中缺少点什么，当他意识到他离不开那些图形、概念、定理和公式后，他也感觉到他自己的一生离不开数学。他向相关部门提出不中断数学研究与教学并得到同意。于是，白天他在"长生路4号"辛勤工作，去浙大听苏步青的课，晚上就在宿舍研究数学。谷超豪对苏步青微分几何课程中"$K$展开空间"非常感兴趣，苏步青一次在课堂说$K$展开空间的子空间理论尚未建立。苏步青不经意间的一个提示被谷超豪抓住了，他也被这个问题迷住了，一直努力思考解决这个问题。两星期后的一个晚上，谷超豪已经相当疲倦的大脑思维突然开始异常活跃起来，灵感来了什么都挡不住，$K$展开空间、子流形、子流形的子流形……脑海中渐渐

---

① 苏步青、胡和生等：《微分几何》。北京：高等教育出版社，1985年，第245-248页。

浮现出有关子空间理论的一种想法，并构想出了一种适宜于解决这个问题的新方法。经过许多复杂的计算，几天之内终于成功了。谷超豪拿着这些结果向苏步青汇报，苏步青非常高兴，说这成果应是 E. 嘉当在黎曼几何学中所提出的"平面公理"的推广，帮助他把成果写成英文论文，在当时已复刊的《科学记录》上发表，这就是谷超豪独立发表的第一篇论文《$K$ 展开空间新方法》[①]。在文中，谷超豪建立了 $K$ 展开的微分方程式与其积分的可能条件，由函数变换的分类得到与道格拉斯处理阐述变换相仿远交、体积和画法三种几何学，讨论了 $K$ 展开空间的平坦性，并求得 $K$ 展开空间画法平坦空间的几个特征，其中之一为 E. 嘉当和王宪钟分别在黎曼流形空间及道路空间定理的推广。由此，一发而不可收，在苏步青的指导下，对 $K$ 展开空间进行了系统研究，获得了一系列成果，先后发表了论文《$K$ 展开空间函数几何学》、《有界单叶函数的掩蔽体问题》、《关于 $K$ 展开空间子空间的理论》、《隐函数方程式表示下的 $K$ 展开空间理论》[②] 等。由于谷超豪对 $K$ 展开空间的表达方法与众不同，为保险起见，苏步青又用传统的表达方式为这个有关"平面公理"的定理做了另外的证明。后来这些结果作为一章写进了苏步青的专著《一般空间的微分几何学》[③]。

1950 年短短几个月时间内，谷超豪在苏步青指导下完成的相关 $K$ 展开空间研究的微分几何成就，也曾引起国际数学界的瞩目。1956 年，苏联学术评论杂志《数学》创刊号发表了一长篇评论，专门介绍了谷超豪的这一成果[④]。谷超豪在繁重的行政工作之余，短时间内在微分几何领域小试牛刀就取得如是数学成就，再一次激发了他对数学的兴趣与热情。但此时他

---

① 以英文 *New Treatment of geometries in a Space of K-spreads* 发表在 1950 年出版的 *Science Record 3* 第 41–51 页。

② 前三篇分别以英文 *On the Descriptive Geometry of a Space of K-spreads*、*A Note on Bounded Schlicht Functions*、*On the Theory of Subspaces in a Space of K-spreads* 发表在 1950 年出版的 *Science Record 3* 第 53–59、157–159 页，1951 年出版的 *Science Record 4* 第 31–36 页。第三篇还以中文发表在 1951 年出版的《中国科学》第 2 卷第 1 期第 1–19 页，第 4 篇发表在《中国科学》第 2 卷第 2 期第 165–178 页。

③ 苏步青：《一般空间的微分几何学》，第三章《$K$ 展空间》。北京：科学出版社，1958 年。

④ 朱光华：谷超豪。见程民德主编：《中国现代数学家传》第 1 卷。南京：江苏教育出版社，1994 年，第 506 页。

在行政工作上也是得心应手，在杭州除担任浙江省科协党组书记外，还兼浙江省文化局科普科科长。全国科普协会也有调他担任秘书处副处长的想法。1951 年 4 月，作为全国科联代表出席世界科协第二次代表会议，并在莫斯科参观访问三周。这一连串经历，使他有“青云直上”的感觉。此时，谷超豪已经完全成为一个党务工作者，作为苏步青的学生只有业余才去听苏步青的课。

即使这样，在与苏步青的交往中，谷超豪对数学研究的兴趣越来越浓厚。然而繁琐的行政事务占据了大部分时间，谷超豪希望能够全身心地投入于科研工作之中，发挥自己的天赋与特长，为新生的共和国做出更大贡献。1951 年 5 月，《人民日报》发表“五四社论”，党中央发出了“革命青年向科学进军”的号召。这对于正处在行政工作与数学研究矛盾中的谷超豪无疑是一个解脱的机会，他产生了辞去科联党组书记和文化局科普科科长等行政职务的念头，想重新回到浙江大学数学系当助教，重新跟着苏步青、陈建功研究数学。苏步青看出谷超豪的愿望及其在数学上的才能和潜力，向当时浙江省文教厅提出建议，并说服了主管文化教育的领导，放谷超豪回归到科研教学的队伍中来①。此时，中国科学院又想调他留学苏联，8 月因有肺结核到北戴河疗养，担任中国科学院休养所管理员，陪同李四光休养。后在教育部的坚持要求和苏步青的帮助下，谷超豪于 1951 年 9 月，重新回到了浙江大

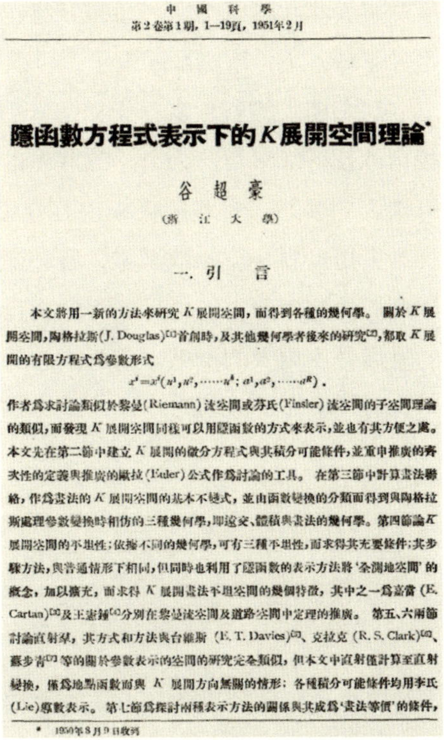

中國科學
第2卷第1期，1—19頁，1951年2月

隱函數方程式表示下的K展開空間理論*

谷超豪
（浙江大學）

一. 引言

本文將用一新的方法來研究K展開空間，而得到各種的幾何學。關於K展開空間，陶格拉斯(J. Douglas)[1]首創時，及其他幾何學者後來的研究[2]，都取K展開的有限方程式爲參數形式

$$x^i=x^i(u^1,u^2,\cdots\cdots u^k;a^1,a^2,\cdots\cdots a^R).$$

作者爲求討論類似於黎曼(Riemann)流空間或芬氏(Finsler)流空間的子空間理論的類似，而發現K展開空間同樣可以用隱函數的方式來表示，並也有其方便之處。本文先在第二節中建立K展開的微分方程式與其積分可能條件，並重申推廣的齊次性的定義與推廣的歐拉(Euler)公式作爲討論的工具。在第三節中計算畫法聯絡，作爲畫法的K展開空間的基本不變式，並由函數變換的分類而得到與陶格拉斯處理參數變換時相仿的三種幾何學，即正交、體積與畫法的幾何學。第四節論K展開空間的平坦性；依據不同的幾何學，可有三種平坦性，而求得其充要條件；其步驟方法，與普通情形下相同，但同時也利用了隱函數的表示方法將'全測地空間'的概念，加以擴充，而求得K展開畫法平坦空間的幾個特徵，其中之一爲嘉當(E. Cartan)[3]及王憲鍾[4]分別在黎曼流空間及道路空間中定理的推廣。第五、六兩節討論直射葉，其方式和方法與台維斯(E. T. Davies)[5]、克拉克(R. S. Clark)[6]、蘇步青[7]等的關於參數表示的空間的研究完全類似，但本文中直射僅計算至直射變換，僅爲地點函數而與K展開方向無關的情形；各種積分可能條件均用李氏(Lie)導數表示。第七節爲探討兩種表示方法的關係與其成爲'畫法等價'的條件，

* 1950年8月9日收到

图 4–1　谷超豪关于 K 展开空间研究论文书影

① 谷超豪：苏步青老师引导我做研究。见谷超豪著：《奋斗的历程——谷超豪文选》。上海：复旦大学出版社，2005 年，第 207 页。

学从事教学和科研工作，"回归到数学的队伍中"。此时，他已年满 25 岁，虽然年龄不小，毕竟是回来了，可以全身心研究他心爱的"数学"了。

回归浙大的谷超豪，于第二年晋升为讲师。9 月，到北京俄文专修学校留苏预备部学习，为留学苏联做准备。当时的中国，留学苏联可是每个青年人的梦想，对谷超豪来说具有更大的吸引力。苏联是数学超级大国，拥有大量世界一流的数学家，谷超豪能留学苏联向大师们请教，必将大大提升他的数学研究能力，必将站在世界数学发展的前沿，为人类科学事业的发展做出更大的贡献。踌躇满志的谷超豪似乎走上了人生的一条康庄大道，但现实却是残酷的。

# 俄专培训，留苏未成

谷超豪前往培训的北京俄文专修学校，简称俄专，是和新政权同日诞生的一所学校，其目的在于培养俄语翻译人才。早在新政权筹建之际，中共领导人已经确定向苏联"一边倒"的外交政策。1949 年 2 月，苏共中央政治局委员米高扬受斯大林委托秘密访问西柏坡，这是莫斯科迈出与未来中国缔结同盟的第一步。7 月，刘少奇、高岗率中共中央代表团访问苏联，进一步商讨建交、援助、结盟等一系列问题。北京俄专就是在这个大背景下组建的一所重要的语言培训学校，隶属于中共中央编译局，由毛泽东亲自题写校名。校长是中央编译局局长、著名翻译家、曾任毛泽东首席俄文翻译的师哲，副校长是中央编译局副局长张锡俦。校址最初设在北京西城区南宽街 13 号。1950 年 1 月，正式开课，共有学生六个班。1952 年，改隶属高教部。1955 年 6 月，经高教部呈请国务院批准，改名为北京俄语学院，张锡俦任院长兼党委书记。1959 年 2 月，奉教育部命令并入北京外国语学院，成为学院下设的俄语系。

在北京俄专内部，留学预备部又是一个相对较为独立的教学机构。1951 年，鉴于向苏联派遣的第一批留学生在苏学习生活存在诸多不适应，周恩来指示外交部、教育部等在北京俄专内部筹办留苏预备学校，由俄专校长统一领导，俄专教务长杨化飞兼任主任，朱允一任第一副主任，主持日常工作。凡国家派往苏联学习、进修的人员，先在这里集中学习一年俄语。1952年3月31日，第一批留苏预备学生419名，暂借原辅仁大学部分校舍正式上课。6月，留苏预备学校搬迁到位于北京西城区西南角的鲍家街21号原清代醇亲王府旧址。当时，王府建筑基本保持着原有的格局，空闲的殿堂廊屋经过简单修缮，就成了留苏预备学校师生的课堂和宿舍。不久，留苏预备学校正式更名为北京俄专留苏预备部。留苏预备部，不论是在硬件设施、师资力量，还是在教学方法上，在北京乃至全国所有的高校中都是一流的。学校聘请了一部分教学经验丰富的苏联语言学专家任教，又从当时在北京工作的苏联技术专家的家属中聘请了一些人来讲课，如鲍米诺娃、马蒙诺夫、毕丽金斯卡娅等人都曾先后来校作过辅导。中方俄语教员则来自于各大高校俄文系刚毕业的大学生[1]。

在大量派往苏联学习的热潮中，留苏攻读研究生的选拔更为严格，除政治可靠、工作成绩优秀外，特别强调要具有一定的实际工作经验。主要来自于以下两类人员：一类是机关干部，要求大学毕业，从事研究工作或相关业务工作一年以上，成绩优良，有培养前途者；另一类是高校人员，具有一定学术造诣的高校助教、讲师、副教授、教授，以及成绩优良的研究生。长期从事革命工作的谷超豪不仅政治素质过硬，经历了各种风雨，而且在数学研究中也表现出特别优秀的素养与素质，自然是党和国家重点培养的不可多得人才，派往苏联留学深造以取得更大的进步，也是水到渠成的事情。

1951年4月24日至5月21日，谷超豪随中国科联代表团在苏联的三周参观活动，再一次激起了他的数学热情，希望自己将来有机会去苏联留

---

[1] 20世纪50年代末期，由于中苏两国关系趋冷，留苏预备部辉煌不再。1959年1月，留苏预备部一度与一街之隔的北京俄语学院合并，校名仍为北京俄语学院。1960年以后，中苏关系恶化，每年派往苏联的留学人数只有百人左右。与此同时，国家开始往英国、西德、法国等国派遣留学生。于是，留苏预备部又改名为"出国留学人员培训部"，并陆续增加了英语、德语、法语等语种的培训。1961年，"出国留学人员培训部"与新成立的留学生高等预备学校一起，搬迁到原北京矿业学院所在地，后改称北京语言学院，即今天的北京语言大学。

学。7月，中国科学院调谷超豪到北京参加留苏考试，想以中国科学院名义派他出国，但查出有轻度肺结核，未能成行，安排他到北戴河休养了两个月。休养期间，曾陪同著名地质学家李四光。肺结核愈后，1952年6月，谷超豪到上海参加留苏预备生考试，经审查后通过，9月启程到北京俄专留苏预备部报到学习。

这次选拔的500多名学生，一半以上为全国各高等院校的团总支和党支部以上的干部，都是政治骨干。在开学典礼上，杨化飞主任嘱咐大家，当前的任务是要在短短的几个月内把俄文的基本文法、单词词组掌握好，学好简单的口语，打好到苏联跟班学习的基础，这就叫做突击俄文。"你们肩负着经济建设的重担，你们是祖国建设的栋梁。你们每个人在苏联的费用要由25个农民来承担。希望你们不要辜负了党中央毛主席对你们的期望，不要辜负了全国人民对你们的期望。"① 为了让学生们能支撑留苏的繁重学习任务，中央首长一再指示，要把留苏预备部的生活搞好，首先要把学生的伙食搞好。每个学生均享受科级干部待遇，每月津贴30元，其中吃饭要保证每月不少于20元，其余10元发给每个人作为零用，包括买笔墨纸砚、邮票、信封、牙膏、牙刷、香皂等等。一位来自农业大学的学员曾经回忆道：

我感到俄专的生活简直像是天堂。第一天吃饭我就感觉到和在农大大不一样。首先我们都是坐着吃饭，农大学生食堂只有饭桌，没有凳子。这里几张饭桌中间，放着一个大瓶子，里面是热气腾腾的雪白的大米饭，旁边是一个很大的竹蒸笼，里面是刚出笼的新鲜馒头。米饭馒头任你吃个够。农大是到窗口由食堂工友盛给你一勺菜，发给你窝窝头，数量自己说，偶尔是馒头，很少吃米饭。每月伙食标准先是9元，以后是10元，菜做得粗制滥造，油花很少，菜里夹杂着没有淘洗干净的泥砂和青虫是屡见不鲜的，人人盼着每月打牙祭那天。现在中晚两餐都有四个菜，至少一个是重荤，不是回锅肉，就是盐煎肉、

———————————
① 萧似男：《往事回眸》，第12章《留苏预备部》。

白切肉、粉蒸肉或是其他。早上是六必居的腌咸菜，烧饼油条和棒子面粥，有时是小米粥。想吃香肠、卤蛋等自己掏钱买。①

在那个物质相对贫乏的年代，留苏预备部的物质条件是相当优越的，但谷超豪并不在意这些。一年多的进修时间里，谷超豪生活的核心就是"突击俄文"。学员入学后，按照俄语由低到高的不同水平，分成小班教学，每班的学员约有 30 人左右，谷超豪被安排在 41 班。与大部分学员一样，谷超豪俄语基础不好。要想在不到一年的时间里，初步掌握俄语语法，积累生活、学习所需的基本单词量，除了死记硬背，也没有更好的办法了。谷超豪给自己布置了每天背诵几十个单词的任务，想了各种各样的方法帮助记忆。其中，谐音记忆法最有效。比如，把俄语的"回家"说成"打毛衣"、"星期天"说成"袜子搁在鞋里"、毛巾说成"拨拉芹菜"等等。各种谐音，有的形象，有的诙谐，笑闹之间，许多生拗的外语单词就被记住了。俄语中有一个发音近似于"勒"的颤舌音，需要用口腔中的气流持续冲击卷起的舌尖。这对于说话时舌头比较硬的中国人而言，是个不小的困难。有不少学生苦练了几个月，舌头都肿痛了，还是发不出来。俄语中还有一个"勒"的平舌音，有些词就是这一个字母的区别，发音不准确往往会造成词义的曲解。有的同学推荐了一个方法：练发音的时候在口中含一口水。大家一试，还真灵。为了营造语言的环境，有的班级规定同学之间、师生之间必须说俄文，不能使用中文。如果谁说了一句中文，就算犯规，还要扣分。每天早晨五点钟，大家就起床了。操场上、屋角里、树荫下，或立、或行、或倚、或坐，到处都是埋头苦读的身影。经过将近一年的努力，默写、口试、语法、马列主义基础等所有的课程，谷超豪都得了"5"分即满分的佳绩。

当时有一种说法，叫作"够得上入党条件，不一定够得上留苏条件"。留学生的选拔工作，事关国家的未来，是一项无比严肃的政治任务。因此，有关部门严格遵循一套严格得近乎苛刻的选拔标准和工作程序，以确保遴

---

① 萧似男：《往事回眸》，第 12 章《留苏预备部》。

选出最可靠、最优秀的未来建设者。所有留苏人员，必须要"过三关"：

首先是学习和考试成绩。被推荐的人员，在学习或工作期间成绩优秀，具备良好的学习能力和培养潜力。除应届高中毕业生以高考成绩为准、进修生仅考核俄语成绩外，其他类型的教育部派出留学人员，都需要参加国家统一组织的留学生考试。

其次是政治审查。要求被审查对象思想进步、道德品质优秀、政治上可靠，而且其家庭成员和主要社会关系在政治上也必须清白。在选拔进入留苏预备部前，各省市先要进行初审，通过后再送高教部终审；进入留苏预备部后，校方还要组织专门人员进行外调，进一步核实学员及其家庭关系的政治背景。这一层层审查的过程，被戏称为"小米筛子加细箩"。

最后还要过体检这一关。建国初期，许多人还不知体检为何物。教育部协同卫生部，制订了至今看起来都非常周密的体检规范。大到呼吸系统、循环系统疾病，小到砂眼、扁平足，都纳入了体检范围。

1951年，谷超豪因肺结核病未能过体检关。这次经过一年的培训，看似可以心想事成了，不想却卡在了第二关。在"整党"学习中，因所谓的"历史问题"，他的政治审查未能通过。谷超豪1943年那次偶然的脱党事件被翻了出来，加上家庭出身等问题纠缠在一起，几次"思想改造都没能过关"。1953年1月，受到"等待一年，限期提高"的处分。7月，培训结束，谷超豪没能去成苏联。

按照他自己的说法，新政权建设初期，他因"青云直上"而放松了对自己的改造，在阶级斗争中的"立场模糊"（老家住房因租户不愿迁出，向法庭呈文控告，谷超豪曾予以支持并修改呈文），"个人骄傲自满情绪与名位思想"滋长得极为厉害。虽在"三反"与思想改造运动中有所转变，但并未得到实质性的改变，因此出现像"整党"这样的"逆转"环境时，就产生了消极动摇情绪，有时也幻想最好躲在与社会隔绝的地方，尽量读好书，以后再露面。他发自内心地检讨着自己思想深处的"问题"，不断地按照党组织的要求来改造自己。苏联暂时去不了，谷超豪决心回到科研教学岗位，以自己的所学为新生的共和国服务。

当谷超豪在留苏预备部培训时，影响当代中国教育与科学事业至为深远的高校"院系调整"运动正在中华大地轰隆上演，谷超豪就职的浙江大学也不能逃离这一滚滚向前的历史车轮。

# 院系调整到复旦

新政权建立后，高等学校"慢出通才"的人才培养模式与大规模经济建设渴求"多出人才、快出人才"之间产生了无法调和的矛盾。在"以苏联为师"和"向苏联一边倒"政策的影响下，中共中央希望系统地移植苏联的教育模式，按照苏联的高等教育集权管理、高等教育国有体制和高度分工的专门教育体系来建构中国的高教制度。

1950年6月1日，教育部部长马叙伦在第一次全国高等教育会议上明确提出：

图 4-2　复旦大学数学系所在地——600 号

"我们要在统一的方针下，按照必要和可能，初步调整全国公私立高等学校或其某些院系，以便更好地配合国家建设的需要。"[①] 1951年11月3—9日，教育部在北京召开全国工学院院长会议，拉开了在全国范围内大规模集中进行院系调整的序幕。1952年5月，教育部拟就全国高等学校院系

---

① 毛礼锐、沈灌群主编：《中国教育通史》第6卷。济南：山东教育出版社，1989年，第73页。

调整计划，秋季开始了全面的院系调整工作。根据"以培养工业建设人才和师资为重点，发展专门学院，整顿和加强综合性大学"的方针，以大行政区为单位，参照苏联的高教模式，取消大学中的学院，调整出工、农、医、师范、政法、财经等科，或建立专门学院，或合并到已有的同类学院中去。与此同时，逐步取消教会大学，并改造和限制私立大学。

截止到 1952 年底，全国四分之三的高校完成了院系调整工作，"全国的所有私立高等学校已全部改为公立，各院校的性质和任务均较前明确，打下了发展专门学院、巩固和加强综合性大学的基础，特别是加强和发展了高等工业学校，新设了钢铁、地质、矿冶、水利等十二个工业专门学院，基本上符合了国家建设的需要"[1]。

院系调整中，复旦大学因其有着优良的革命传统而作为南方代表，被改造为全国最重要的综合性重点大学，以与北方的北京大学相匹配。院系调整之前，复旦是上海地区一所有着悠久历史的高等学府。1903 年，天主教神父马相伯在上海徐家汇创建了震旦学院。1905 年，因外籍传教士篡夺校政，130 名学生愤然离校，拥戴马相伯另立新校。马相伯邀请热心教育事业的严复、张謇、熊希龄等 28 人为校董，向社会各界募集资金，在吴淞创办了复旦公学，这就是复旦大学的前身。"复旦"之名，出自《尚书大传·虞夏传》中"日月光华，旦复旦兮"的诗句，既隐含恢复震旦之情，又具有自强不息之意。1917 年，复旦公学升格为私立复旦大学，下设文、理、商三科，并保留了原有的预科和中学部。在校长李登辉苦心孤诣的维持下，购得江湾校区，到 1929 年成为具有相当规模的大学，有文、理、法、商 4 个学院 15 个系。抗战期间，学校辗转江西，再到重庆北碚，艰难复校。1941 年 11 月，经教育部批复转为国立大学。1946 年，迁回上海江湾原址。至 1949 年，学校设立文、理、法、商、农 5 院共 20 多个系

---

① 《高教部关于一九五三年全国高等学校院系调整的计划》（1953 年 5 月 29 日政务院第 180 次政务会批准）。到了 1953 年底，院系调整工作基本结束。经过调整，全国共有高等学校 182 所，其中综合大学 14 所、工业院校 39 所、师范院校 31 所、农林院校 29 所、医药院校 29 所、财经院校 6 所，政法院校 4 所，艺术院校 15 所，语文院校 8 所，体育院校 5 所，少数民族院校 2 所。从此，各级政府开始对高等学校实行集中统一的计划管理，并将各校的招生人数、专业设置、人事任命、学籍管理以及课程设置等全部纳入政府的计划管理范围。

（科），已初具综合性大学的雏形。

复旦公学初创时，就设有高等正科理科，开设了数学、物理类课程。1917 年扩充为大学后，设有数学系、物理系，但均为辅系，无直辖学生，开设课程供外系学生修读。1942 年，为了适应科学发展的需求，加强理工科的基本理论教育和培养数学、物理方面的专门人才，正式设立数理系。1947 年，数理系分为数学组和物理组，数学组开设的主要专业课有微积分、初等方程式论、射影几何、微分方程、高等分析、高等解析几何、高等代数、无穷级数、复变函数论、微分几何、理论力学、高等几何、实变函数、近世代数、拓扑学、数论等，数学教授主要有陈传璋、周绍濂、孙振宪、李锐夫、周怀衡、黄缘芳等[1]。

1952 年，复旦大学列名第一批进行院系调整的高等院校。华东地区的浙江大学、交通大学、南京大学、安徽大学、金陵大学、圣约翰大学、沪江大学、震旦大学、大同大学、光华大学、大夏大学、上海学院、中华工商专科学校、民治新闻专科学校等高等院校的文、理科有关系科，相继并入复旦大学。在复旦百年发展历程中，1952 年全国高校院系调整是一个难得的契机。19 所高等学校[2] 有关系科合并组成的新复旦，汇聚了江、浙、皖、沪地区最著名的一批专家学者，成为一所文理科综合性大学，从此跻身全国一流名校之列。

新组建的复旦大学数学系，由原复旦数理系数学组和浙大、交大、大同、同济等高校数学系合并组成。上述 4 所高校数学系的研究生、大学生也全部并入复旦，并从浙江大学调入 27 大箱几千册图书资料，包括英、德、美、法、意、日等国重要数学期刊 50 余种。经过院系调整，复旦大学数学系在师资力量和文献资料方面有了根本的变化，特别是在师资力量

---

[1] 复旦大学校史编写组：《复旦大学志》第一卷（1905—1949）。上海：复旦大学出版社，1985 年，第 331—332 页。

[2] 连同 1949 年 8 月以来的调整，新复旦由复旦、浙大、交大、同济、暨南、南大、英士、安徽、华东新闻学院等 9 所公立大学，大同、大夏、光华、中国新闻专科学校、民治新闻专科学校、中国学院等 6 所私立学校，圣约翰、沪江、震旦、金陵等 4 所教会学校，共计 19 所高等学校有关科系合并组成。参见《复旦大学百年志》编纂委员会编：《复旦大学百年志》（上编）。上海：复旦大学出版社，2005 年，第 98 页。

表 4-1　1952 年院系调整时调入复旦数学系主要教师简况

| 姓　名 | 原单位 | 职位职称 | 备　注 |
|---|---|---|---|
| 苏步青 | 浙江大学数学系 | 曾任系主任、教务长、浙江省科联主席 | 中研院院士、中科院院士 |
| 陈建功 | 浙江大学数学系 | 曾任系主任、中研院数学所研究员 | 中科院院士 |
| 杨武之 | 同济大学数学系 | 曾任清华大学数学系主任、西南联大教授 | |
| 卢庆骏 | 浙江大学数学系 | 曾任系主任、教授 | 1953 年调哈尔滨军事工程学院 |
| 金福临 | 浙江大学数学系 | 讲师 | 曾任《数学年刊》副主编 |
| 谷超豪 | 浙江大学数学系 | 讲师 | 中科院院士 |
| 夏道行 | 浙江大学数学系 | 研究生 | 中科院院士 |
| 龚升 | 浙江大学数学系 | 研究生 | 1954 年离开到中科院数学所 |
| 胡和生 | 浙江大学数学系 | 研究生 | 中科院院士 |
| 谢兰安 | 浙江大学数学系 | 研究生 | 1955 年调兰州大学 |
| 石钟慈 | 浙江大学数学系 | 学生 | 1955 年到中科院数学所，中科院院士 |
| 叶敬棠 | 浙江大学数学系 | 学生 | 复旦大学力学专业创始人 |

方面有极大地增强，并在几何学、函数论方向处于全国领先地位，成为中国数学科学的中心之一。表 4-1 是院系调整时调入复旦大学的一些主要数学工作者的情况。

　　新成立的复旦大学数学系以原复旦数理系主任陈传璋为主任，师资力量十分雄厚，既有新调入已成名成家的教授苏步青、陈建功、杨武之、卢庆骏，也有复旦本系已有的陈传璋、周绍濂、周怀衡、李锐夫、黄缘芳等教授。1896 年出生于安徽合肥的杨武之，是中国第一代数学家、数论和代数学奠基人之一。1928 年获得美国芝加哥大学数学博士学位，回国后长期担任清华大学、西南联大数学系主任，在提携后进、培养人才方面贡献颇多，曾引导年轻的华罗庚从事解析数论研究。政权转换之际到上海，后被清华大学解聘，只得寄栖于同济大学。院系调整时从同济转到复旦大学数学系任教，他在中国数学界具有很高的声望，也有丰富的教学经验[①]。1913 年出生于江苏镇江的卢庆骏，1936 年毕业于浙大数学系，留校任教，1944 年晋

---

　　① 张奠宙：杨武之。见程民德主编：《中国现代数学家传》第 3 卷。南京：江苏教育出版社，1998 年，第 104-112 页。

升副教授。1946 年被选派到美国芝加哥大学深造，获得博士学位后回母校任教。担任教授兼数学系主任，时年 36 岁，可谓年轻有为，惜乎很快被调离[①]。

复旦数理系原有的教授也不含糊。系主任陈传璋 1903 年生于安徽怀宁，中央大学数学系毕业。1930 年留法，师从弗雷歇攻读积分方程理论，1935 年获博士学位。回国后先后任教于山东大学、重庆大学等。1945 年到复旦大学出任数理系主任。专长偏微分方程和积分方程，著有《实变函数论》、《数学分析》、《高等数学教程》等[②]。专长拓扑学、几何

图 4-3　陈传璋教授

学的周绍濂，1905 年出生于湖北汉阳一个普通农民家庭，1928 年毕业于中央大学数学系。1932 年留法，师从布里昂（M. G.Bouligand）从事点集拓扑学研究，获得法国国家科学博士学位。1936 年回国，就任山东大学数学系教授兼主任。抗战期间，任重庆大学数学系教授兼主任、中央大学数学系教授。战后到暨南大学任教，1949 年到复旦大学数理系任教。在复旦期间，他讲授解析几何，并不采用当时流行的教材，而以自己的研究心得全盘使用向量工具[③]。1929 年毕业于中央大学的周怀衡，1905 年生于江苏宜兴，1945 年赴剑桥大学师从李特伍德（J. E. Littlewood）教授，从事傅里叶级数研究。1949 年来复旦大学任教，讲授高等数学分析等课程[④]。

---

①　张复生：卢庆骏。见程民德主编：《中国现代数学家传》第 3 卷。南京：江苏教育出版社，1998 年，第 180-196 页。

②　陈朝龙等：陈传璋。见程民德主编：《中国现代数学家传》第 1 卷。南京：江苏教育出版社，1994 年，第 126-135 页。

③　陈克诚等：周绍濂。见程民德主编：《中国现代数学家传》第 1 卷。南京：江苏教育出版社，1994 年，第 136-151 页。1955 年，周绍濂与谢兰安等一同被派往兰州大学支援西北建设，1957 年被划为右派，深受折磨，1970 年病逝于上海。

④　刘振安等：周怀衡。见程民德主编：《中国现代数学家传》第 5 卷。南京：江苏教育出版社，2002 年，第 68-78 页。1958 年，周怀衡调安徽大学创办数学系，2001 年病逝于合肥。

1904 年出生的福州人黄缘芳，1928 年毕业于北京师范大学数学系，曾任教暨南大学，专长代数。所译《代数方程式论》1936 年由中华书局出版，2011 年哈尔滨工业大学出版社还在出版，内容提要介绍说该书是"美国著名数学家迪克森的一本代数学经典著作……对了解代数方程式论的历史是很好的素材"。可见，除黄缘芳毕业于北京师范大学以外，陈传璋等都毕业于当日数学另一重镇中央大学数学系，他们与浙大数学系师生走在一起，共同将复旦大学数学系建设成为中国南方数学中心。

说起复旦今日的辉煌，社会各界比较注重院系调整中各高校无私的支援，往往忽视了原复旦大学员工的教学和科研基础。作为这段历史的亲历者和见证者，谷超豪对此有着客观而公正的不同看法。对新成立的复旦大学数学系来说，一般认为新来的浙大数学系比原来的复旦大学数学组强，但谷超豪认为强弱是相对的，强里边有弱，弱里边有强。多年之后，在一次大会上他说：

> 浙大方面也弱点，苏、陈两位先生早期培养出来的第一代弟子，在院系调整的时候已经分散掉了，跟苏、陈两位先生到复旦大学的只有像我这样的几个晚辈，我刚评上讲师（第二年到达），还有些是研究生刚毕业的更年轻的人员，这是强中有弱。另外一方面，苏步青、陈建功两位先生研究的学科虽然都很重要，水平很高，但也只是数学学科里很小的一部分。
>
> 复旦大学原来的数学系是弱中有强，它们的师资队伍比较整齐，有力量开展各门课程的教学，这点就是强处，学校还是以教学为主，苏、陈两位老先生和初出茅庐的小伙子无法承担大量的教学任务。另外，复旦大学原来的数学系也有几位比较强的教授，他们在国外也做过很好的科学研究，可惜的是回到国内以后，研究工作没有继续下去，但是他们是有过科学研究的经历，这也是它们弱中有强的一方面。①

---

① 谷超豪：在新温州大学发展规划研讨会上的讲话。见谷超豪著：《奋斗的历程——谷超豪文选》。上海：复旦大学出版社，2005 年，第 42—43 页。

总的来说，浙大和复旦双方都很顾全大局，都希望充分发挥各自的优势，把新的复旦大学数学系建设好。有了这个目标，大家很快就在工作上融合起来。作为系主任的陈传璋也谆谆教诲自己的学生，不能搞"山头"，要尊重同行专家。系里重大问题，总是首先征求专家学者的意见，安排教学时也优先考虑其他学校调来的同志。这样慢慢地，复旦大学原有的老师也认识到浙大来的科研强，在浙大来的老师的带动下，复旦大学一些老师原来在国外展开过而长期停顿了的科研工作，也恢复起来了。在苏步青、陈建功的微分几何和函数讨论班的影响下，陈传璋、黄缘芳、周怀衡等也都仿效起来，举办了积分方程、代数和分析方面的讨论班，作为促进学术研究、培养青年人才的有效手段。这样，就把青年教师的科研工作也带动起来。数学系里的复旦与浙大"双方就相处很好，也能各自发挥优势，科研和教学质量也很快上去了，很快地成为全国最有实力的数学系之一"①。

1953年在留苏预备部"整党"中未能通过审查，这可能是谷超豪人生最为残酷的打击，但他并没有自暴自弃。留苏不成，谷超豪来到已院系调整的复旦大学数学系这个大家庭。这里不仅有他浙江大学的导师苏步青、陈建功，也有复旦大学原有的陈传璋、周绍濂等前辈，更有恋人胡和生。在这里，谷超豪通过自己的努力，在政治上获得了认同，获得了先进生产者的称号；在数学科研上也奋力前行，研究仿射联络空间和芬斯拉空间整体安装问题，并取得突破，很快成为苏步青在微分几何方面的得力助手。

# 先进生产者与副教授

有鉴于在"整党"期间出现的思想波动，谷超豪来到复旦后，严格要求自己，工作与学习格外认真，时时剖析自己思想上的不足与弱点，非常

---

① 谷超豪：在新温州大学发展规划研讨会上的讲话。见谷超豪著：《奋斗的历程——谷超豪文选》。上海：复旦大学出版社，2005年，第43页。

清楚自己诸如"个人患得患失"、"对具体问题的认识易模糊"、"易自满"、"联系群众不深入"等缺点。1953 年荣获"上海市高等学校青年团积极分子"称号。翌年 4 月，经数学系党总支的讨论，认为"基本上达到共产党员标准"。

图 4-4　1956 年 5 月谷超豪荣获中国新民主主义青年团上海市委员会表彰奖状

图 4-5　1956 年谷超豪参加全国先进生产者代表会议纪念章

此后，谷超豪开始担任一些行政和社会职务。1955 年，担任数学系几何代数教研组副主任，还曾任数学系教师团支部书记。1956 年，因所谓的"历史问题"（脱党问题）查清，重新获得组织上的信任。5 月，获得观礼"庆祝五一国际劳动节"资格，并受到中国新民主主义青年团上海市委员会表彰。更重要的是，被推选为上海市和全国先进生产者，并作为全国先进生产者代表大会主席团成员，受到党和国家领导集体的接见。9 月，在中共复旦大学第一届党代会上当选为校党委委员。还曾担任数学系党总支委员与几何代数教研组及研究生支部书记。

当然，这一切荣誉除谷超豪自己在政治上严格自己外，还来自于他辛勤的工作与突出的科研成果。这段时间内，由于工作情况比较安定，谷超豪从事教学与科学研究方面的时间相对较多。1953 年来到复旦以后，谷超豪担任两项教学工作，一是给化学系一年级上"高等数学"。化学系是大系，一年级有三个班，除谷超豪外，还有两位原复旦的老师。谷超豪第一次上大课，缺少经验，三位老师共同钻研教学，配合得很好，谷超豪学到了不少教书育人的精神和授课经验。二是给系主任陈传璋做"高等微积分"课程助手。除了上辅导课，还要负责批改学生习题、答疑等事宜。陈传璋教书很有经验，谷超豪与他配合得很好，向他学得不少本领。

1954 年暑假，中国偏微分方程学科开路人吴新谋受教育部委托在北京大学开设偏微分方程培训班，谷超豪被派往学习，以备回校开设"数学物理"课程。1955—1956 年度第一学期开始，谷超豪不仅为四年级学生开设《几何学基础》（54 个课时），还为四年级学生开设《数学物理方程》，已经成为数学系骨干教师。对于谷超豪所讲授《数学物理方程》课程，教研组组织老师听课后在会议讨论中提出意见，优点为"重点突出，备课充分，有条理"；缺点为"内容要求过高，有些地方与学生水平不衔接，一个小

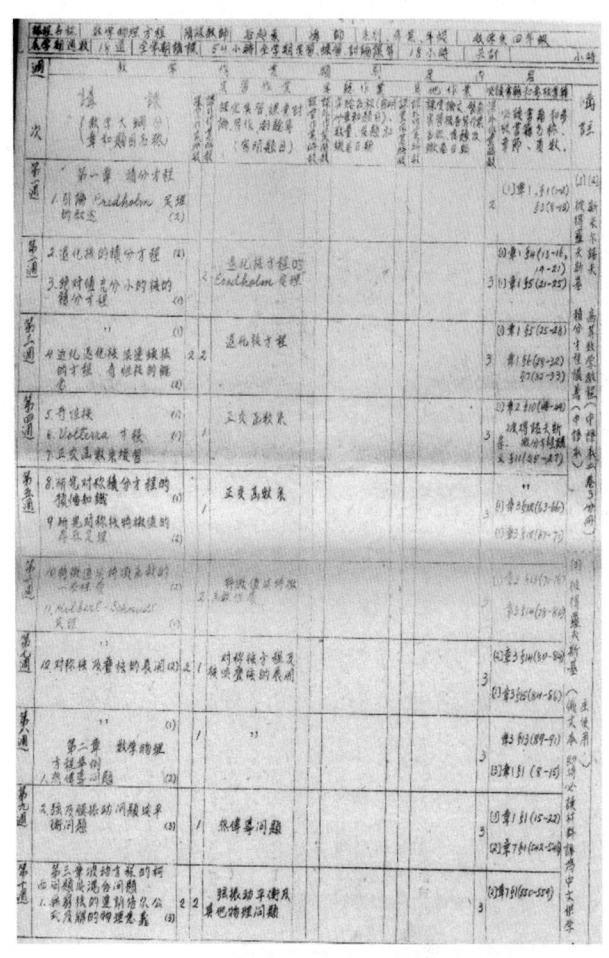

图 4-6　谷超豪所授《数学物理方程》课程第 1—10 周教学日历

时中所接触的概念太多"[1]。可见，他多么急切想将自己所掌握的新知识传授给学生。

复旦大学党委一向对青年教师很重视，专门成立了骨干教师小组，经常在一起交流思想，总结经验。党委书记杨西光和副书记王零多次主持座谈，强调青年向前辈老师学习的重要性，也希望青年人要有自己创新的内容，必须要有自己更现代化的研究领域，形成一支新的学术队伍。为了提倡科学研究，学校自 1954 年校庆开始举行校庆科学讨论会。作为青年教师骨干，谷超豪响应党委的号召，除独立开设课程外，还积极从事科学研究。

作为讲师的谷超豪曾是苏步青领导科研项目《二阶偏微分方程组的几何学》课题执行人，该课题讨论积分流形与由积分方程所定义的几何物间的联系及其各种特殊情形，并为进一步研究偏微分方程几何理论做准备。到 1955 年 3 月已完成论文 5 篇，并翻译了《几何物与微分几何基础》。他还是系主任陈传璋领导的课题《波动方程解的性质》的执行人，该课题主要熟悉波动方程的各种解法并搞清解的某些性质[2]。在复旦大学，谷超豪继续师从苏步青，听他讲授了黎曼几何学、连续群理论、外微分形式法等课程，逐步理解了法国数学家 E. 嘉当关于几何学的思想和方法，并在苏步青指导下从事放射联络空间和芬斯拉空间研究，包括整体的嵌入等问题。

谷超豪将他研究中所取得的成果在校庆科学讨论会上宣读，以期获得修改意见与进一步提高研究水平。1954 年，报告《射影联络的安装问题》、《平面素的平行移动与非完整流形》、《二阶非线性方程的整体渐近稳定性问题》；1955 年，报告《一般空间微分几何学的几个问题》（包括《论仿射的安装问题》、《芬斯拉空间的安装问题》、《以仿射联络为基础的二阶偏微分方程组理论》）、《双曲型方程依动力学系统的减元》；1956 年，报告《非线性几何物的高级李氏导数与不变李群》、《论容许可递群的芬斯拉空间》、《抛物型方程的一种定界问题》、《论几何微分物场的同构》、《具备线素的平面素空间》；1957 年，报告《容有最大阶数运动群的芬斯拉空间》、《全测地曲面的一种推广》。另外，1956 年 4 月，复旦大学举行第一

---

①　1955 年检查性听课情况。复旦大学档案馆。

②　复旦大学 1954–1955 年度科学研究计划（1955 年 3 月修订）。复旦大学档案馆。

次学生科学讨论会，谷超豪分别指导李大潜做《关于 n 型卵形线》、吴定嘉做《平曲线可表奇点的理论及其应用》的报告。

正是在上述一系列的学术报告会中，谷超豪逐渐成长起来。1956 年 8 月，谷超豪出席中国数学会论文宣读大会，发表相关微分几何方面的成果，引起老一辈科学家们的重视与注意，被誉为青年数学家代表，也被作为国内有能力培养数学工作者的标志：

> 这次论文宣读大会的特色之一，是论文作者中，青年占据了很大的比重。如数论方面的王元（中国科学院数学研究所）、陈景润（厦门大学）、尹文霖（北京大学）、严士健（北京师范大学），代数方面的丁石孙（北京大学）、万哲先（中国科学院数学研究所），微分几何方面的谷超豪（复旦大学），函数论方面的夏道行（复旦大学）、陆启铿（中国科学院数学研究所），数理统计方面的张里千（中国科学院数学研究所），等等。他们都是在解放后五六年内成长起来的。由于名师的直接指导，或由于自己的刻苦钻研，他们在所专攻的一个方面获得了较好的研究结果。这些人都是在国内培养出来的。他们的成长给予我们信心，证明我们完全有力量自己培养出下一代来[1]。

几年间，谷超豪在微分几何的放射联络空间和芬斯拉空间研究方面取得重要成果，发表论文 20 多篇，1956 年晋升副教授。1957 年，还与夏道行、胡和生、龚昇等一同进行副博士政治、外文及业务课考试，成绩合格，学位论文也已完成，等待答辩。高教部后以"1957 年不举行副博士答辩"批复，终未获得副博士学位[2]。

正是在谷超豪教学与科研工作取得较为突出的成就时，他迎来了学术生命中的一次机遇与重大转折，被再一次选派留学苏联，这一次终于成行。

---

[1] 中国数学会：从论文宣读大会看今日中国的数学。见任南衡、张友余编著：《中国数学会史料》。南京：江苏教育出版社，1995 年，第 214 页。

[2] 谷超豪等 4 人副博士考试专业课成绩如下：谷超豪（黎曼几何 5、微分几何 5、仿射联络空间 5）、夏道行（实变函数论补充 5、复变函数论补充 5、单叶函数论 5）、龚昇（实函数补充 3+、复变函数论补充 4、单叶函数论 5）、胡和生（黎曼几何 5、微分几何 5、仿射联络空间 5）。

# 第五章
# 留苏物理 – 数学博士

　　1951 年，中国科学院想调谷超豪留苏，因肺病而中辍；1953 年，在北京俄专留苏预备部培训一年，却因政审未能成行。疾病与政治阻隔了谷超豪尽早聆听苏联数学大师的教诲，也使谷超豪失去了尽早接触数学科学前沿的机会。但机遇总是笑对有准备的人，随着环境的改变，已经是复旦大学副教授的谷超豪又迎来了留苏的时机，他抓住了这一次机遇，并充分利用这一次机遇，在自己的人生道路上书写了浓墨重彩的一页。

## 再获留苏机遇

　　从 1956 年起，留学生派遣政策发生了变化，留学工作进入调整期。全国高校院系大调整之后，经过几年的积累，我国已基本建立了比较完整的学科体系，大部分专业的本科生已经可以自己培养。据有关部门反映，前期派出的大学生毕业归国后，其业务能力和学术水平与国内培养的大学生相比，并没有表现出过人之处。这一点，在 1957 年 2 月 12 日高等教育部部长杨秀峰向国务院提交的《关于变动 1957 年派遣留苏研究生、大学生计划的请示报告》中可见端倪：

> 几年来，派遣高中毕业生赴苏联大学学习的，因俄文条件限制学习吃力，因而效果并不甚好。据毕业归国的留学生及各方面的反映，由于上述原因，留苏大学毕业生的学科水平和国内大学毕业生的水平一般并无明显差别。为此，……目前在北京俄语学院留苏预备部学习的高中毕业生一千一百五十名原则上不再派出，留在国内高等学校学习。对国内不能培养的重要缺门专业，尽可能采取从现在苏联学习的大学生改变所学习的专业的办法来解决。①

因此，中央确立了"争取多派研究生，少派高中毕业生"的留学生派遣工作指导方针。1957 年以后，除了少数关系国计民生的尖端、缺门或薄弱专业外，基本上已不再派遣高中毕业生。

与此同时，研究生派遣政策也有了重大调整。新政权建立初期，百废待兴，对专业人员的需求量较大。因此，相当数量的国内在读研究生和成绩优秀的大学毕业生，被选拔为留苏研究生。经过数年的人才培养和积累，我国各重要领域初、中级专业人才队伍积累已臻于雄厚。在这种情况下，国家认识到，研究生的真正价值在于"出去取经，回来传道"，即通过自身能力的提高带动国内整个学科领域的科技进步和人才积累。因此从 1958 年开始，研究生的培养目标，由培养专门技术人才转变为培养高级师资和科研人才。教育部将留学研究生选拔和使用的主导权下放到各高等院校和科研单位。研究生出国名额和专业分布由此前的教育部统一规划、下达指标变为各高校自行确定；研究生毕业去向也由国家统一分配变为"返回原单位任教"。同时，教育部还发现，直接迈出大学校门的学生，由于缺乏实际工作经验，学习效果也不能令人满意。杨秀峰指出：

> 过去派遣出国的留学研究生，大多是刚由大学毕业缺乏实际工作

---

① 李滔主编：《中华留学教育史录（1949 年以后）》。北京：高等教育出版社，2005 年，第 149 页。

经验的学生，学科基础较差，加以语文关系，出国后一般需补习某些课程，因而不得不延长学习年限，苏联教师指导也有困难，学习质量一般不高。①

于是，教育部进一步明确了对研究生实际工作年限的要求。从 1957 年起，派遣到苏联留学的研究生，一般都要具备两年以上的实际工作经验。考取留苏研究生的大学毕业生，在完成留苏预备部学业后，先要到国内有关单位实习一至二年，才可以派遣出国。

从 1955 年起，为了解决国内高等院校师资力量不足的问题，提高教学质量和科研水平，教育部每年派出数量不等的在职教师前往苏联进修。留苏进修教师的选拔对象为政治可靠、业务能力突出、有工作经验的国内各高校教授、副教授或讲师。在苏期间，进修人员主修与本专业相关的一门功课，留学年限一般为半年到一年半。留苏进修教师的名额可以由派出学校自行确定，归国后回原派出学校继续工作。进修人员留学期间照发工资②。1956 年，谷超豪已经晋升为复旦大学数学系副教授，具有极强的科研能力与科研水平，政治上也非常可靠，无论从哪个角度来看，他都完全符合教育部规定的研究生留学与教师进修资格。

与此同时，中共中央于 1956 年在北京召开知识分子会议，苏步青和陈建功应邀参加了这次会议。会议期间，毛泽东接见了科学家的代表，他对苏步青说："我们欢迎数学，社会主义需要数学。"在这个大背景之下，苏步青教授认为谷超豪这批年轻的教师还应该拓广自己的研究领域，到一个更高水平的环境中去锻炼。于是，他和陈建功一起向复旦大学党委建议，选派谷超豪和夏道行去莫斯科大学进修两年。

1957 年 5 月，高等教育部批复同意谷超豪以副教授身份赴苏联莫斯科大学力学数学系进修。8 月，谷超豪乘上了开往莫斯科的列车。

---

① 李滔主编：《中华留学教育史录（1949 年以后）》。北京：高等教育出版社，2005 年，第 149 页。

② 单刚，王英辉：《岁月无痕——中国留苏群体纪实》。北京：中央编译出版社，2007 年，第 52 页。

北京往返莫斯科的 1/2 次国际联运快速列车[1]，自 1954 年 1 月 31 日起开行，横贯欧亚大陆，经满洲里出入境，全程 9050 千米，是世界上里程最长的国际直通旅客列车。列车途径吉林长春，长春是个大站，要停好一些时候。妹妹谷月卿那时在长春解放军第一军医大学工作，因此兄妹俩约好在车站见面告别。她至今还记得：那一天火车到站后，谷超豪下了车。她一看，二哥不是要出国吗？怎么穿成这样？又脏又乱的。她问谷超豪："哥哥，你怎么这么忙啊！穿成这样就出国了？"谷超豪说："我忙得不得了，等开了车我再换衣服。"[2] 在那个时代，凡公派出国留学人员，均由国家提供必须的生活用品，每人一套西装，因为苏联比较冷，还特意发了棉大衣，包括剃须刀等日用品整整装了两大箱子。可谷超豪这位堂堂的复旦大学副教授，赴苏联留学进修，竟然忙得连衣服都来不及换，穿着打扮就这么随随便便的。

苏联铁路轨距为 1520 毫米的宽轨，而中国铁路则采用轨距为 1435 毫米的国际标准铁轨。由于铁轨宽窄不同，过去到了中苏边境的满洲里车站，必须换乘苏联的火车，行李物品搬上搬下费时费力十分麻烦。谷超豪出国的那一年，中国的火车已经进行过改造，只要把整个车厢吊起来，将车底转向架换掉，由窄轨换成宽轨就可以了，不过仍需要花费一定的时间。火车进入苏联境内，第一个城市是赤塔，然后经过伊尔库兹克到斯维尔德洛夫、高尔基城，再到莫斯科。

一路上，同车的苏联人对这位即将赴苏学习生活的中国同志很是客气。有一位苏联老工人，提前完成了工作任务，到另一地方免费休养一个月。谷超豪路过他的车厢门口，因为向他打了一个招呼，他就拉谷超豪到他的包厢里去聊天。他发现谷超豪能听得懂他的话，还能用很简单的句子回答他一些问题，显得非常高兴。这位老工人，对中国这个遥远神秘的东方国度充满好奇，也对来自中国的年青人十分友好和热情。他不停地追问谷超豪关于中国的问题，从中国南方生产什么，到中国现在是否还有资本

---

[1] 1969 年 9 月 1 日，1/2 次旅客列车在中国境内的车次变更为 19/20 次、苏联境内则使用 17/18 次。1983 年 6 月 1 日，中苏双方正式将该列车车次统一为 19/20 次。

[2] 谷月卿访谈，2011 年 10 月 11 日，北京。资料存于采集工程数据库。

家。似乎中国的一切都那么新鲜有趣。他再三地表示，毛泽东是非常聪明的人，中国与苏联是一家人。苏联人普遍身材高大，长期的劳动使得这位老工人更显得魁梧健壮。而谷超豪本来就比较瘦弱，因此这位好心的工人大哥像关怀自己的兄弟一样叮嘱谷超豪，到莫斯科要多吃点东西，在学习之余还要加强锻炼，做做早操，这样身体才能保养得好[①]。

# 莫斯科生活

莫斯科大学位于莫斯科郊区列宁山上。32 层的主楼包括 55 米的尖顶在内，总高 240 米，顶端是五角星徽标；两侧为 18 层的副楼，各装有直径 9 米的大钟。学生宿舍条件十分优越，凡是研究生、进修教师、高年级的学生每人一间，这在苏联是很特殊的，据说这是遵照斯大林的命令办的。莫斯科大学的俄文教师、系里的工作人员、同一教研组的同事，无微不至地关怀着中国的留学生，从生活、学习到文化体育活动，只要发现留学生在哪一方面有一点困难，都会非常主动热情地来帮助他们[②]。对此，谷超豪写信回来说：

　　在莫斯科大学学习的中国人，包括大学生在内，共有好几百人，全住在学校的大楼里，每天从宿舍到教室里，五分钟还不到；而苏联的许多研究生，就因为校舍不够而不能住进去，有的人要先从他住处坐一小时的火车到莫斯科火车站，然后再花一个小时才能到校，因此，不得不经常地在列宁图书馆看书。至于我们在学习上的需要，那是要什么就有什么。《苏联数学四十年》这本书正在编写，其中微分几何学方面的稿子好了，他们就交给我看。我要念一篇论文，他们有俄文翻译的手稿，便问我看俄文方便还是德文方便，结果便把俄文手

---

① 谷超豪：处处是温暖与友谊。《复旦》，1957 年 11 月 6 日。
② 谷超豪：学习苏联先进经验。《复旦》，1959 年 11 月 10 日。

稿借给我。尽管他们听我们的说话是如何吃力（因为我们的话说得实在太不行了），但还是要我们在讨论会上作报告。[1]

学校的教员和同学对谷超豪更是关怀备至，给他分配了有各种设备的单独小房间。从房间的窗户向外望去，可以看到大学城的景色。在优美的花园中央，耸立着罗蒙诺索夫[2]纪念碑。谷超豪在这里学习的时候，常常会想起罗蒙诺索夫这位伟大的科学家，他的研究天才和探索精神，给后辈学人留下了榜样[3]。普通的莫斯科市民，对中国人也特别友好。在大街上，在公共汽车站上，在地铁车厢里，随时都能碰到问好的人们，到处都能感受到苏联人民对中国的友谊[4]。苏联人对中国留学生的关怀与帮助，令谷超豪非常感动，也成为推动他刻苦学习的一股力量。

苏联当时的物质条件要比国内优越得多。不仅实行全民公费医疗和义务教育，包括留学生在内的外国人，看病、念书都免费，甚至在学校吃饭也不用收费。莫斯科是苏联的首都，属于甲等供应城市，商

图 5-1　1957 年谷超豪、陈建功（中）、夏道行（右）
在苏联合影

品相对比较丰富，什么都能买到。苏联政府非常重视文化艺术，在莫斯科，到处都是剧院、影院和博物馆，学校自己组织的娱乐活动也很多。那时，中国留苏大学生的助学金一个月有 500 卢布，研究生有 700 卢布，生

---

①　谷超豪：处处是温暖与友谊。《复旦》，1957 年 11 月 6 日。

②　米哈伊尔·瓦西里耶维奇·罗蒙诺索夫（1711–1765），俄国百科全书式的科学家、语言学家、哲学家和诗人，被誉为俄罗斯科学的彼得大帝。1755 年，创办了莫斯科大学。

③　彼图霍夫：攀登科学高峰——记第一个在莫斯科大学获得博士学位的中国同志谷超豪。《浙江日报》，1959 年 8 月 22 日。

④　同①。

活上比较舒适。当然，毕竟是在远离故土的异国他乡，生活上总有一些不习惯。有的留学生吃不惯面包、洋菜，喝不惯牛奶、咖啡，想吃大米饭，就得自己做。部分条件比较好的学生宿舍，配有独立的厨房，煤气、冰箱什么的，可以自己下厨，时不时能打打牙祭。几年下来，有的学生还练就了一手好厨艺。谷超豪在生活上不太讲究，吃的方面更不会挑剔，因此没像其他同学那样学会自己烧饭做菜[①]。即使在国内，甚至以后当了教授、校长，谷超豪吃饭也是很简单的，一顿饭只不过五分钟的时间[②]。谷超豪从不吃鱼、螃蟹这些有刺带壳的食物，只吃一些很简单很方便的鸡蛋、豆腐、青菜等，尤其喜欢吃鸡蛋。这既是他小时候受了婶婶的影响，也是为了有更多时间投入到学习之中。直到结婚以后，因为胡和生爱吃鱼，而且称鱼有营养，在妻子的"改造"下才慢慢改变了他不吃鱼的习惯[③]。

苏联的冬天实在太冷了，许多俄罗斯人靠喝烈酒取暖。俄罗斯盛产的伏特加酒，以谷物或马铃薯为原料，经过蒸馏制成高达95°的酒精，再兑以蒸馏水淡化至40°—60°，是一种度数极高的烈酒，可以帮助抵御严寒。在俄语中，伏特加（vodka）一词即源于"水"的发音"Voda"，意为"生命之水"。年轻时在温州，为了家族生意往来方面的应酬，谷超豪已经学会了喝酒。在苏联的冬天，为驱除寒冷，他又学会了喝高度数的烈酒，而且还练就了一副好酒量。回国之后，若是碰到高兴事，偶尔也会小酌几杯。据说，谷超豪当温州大学校长时，和当地的干部一起吃饭，大家纷纷上来敬酒，结果醉倒了好几位，他却若无其事[④]。

远离家乡，更难耐的是寂寞。1957年1月，谷超豪与相恋多年的师妹胡和生结婚。8月，谷超豪就离开新婚燕尔的妻子，来到了莫斯科大学。分居两地，相隔万里，他们只能通过书信传递彼此的相思之情。1958年，否定、批判基础研究的"左倾"思潮干扰了数学界，胡和生也被波及，成

① 傅方浩访谈，2011年10月11日，北京。资料存于采集工程数据库。

② 谷月卿访谈，2011年10月11日，北京。存地同上。

③ 郑海华、翁卿仑：写在谷超豪院士获得国家最高科技奖之际。《温州日报》，2010年1月12日。

④ 虞彬访谈，2012年10月17日，上海。资料存于采集工程数据库。

了"走白专道路"的典型，学校里有人扬言要拔她的"白旗"。胡和生提出赴苏联探亲，也有人反对，幸好学校领导顶住压力，批准了她的莫斯科之行。在莫斯科火车站，谷超豪一见胡和生，就大吃一惊："怎么瘦成这样？"胡和生淡然一笑，只字未提自己受的委屈。安顿好之后，小夫妻俩就双双扎进了图书馆里。在短短一个月的探亲假内，胡和生硬是读完了几大本有关广义相对论、弹性力学的英文、俄文原版学术专著。她还在谷超豪的帮助下，抓住一个机会，跟谷超豪的导师、微分几何学家 H. K. 拉舍夫斯基教授[1]作了一次难忘的学术长谈，讨论微分几何如何联系实际的问题。此外，谷超豪还带胡和生去瞻仰了列宁墓，参观了一些公园和博物馆。两人也忙里偷闲，到美丽的列宁格勒去旅行了一趟，四天里把市区和郊区各个游览处玩了一遍。

# 参与党务工作

1957 年是苏联十月革命四十周年，刚到苏联不久的谷超豪，作为中国进修教师代表有幸参加了 11 月 7 日的红场观礼。这是激动人心的一刻，谷超豪回忆道：

> 我很光荣地得到在红场观礼的机会，庄严威武的军事检阅，充分显示了苏联是保卫世界和平坚强的堡垒，热烈欢腾的苏联人民，向着自己亲爱的领袖赫鲁晓夫同志，向着聚集在莫斯科的各国共产主义运动领袖们热情地欢呼与招手，当我亲眼看到赫鲁晓夫同志与毛泽东同志在主席台上亲切地谈笑时，我真是兴奋极了，这象征着共产主义运

---

[1] 微分几何学家 H. K. 拉舍夫斯基当时在中国很有名气。1955 年 10 月，人民教育出版社曾出版他 1950 年增订出版的《微分几何教程》，由北京大学吴祖基、裘光明翻译，1962 年 3 月已是第 10 次印刷。

动的蓬勃开展，也象征着人类历史的无限光明的前景。①

　　时隔不久，谷超豪又一次在学校见到了毛泽东主席。当时，毛泽东率领中国党政代表团到苏联参加十月革命四十周年庆典和两个重要国际会议。百忙之中，毛泽东抽出时间于 11 月 17 日来到莫斯科大学，专程看望了中国留学生。

　　17 日这天，天气晴朗，阳光明媚。在莫斯科学习的中国留学生和实习生纷纷集合在莫斯科大学的礼堂内，聚精会神地听中国代表团团员陆定一关于国内情况和整风问题的报告。下午 3 点多钟，陆定一的报告结束了，这时候大家知道毛泽东可能要来，整个大礼堂都沸腾起来了。其实毛泽东这一天也很忙，他刚刚在克里姆林宫各国共产党和工人党代表会议上作了即席发言。散会后，又紧接着出席了苏共中央主席团在克里姆林宫为各国党政代表团举行的宴会。下午 5 时半左右，宴会结束，毛泽东即刻驱车赶往莫斯科大学，同行的还有邓小平、彭德怀、乌兰夫、陈伯达、杨尚昆、胡乔木、刘晓等。

　　下午 6 点钟，当毛泽东、邓小平、彭德怀等从莫斯科大学礼堂讲台后面走出来时，在场的全体留学生立即起立，欢呼雀跃，掌声如雷，经久不息。毛泽东首先挥手向大家问好致意，然后开始发表讲话。他一开头就对留学生们说："世界是你们的，也是我们的，但是归根结底是你们的。你们青年人朝气蓬勃，正在兴旺时期，好像早晨八九点钟的太阳。希望寄托在你们身上。"② 当时还有一段有趣的小插曲：毛泽东用湖南口音说"西盖（世界）是你们的"时，留学生们听不懂"西盖"是什么意思，大家纷纷交头接耳相互询问。毛泽东双手抱圆，作出地球的样子，用英文解释说："西盖，就是沃尔德（world）。"但大多数留苏学生并不太懂英文，对毛泽东的解释仍是一头雾水。毛泽东回头问刘晓："俄文里世界是怎么说的？"刘晓回答："米尔（俄语 мир，世界）。"于是毛泽东又对留学生说："米尔

―――――――――――

① 谷超豪：学习苏联先进经验。《复旦》，1959 年 11 月 10 日。
② 毛泽东：在莫斯科大学会见中国留学生时的讲话。见《建国以来毛泽东文稿》第 6 册。北京：中央文献出版社，1987 年，第 649 页。

是你们的，当然我们还在，也是我们的，但是归根结底是你们的……"毛泽东风趣的讲话，博得了留学生们的热烈鼓掌[①]。

毛泽东的讲话大约持续了40来分钟，主要给大家谈了当时的国际形势和国内情况。他教导同学们说："青年人应具备两点，一是朝气蓬勃，二是谦虚谨慎。"在讲话中，他纵论天下，旁征博引，提出了"世界上怕就怕认真二字，共产党就最讲认真"的名言。毛泽东的讲话亲切和蔼，像甘露般地滴进渴望祖国强盛的留学生的心坎里，像春风化雨般地滋润着远在异国他乡的学子们的心田。

走出礼堂之后，毛泽东又同邓小平、彭德怀等人参观了学校的俱乐部和学生宿舍。毛泽东详细询问了留学生在苏联的学习和生活情况，勉励大家"要努力学习，建设祖国，加强与苏联师生的友谊"。直到晚上8点多钟，毛泽东等人才从学生宿舍里走出来。当毛泽东出现在宽敞的走廊里的时候，又被留在宿舍里的苏联学生和外国留学生团团围住，有的争着同他握手，有的请他签字留念，有的与他一起合影。这一次访问，毛主席在莫斯科大学足足逗留了3个小时。

从14岁投身革命以来，为了党的事业，为了国家的需要，一直是谷超豪从事科学研究的动力。能在异国他乡见到敬爱的领袖，谷超豪内心非常激动。"世界上怕就怕认真二字，共产党就最讲认真。"毛泽东的这句话深深地打动了谷超豪。作为一名科研工作者，他要认真学习科学文化知识，将来回到祖国为社会主义建设出力。作为一名共产党员，他更应该认真起到模范带头作用，无论是政治思想还是业务研究都要走在别人前面。由于他对党的忠诚及对党的事业的热爱，以及出色的工作能力，1958年，谷超豪被任命为莫斯科大学力学数学系留学生党支部书记。

谷超豪在青少年时代，曾经担任温州中学地下党支部书记，后又担任过浙江省科联党组书记。进入复旦大学后，历任数学系几何代数教研组及研究生党支部书记、数学系党总支委员，一度还代理数学系党总支书记。对于党务工作，谷超豪可谓驾轻就熟，但在留学生中开展党的工作，毕

---

① 孙立忠：回忆毛泽东看望莫斯科大学中国留学生。《湘潮》，2009年，第6期。

竟和国内的情况有所不同。在苏联的中国留学生有着严格的党、团组织生活。中国驻苏大使馆设立了留学生党委，在留学生所在的各个城市成立了下属党委，在每个大学还成立了支部。像莫斯科、列宁格勒等大城市，则在留学生集中的大学设立总支一级机构，以系为单位成立支部。1958年到1959年初，谷超豪担任党支部书记期间，由李文绚负责和苏联方面联系。苏联力学数学系党组织指定一个叫华良（Bane）的学生作为联系人。在开学初、期中、期末的时候向他讲一讲支部工作的大致安排。有一次，谷超豪和李文绚一起和华良谈工作，某位中国留学生被选为班长，但和苏联学生有纠纷，支部派李德元和华良一起去处理。还有一次，苏方党组织负责人邀请谷超豪等几个支委去谈谈他们的主旨思想工作。谷超豪回国时，华良他们还特意到车站送行。

在苏联学习期间，留学生中的中共党员过着双重组织生活，除了参加中共党组织活动、向上级汇报工作外，还要出席苏联校方的党组织活动。据谷超豪回忆，苏联莫斯科大学力学数学系开党员大会，有时也会邀请中国留学生党支部书记列席会议。谷超豪曾经参加过几次，大多都是一些普通的党员大会。不过有一次会议却让谷超豪感受到了苏联异常的政治气氛。那是1957年下半年，党支部通知谷超豪，苏方要召集外国留学生中的党员开一次会，介绍苏共当时领导成员变化的有关情况。谷超豪与支部其他党员都去参加了。会议是在一个很大的教室里召开的，有好几百个人参加，莫斯科大学党委负责人宣读了一份关于所谓"篡党夺权"的宣传材料，其中还涉及了苏联党和国家领导人伏罗希洛夫、布尔加宁等人。对此，包括谷超豪在内的中国留学生都感到非常震惊。

作为支部书记，谷超豪每个月都要定期召开支部生活会。会议的主要内容是传达、学习党内文件，阅读、讨论《人民日报》等重要报刊上的文章，跟上国内政治、经济、文化发展的步伐与形势。除了组织政治学习之外，关注留学生们的学习情况和思想动态，开展批评与自我批评，加强留学生内部以及与苏联学生之间的团结，也是党支部重要的工作内容。1959年2—5月左右，谷超豪不再担任留学生党支部书记，继续担任支委配合书记工作。此时，他的学习任务更紧张了，已进入了博士论文的撰写阶段。

# 刻 苦 学 习

　　莫斯科大学是苏联规模最大、历史最悠久的综合性高等学校，创办于1755 年。其力学数学系是全世界最大的数学研究中心之一，集中了苏联科学院大约三分之一的数学院士，主要培养力学、数学、应用数学领域知识面宽广的专家。苏联虽然是社会主义国家的老大哥，但与西方数学界仍保持着一定的交流，国际数学界几何学权威、法国数学家 E. 嘉当院士曾三次前往苏联讲学。因此，谷超豪赴苏进修计划包括两个方面：一是微分几何学方面的"偏微分方程的几何理论及微分流形的几何学"，二是条件许可同时兼修偏微分方程理论。临行之前，谷超豪向老师苏步青拜别。苏步青特意叮嘱谷超豪，希望他能在无限连续变换拟群理论上有所突破，而且不要局限于微分几何，要跨出去投入到偏微分方程的研究之中。显然，这两点也正是谷超豪的心愿。

　　在莫斯科大学，谷超豪师从著名数学家菲尼可夫教授和拉舍夫斯基教授，学习微分几何。1957 年 9 月 1 日，谷超豪第一次踏进莫斯科大学阳光

图 5-2　1959 年谷超豪与指导教师菲尼柯夫教授（中）等合影

充沛的校舍，见到了力学数学系微分几何教研室主任菲尼科夫教授。拉舍夫斯基教授则被指定为谷超豪正式的指导老师。菲尼可夫和拉舍夫斯基，分别主持教研室的两个讨论班，属于两个不同的微分几何学派，研究方法和研究对象也略有差异。系里让谷超豪选择参加一个讨论班。谷超豪的决定出乎大家意料之外，他希望能同时参加两个讨论班。这当然非常困难，因为这意味着需要大量的时间和更为繁重的工作。谷超豪有这份自信，他在数学研究上是有天分的。早在浙江大学数学系求学期间，他就同时参加了苏步青和陈建功两位教授分别主持的两个讨论班，均取得了令人瞩目的成绩。与浙江大学相比，莫斯科大学有着更为良好的科研条件和学术氛围，谷超豪希望趁着这个好不容易才争取来的进修机会，学习更多的知识，掌握最新的方法。

这样性质的讨论班，就数学的各个分科而言，莫斯科大学就有二三十个。每周定期举行讨论，从不间断。参加者不仅有莫斯科大学的教师、研究生，还有其他大学的有关教师。师生共聚一堂，确是一支老中青三结合的学术梯队。学术研讨十分严肃认真，大家相处又非常融洽。对这种讨论班形式的教学方法，谷超豪一向评价很高，他说：

> 我觉得，这些讨论班总是以报告最新的学术研究成果为主，从而保证了研究方向的稳定性，促进了成员之间的合作和交流，使研究工作不断向纵深发展。这种讨论班也反映出他们艰苦治学的精神，白天保证学生上课，讨论班就安排在晚上。例如，菲尼可夫教授领导的讨论班总是安排在星期六晚上，而事实上有三个层次的报告。往往从下午六时进行到晚上十时，连吃晚饭的时间都没有了。[①]

谷超豪每天要工作 11 到 12 个小时。在菲尼科夫和拉舍夫斯基这两位科学家的帮助下，谷超豪为自己的几何研究找到了新的途径[②]。菲尼可夫

---

① 谷超豪：莫斯科大学进修回忆。见谷超豪著：《奋斗的历程——谷超豪文选》。上海：复旦大学出版社，2005 年，第 166 页。

② 彼图霍夫：攀登科学高峰——记第一个在莫斯科大学获得博士学位的中国同志谷超豪。《浙江日报》，1959 年 8 月 22 日。

图 5-3　1959 年谷超豪在莫斯科大学和指导教师拉舍夫斯基教授（右）、
拉普切夫教授（左）合影

和拉舍夫斯基对谷超豪的天赋与才干也非常赏识。拉舍夫斯基请谷超豪在讨论班上作学术报告，菲尼可夫也会亲自到这个讨论班来听。他们对谷超豪的报告表现出极大的兴趣，都把他看成是自己"学派"中的人。

尤其是菲尼可夫教授，当他得知谷超豪是苏步青的学生时，非常高兴。菲尼可夫和苏步青这两位世界著名的数学家，早在 1933 年就有通信往来，并建立起了深厚的友谊。1956 年，苏步青在百忙之中把菲尼可夫的《外形式法》一书译成了中文[①]。在这以前，他还和谷超豪一起翻译了由菲尼可夫等人编著的《三十年来的苏联数学》一书中的几何学部分[②]。这两本书的中译本，苏步青托时任复旦大学校长顾问、苏联专家组组长、莫斯科大学哲学系主任柯希切夫，在 1957 年回莫斯科时带赠给菲尼可夫。菲尼可夫趁十月革命四十周年前夕，也把自己最心爱的书，作为最珍贵的节日礼品，赠送给与他有着二十多年友谊的苏步青。在菲尼可夫的新著和

---

① 〔苏〕菲尼可夫著：《在微分几何学中的嘉当的外形式法：全微分及偏微分方程系统的共存论》。苏步青译。北京：科学出版社，1956 年。

② 〔苏〕菲尼可夫著：《几何学：三十年来的苏联数学 1917-1947》。苏步青、谷超豪译。北京：科学出版社，1956 年。

他过去的一些著作里，许多地方都引用了苏步青的论文，所以苏步青说他"感到十分光荣"。对于谷超豪在菲尼可夫指导下取得的进步，苏步青认为"是喜上加喜"，更加深了他与菲尼可夫之间的友谊：

> 菲尼可夫教授在给我国另一位数学家的信里说，谷超豪同志学习进步得很快，有的报告还引起了苏联教师的极大兴趣。苏步青在得到这个消息之后，更是喜上加喜。他说，谷超豪在复旦是我的学生，现在在莫斯科大学又是菲尼可夫教授的学生，这无形中格外地加深了我们之间多年的友谊。①

在莫斯科大学力学数学系学习了五十多天后，谷超豪于 1957 年 11 月给学校写了一封信，其中提到菲尼可夫对他的学习和生活都非常关心：

> 菲尼可夫教授也对中国非常有兴趣，苏先生送他一本书（菲尼可夫教授的著作的中文译本），他很高兴，他风趣地说，他只能知道他自己的名字在什么地方，其他一概都不知道了。我送他论文的抽印本，他拖住我，要我对标题上的每个字作出解释与注音，在教研组的讨论会上，时常要我出来说中国字的写法，他们说笑话，如果我来开一个中文课，那么听的人一定很多。我碰到的许多人，都很关心地问汉语拉丁化是否很快会实现，因为那样他们学起来可以容易很多。②

1958 年 5 月，苏步青应邀赴罗马尼亚、匈牙利等东欧国家讲学两个月，顺访莫斯科大学 10 天。出国之前，苏步青写信告诉谷超豪，希望途径苏联时，能在莫斯科大学和菲尼可夫教授见上一面，请谷超豪帮他联系一下。谷超豪马上将这一消息告诉了菲尼可夫，他们为苏步青访问期间的活动做了安排。来到莫斯科后，一位副校长接待了苏步青，并邀请他参观莫斯科大学展览室，由谷超豪陪同并做翻译。后来，菲尼可夫专门邀请苏

---

① 张以传：两个数学家的友谊。《复旦》，1957 年 11 月 6 日。
② 谷超豪：处处是温暖与友谊。《复旦》，1957 年 11 月 6 日。

步青去他休假的地方住了几天。

在学习微分几何的同时，谷超豪时刻没有忘记苏步青的嘱托："不要局限于微分几何，要跨出去投入到偏微分方程的研究之中。"当时，随着苏联第一颗人造卫星上天，谷超豪敏锐地意识到了偏微分方程作为数学和物理科学、工程科学沟通的桥梁对于国防建设的重要意义。他在完成规定课程之余，开始有意识地学习偏微分方程，还特意参加了以莫斯科大学校长彼得罗夫斯基院士为首的偏微分方程讨论班。谷超豪与彼得洛夫斯基院士，早在复旦大学的时候就有过一面之缘。1954 年 10 月，彼得洛夫斯基率团访问上海，曾在复旦大学作关于微分方程的学术报告[①]。当时他的随行翻译对于数学方面的术语并不熟悉，苏步青要谷超豪尝试现场翻译。谷超豪事先看了讲稿，出色地完成了此次翻译工作。

莫斯科大学的另一个特点，就是那里有很多高水平的专门课程。第一个学期，谷超豪选读了盖里芬特通讯院士和奥列尼克教授的两门课程，都是关于非线性偏微分方程的间断解的。后来又听了拉舍夫斯基教授关于场论的课程。由于力学和数学在一起，谷超豪还旁听了一些流体力学的课程。这些课程，对于他后来的研究都发生了相当大的影响。另一方面，莫斯科大学和其他国家的数学界也有一定的交流。莫斯科数学学会每星期四晚上都在莫斯科大学举行学术报告会，常有国外著名学者的报告。在那里，谷超豪第一次见到了法国著名数学家勒莱院士[②]。

在出国之前，经与苏步青商量，谷超豪已经确定以"无限连续变换拟群"作为自己的主攻方向。这一领域是挪威数学家索菲斯·李[③]和法国数学家 E. 嘉当发展起来的，由于难度高，所以发展缓慢。谷超豪赴苏之前，就听过苏步青以 E. 嘉当所著的《黎曼几何》为教材的课程，也精读过这本书的法文版，苏步青曾说嘉当的外微分形式课程，真正学到手只有谷超豪与胡和生两人。出于对 E. 嘉当的思想和方法的兴趣与感悟，加上莫斯科大学的优越学

---

① 冯康：伊·格·彼得罗夫斯基院士学术报告简记。《数学通报》，1954 年第 11 期。

② 谷超豪：莫斯科大学进修回忆。见谷超豪著：《奋斗的历程——谷超豪文选》。上海：复旦大学出版社，2005 年，第 167 页。

③ Sophus Lie（1842–1899），法国科学院院士，"李群"、"李代数"以他命名。

术环境，谷超豪很快就得出了一系列最新的成果。他每隔两三周，就在讨论班上作一次学术报告，深得同行们的赞赏。过了一年时间，谷超豪就写出了好几篇论文，公开发表在苏联和国内的杂志上。后来这些论文合并成为他博士论文《论变换拟群的某些通性及其在微分几何中的应用》主体。

1958 年 6 月，学期快要结束的时候，拉舍夫斯基教授认为谷超豪这一年的科研成果已经到达了"博士水平"，于是建议他向学校提出申请，参加博士学位答辩。对此，谷超豪没有表态。1959 年 2 月的某一天，拉舍夫斯基和谷超豪商谈学习计划，他说："时间很快，你在这里只有几个月时间了，你的科研结果可以答辩博士学位，建议你搞完答辩回国。"菲尼可夫、拉普切夫几位老师也都是这个意见，希望谷超豪能申请莫斯科大学的博士学位。

申请苏联莫斯科大学的博士学位，这并不是一件小事，远远超出了谷超豪的进修计划，甚至还牵涉到对外关系问题。作为一名共产党员，必须遵守严格的组织纪律，因此谷超豪专门向留学生党支部负责人李德元作了汇报。后来，中国驻苏联大使馆留学生党委派李德元去找拉舍夫斯基教授，询问了关于谷超豪论文的详细情况，并征求了教授们的意见。拉舍夫斯基再次向李德元重申了他和菲尼可夫等几位教授的建议。于是，使馆通知谷超豪，可以依照苏方建议，进行博士答辩。

# 获得物理-数学博士

在苏联晋升教授要求有博士学位，它不是读完研究生就可获得的。研究生毕业只能获得副博士学位，相当于西方国家的博士。一般在副博士毕业后若干年，只有学术上卓有成就者，才可向由知名学者主持的博士点申请，提交博士论文，然后经国家答辩委员会答辩通过后授予博士学位。博士论文工作量很大，需要花费的时间很长，难度也很大，一般论文答辩通过后都可以发表成为专著。不少学者往往是白发苍苍才获此殊荣，全苏联各专业拥有博士学位的人也是屈指可数[1]。

1950—1964 年这十几年间，中国先后派出近万名留学生到苏联和东欧各国留学，只有极少数人获得苏联博士学位。据查后来成为中国科学院、中国工程院院士的留苏学生中，仅有 6 位学者获得博士学位。他们是谷超豪（莫斯科大学力学数学系物理—数学科学博士）、杨福愉（莫斯科大学生物系哲学博士）、吴旻（苏联医学科学院实验和临床肿瘤研究所医学科学博士）、侯云德（苏联医学科学院伊凡诺夫斯基病毒学研究所医学博士）、张启先（列宁格勒多科性工学院技术科学博士）和高景德（列宁格勒加里宁工学院技术科学博士）。

2012 年 8 月，课题组辗转通过各种渠道，终于看到了有关谷超豪在莫斯科大学通过博士学位答辩的一整套完整档案资料[2]。这是一份天蓝色的卷宗，上面用打字机打印着："谷超豪考取物理—数学博士学位答辩材料。莫斯科，一九五九年六月。"档案资料共有 66 页，详细记载了谷超豪博士答辩前后整个过程。

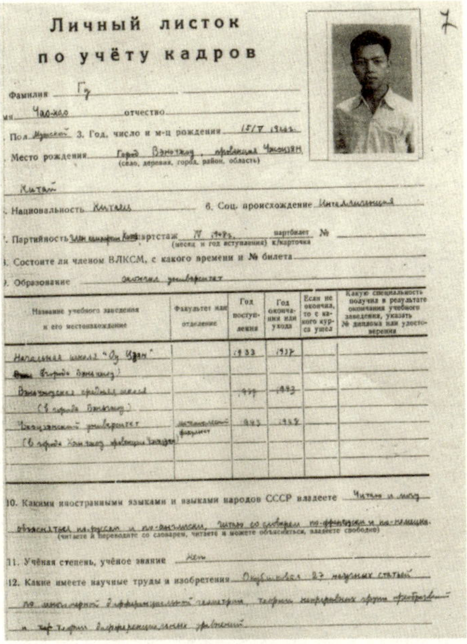

1959 年 5 月 3 日，莫斯科大学数学力学系主任斯列兹金教授致苏联高等教育部学术委员会《关于谷超豪博士论文答辩的请示报告》："申请准予无副博士学位的谷超豪副教

图 5-4　谷超豪博士学位论文申请书首页

---

① 邓守强：《留苏岁月》。沈阳：东北大学出版社，2007 年，第 39 页。

② 课题组能够获得谷超豪博士论文答辩档案材料（复印件）是中俄学术互助的一段佳话。复旦大学经济学院副院长刘军梅教授是俄罗斯圣彼得堡大学博士。2012 年 5 月在复旦举行的上海论坛上，经她介绍，课题组负责人周桂发有幸结识莫斯科大学经济系艾琳娜博士。课题组请艾琳娜博士帮忙去莫斯科大学档案馆查阅并复制了这一整套完整的有关谷超豪在莫斯科大学通过博士学位答辩的档案资料。同年 8 月，她到北京参加国际学术会议，又从北京特快专递，把档案材料送至复旦。在此，课题组全体成员由衷感谢刘军梅教授、艾琳娜博士等中俄学者的无私援助。

授进行博士学位答辩，答辩题目为'论变换拟群的某些通性及其在微分几何中的应用'。"高等教育部正式批复，同意谷超豪的答辩，答辩时间为1959年6月5日。

微分几何教研室主任 С. П. 菲尼可夫教授亲自主持会议，经讨论决定，谷超豪将在系学术委员会进行博士论文公开答辩，并推荐物理数学博士古列维奇教授、拉普捷夫教授、拉舍夫斯基教授作为论文答辩的正式评论员。谷超豪的论文约有两百页，中间有许多复杂的数学公式。这三位教授认真审阅了这篇博士论文，并于6月3日寄回了他们签署的正式评阅意见书。

古列维奇教授在评阅书中写道："总体评价：文中所得出的结论综合起来对移动拟群理论有非常重大的贡献；特别是第二章定理7、8，第三章定理14，第四章定理15、16、17、21、22都非常重要。作者在自己的论文中表现出自己在现代微分几何以及无限群理论方面拥有渊博的知识。"

拉普捷夫教授评论道："论文的主要内容深入探讨了异项均质群的分解对建构变换拟群的影响。需要强调的是，此时所使用的异项均质群不仅是一阶的；论文首次研究了含最高阶行列方程式的变换拟群；首次在嘉当理论之后广泛运用他的无限变换拟群结构理论。作者形成了自己对无限变换拟群理论的研究方向，应该说，他的研究成为该领域其他研究的开端。至少继嘉当之后他是在建构无限变换拟群领域做出重要贡献的第一人。作者普遍定理的学术价值还体现在将这些定理广泛用于传统的黎曼空间移动理论和几何对象场中。在这一领域，作者用自己的方法取得了许多重要的、新颖的、非常有趣的结论。"

拉舍夫斯基教授认为："总体来说作者得出了一些非常有说服力和原创性的结论，这需要经过复杂

图 5-5　1959 年谷超豪在莫斯科大学论文答辩会上作报告

而全面的研究。这些结论证明通过异项均质群的属性可以对拟群进行有效研究，并为这一领域的进一步研究指明了方向。此外，论文中含有大量附录，综合起来不仅为本文的研究，也为任何李群理论的研究提供了大量丰富而有益的方法。"

为了让更多的人来参加谷超豪的公开答辩报告会，便于大家理解博士论文的主要内容，莫斯科大学力学数学系主任斯列兹金教授亲自致函莫斯科大学印刷厂厂长，花费了 400 卢布，请赶印 150 份谷超豪的"论文摘要"。同时，斯列兹金教授又致信《莫斯科晚报》编辑部，"请求在贵刊登载有关谷超豪副教授博士论文答辩的邀请公告"。《莫斯科晚报》5 月 27 日刊登了"邀请公告"，上面明确写着："兹定于 1959 年 6 月 5 日 16 时，在 1408 教室，举行谷超豪的物理数学博士学位论文答辩。"

在该档案卷宗中，还有当时谷超豪博士论文答辩的现场速记资料，洋洋洒洒 18 页之多。其中一份会议记录摘录，也就是此次公开答辩的鉴定书：

莫斯科大学力学数学系学位委员会第 19 号会议记录摘录

1959 年 6 月 5 日

与会者：力学数学系学位委员会成员（参见上报名单）共 29 人及其它宾客

会议主持：力学数学系主任斯列兹金教授、学位委员会秘书罗辛斯基教授

会议过程：上海复旦大学副教授谷超豪举行题为"论变换拟群的某些通性及其在微分几何中的应用"的物理数学学科博士学位论文公开答辩。

首先，谷超豪根据自己的论文大纲作了综述报告；之后，正式评论员、物理数学学科教授古列维奇、拉普捷夫和拉舍夫斯基分别发言。

答辩人就正式评论员所提问题作答。

通过公开表决选出计票委员会成员：留斯捷尔尼克教授（计票委员会主席）、马尔科夫教授和莫斯科维京副教授。计票委员会成员分发选票。

计票委员会成员共发放选票29张，投票箱收回选票29张，29票全票通过谷超豪的学位论文答辩。

最终决议：根据对物理数学学科博士学位申请者、上海复旦大学副教授谷超豪题为"论变换拟群的某些通性及其在微分几何中的应用"的学位论文的秘密投票结果，力学数学系学位委员会宣布如下决议：

谷超豪的学位论文对变换拟群理论做出重要贡献。作者通过大量复杂和精细的研究，在论文中得出诸多有力的原创结论。该论文符合申请物理数学学科博士学位的所有要求，论文作者也符合物理数学学科博士学位授予的所有条件。

该论文的基本观点已经发表在一系列学术期刊中。具体清单如下：

1. "齐性黎曼空间的半导率特征"（与 Г.И.克鲁奇科维奇合著），《苏联科学院报告》，1958 年，第 120 卷，共 4 页；

2. 《关于李嘉当无限变换拟群的传导率》，《高等院校通报：数学》，1958 年，共 8 页；

3. 《关于齐性黎曼空间的几种类型》，《苏联科学院报告》，1958 年，第 122 卷，共 4 页；

4. 《关于双曲型度量空间中的移动群》，《数学科学成就》，共 12 页。

莫斯科大学力学数学系学位委员会将对计票委员会的记录进行审核，随后将审核结果提交校学位委员会以及苏联高等教育部学位鉴定委员会，以进一步审核谷超豪同志关于物理数学学科博士学位的申请。

会议摘录内容属实。

　　　　　　　　莫斯科大学力学数学系学位委员会秘书　　罗辛斯基教授

卷宗最后，还有谷超豪讲话的速记。他说：

请允许我说几句话，谈谈自己的感受。二十一个月来，我随时都感到苏联科学家和全体苏联同志的支持和友谊。我刚到莫斯科大学的时候，菲尼科夫、拉舍夫斯基和拉普捷夫几位教授便亲切地接见了我。他们对我的关怀是无微不至的。

由于有这样好的条件，我马上决定了自己的科学研究题目，开始参加两个研究班的课。班上作的报告和讨论对我都有极大的益处。我得到不可缺少的帮助，如果没有这种帮助，我就不能写成这篇论文。我对你们大家，首先是对研究班的领导人，表示深切的感慨。回国以后，我将经常为加强中苏两国的伟大友谊贡献自己的一份力量。

谷超豪是第一个在莫斯科大学作博士论文答辩且被授予博士学位的中国人。当时，谷超豪的论文正本打印了三份，自己带回国一份，其余两份分别存放在莫斯科大学和苏联一家全国性的图书馆内。当时和国外交流不畅，回国后谷超豪又忙于许多新任务和新课题，博士论文也无暇整理出版，所以有的学术成果国外并不知晓。至于博士学位证书，他委托苏联友人古可夫斯卡娅代领，并通过大使馆帮他带回国内。1960 年，谷超豪终于在复旦大学人事处拿到了这本由莫斯科大学颁发的物理—数学科学博士学位证书。很可惜，这本珍贵的博士学位证书和那份带回国的博士论文，在"文化大革命"中被迫上交，最后不知所终。非常幸运的是，通过中外学者的共同努力，2013 年 3 月 23 日，在上海举行的第五届世界中国学论坛上，课题组终于从俄罗斯汉学家俄罗斯科学院远东研究所亚历山大·罗曼诺夫研究员手上拿到了谷超豪在莫斯科大学博士论文复印件[①] 。

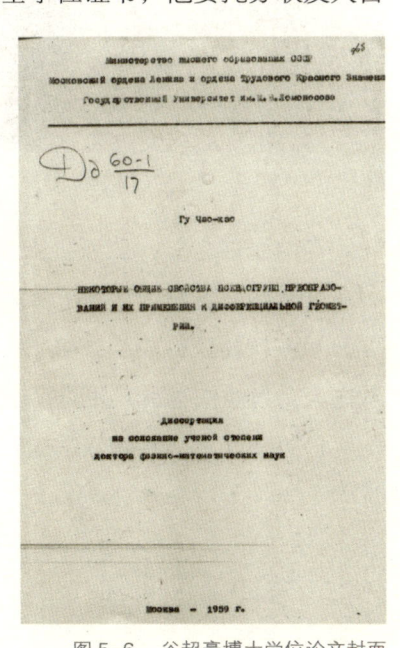

图 5-6　谷超豪博士学位论文封面

---

① 谷超豪博士论文（复印件）能典藏于复旦大学档案馆是一段国际学术界学术互助的佳话。上海社会科学院马军研究员与罗曼诺夫研究员夫妇是好朋友。课题组成员张剑请马军研究员通过罗曼诺夫夫妇寻找谷超豪在莫斯科大学的资料。罗曼诺夫夫妇伸出援助之手，请在莫斯科访学的清华大学鲍鸥教授帮忙复印。课题组全体成员在这里衷心感谢俄罗斯罗曼诺夫夫妇、鲍鸥教授、马军研究员。

图 5-7　1959 年莫斯科大学校长、数学家彼得洛夫斯基向谷超豪获得博士学位表示祝贺

　　答辩通过之后，莫斯科大学师生为谷超豪举行了盛大的宴会。随后，谷超豪开始准备回国。为了今后更好地从事科研和教学，他向苏联方面索要教学资料并获得成功。6 月底，莫斯科大学校长彼得洛夫斯基院士召开欢送大会为他们送别，并向谷超豪获得博士学位道贺。

　　1959 年 7 月，谷超豪学成归来。

# 第六章
# 复旦教授

从苏联留学回国时，谷超豪已在微分几何方面取得了瞩目的成绩，成为以苏步青为代表的中国微分几何学派的中坚力量。如果继续在此领域探索，显然很容易取得更大的成就。但他却敏锐地看到尖端科技的发展对数学提出的新要求与高要求，根据国家科学事业发展的需要，毫不犹豫地选择了偏微分方程这个与实际联系更加密切、当时中国比较薄弱的学科，将自己的主要精力投入其间，在复旦大学数学系开设研讨班、招收研究生，培养年轻人，带领他们进入这一新的数学领域，建立起复旦大学偏微分方程学派，成为中国偏微分方程的重镇。

## "又红又专" 的年轻教授

1959 年 7 月，谷超豪载誉而归。作为当日"又红又专"的代表，他得到各方面的广泛重视，自己也严格要求，积极投身于各项教学与科学活动：负责领导全系的科学研究时，除自己在科学研究中做出榜样外，同时充分发动群众加强计划性。虽担负教学和科学研究工作较重，但仍热情地参加各项群众运动，认真地做好党分配给他的社会工作。回国伊始，他就建立"双曲守恒律"讨论班，任微分方程教研组主任，开始招收研究生。担任数学系党总支委员，出席校党委扩大会议，参加"反右倾机会主义"运动的政治学习；也积极出席各类会议，先后在上海市数学会纪念十月革命胜利的节日上讲话，在上海市青年教师积极分子大会上发言。1960 年 2 月，在中共复旦大学第三届党代会上当选为校党委委员；同月，当选为校务委员会委员。并以党委委员与校务委员的身份积极参与学校领导工作。受到校领导杨西光信任，作为负责人领导数学系的数学专业课程革新，进行教学改革，并积极参与制订中小学和大学数学课程的革新方案、教学大纲和编写新的教材等工作。

谷超豪负责的教学改革在 1958 年大跃进基础上展开，其中心是教学内容现代化。为改变我国数学过去的落后面貌，以适应国家建设的需要，迅速赶上并超过世界先进水平的"大跃进"任务，主要是改变课程内容陈旧、重复、脱离实际、学科之间相互隔膜等问题。原来基础课程内容基本上限于 17—19 世纪的材料，理论力学还是牛顿与拉格朗日时代的内容，星际航行与自动调控所需的新知识毫无涉及；而一些新兴的数学学科与门类，也没有列入基础课程。因此，"基础课的内容太陈旧狭窄，学生读到专门化时还要大量地补学基础知识"，相关数学的新发展新知识学得很不够。教学改革的目标就是"概括地处理原有基础课内容，用大量反映现代科学成就的材料来丰富基础课的内容"。这次"教改"还要合理地处理课程的设置和相互关系，避免课程重复、割裂以及内容繁琐等现象；加强数学与实践的联系，破除数学脱离实际与形而上学的观点。

按照上述设想与要求，依据重大工程与尖端技术、现代物理、自动化、国民经济、大量计算任务等五个方面的要求，重新确定了基础课程的内容。原来 1243 个学时，删除陈旧与重复内容 310 个学时，剩下内容改革后仅需 497 个学时完成，为新增现代化内容留下了 490 个学时的空间。教改后的课程体系中添加了"计算数学"、"数理逻辑与控制论"等 4 门新课，对统计数学、一般力学等 7 门课程做了重大改变。这样，新的基础课题体系形成，一类是数学基础知识如数学分析、代数学等，一类是物理、力学课程，一类是与重大工程与尖端技术等五个方面密切相关的课程如数学物理、统计数学等。通过"教改"，数学系由原来一个数学专业、一般空间微分几何学、几何函数论等 6 个学科，发展成为数学、力学、计算数学三个专业，包括非线性偏微分方程、高速空气动力学、平稳随机过程等 26 个学科[①]。

谷超豪除负责数学系的教改外，也在教学中身体力行实行教改。为了开"双曲型准线性方程组概论"这门新开设的"现代化课程"，他改编一本力学书，补上所有的数学证明，使力学和数学知识更密切地结合起来。在"微分几何"这门专门化课程教学中，他把最新的微分几何成就及自己多年来的研究成果进行系统整理后，用简明的方法传授给学生。

"教改"同时也要改变过去以教师讲授、学生被动接受的局面，变为以学生主动学习为主，教师从旁辅导。在"教改"中，复旦大学数学系以学生为主编写了一套数学教材，称为"革新教材"，由上海科学技术出版社出版。按照编辑说明，在大跃进两年来，教育大革命已经取得伟大成就，在此基础上，展开了一场声势浩大的教学改革群众运动。运动中，师生结合，提出了"关于综合大学数学专业课程革新的建议"，根据建议编写了这套的可供综合大学数学专业试用的基础课程教材，包括《数学分析》（一）、《数学分析》（二）、《泛函分析》、《高等代数》、《线性规划和计算实习》、《计算数学》、《数理逻辑与控制论》、《常微分方程》、《数学物理方程》、《一般力学》、《连续介质力学》、《统计数学》等 12 种。同时，还编写了一套计算数学专业试用基础教材，包括《计算方法》、《程序设计》、《线性代数》、《程序实习》等 4 种。

学生编教材，这是那个荒唐岁月中并不算最为荒谬的事情，编《微分几何》，可连微分流形的概念都不懂，胡和生有笔记，当场教学生，学生们立即用学到的知识继续编教材。这套教材质量可以想见，1961—1962 年重新修订一次，当然主要是老师动手，学生毕竟是学生[②]。与谷超豪密切相关的《数学物理方程》1960 年 5 月初版，内容包括三种典型的二阶偏

---

① 复旦大学数学系先进事迹。复旦大学档案馆。

② 陈恕行访谈，2011 年 9 月 30 日，上海。资料存于采集工程数据库。

微分方程以及高阶方程、混合型方程、线性与非线性方程，同时介绍变分法、积分变换、黎曼方法。由于问题太多，次年由谷超豪领导许政范、李大潜、侯宗义、李立康进行修订，内容变动非常大，原版8章改为9章，每章也有大改动，并增加三篇附录和相当数量的习题。在1961年7月所写《第二版序》详细列出了新版与初版的不同之处，并指出新版主要参考了苏联专家所编教材和吴新谋所著《数学物理方程》等书，明确地注明了知识产权来源。也与初版没有编著者名字仅有"复旦大学数学系编著"不一样，新版在"复旦大学数学系主编"下都有各个分册编著者的名字。

图 6-1  1960 年谷超豪参加全国文教方面先进工作者代表大会纪念章

谷超豪领导的复旦数学系的教学改革，引起了各方面的重视。1960 年 5 月，谷超豪带着主要由学生们编撰的这套教材，作为复旦大学数学系代表参加全国"教育和文化、卫生、体育、新闻方面社会主义建设先进单位和先进工作者代表大会"（简称"文教群英会"）。复旦大学数学系被评为全国文教先进集体，谷超豪也在会上作了"复旦大学数学系的教学改革"的发言，交流数学系教学改革的成就与经验。谷超豪负责的"教改"充分显现了当日的"跃进"特色，在增添新的教学内容的同时自然也增加了学生的负担，而学生们能专心学习的时间反而减少，这样真正能掌握新教材内容的学生数量可想而知。同样，将数学与实践密切结合的"教改"也典型地反映了当日国家建设的急迫"心理"与现实，问题是数学毕竟是与实践有相当距离的纯粹科学，如此强调实践与应用是否符合科学发展的规律也就值得重新审视的。

1960 年，谷超豪晋升为教授，时年 34 岁，可谓春风得意。当年，出席中宣部部长陆定一在上海召开的大学教学改革座谈会，专门做汇报。1962 年，到广州参加科学规划会议，回校后多次传达会议精神；先后到北京出席高等教育部召开的理科教学工作会议、理科科研工作会议。10 月，担任复旦大学数学研究所副所长，协助所长苏步青工作。1963 年 1 月，参加上海市科学技术委员会召开的科学技术工作会议，与苏步青一起受到周恩来总理的接见。总理称他们是“一对好师徒”，并勉励他们培养出更年轻的数学家。1964 年，当选全国人大代表，12 月出席全国人大，聆听周恩来总理的讲话[①]。另外，除担任微分方程教研室主任而外，他也积极参与复旦大学力学专业的筹建。曾一度转到力学专业，开设力学课程，参与力学方面有关尖端任务的协作，担任上海市科委力学专业委员会委员。力学专业首届毕业生就有 3 人考取中科院力学所的研究生，“引起了同行们的注意”，这使谷超豪很是自豪[②]。

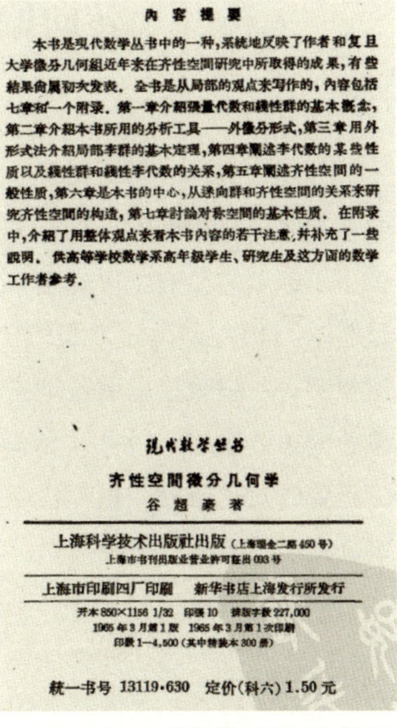
内 容 提 要

本书是现代数学丛书中的一种，系統地反映了作者和复旦大学微分几何組近年来在齐性空間研究中所取得的成果，有些結果尚属初次发表．全书是从局部的观点来写作的，内容包括七章和一个附录．第一章介紹張量代数和綫性群的基本概念，第二章介紹本书所用的分析工具——外微分形式，第三章用外形式法介紹局部李群的基本定理，第四章闡述李代数的某些性质以及綫性群和綫性李代数的关系，第五章闡述齐性空間的一般性质，第六章是本书的中心，从迷向群和齐性空間的关系来研究齐性空間的构造，第七章討論对称空間的基本性质．在附录中，介紹了用整体观点来看本书內容的若干注意，并补充了一些說明．供高等学校数学系高年級学生、研究生及这方面的数学工作者参考．

现代数学丛书

齐性空間微分几何学

谷 超 豪 著

上海科学技术出版社出版（上海瑞金二路 450 号）
上海市书刊出版业营业许可証出 093 号

上海市印刷四厂印刷　新华书店上海发行所发行

开本 850×1156 1/32　印张 10　排版字数 227,000
1965 年 3 月第 1 版　1965 年 3 月第 1 次印刷
印数 1—4,500（其中精装本 300 册）

統一书号 13119·630　定价（科六）1.50 元

图 6-2　谷超豪第一部专著《齐性空间微分几何学》版权页

繁重的教学与行政工作之外，谷超豪主要精力还是贯注于他的学术研究。他与苏步青、胡和生等一同继续推进复旦大学微分几何的研究，1965 年由上海科学技术出版社出版了他的第一部学术专著《齐性空间微分几何学》。该书初稿在 1959—1960 年写成，并将内容给学生讲授过一次，胡和生后来又对初稿做了相当的补充，包括她自己未发表的相关黎曼空间的论文。该书作为谷超豪第一部专著，虽说是反映了他与复旦大学微分几何组在齐性空间研究的成果，但主

① 谷超豪：鞠躬尽瘁，功垂千秋——纪念周总理百年诞辰。见谷超豪著：《奋斗的历程——谷超豪文选》。上海：复旦大学出版社，2005 年，第 117 页。

② 谷超豪：我的数学生涯。见谷超豪著：《奋斗的历程——谷超豪文选》。上海：复旦大学出版社，2005 年，第 211 页。

要是他自己相关微分几何研究成果的总结。全书从局部的观点写作，又尽可能地介绍一些必需的预备资料，使读者在掌握了大学基础数学课程并对张量分析和黎曼几何有初步了解之后可以阅读该书，读者对象为数学系高年级学生、研究生及数学工作者。

相对上述教学、行政工作和对微分几何的总结与课堂讲授，作为复旦大学数学系年轻有为、"又红又专"的教授，谷超豪这一时期最为突出的贡献是在复旦大学开创了偏微分方程的研究，取得了丰硕的成果，并培养了梯队，形成了团队。

# 转向偏微分方程结硕果

谷超豪大学时期跟随苏步青求学时，苏步青曾给他阅读过首届菲尔兹奖获得者道格拉斯的一篇相关偏微分方程的论文，他花费大力气读懂，并留下了深刻的影响。1952 年到北京俄专留苏预备部学习时，填写留苏计划是想学习相关偏微分方程的"非线性微分方程式与动力学系统的理论"。这说明，谷超豪早就敏锐地觉察到偏微分方程的发展前景及其在国家建设事业的重要作用。1953 年留学苏联因政审未通过到复旦后，谷超豪在参与苏步青的讨论班时，也积极学习相关偏微分方程的知识，开始利用已有的基础知识钻研这一领域。

偏微分方程这门学科并不是数学家们自觉创立的，他们在用微积分解决实际的物理问题诸如弹性理论、圆周摆、波动等问题时，创造了微分方程。微分方程分为常微分方程（只包含一个自变量的导数的方程）和偏微分方程（含有未知函数及其偏导数的方程）；偏微分方程又分为线性偏微分方程与非线性偏微分方程。偏微分方程起源于 18 世纪，欧拉开启了这门学科，19 世纪得到快速发展。随着物理学研究的现象在广度和深度两方面的扩展，微分方程的类型与数目不断增加。数学家们为了求解偏微分方程，促使函数论、变分法、级数展开、常微分方程、代数、微分几何等学科的快速发展，使偏微分方程一时成为数学的中心。

偏微分方程是对物理现象的数学描述，并不是所有的偏微分方程都可以求得最终的显解，数学家们于是转而去证明解的存在性。解的存在性的证明保证了解的寻求不是无谓的尝试，还能回答下述问题："关于给定的物理情况，我们必须知道些什么，就是说，什么初始条件和边界条件保证有一个解，并且最好是保证有唯一的解？"还有，"解是否随着初始条件连续地变动？或者当初始条件或边界条件稍稍变化时是否有完全新的现象产生？"① 随着原子弹、导弹和超音速飞机的相继出现，给数学领域带来了非线性双曲型方程和混合型方程求解的新课题，并刺激了这一研究方面的迅猛发展。美国、苏联等国许多著名数学家们都花大力气在这方面研究，走在这一领域的前列。

与数论、代数、微分几何、拓扑学、函数论等纯数学学科相比，与实践密切相关的偏微分方程与计算数学、概率论与数理统计、运筹学与数理逻辑等学科一样，是我国数学比较薄弱的学科。魏嗣銮、朱公瑾虽于20世纪20年代在世界数学中心哥廷根大学以偏微分方程和变分学方面的研究成果获得博士学位，而成为我国该领域的早期开拓者。但回国后并没有在科研道路上继续前行，没有为偏微分方程领域在中国的发展做出实质性贡献。程毓淮在三四十年代也有过一些工作，但在国内也没有留下多少可以继续发展的种子，随着他抗战胜利后访美不归，中国偏微分方程的发展基础可想而知② 。因此，《1956—1967年科学技术发展远景规划纲要》中，把微分方程作为重点发展的分支学科之一，明确了微分方程发展的若干方向。将微分方程、计算数学、概率论与数理统计作为数学学科规划中"重要、急需而且空白或薄弱的部门"，是三个重点发展学科，要求在"配备

① 〔美〕莫里斯·克莱因著：《古今数学思想》第3册。万伟勋、石生明、孙树本等译。上海科学技术出版社2009年版，第87页。相关偏微分方程发展史主要参考该书第2册第22章《18世纪的偏微分方程》和第28章《19世纪的偏微分方程》。

② 相关魏嗣銮、朱公瑾、程毓淮的简单传记，可分别参见白苏华：魏时珍。见程民德主编：《中国现代数学家传》第3卷。南京：江苏教育出版社，1998年，第82-103页。刘景德：朱公瑾。见《科学家传记大辞典》编辑组：《中国现代科学家传记》第5集。北京：科学出版社，1994年第6-10页；王柔怀等：程毓淮。见程民德主编：《中国现代数学家传》第4卷。南京：江苏教育出版社，2000年，第104-113页。

人力、培养干部方面必须以这三个方面为重点"[1]。我国偏微分方程的发展，吴新谋是主要带头人，他直接领导中国科学院数学研究所微分方程组，成员有丁夏畦、王光寅、孙和生、邱佩璋等人。1954年，受高等教育部的委托，吴新谋在北京大学举办偏微分方程讲习班，他与物理学家彭桓武主讲，为高校培养相关教学与科研人才，谷超豪因要在复旦开设数学物理方程这门课程，也参加了这个讨论班，其他参与者还有齐民友、董光昌、伍卓群、肖树铁、林龙威等[2]。但与其他人不一样，谷超豪没有从头到尾参加，不能算主干成员[3]。1955年，吴新谋出席波兰偏微分方程会议，报告说我国偏微分方程方面的工作狭窄而不活泼，对经典著作读得少而马虎，为了补课，必须把泛函分析和索波列夫的工作好好研究[4]。

1960年2—3月，中国数学会第二次全国代表大会在上海举行，吴新谋做了相关偏微分方程发展的发言。他就三峡枢纽工程设计、原子能技术、人工控制天气和数学物理中提出了一系列偏微分方程问题。中国偏微分方程的发展，必须结合实际与实践，迅速提高本门学科的理论水平，并在边缘性的新生长点如电磁流体力学、化学流体力学、稀松介质力学等等领域和方向用力与用功，也要为现代物理微观世界和宇宙空间中的有关问题的研究作好准备，如空间混合型方程定解问题适定性的研究，如非线性偏微分方程的定性研究[5]。吴新谋作为中国偏微分方程的领头人，为偏微分方程的发展指出了方向。与吴新谋及其团队主要关注偏微分方程的基础理论不同，谷超豪在复旦大学所开创的偏微分方程研究从一开始就注意与物理学相结合，与实践相结合，虽与吴新谋团队有联系，但独立开创了研究空间，形成了自己的风格[6]。

1957年谷超豪前往苏联进修时，确定了在主修微分几何前提下，兼修

---

① 《1956-1967年科学技术发展远景规划纲要》（修正草案）。见胡维佳主编：《中国科技政策资料选辑》（上）。济南：山东教育出版社，2006年，第268-269页。

② 张奠宙：《中国近现代数学的发展》。石家庄：河北科学技术出版社，1999年，第238页。

③ 陈恕行访谈，2011年9月30日，上海。资料存于采集工程数据库。

④ 张奠宙：《中国近现代数学的发展》。石家庄：河北科学技术出版社，1999年，第235页。

⑤ 施庭训：中国数学会第二次全国代表大会。《科学通报》，1960年第1-20期，第189-190页。

⑥ 陈恕行访谈，2011年9月30日，上海。资料存于采集工程数据库。

偏微分方程的几何理论和偏微分方程理论的计划。他也实现了他的计划，1958 年下半年开始，他的主要精力是参加以莫斯科大学校长彼得洛夫斯基院士和 O·A·奥列尼克教授等人领导的偏微分方程讨论班。还选读了盖里芬特通讯院士和奥列尼克教授关于非线性偏微分方程间断解的两门课程，听了拉舍夫斯基教授关于场论的课程。无论是讨论班还是课程学习上，所接受的都是当时最新成就和重要的研究方向。另外，由于力学和数学在一起，他也听了一些流体力学的课程。

留学苏联前，谷超豪虽然敏锐地觉察到偏微分方程领域的广阔前景及其在国家建设中的重要作用，也通过自己的努力，利用已有的微分几何等数学知识进行自学，还参加了吴新谋在北京大学主持的讲习班，但他对偏微分方程知识的掌握与理解可能还处于比较肤浅的状态，因此他没有贸然转向从事偏微分方程研究，而是继续在微分几何领域探索与耕耘。留学苏联虽然以微分几何的成果获得博士学位，但他最大的收获并不是微分几何方面，而是跟随彼得洛夫斯基院士等偏微分方程的大师较为系统地掌握了偏微分方程知识与理论，并了解了偏微分方程的研究前沿与前景。

"在一切知识领域中，俄罗斯与苏联做出最大贡献的是数学。"[1] 谷超豪留学时期的苏联，虽然学术的发展受到了政治的极大伤害，但仍然是数学超级大国。莫斯科和莫斯科大学是苏联数学的中心，彼得洛夫斯基院士和奥列尼克教授正是苏联偏微分方程的领军人物。特别是莫斯科大学校长彼得洛夫斯基院士不仅是一位具有国际声誉的偏微分方程学家，更是一位苏联数学的领导人，他在斯大林的集权制度下，保护持不同政见者，培育莫斯科大学的数学研究氛围，极大地促进了莫斯科大学数学的发展[2]。谷超豪在莫斯科大学跟随彼得罗夫斯基这样的大师不仅掌握偏微分方程的知识，而且也被莫斯科大学数学研究的风气所熏陶。他曾对胡和生说，莫斯科大学讨论班领导人能力强，在一个方面有独到的成果、特出的方法，能

---

① 〔英〕洛伦·R·格雷厄姆著：《俄罗斯和苏联科学简史》。叶式辉、黄一勤译。上海：复旦大学出版社，2000 年，第 239 页。

② 胡作玄：纯粹数学：哈代的世外桃源——评哈代《一个数学家的自白》。《科学文化评论》，2004 年第 1 期。

够站得高看得远，领导人在掌握讨论班时总能提出重要的建设性意见。回国后，他以莫斯科大学的讨论班领导人彼得罗夫斯基院士等为榜样，立马全身心转入偏微分方程的教学与研究。

到 20 世纪 50 年代末期，对于与空气动力学有密切联系的非线性双曲型方程组与混合型偏微方程的研究，虽已有一些成果，但仅限于较特殊的情形。例如，对非线性双曲型方程的间断解（相应于空气动力学中的激波、中心波与接触间断等）还只有初步的结果；混合型偏微分方程的研究基本上尚局限于两自变数特里克米（Tricomi）方程等几个非常特殊的方程。理论落后于实际需要，而数值计算和实验已走在前面，这正是发展理论的时机，同时也是一个挑战①。谷超豪在复旦大学数学系开设双曲守恒律讨论班，青年教师李大潜、俞文魮等参加，并开始招收林国、李大潜、陈恕行等研究生，专门从事偏微分方程的研讨。谷超豪具有极强的宏观能力，无论研究什么他都能抓住问题的核心。自然，他也很快找到了偏微分方程的重要方向及重要方向的核心问题，即非线性双曲型方程组与混合型偏微分方程，带领他的团队向前进发②。

1960—1965 年是谷超豪及其学术团队学术大丰收的季节③。他们首先在空气动力学方程的间断初始值问题研究中取得成果。用求两个自变数双曲型方程组的间断解解决空气动力学中的激波问题，是 1950 年代以来一直受到学术界关注的问题。谷超豪、李大潜、侯宗义把这类问题归结为解双曲型方程组的边值问题，以"拟线性双曲型方程组的不连续初始值问题"为题，连续撰写三篇论文，解决了间断初始值局部解存在性问题，并分析了解的结构。谷超豪还独立撰写"双曲型方程组的一个边界问题和它的应用"，解决了超音速气流绕机翼流动的数学问题。这些成果处于国际上研究的前列，如前一问题直至 1976 年在国际上才被斯开弗（Schaeffer）

---

① 陈恕行：非线性双曲型方程组和多元混合型偏微分方程的研究。见《中国基础研究百例》。北京：能源出版社，1990 年版，第 106 页。

② 刘太平访问：有朋自远方来——专访陈恕行教授。《数学传播》，2011 年第 35 卷第 1 期，第 6 页。

③ 谷超豪：我的数学生涯。见谷超豪著：《奋斗的历程——谷超豪文选》。上海：复旦大学出版社，2005 年，第 210 页。

重新证出。随后，李大潜、俞文魮在此基础上，又对一般的两自变数的拟线性双曲型偏微分方程的各种边值问题进行了局部可解性的完整研究，无论是固定的边界、特征边界、自由边界都可以用这种方法处理，所得到的可解性条件不仅是充分的而且几乎是必要的，这是拟线性双曲型方程组最完整的局部理论。

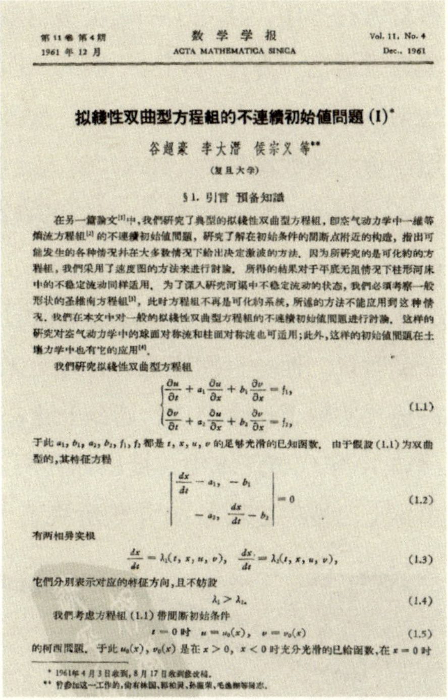

第11卷 第4期 1961年12月 数学学报 ACTA MATHEMATICA SINICA Vol. 11, No. 4 Dec., 1961

**拟綫性双曲型方程組的不連續初始値問題(I)***

谷超豪 李大潜 侯宗义 等**

(复旦大学)

§1. 引言 预备知識

在另一篇論文[1]中，我們研究了典型的拟綫性双曲型方程組，即空气动力学中一維等熵流方程組[2]的不連續初始値問題，研究了解在初始条件的間断点附近的构造，指出可能发生的各种情况并在大多数情况下給出决定激波的方法。因为所研究的是可化約的方程組，我們采用了速度图的方法来进行討論。所得的結果对于平底无阻情况下柱形河床中的不稳定流动同样适用。为了深入研究河渠中不稳定流动的状态，我們必須考察一般形状的圣維南方程組[3]，此时方程組不再是可化約系統，所述的方法不能应用到这种情况。我們在本文中对一般的拟綫性双曲型方程組的不連續初始値問題进行討論。这样的研究对空气动力学中的球面对称流和柱面对称流也可适用；此外，这样的初始値問題在土壤力学中也有它的应用[4]。

我們研究拟綫性双曲型方程組

$$\begin{cases} \dfrac{\partial u}{\partial t} + a_1 \dfrac{\partial u}{\partial x} + b_1 \dfrac{\partial v}{\partial x} = f_1, \\ \dfrac{\partial v}{\partial t} + a_2 \dfrac{\partial u}{\partial x} + b_2 \dfrac{\partial v}{\partial x} = f_2, \end{cases} \tag{1.1}$$

于此 $a_1, b_1, a_2, b_2, f_1, f_2$ 都是 $t, x, u, v$ 的足够光滑的已知函数。由于假設(1.1)为双曲型的，其特征方程

$$\begin{vmatrix} \dfrac{dx}{dt} - a_1, & -b_1 \\ -a_2, & \dfrac{dx}{dt} - b_2 \end{vmatrix} = 0 \tag{1.2}$$

有两相异实根

$$\frac{dx}{dt} = \lambda_1(t, x, u, v), \quad \frac{dx}{dt} = \lambda_2(t, x, u, v), \tag{1.3}$$

它們分別表示对应的特征方向，且不妨設

$$\lambda_1 > \lambda_2. \tag{1.4}$$

我們考虑方程組(1.1)带間断初始条件

$$t = 0 \text{ 时} \quad u = u_0(x), \quad v = v_0(x) \tag{1.5}$$

的柯西問題。于此 $u_0(x), v_0(x)$ 是在 $x > 0$, $x < 0$ 时充分光滑的已給函数，在 $x = 0$ 时

* 1961年4月3日收到，8月17日收到修改稿。

** 曾参加这一工作的，尚有[illegible]等同志。

图 6–3　谷超豪与他的合作者相关拟线性双曲型方程组研究的第一篇论文第一页

在将拟线性双曲型方程组领域交给李大潜等学生继续攻坚的同时，谷超豪自己向更加复杂和更困难的领域进发。1958 年，美国数学家弗里德里奇（K. O. Friedrichs）提出正对称方程组的理论，希望建立一种研究多个自变数偏微分方程的较普遍适用的方法，并为多元混合型方程的研究开辟一条途径，但他及其他一些学者的研究只是停留在广义解的范围，并仅仅讨论了线性的情形。谷超豪 1962 年开始正对称偏微分方程组理论研究，建立了正对称方程组高阶可微分解理论，从而得到了这类组许多新的应用，对正对称方程组的理论有很大发展。后又将正对称型方程组的理论从线性情形发展到拟线性情形。1964 年，他的研究生陈恕行解决了拟线性对称双曲组在边界为非特征情形下初边值问题局部光滑解的存在性，在边界为特征的情形也得到了局部光滑解的存在性，所得到的结果可应用于气体动力学方程组。

1923 年，意大利数学家特里克米从空气动力学中的跨音速气流的研究中归结出混合型方程。1950 年代，有人提出多元混合型方程的研究，但几乎没有一个完整的研究成果。1963 年，谷超豪将由他发展的正对称方程组理论应用到多元混合型偏微分方程中，在论文“一类多自变数的混合型偏

微分方程"中，建立了一大类多自变数的混合型方程的解的存在性。然后他还发展这一方法到相当一般的二阶多元混合型方程，得到一大批可解的边值问题和经典解的存在定理。他又发现，对一个混合型方程而言，即使所出现的函数都是 C，求 $C^\infty$ 解的定解条件和求 $C^2$ 解的定解条件可以是完全不一样的，对于所考虑的某些方程，$C^\infty$ 解在不加边界条件下是唯一的，$C^2$ 解可以满足两个边界条件。国际上对谷超豪在多元混合型方程方面取得的成果十分重视，正对称方程理论的创始人弗里德里奇教授 1978 年见到谷超豪时说，他一直期望正对称理论来解决混合型方程的问题，现在看到谷的成果实现了这个愿望，感到非常高兴。国际上享有盛誉的岩波数学百科辞典 70 年代英译本中曾提出如何用正对称方程理论求解混合型方程问题，事实上已被谷超豪在 60 年代解决了[1]。

图 6-4　1966 年 1 月 9 日谷超豪在梅陇公社会上发言

对于谷超豪所开创与领导的偏微分方程研究，谷超豪的学生、中国科学院院士李大潜如是评价说：谷超豪"提出以高速飞行为实际背景，以超音速绕流问题作为一个模型开展研究，在偏微分方程原有理论的基础上逐步实现由线性到非线性、由局部到整体、由低维到高维、由定型到变型、由已知边界到自

---

① 陈恕行：非线性双曲型方程组和多元混合型偏微分方程的研究。见《中国基础研究百例》。北京：能源出版社，1990 年版，第 106-112 页。朱光华：谷超豪。见程民德主编：《中国现代数学家传》第 1 卷。南京：江苏教育出版社，1994 年，第 509 页。

由边界的过渡。这一对偏微分方程发展趋势的预见，不仅为以后国际上偏微分方程的发展主流所证实，而且指引和带领他的一批学生走上了具有自己特色的偏微分方程的研究道路。"[1] 谷超豪领导的偏微分方程研究，使复旦大学数学系在苏步青、陈建功开创的微分几何、函数论之外，别开新枝，形成了复旦大学的偏微分方程学派，成为中国数学的重镇，延续了复旦大学数学系在国内及国际学术界的地位。

当谷超豪及其团队在偏微分方程领域高歌猛进之时，无穷无尽的政治运动始终环绕期间。1965 年 10 月，谷超豪下乡到上海县梅陇公社行南大队（今上海市闵行区梅陇镇朱行）参加四清运动，任工作组副代表。期间，曾回市区参与讨论"数学物理方程"课程编写大纲。1966 年 6 月下旬，被通知回校参加"文化大革命"。由此，谷超豪的生命进入他一生中最为黑暗的时期。

# "文化大革命"十年历艰辛

谷超豪回校后，立马被靠边站，接受人民群众的批判和教育，铺天盖地的大字报，无休无止的抄家、批斗，隔离审查与强迫劳动，使这位刚刚年满 40 岁正当盛年、在他自己开创的数学园地正奋力前行的科研领军人才，遭遇了人生最为艰难而且严酷的挑战。

他所领导的数学系教改被作为"谷超豪道路"受到了批判，与他留学苏联的经历纠缠在一起，被打成"一只走资产阶级白专道路的带头羊"、"修正主义的精神贵族"、"反革命修正主义分子"、"勃列日涅夫式的人物"，他的成长道路也变成了"资产阶级的白专道路"、"党员专家的精神贵族道路"，并被上纲上线为"谷超豪道路"。其影响之恶劣显而易见，正如有人所说，这样就把"一大批政治上忠于党、业务上有成绩、工作上

---

[1] 李大潜：谷超豪传。未刊稿。资料存于采集工程数据库。

勤勤恳恳的知识分子全都划入'谷超豪道路',属于彻底扫荡之列了;将一大批十七年教育培养的骨干教师和知识分子统统一棍子打死"。批判"谷超豪道路"显然是全盘否定 1949 年以来教育与培养的知识分子,完全"堵死了知识分子从事业务工作的可能性,连又红又专,红上加专都不复存在了"[①]。

谷超豪被隔离审查期间,在校内劳动。一段时间曾与杨振宁的父亲杨武之同住青年教师宿舍一个房间。杨武之因身体原因自 1954 年开始不到校上课。"工宣队"进校后,强令杨武之到校接受"革命的锤炼"。时当酷暑八月,年过七旬的杨武之拖着病躯,冒着毒辣的太阳打扫大操场。谷超豪也被无穷无尽的批斗和繁重的体力劳动弄得"喘不过气来"。两人晚上回到宿舍,相对唏嘘,同病相怜,杨武之对谷超豪说:"超豪,我累得不得了呀!"谷超豪也毫无办法,只能帮他打打开水、整理整理什物,劝他好好休息,以应付第二天的劳动。

不久,对谷超豪的审查升级,被勒令搬到学生宿舍,接受学生的监督。大约半年后,工宣队说要落实知识分子政策,问这些牛鬼蛇神还能为人民做哪些有益的事。杨武之说他识字,可以为劳动人民读报。而谷超豪不识时务,要发挥他的专业才能:"我的微积分还是很熟练的,如果工人们搞技术革新有需要,我可以帮助。"结果被工宣队痛斥:"谁要你!"使他感到所谓落实政策是骗局[②]。也许是冥冥中有安排,杨武之虽在 1973 年 5 月去世,谷超豪与他儿子杨振宁的合作研究,却于一年之后的 1974 年 6 月拉开了序幕。

除校内劳动外,谷超豪还曾被下放到横沙岛、宝山县罗店公社徐家宅大队等地劳动。由于从未参加过农村的体力劳动,他在农村的表现自然很是"狼狈":割稻即使累得腰酸背痛,还是"一个人远远落在后面";挑担更是"步履踉跄,不成样子"[③]。劳动中,有些人刁难他,让他干一些

---

① 门岿主编:《遗憾与教训总成》上卷。北京:人民日报出版社,1993 年,第 1531–1532 页。

② 谷超豪:深切怀念杨武之教授。见谷超豪著:《奋斗的历程——谷超豪文选》。上海:复旦大学出版社,2005 年,第 109–112 页。

③ 谷超豪:无产阶级"文化大革命"使我焕发出革命青春。《学习与批判》,1976 年第 1 期。

不能干的活，他没有办法，只得尽力而为。农民很同情他，对工宣队说：
"谷超豪的劳动由我们生产队来安排。"[1] 1970 年，他被分配到上海市理科
大批判写作组，查阅、整理数学、物理方面的资料，享有不参加体力劳动
和政治学习的特权，直到"文化大革命"结束后，才回到数学研究所。理
科大批判写作组数理化生由复旦大学数学系、物理系、化学系、生物系教
授组成，天地由上海天文台、华东师范大学地理系等单位人员组成，旨在
搜集资料批判爱因斯坦相对论、黑洞、大爆炸等西方理论。

　　1972 年，杨振宁回国访问时，向周恩来建议加强基础理论研究。10 月
6 日，周培源根据总理意见写成文章《对综合大学理科教育革命的一些看
法》，发表在《光明日报》，对当时存在的重工轻理现象审慎地提出批评，
呼吁理和工不可偏废，要加强理科的基础试验工作。经过策划，理科大批
判组发表了一系列文章对周培源进行"围剿"。1977 年 7 月，杨振宁来访
复旦，要去机场迎接周培源。谷超豪对杨振宁说："过去复旦写了很多批
判周培源同志的文章，起了很坏的影响。"并进而剖析自己，说自己的思
想也有被搞乱的地方，怕被打棍子，"思想不过硬，世界观没有改造好，
也写过几篇错误的文章"[2]。

　　谷超豪在写作组查阅、整理资料之外，也写作发表了一些文章。《自
然辩证法杂志》1973 年第 2 期发表了他署名的《运动是不能消灭的——试
评黑洞理论》，介绍了黑洞理论是爱因斯坦广义相对论发展的结果，引用
一些所谓经典话语批判相关黑洞理论的一些论点，诸如认为黑洞是可认知
的，因为"客观现实世界的变化运动永远没有完结，人们在实践中对于真
理的认识也就永远没有完结"。《自然辩证法杂志》1974 年第 2 期发表署
名文章《"数学"唯心主义必须批判——学习〈唯物主义和经验批判主义〉
的体会》，批判微分方程领域存在的几种所谓"唯心主义"倾向。另外，
还在《学习与批判》1976 年第 1 期发表《无产阶级"文化大革命"使我焕
发出革命青春》，深挖自己过去为名为利、以资产阶级院士为目标的名利

---

　　[1]　朱光华：谷超豪。见程民德主编：《中国现代数学家传》第 1 卷。南京：江苏教育出版
社，1994 年，第 510 页。

　　[2]　接待杨振宁情况简报，（1977 年 7 月 25 日）。复旦大学档案馆。

思想根源，指出数学与物理联系可以扩展数学研究的领域。这些言不由衷的检讨与文字在表明了一代学人在那样一个环境下的身不由己、无可奈何与言不由衷，宝贵的学术生命就这样被浪费了。

在艰难困苦的环境中，最使谷超豪伤心的是他不能继续从事他的科学研究。他抓住一切可能抓住的机会以偿心愿。校外不少工程技术单位多次到复旦，寻求谷超豪的帮助，要求他参加他们的研究工作，都先后被当局所阻挡。上海进行火箭发射、导弹发射的研究，和谷超豪联系，想一起做这方面的计算，也没有下文。1973年，四川绵阳的空气动力研究所直接找到谷超豪，由他们提出问题，谷超豪及其团队做计算。经过多方努力，终于得到造反派的同意，组织一个研究小组，研究"超音速弹头附近气流计算"，但造反派一再强调，小组只能是"从旁协助"，不算正式成员。谷超豪领导陈恕行、陈光宇组成小组，全力投入，主导了这项研究，有幸将他们自己所掌握的高速空气动力学和混合型微分方程的知识应用到实际问题研究中。那时条件非常艰难，特别是计算能力弱，自己编程序，然后到高安路上海计算中心计算。计算机的数据输入还使用纸带，上面打了很多洞。三个人一起搞计算工作，弄磁带、打洞、编程序。复旦有"719"计算机后，就不到高安路去了。复旦的计算机大而笨重，占据一个大房间，一秒钟却只能计算几万次，更要命的是计算机没有自动保存功能：

> 如果题目做了一半停电或者机器出了故障，资料就会全部作废，要从头算起。有时为了电源稳定，我们只能半夜去用计算机，而且一算经常要算四五个小时，提心吊胆地怕出故障，不过最终还是解决了难题。①

有一次，谷超豪工作了一个通宵，他当时刚好50岁，就幽默地说：

---

① 谷超豪：我的数学生涯。见谷超豪著：《奋斗的历程——谷超豪文选》。上海：复旦大学出版社，2005年，第211页。

"我 50 岁啦，要庆祝一下！"[1]

谷超豪以前没有搞过计算，他通过看一些文献资料，很快就找到了一种比较新又很容易上手的计算方法，深得其小组成员的佩服。他领导他的课题组完成了一系列的实际应用课题，进行了"球、锥形等飞行器超音速有攻角绕流的气动力计算"、"绕蚀外形气动力计算"等，其结果得到有关单位的肯定："这些课题是国内首次较完整的结果，与某指挥部的实验数据相符合，协助了某型导弹头再入计算模拟综合课题的完成。"[2]

当然，对谷超豪来说，更为幸运的是随着中美关系的解冻，华裔科学家纷纷回国访问，他也在"文化大革命"的"窒息"岁月中，艰难地探出头来呼吸到一点新鲜空气，在获得"喘息"机会的同时，也得到一些国际数学界的最新研究成果信息。从 1972 年开始，谷超豪先后参与接待了下述美国学者或学者代表团：

　　　　1972 年　先后接待任之恭、林家翘为首的美籍华人学者代表团，以及陈省身、李政道、杨忠道等人。

　　　　1973 年　接待美国加州华人学者（有项武义、伍鸿熙等数学家参加）访问团。

　　　　1974 年　开始与杨振宁合作进行规范场研究，接待陈省身等人。

　　　　1975 年　接待以 Mclane 为首的美国数学家代表团和美国数学会代表团。

与美国学者的接触与交流中，除与杨振宁合作研究开辟其数学物理研究领域外，与微分几何大师陈省身的见面可能使他更兴奋，为他打开了一扇窗。1948 年秋天，刚留校任助教的谷超豪有幸在他负责管理的浙大数学系图书室第一次见到陈省身，并聆听了大师关于流形上向量场寄点理论的

---

　　① 陈恕行访谈，2011 年 9 月 30 日，上海。资料存于采集工程数据库。按：这次任务于 1974 年完成，当年谷超豪仅 48 岁。南方人一般以虚岁计算，有时可以加两岁。

　　② 朱光华：谷超豪。见程民德主编：《中国现代数学家传》第 1 卷。南京：江苏教育出版社，1994 年，第 510 页。

演讲，记住地球上无论如何刮风，至少会有一处没风的生动例子。1956 年，胡和生看到美国《数学评论》上有陈省身为她几篇论文所做的评论。1972、1974 年，陈省身两次到复旦大学访问。三十多年后，谷超豪在纪念陈省身的文章深切地回忆了当时的情况：

> 到了 1972 年，他来复旦大学访问，我非常高兴能够再次见到他，同时也第一次见到了陈师母。那次他对上海数学界做了关于示类性的演讲，生动活泼、深入浅出，大家都感到是一种美的享受。演讲进行了 3 个小时，中间休息半个小时，其间他不断地回答大家的数学问题，热情地介绍各种情况，一分钟都没有休息。他这种诲人不倦的精神，使大家钦佩不已。和此鲜明对照的是：第二年（应为 1974 年——引者注）他再次到上海访问，到一所大学的数学系参观，我同胡和生陪同前往。该系的工宣队头头对他介绍所谓的教育革命，喋喋不休地半个多小时，陈先生不时地闭上眼睛打瞌睡。回程中，他在汽车里问我们："这个人就是造反派吧！"[①]

谷超豪作为 1974 年陈省身在沪学术活动主持人，在陈省身 10 月 4、5、7 日分别举行的《关于最近国际数学界的动态》、《高斯—包耐公式》及与复旦大学教师的座谈会上都有讲话。第一次报告，陈省身介绍了 1974 年 8 月 21—29 日在加拿大温哥华举行的国际数学家大会的情况，这对完全与世界隔绝的中国数学界来说不啻为盛夏冰露。陈省身不仅详细介绍了国际数学家大会的情况，而且分析了世界数学发展的一些趋势，并提议国内也要多开学术讨论会，因为"一个人无论有多少能力，个人的能力是有限的，要吸取别人的长处，有时一个问题自己长期不能解决，听别人一讲就解决了"。在座谈会上，谷超豪与陈省身交流了他在研究中碰到的一些问

---

[①]　谷超豪：雄伟的高峰——追忆陈省身先生。见谷超豪著：《奋斗的历程——谷超豪文选》。上海：复旦大学出版社，2005 年，第 135—136 页。值得注意的是，谷超豪文中提及第二年访问应为 1974 年。上海市科学技术交流站对外技术交流组 1974 年 11 月所出《来沪学术报告 74-99》中有明确记载。

题，如国外有论文用微分拓扑讨论非线性偏微分方程，并应用到流体力学与相对论中，后来发展情况怎样？[①]

正是在接待来访学者的过程中，谷超豪及其团队与杨振宁不期而遇，共同演绎了中美学术合作研究的范例，谷超豪也以其在微分几何、偏微分方程方面深厚的数学基础，长期浸润于数学的物理应用领域，再次起航向数学物理这个新领域出发，开创了新的研究方向，结出了新的果实。

## 开拓数学物理研究新领域

1971 年 4 月，中美关系随"乒乓外交"逐渐解冻，中美学术交流特别是华裔学者回国访问日渐成行。杨振宁于当年 7 月访问中国，在上海与父亲杨武之相见。翌年，他再次回到中国，向周恩来总理建议加强基础科学研究。同时，将他自己相关规范场研究的最新思考介绍给中国学界，推动了我国数学和理论物理学界对规范场理论的研究，也为中国学术界带来了世界学术共同体的最新研究成果，为中国学术界打开了通往世界学术界一个个小小的窗口。

1954 年，杨振宁和米尔斯（R. L. Mills）发表了划时代经典论文《同位旋守恒和同位规范不变》，首次提出"规范场"这一物理学理论，被称为"杨—米尔斯方程"。他们虽然是用纯数学方法研究这个问题，也是用数学方法推导出这个理论的，但却是从同位旋守恒和电磁论两个有实验基础的基本概念出发的。所谓"场"，是一种物质存在的形态。19 世纪，由现象的观察和数学整合，麦克斯韦的电磁方程将电与磁结合起来，第一次用数学的方式完整地描绘了电磁场。20 世纪，人类视野深入到微观领域以后，"场"越来越多，有电子场、核子场、介子场等等。一般认为，和各种基本粒子联系的都有它们的场，场的研究在物理学中占有重要的地位。

---

① 上海市科学技术交流站对外技术交流组：来沪学术报告 74-99：《〈关于最近国际数学界动态〉、〈高斯—包耐公式〉》。内部资料，第 8、34 页。

从 19 世纪开始，人们陆续发现，各种场都满足一定的物理规律——守恒律，电场有电荷守恒、质子和中子有同位旋守恒、引力场有质量守恒等等，并且找到了各种守恒定律的数学表达形式。每一种物理学上的守恒定律，都对应于一种数学变化下的不变性。例如，动量守恒对应于空间平移不变性。根据这个道理，德国著名数学家外尔（H. Weyl, 1885—1955）找到了与电荷守恒定律相应的数学变换形式，叫做规范不变性。1929 年，外尔发表文章，确立了规范不变性的概念，并将规范不变性与广义相对论紧密结合在一起。此后，规范场论的研究一直处于停滞状态，直到 1954 年，杨振宁和米尔斯首次把规范不变性从电磁场推广到了基本粒子领域，找到了同位旋也有某种规范变换不变性。杨振宁把具有规范变换不变性的场称为"规范场"，也称杨－米尔斯场[①]。

杨－米尔斯方程提出后却不被物理学界重视，包括诺贝尔物理学奖获得者泡利等在内，都对此都持怀疑态度。但也有人不断开拓，取得了一些成就。1960 年代后期，物理学家格拉肖（L. Glashow）、温伯格（S. Weinberg）及萨拉姆（A. Salam）利用"规范场"理论建立起弱相互作用与电磁相互作用的统一理论模型[②]。但就"规范场"理论而言，并没有大的发展。规范场理论发展的困难之一，是量子化问题，许多人用微分形式研究规范场，希望把弱相互作用、电磁相互作用，甚至强相互作用统一起来，发现并不能取得令人满意的结果。1970 年前后，杨振宁提出用积分形式来研究。他认为这在物理上比用微分观点研究更自然，而且更有利于进一步发展规范场论。1972 年，杨振宁从规范场的积分形式出发，提出了一种新的不同于爱因斯坦的引力场方程，认为引力场也是一种规范场。对于这一问题的研究，杨振宁自认为达到了其知识的边缘，迫切希望有熟悉微积分的科研人员共同参与，他也曾在国外，与数位数学家谈起，但他们不懂物理，话题根本无法深入。大约在 1967 年，杨振宁想把规范场

---

① 中国科学院、国务院科教组、中央调查部、外交部致函国务院《关于杨振宁所提几点要求的请示报告》（1974 年 11 月 26 日）"附件三"规范场介绍。江才健：《规范与对称之美：杨振宁传》。广东经济出版社，2011 年，第 164-166 页。

② 1974 年，这一模型为实验所证实，1979 年萨拉姆和温伯格获得诺贝尔物理学奖。

理论再一次推广时，发现了规范场论中的公式和黎曼几何中一个公式不仅十分相似，而且黎曼几何中的公式是规范场论中公式的特例，这使他第一次意识到规范场理论和微分几何有密切关系。于是，他向学校的数学系主任西蒙斯（J. Simons）请教，西蒙斯告诉他规范场理论一定和现代微分几何的纤维丛理论有关，并让他阅读一位数学家的著作《纤维丛的拓扑学》。但数学家的语言是物理学家不能明白的，杨振宁的研究停滞不前[①]。于是，杨振宁把寻求合作的目光投向了中国大陆。

1972 年 7 月，杨振宁在北京大学报告自己正在研究规范场的积分表示，问题讨论时他提及有人说过规范场可能与微分几何的纤维丛有关。这引起了中国科学院数学研究所陆启铿的注意，因他在 1959 年就曾做过纤维丛联络论的工作。于是，他夜以继日奋战两星期，弄清了规范场就是联络，并列举出规范场与纤维丛两者相对应的关系[②]。此后，中国科学院、中山大学、兰州大学、西北大学等单位与机构有关科研人员，相继开展了规范场研究。与这些受杨振宁影响自发进行的研究不同，谷超豪及其团队与杨振宁的合作研究，是杨振宁向复旦大学主动提出学术交流邀请后进行的。

杨振宁因杨武之的关系，可能对复旦大学数学系比较了解[③]，也知晓苏步青、谷超豪所领导的微分几何团队的研究实力。既然西蒙斯提出规范场与微分几何的纤维丛相关，他自己又不能理解数学家们的语言，为何不寻找相关领域的专家共同研究呢？ 1978 年 8 月，杨振宁接受记者采访时，向记者讲述了他与谷超豪等合作的源头：1974 年，他把自己有关规范场研究的成果写成论文，对一些问题还想作深入的研究与认识，这就需要借助

---

① 张奠宙访谈：杨振宁与当代数学。《科学》，1992 年第 44 卷第 3 期。杨振宁曾在一次演讲中说："世上有两类数学著作。第一类是我看了第一页就不想看了，第二类是我看了头一句话就不想看了。"可见各门科学由于所使用的表达方式与语言符号等的不同所造成的相互之间的隔阂之深。

② 周发勤：陆启铿。见程民德主编：《中国现代数学家传》第 1 卷。南京：江苏教育出版社，1994 年，第 530–531 页。1973 年，陆启铿写出论文"规范场与主纤维丛上的联络"，翌年发表在新复刊的《物理学报》上。1975 年，杨振宁与吴大峻合作也在美国《物理评论》（*Physics Review*）上发表了他们规范场与主纤维丛联络的论文。

③ 1957 年杨振宁获得诺贝尔奖后，杨武之曾多次到瑞士和香港与杨振宁团聚，杨武之告诉杨振宁不少国内的情况，自然也会给他讲起自己工作的复旦大学甚至数学系的事情。

于数学。他在世界上曾经找了几位数学家，但是他们不懂数学家们惯用的抽象的数学语言，数学家们也不懂得物理语言。没有共同的语言，怎么可能在科学研究上进行合作呢？也就是在这一年，他回上海探亲，打听上海有没有搞微分几何研究的？他想找到年青的微分几何研究者，"可以卷起袖子，马上合作进行科学研究"。通过介绍，他找到了谷超豪<sup>①</sup>。1972 年，杨振宁在国内做相关规范场理论的报告时，谷超豪没有机会听，但读过他报告的记录。这次，杨振宁提出合作，谷超豪是微分几何的带头人之一，又青年有为，机遇自然到来<sup>②</sup>。

复旦大学对杨振宁的邀请非常重视，成立了由数学、物理两方面教师组成的交流小组，具体参加的人员有：数学系教授谷超豪、副教授夏道行、讲师胡和生和严绍宗，物理系讲师苏汝铿和孙鑫，数学系助教沈纯理，以及复旦教育革命组副组长郑绍濂，具体由谷超豪负责。1974 年 6 月 7 日和 14 日，在复旦物理楼三楼，杨振宁分别以"规范场的积分形式"、"无源规范场的特殊解"为题，作了两场学术报告，在 6 月 8 日至 17 日的十天时间里，杨振宁又在下榻的锦江饭店，与谷超豪等人作了七场学术讨论。

当时正值"文化大革命"期间，虽然中美关系解冻后中美学术交流有所加强，但总体上我国对外科技合作交流还是非常稀少，科研人员对国外的最新研究动态根本不了解，杨振宁带来了很多重要信息。刚开始，复旦的教师有些拘谨，可随着交流的渐渐深入，大家被新观点、新思路、新方法给吸引住了，对杨振宁报告中的一些问题，纷纷提出了自己的看法，讨论非常热烈。这使杨振宁感到，复旦的数学教师不仅有一定的理论基础和研究能力，而且对现代物理学问题也有着深入的了解。特别是谷超豪，他不仅能够理解杨振宁所用的物理语言，也能使用便于物理学家接受的语言来表达深奥的数学思想。仅用半天的功夫，就使杨振宁明白了他过去弄不

---

① 卓有成效的合作——访美籍物理学家杨振宁博士。《文汇报》1978 年 8 月 7 日。后以"卓有成效的合作——在上海接受〈文汇报〉记者采访的谈话报道"收入杨振宁多种文集，如《杨振宁演讲集》(南开大学出版社 1989 年版)、《杨振宁文集 (传记、演讲、随笔)》(华东师范大学出版社，1998 年) 等。

② 谷超豪：答中央电视台"大家栏目"记者问。见谷超豪著：《奋斗的历程——谷超豪文选》。上海：复旦大学出版社，2005 年，第 214-215 页。

清楚的一些数学问题。
更令人意想不到的是，
在6月12日的讨论中，
谷超豪、胡和生就向
大家介绍了他们取得
的研究成果。三十年
后，谷超豪回忆说，
杨振宁没有想到复旦
大学有人懂他的东西，

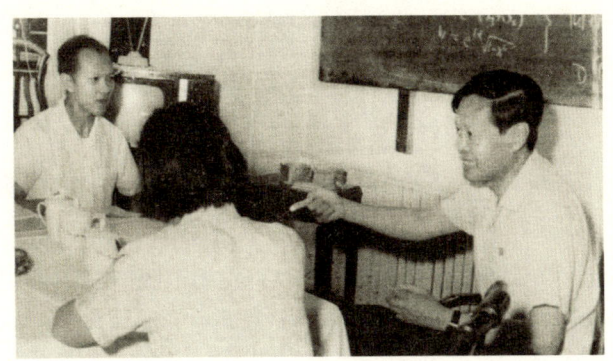

图 6-5　谷超豪、胡和生等与杨振宁讨论规范场理论
（左起：谷超豪、胡和生、杨振宁）

"还有人和他有共同的语言，因为数学家和他谈话的话，比较抽象，但是
我们这一组人不光对数学有兴趣，而且也对物理有兴趣，所以共同的语言
很快就建立起来了"①。

　　共同语言与良好氛围的建立是学术交流的基础，学术在交流中激发出
火花。杨振宁在他的论文中把规范场理论用于引力场，得到一个"无源方
程"。为了弄清这个方程和爱因斯坦引力论之间的关系，谷超豪在爱因斯
坦引力论的体系中说明了方程的意义。对于理想流体的情形，谷超豪证明
了：如果无源运动成立，那么流体的密度和压力都是常数，流体处于没
有流动的状态。在某些特殊情况下，若流体的流动是球对称的，而压力可
忽略不计，那么流体的密度必为零。即在广义相对论中也是无源的。这一
结果有助于弄清这两种理论的某些联系和区别。谷超豪刚介绍完，杨振宁
就连声称赞说："这是个有意思的结果，在很短的时间能演算出这个结果，
很好！"②

　　在电磁场中，往往用一个补充条件使得电磁场方程化为在物理上更便
于使用的形式。杨振宁在论文中写出了一个规范场的拉氏密度函数。讨论
中，他提出希望在规范场也要找出相应的补充条件。胡和生、沈纯理等解
决了这个问题，求出了无源规范场的补充条件，并参照补充条件，将原

---

① 谷超豪：答中央电视台"大家栏目"记者问。见谷超豪著：《奋斗的历程——谷超豪文
选》。上海：复旦大学出版社，2005年，第215页。
② 接待杨振宁教授情况简报（第二期），第18页。复旦大学档案馆档案。

来的拉氏函数改写成便于使用的形式。胡和生向杨振宁介绍了这一研究成果，杨振宁说："你算出的这个问题，我过去算了一半算不下去了，你把它算出来，很好！"①

经过数天的学术讨论交流，在规范场理论的某些方面陆续又取得了一些进展，后整理为《规范场理论的若干问题》。杨振宁感慨地说："我过去有个猜想，在国内大学中有实力很强的研究人员。通过这次接触，证实了我这个想法。如果这样强的研究力量能和重要的题目结合起来，就会有很快的进展。"② 他还以谷超豪的研究成果为例："如果能及时掌握国际上的学术动向，抓住问题之所在，国内的这种力量会很快发挥出来。"③ 杨振宁对交流取得的成果非常满意，他说："过去在上海、北京也作过科学报告，……作了报告后就散了。这次与你们几位是长时间接触。国内与国外科学家一起作较长时期的讨论是很少的，……这是一个新的经验。"④ 同样，这次学术交流也使谷超豪获益匪浅，他说："从杨先生那里学到很多东西，杨先生把物理中的东西抽象成数学形式，然后再回到物理中去，这种做法对我们帮助很大。在具体的数学运算和技巧方面，杨先生也给了我们很多的帮助。"⑤

对于这次卓有成效的顶尖物理学家与数学家之间的学术对话，杨振宁提出了几点要求。一是将交流成果整理成文后，联名发表。这次学术交流，在杨振宁论文《规范场的积分形式》基础上，研究、讨论了规范场中的对偶场、互相作用、拉氏密度函数的补充条件、规范场的引力理论和爱因斯坦引力理论关系问题等，是对杨振宁论文的补充与发展。杨振宁认为这些成果，"有些可以整理成文发表，这些研究工作是你们完成的，如果你们感到与我联名发表对文化交流有好处，那也可以，不过我的贡献少"；"如果再作一些工作，我们全体联名发表也好。"⑥

---

① 接待杨振宁教授情况简报（第二期）。复旦大学档案馆。
② 接待杨振宁教授情况简报（第三期）。复旦大学档案馆。
③ 杨振宁教授在讨论中有关继续与复旦进行学术交流的谈话节录，第88页。复旦大学档案馆。
④ 杨振宁教授在讨论中有关继续与复旦进行学术交流的谈话节录，第86页。复旦大学档案馆。
⑤ 杨振宁教授在讨论中有关继续与复旦进行学术交流的谈话节录，第87页。复旦大学档案馆。
⑥ 关于杨振宁教授来复旦进行学术交流的情况报告，第68页。复旦大学档案馆。

有鉴于交流的成功，杨振宁提出第二个要求，就是继续进行合作研究。杨振宁认为目前的研究与他研究规范场理论所要达到的目标还有相当的距离，有待进一步完善，他自己因数学方面知识的欠缺，已到"知识的边缘"，希望继续在规范场、广义相对论、微分几何等方面进行合作研究，"以通讯方式保持联络，以后有机会时再来一起讨论"。还有第三个要求，就是邀请谷超豪短期赴美工作。

对于杨振宁的要求，上海市革委会、复旦大学革委会向中国科学院等发文请示。1974 年 11 月 26 日，中国科学院、国务院科教组、中央调查部、外交部等拟具《关于杨振宁所提几点要求的请示报告》联名上报国务院，周恩来、王洪文、叶剑英、张春桥、江青、姚文元、邓小平、李先念等批示"原则同意"[①]。1975 年 1 月 23 日，中科院转发给上海市革委会。这趟公文之旅的结果，对于联名发表论文说：

鉴于杨多次表示希望发表这些研究结果并考虑到美籍科学家牛满江、张捷迁等应邀来华短期工作后均与我科学工作者联名发表了文章，对外已有一定的影响，对杨这一要求不便婉拒，但有关研究结果又是应杨的要求在其论文的基础上进行讨论所取得的，故拟本着谦虚谨慎、留有余地的精

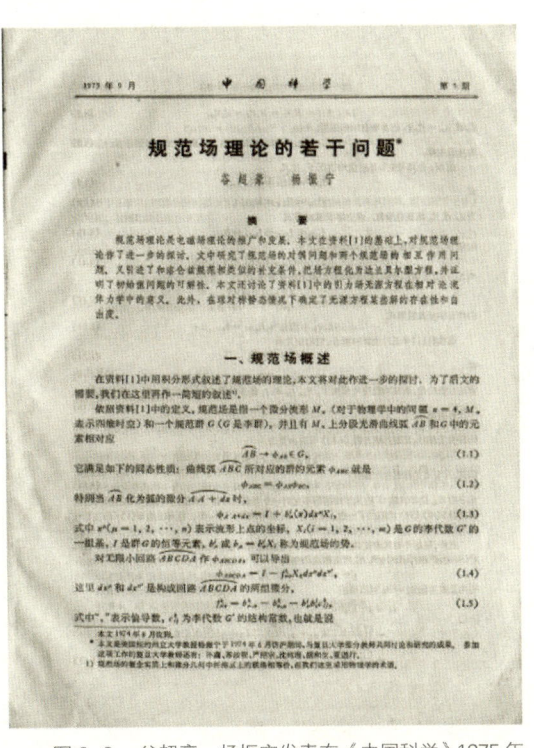

图 6-6　谷超豪、杨振宁发表在《中国科学》1975 年第 5 期上的"规范场理论的若干问题"一文第一页

---

① 由岳志坚、迟群、李力殷、乔冠华等人签发。李先念在批示中说："此件在我这里压了好久。"

神，建议由杨单独署名在我《中国科学》和《复旦学报》上发表，出版时可写一前言说明，此文曾得到复旦大学教师的帮助，如杨坚持联名发表，则拟予同意。

后来，交流成果"规范场理论的若干问题"以谷超豪、杨振宁的名义刊于《复旦学报》1975年第2期，并分别刊载在《中国科学》英文版和中文版上。

对于继续合作研究，"原则同意"的请示报告说：

鉴于杨提出这样的要求是出于好意，态度诚恳，并考虑到，规范场理论是当前物理研究中的一个重要方向，这方面的继续研究，有可能导致对许多物理过程的深入认识，我有需要开展这方面的研究，为了扩大我政治影响，继续做杨的工作，交流学术问题，及时了解国外学术动态，故建议由复旦大学组织少数教师开展对规范场论等理论物理学的研究，并指定专人以个人名义与杨保持通讯联系，双方就学术问题交换意见，必要时也可就认识一致的共同研究成果联名发表文章。

从扩大政治影响与有开展这项研究的需要角度出发，原则同意继续合作研究，但需指定专人以个人名义与杨振宁保持通讯联系，并对以后合作研究中的知识产权的归属也做了指示。

对于杨振宁邀请谷超豪赴美一事，不予同意（具体见本书第七章）。谷超豪等严格按照上级指示行事。杨振宁回美国后，与谷超豪一直保持通讯联系。杨振宁尊敬地称谷超豪为"超豪兄"，及时地把一些有价值的论文寄给谷超豪作参考，谷超豪则以"振宁教授"称呼杨振宁，将复旦方面取得的一些新的进展告知杨振宁。

为扩大学术交流的成果，1976年3月30日至4月9日，杨振宁又一次来到复旦大学。谷超豪等9位老师与杨振宁进行了充分的交流。向杨振宁介绍了1974年以来复旦大学在规范场方面的研究成果后，杨振宁给予了高度评价，多次表示"方向是好的"，并说在这一方面："国外搞数学的没有人搞，搞物理的不懂这方面的数学，造成规范场理论方面的一个很大空白。你们在规范场的数学结构方面的工作是走在前面的。"[1] 你们"与美国热衷做的不一样，有好处，你们所提出的一些问题是别人没有注意到的，而别人已提出过的问题不容易在其中做出好的东西来"。对谷超豪、胡和生等在研究中所引用到的一些有关微分几何及微分方程方面的定理，杨振宁说："你们用了我完全不知道的方向，可以把这个问题在很大程度上解决掉"。并向谷超豪等借书去学习，并建议北京、上海及中山大学从事规范场研究的人应该多交流[2]。

在交流中，杨振宁介绍了有关规范场理论研究的概况和动态，诸如温伯格—萨拉姆模型、夸克聚合、超对称与规范场、规范场和拓扑的关系、引力场—规范场、孤立子理论、磁单极问题等，并对每一动态都发表了评论。另外，杨振宁还详细介绍了他最近进行的尚未完成的研究工作 SU2 磁单极及其球谐函数。在讨论特霍夫特（Gerardus't Hooft）等人的工作时，杨振宁表示没有读懂，谷超豪当即谈了自己的理解和看法，杨振宁大为满意，反复说："这些是我从前不知道的，过去从未听说过，现在我很清楚，比我以前了解的在任何时候都要清楚"，并建议把这些看法赶快写出来，看的人可以恍然大悟[3]。

在这次学术交流中，杨振宁对规范场理论工作的意义和作用做了估计与预测：

> 我对规范场理论极为远景的看法是，我相信物理上我们知道的一切相互作用基本上都和各种不同的规范场有关，具体的关系如何现在还不清楚，强作用和弱作用当然更会有原则性问题。但我认为可从规范场方面了解四类（强作用、弱作用、电磁作用、引力作用）相互作用的彼此关系和它们是什么样的规范场。……数学上的纤维丛，尤其是和磁单极相联系的非平凡的纤维丛，是否在物理上真有很难说，从

---

[1] 杨振宁教授三月卅日来复旦情况（1976年）。复旦大学档案馆。
[2] 4月1日与杨振宁先生学术交流情况（1976年），复旦大学档案馆。
[3] 同上。

数学结构的美妙来看应该有，但如有磁单极，就有发散问题，这又应该没有，具体的我不敢说。但无论如何，纤维丛的数学和物理结构这样紧密，这方面的数学了解总是很有意义。

对于这次交流，杨振宁这样评价道："我们的共同语言比以前多了，而且你们做的工作，问的问题很好，你们的方向与别的地方不一样，走到了一个新的学术领域中去了，你们在数学、广义相对论方面的知识很多，我每次来都

图6-7　1977年7月复旦大学与杨振宁进行规范场合作研究时的全体人员合影（左起：胡和生、忻元龙、郑绍濂、孙鑫、谷超豪、严绍宗、杨振宁、沈纯理、夏道行、李大潜）

从你们这里学到很多东西。……我们今后还会有更多的机会，通过互相访问、通讯联系等方式作更多的交流。"[①] 此次交流成果以《规范场理论的若干问题 II 》为题刊于《复旦学报》1976 年第 1 期增刊上。

1977 年 7 月，杨振宁再次来复旦，复旦方面参加学术讨论的人员作了调整，增加了数学方面的忻元龙、李大潜和物理方面的倪光炯，而苏汝铿则不再参加，这次合作也取得了有意义的结果。

---

① 4 月 9 日与杨振宁教授学术交流情况（1976 年）。复旦大学档案馆。

杨振宁在总结这些年的交流活动时说：复旦"在规范场方面已有能力很好认识其中的问题，不必参加讨论了。……你们的工作若以美国大学的研究水平来衡量也应该被认为是有相当成绩的。……总的来讲，对你们这几年的工作很高兴，如果在中国好几个学校都能达到这样，相当满意。"[①]当然，他也提及他与复旦的合作中可能存在的隐忧：

> 我来中国的次数多，与大家有长期的接触，其他物理学家与这儿接触少。和我工作有关的东西这儿做得多，我很高兴，但也可能有坏处，我可能介绍了片面性的工作，希望大家不要因我个人的局限而多引到我发生兴趣的问题中。[②]

指出了他与谷超豪等交流问题之所在，希望谷超豪等人的研究不要完全被他牵着鼻子，局限于他有兴趣的领域与问题。应该说，这是一个学者的理性思考与智者的忧虑。虽然数学的发展与物理有极为密切的关系，物理学也因利用数学工具而得到突飞猛进，但数学家与物理学家从事的研究毕竟是不同学科，毕竟关注的对象与领域不完全一致，数学家应该有自己感兴趣的研究对象与领域。

具有宏观视野的谷超豪自然对此有深切的了解，他与他的团队在规范场理论研究的基础上，开创了数学物理研究的新领域与新方向。对于与杨振宁的合作，谷超豪评价说，杨振宁"关于合作研究的倡议和行动，使我们的理论得以恢复，并为我们提供了重要的研究方向，影响是深远的。"[③]通过此次合作，谷超豪及其团队在规范场理论研究方面取得了一系列的突破：

> 谷超豪于1976年建立了（闭）环路位相因子的方法，成功地将纤维丛中的和乐群理论应用到规范场的研究之中，并证明了利用某些标准环路的位相因子和规范场强可唯一地决定规范势。这一方法在其后

---

① 接待杨振宁情况简报（1977年8月3日），复旦大学档案馆。
② 接待杨振宁情况简报（四），复旦大学档案馆。
③ 杨建邺：《杨振宁传》。北京：三联出版社，2011年，第446页。

第六章 复旦教授    *135*

的研究中得到了广泛的应用。

谷超豪和胡和生合作，利用李群的理论完全决定了球对称规范场的一般结构及其分类，并给出规范势的具体表达式，为具体决定规范场作出了贡献。

谷超豪给出一般紧致李群的规范场关于希格斯（Higgs）场的分解，从而得出了磁单极和拓扑荷，并给出了拓扑荷的数值及几何解释。

谷超豪及其团队将规范场的研究成果作了总结，并与国内规范场研究者进行学术交流。1979年，在广州召开了全国规范场讨论会，交流了国内各单位的工作。1980年广州粒子物理理论讨论会上，规范场经典理论方面的研究得到国内外学者的重视，给予较高的评价[①]。后来，谷超豪、胡和生等与国内其他学者如中山大学李华钟、西北大学侯伯宇、兰州大学葛墨林、中科院高能物理所冼鼎昌、中科院理论物理所吴咏时等将规范场研究成果共同整理为《经典规范场理论研究》，获得1982年国家自然科学奖三等奖。国际权威杂志《物理学报告》（*Physical Report*）用整整一期的篇幅刊登这一著作，并在英文全文之前刊印了一份中文摘要。1982年9月4—5日，谷超豪主持在复旦大学召开了"规范场及其他物理问题学术讨论会"，会后与李华钟等主编《规范场及其他物理问题讨论会文集》，由上海科学技术出版社1984年出版，宣告国内规范场理论研究告一段落。杨振宁曾将谷超豪的规范场研究比喻为"站在高山上往下看，看到了全局"[②]。谷超豪及其团队与杨振宁的合作研究，也成为当日中外学术合作交流的典范，堪称中外学术合作的一段佳话。合作研究"规范场"理论，缔结了杨振宁、谷超豪两位顶尖科学家长达数十年的友谊，也因所取得的丰硕成果而被誉为一次"卓有成效的合作"。

谷超豪及其团队与杨振宁合作进行规范场研究，是数学与物理学的成功结合，物理学因引进数学而拓宽了领域，数学则因物理学的需要而得

---

① 国家科委科学技术研究成果管理办公室：《自然科学奖励项目公报1982》。北京：科学技术文献出版社，1984年，第43-44页。

② 卓有成效的合作——访美籍物理学家杨振宁博士。《文汇报》，1978年8月7日。

到了新的发展。此后，谷超豪在数学物理的研究方面，并未停滞于规范场，而是以规范场为起点，继续在数学物理领域前行。从物理学中提炼出了"波映照"问题，将微分几何与数学物理中的非线性偏微分方程结合起来，得到很好的结果，引发了一批国际学者进行后续研究。在孤立子理论研究方面也有很大的成就，找到了达布（Darboux）变换的一个普适性公式，对许多孤立子方程适用，而且还适用于若干几何问题。在数学物理领域新开的这两个研究方向，也成为谷超豪及夫人胡和生中晚期学术生涯的中心，为他钻研数学的一生增添了无比的光彩。

# 第七章
# 学术交流与交游

　　学术交流是学术发展的基本途径之一，学者们集中在一起，自由争辩，不仅可以取长补短、共同提高，而且通过思想的碰撞，激发出创新的火花，寻找到学术发展的新路径与新方法。但因政治等因素的影响，谷超豪学术生涯鼎盛时期与世界学术界长期隔离，不能了解世界学术发展的状况与前沿，也不能将自己的成果与学界同行讨论碰撞，极大地阻碍了他的学术进步。可以说，这是谷超豪一辈学人在学术生涯中最为悲剧性的遭遇之一。非常幸运的是，年过五十的谷超豪，在学术生命的中晚年终于走出了国门，广交朋友，向学术界宣读自己的研究所得，在交流中不断提升自己的研究水平。同时，随着学术地位的提升，也组织与主持学术会议的召开，为学术交流与交游搭建平台，促进学术的发展。

## 步履蹒跚终出国门

　　虽说学术乃天下之公器，没有国界；但学者毕竟有国籍，特别是民族国家观念盛行的现代世界。谷超豪师从苏步青，学术成长的基因中有日本因素，后来留学苏联，自然也有苏俄的因子。应该说，从其学术成长的经历看，谷超豪完全是跨文化的产儿，应该在世界学术界自由地出入与徜徉，寻求学术的最佳成长与进步契机。虽然谷超豪处女作 1952 年发表在英国《伦敦数学会杂志》上，而且在学术上成长也很快，取得了很大的成就。但他以学术的名义第一次走出国门，是 1957 年到苏联进修。这还是学习与进修，而不是学术交流。留苏回国后，谷超豪长时间没有迈出国门，即使到苏联、东欧这些所谓的"社会主义大家庭"国家进行学术交流的机会也没有。1966 年 4 月，终于得到机会可以到波兰、捷克，《再次出国人员审查表》也填好了。但随之而来的"文化大革命"，使他第一次以学术交流的名义走出国门的机遇又被推迟了。

在以"发表即生命"的学术界，"发明权"之争大多是发表时间之争。与世界学术界的长期隔离，不仅使谷超豪失去了掌握与了解世界数学发展的前沿，在一定程度上失去了自己学科的发展方向，更使他的研究成果未能得到世界数学界的及时承认，造成学术资源的极大浪费。如 1965 年偏微分方程研究，国外兴起微局部分析理论即拟微分算子研究，谷超豪也及时掌握了这一信息，但因"文化大革命"的全面封闭，失去了了解国外研究状况的机会。"文化大革命"结束后，已经远远落后了。他与团队关于拟线性双曲型方程组的研究成果未能及时传布，十多年后还有外国学者重复证明与研究[1]。

1974 年，谷超豪及其团队在与杨振宁的第一次交流合作中，其才华就得到了杨振宁的认可。杨振宁盛情邀请谷超豪去他任职的美国纽约州立大学石溪分校讲学。同年 9 月，纽约州立大学石溪分校托尔校长访问复旦大学，杨振宁托其带信给谷超豪，邀请其于 1975 年 1 月 3 日至 5 月 20 日间，担任石溪理论物理研究所客座教授，工资为 14000 美元，并说："所内研究工作的兴趣很广，其中包括微分几何，广义相对论和规范场。如果你能光临，你的贡献将会大大加强我们在这些领域中的活动。"[2] 托尔甚至把聘书都准备好了，可在当时的政治形势下，杨振宁这一愿望无法实现。对于这一

---

[1] 陈恕行访谈，2011 年 9 月 30 日，上海。资料存于采集工程数据库。

[2] 中国科学院、国务院科教组、中央调查部、外交部致函国务院《关于杨振宁所提几点要求的请示报告》（1974 年 11 月 26 日）"附件四"杨振宁教授致谷超豪同志函。复旦大学档案馆。

邀请，复旦大学党委认为如仅参加一般的研究工作以不去为宜，如要求多人赴美短期讲学，则可予同意。国务院原则同意的"请示报告"如是处理：

> 考虑到目前中美关系情况下，我派一人去美做较长时间的研究工作，条件还不成熟，故拟按复旦大学党委的意见，在商得杨振宁的同意后，改派谷超豪等二至三人赴美作两个月左右的短期讲学，如对方不同意，则由谷超豪同志复信婉言谢绝。

1975 年 3 月 12 日，谷超豪根据指示致函杨振宁（信件需上级审核）告知上级意见。杨振宁来函说 1975 年夏秋他不在学校，而且研究经费也分配完毕，希望继续保持联系。中方决定谷超豪一行赴美暂缓。当年 6 月 11 日、9 月 23 日，杨振宁先后来函再次邀请谷超豪赴美讲学。10 月，纽约州立大学董事长访沪期间也转达杨振宁的邀请，并商讨具体事宜。直到翌年三月，复旦大学当局决定派谷超豪带领李大潜、司春林赴美访学两个半月，谷超豪为组长，初定 1977 年初成行，具体时间待杨振宁来沪再行商讨。复旦大学为这次赴美拟定了详细的计划[①]，见表 7-1。

同时还确定了谷超豪等在美学术报告题目分别为《规范场理论中的一些数学问题》、《线性和拟线性混合型方程的边值问题》、《自共轭椭圆型偏微分方程的等值面边界问题及其在工程和力学问题中的应用》、《控制上海市地面沉降中的某些数学问题》、《在开门办学中应用有限元素法》、《船体放样中的曲线（曲面）拟合问题》。可见，该计划与行程安排及其学术报告内容，是以谷超豪为主拟定的，如果能成行，他们不仅能全面了解美国数学的最新发展，知晓国际数学界的发展动向，而且还能较为全面地将谷超豪等相关规范场理论研究、偏微分方程研究的成果向国际学术界宣讲，在世界学术界共同体发出声音，让中国学术界在国际学术界亮出自己的"身姿"。从计划可见，除杨振宁的邀请外，库朗研究所的专家、加州大学伯克利分校的陈省身等、普林斯顿大学数学系主任等都曾邀请谷超豪

---

① 关于谷超豪等三同志去美国纽约州立大学斯托尼布洛克分校讲学的计划。复旦大学档案馆。

表 7-1　谷超豪一行赴美行程一览表

| 单　位 | 特　点 | 过去联系 | 访问要求 | 时间 | 备　注 |
|---|---|---|---|---|---|
| 纽约州立大学石溪分校 | 有杨振宁主持的理论物理所，理论物理研究集中，特别是规范场理论，数学方面微分几何水平高，偏微分方程也有人研究 | 除杨振宁外，校长、董事长等都曾来访，并邀请谷访学 | 1. 和杨振宁合作，讨论研究规范场理论中的数学问题<br>2. 和数学家讨论和规范场有关的微分几何问题、讨论偏微分方程问题 | 2个月 | 邀请出访单位 |
| 库朗研究所 | 美国应用数学研究中心，偏微分方程研究著名 | 研究所尼伦堡、凯勒曾来访讨论数学问题，并邀请谷访学 | 1. 了解美国应用数学全貌，学习如何处理纯粹数学、应用数学、计算方法和实际应用之间的关系<br>2. 交流讨论偏微分方程理论和应用发展动向等 | 5天 | 杨振宁推荐访问单位 |
| 加州大学伯克利分校 | 微分几何研究中心之一，数学其他方面也很集中 | 陈省身两次来访，邀请谷访学；项武义等来访，也邀谷访学 | 1. 了解美国数学发展动向<br>2. 讨论和规范场有关的微分几何问题，讨论偏微分方程 | 5天 | 杨振宁推荐访问单位 |
| 哥伦比亚大学 | 李政道、吴健雄在该校工作 | 李、吴曾来访，李儿子来校学习过 | 访问李政道，并了解他最近的工作 | 1天 | 杨振宁提及访问该校数学系 |
| 普林斯顿大学 | 数学研究比较有名 | 该校多人包括数学系主任曾来访，邀请谷访学。 | 1. 了解美国数学发展动向<br>2. 讨论偏微分方程 | 2天 | 杨振宁提及访问该校数学系 |
| 麻省理工学院 | 纯粹数学和应用数学均有名，林家翘在该校 | 林曾来访两次，彼得逊亦来访 | 1. 访问林家翘<br>2. 了解美国数学动向，讨论有限元等问题 | 2天 | 杨振宁提及访问该校 |
| 哈佛大学 | 纯粹数学和应用数学均有名 | 应用数学系开里奥来访，杨振宁主要合作者吴大峻在该校 | 了解美国数学动向，并与吴大峻讨论问题 | 2天 | 和麻省理工学院同一个地方安排会见 |
| 宾州大学 | 数学系杨忠道是老同学，73年曾来访 | 杨忠道是老同学 | 一般访问 | 1天 | 不一定到校 |

前往访学交流，不仅说明谷超豪的数学研究得到了国际学术界的承认，更重要的是，他们都认为与谷超豪进行学术交流将获益匪浅。

1976 年 4 月，杨振宁来沪与谷超豪等交流时，对复旦大学安排谷超豪与他同事两三人去美国短期访学很是高兴，并说石溪的"微分几何力量很强，已成为一个中心，主要是年轻人，去和他们接触很方便"。微分方程不是很强，但可以到加州伯克利访问陈省身，或到麻省理工学院或库朗研究所去①。

不想好事多磨，这次赴美讲学与访学还是未能成行。1976 年底，中国方面认为如派谷超豪赴美，将给美国官方派人进入我国科研机构和大学提供借口，谷超豪美国之行因之被搁置。1977 年 7 月，杨振宁到上海时，谷超豪解释说，当时他工作较忙，而且考虑到中美两国关系，暂时未能成行。以后有机会再去，学校也支持。杨振宁再次提及谷超豪访美对学术交流的重要性："我请谷超豪去美国，一方面可以和我谈，也希望就谷超豪所专长的一些学科多接触一些人。近年来数学进展惊人，比物理进展快得多，而我不能把数学上的进展带来和你们讨论。"如果谷超豪不能去，其他人也可以②。作为一个著名物理学家，杨振宁深深地明白自己的社会角色，他是一个物理学家，他不能将美国乃至世界上最新的数学发展带来与谷超豪等进行交流，这需要作为数学家的谷超豪等自己亲自去了解、去交流，以融入世界数学发展的洪流，共同促进数学学科的发展。非常可惜的是，谷超豪这次学术交流的机会再次因政治原因而流产。

自 1974 年 9 月 5 日，杨振宁书面向谷超豪发出邀请赴美讲学与访学，历经三年有余，谷超豪赴美学术交流终因各种各样的原因未能成行。这无论是对谷超豪个人学术成长、对中国数学的发展还是对中美学术交流来说都是巨大的损失，来来往往、反反复复，其间值得思考的东西很多。令人意想不到的是，谷超豪第一次赴美，就在杨振宁第三次与谷超豪合作研讨规范场理论不久，但身份不是独立的复旦大学数学系数学家的个人身份，不是专门去从事学术交流与交游，在宣讲自己的学术成就的同时，真切地感知世界学术发展的脉搏，而是作为中国高等教育代表团成员之一赴美考察学习，其间的意味也值得反复体念。

1977 年 11 月 19 日—12 月 17 日，谷超豪作为中国高等教育代表团成

---

① 杨振宁再次表示欢迎谷超豪去美讲学。复旦大学档案馆。
② 接待杨振宁情况简报（五）。复旦大学档案馆。

员首次访美，已年届 51 岁。代表团是 1949 年后中国大陆教育界第一次访问美国，团长为南京工学院院长杨廷宝。第一站是加州大学伯克利分校，他首先想拜见的是陈省身。不想，陈省身却先来拜访他，而且还发起一个有利于中国数学发展的倡议：

> 在整个 3 天的访问过程中，他为我做了多种多样的安排，参观数学系，到他家做客，会见多位数学家和华裔学者。为我安排一次学术演讲，对我第一次所做的英文学术演讲多方鼓励。在这期间，项武义、伍鸿熙、郑绍远、丘成桐、林节玄等几位华裔教授和陈先生一起提出一个建议，说他们希望到国内访问讲学，帮助中国数学界了解世界数学的新成果，他们写了一份建议书。我带回国后就马上和原国家教委、北京大学联系，这个计划在第二年夏天就开始实施，……这个交流活动对长期和外界隔绝了的中国数学界，带来了盎然生机。①

此后，谷超豪一行还先后访问麻省理工学院、纽约州立大学石溪分校、马里兰大学等，谷超豪就偏微分方程和规范场的数学结构用英语做多次学术报告，受到听讲的数学家、物理学家的欢迎。

学术交流的大门一当打开，学术交流的需求就势不可挡，谷超豪到国外讲学与访学的机会与需求接踵而至，他也积极参与国际学术界的学术交流活动。

# 广交朋友，切磋学术

1979 年 2 月，受教育部指派，谷超豪与忻元龙一起，赴美国纽约州立大学石溪分校理论物理研究所交流终于成行。此时距杨振宁首次提出邀

---

① 谷超豪：雄伟的高峰——追忆陈省身先生。见谷超豪著：《奋斗的历程——谷超豪文选》。上海：复旦大学出版社，2005 年，第 136 页。

图 7-1　1979 年谷超豪等人在 Stony Brook 杨振宁工作室合影（左起：郝柏林、何祚麻、郭汉英、杨振宁、戴元本、谷超豪、聂华桐）

请，已近五年了。在日新月异的学术面前，在一个人创造力最为旺盛的生命阶段，五年延宕的损失可能是无法估量的。正如前面杨振宁所说，世界数学进展惊人，几年过去可能就已经是面目全非。但无论如何，谷超豪终于带着他的数学成就走出国门，走向世界，在世界数学共同体发出了他独特的声音。

　　积累的交流欲望一旦喷发将一发而不可收。这次在美国，谷超豪不仅在石溪与杨振宁及其同事进行学术交流与合作研究，还广泛出席其他各方学术讨论与交流会。访问世界应用数学中心库朗研究所，作混合型方程报告；访问哈佛、麻省理工、普林斯顿、罗特格斯等高校数学系，做报告，实地了解与考察美国数学发展的脉搏，实现了他 1976 年的访谈计划。6 月25—29 日，出席纪念陈省身先生荣休而举行的国际微分几何会议。12 月，出席在墨西哥原子核研究中心举行的规范场会议，做相关规范场研究的报告。期间谷超豪爱人胡和生也应邀在美访学，先出席伯克利加州分校的国际微分几何会议，会后并被杨振宁邀请到石溪进行学术交流。夫妻俩在异国他乡，在数学的王国共同从事数学研究实在是学术佳话，也是学术史少之又少的个案，实在值得一书。非常幸运的是，胡和生有专门的"汇报与体会"，给我们留下了他们在美这段时间的学术活动情况，并对学术交流进行了反思。

　　陈省身荣休学术会议与会代表约200人，胡和生、谷超豪分别在小组发言。会议的论文报告反映了微分几何的最新成果，也反映了微分几何与微分方程、拓扑学等学科的密切关系。会后，伯克利分校还举办有微分几何、偏微分方程及激波讨论班。谷超豪应邀在偏微分方程讨论班上报告了他在混合型偏微分方程的工作。会议之余，谷超豪、胡和生夫妇还就共同关心的问题进行广泛的交谈与讨论，他们与陈省身、项武义、伍鸿熙、丘成桐、阿蒂亚（Atiyah）、辛格（Singer）等进行了交流，还去斯坦福大学与钟开莱、丘成桐作了进一步的学术交流，"这样对了解最近国际上的动态，交流相互的研究成果，甚至合作研究一些问题都是很有利的"。此外，夫妇俩还利用有限的时间从事科研，每晚工作到深夜，一起对"紧致群球对称规范场的构造"进行了研究，取得了成果；对讨论中其他人提出的问题也进行探讨，如辛格在个别交谈中提出一个未解决的问题，他们发现很容易，第二天就给了他答案。在石溪交流中，夫妻俩继续对"紧致群球对称规范场"进行研究，并彻底解决了这个问题，比国外学者的探究广泛深入而完整。并在理论物理研究所做了"紧致群球对称规范场"的报告，反应热烈，一个小时的报告时间被延时超过两个小时，"觉得很有意义"。此后，还与理论物理所的物理学家们进行讨论与交流，体会到该所浓厚的学术讨论氛围。

　　胡和生对这次在美访问交流，深有感触，认为主要收获有四：了解动态、交流成功、了解进一步研究的问题、进行研究工作。通过交流，她进一步认知到"近代数学的特点是数学学科之间相互渗透，概念与方法也相互渗透，数学与其他自然学科之间相互渗透"。Atiyah-Singer利用代数几何研究规范场中瞬子解问题，谷超豪将规范场理论与非线性场论中某些问题与黎曼流形中的调和映照联系起来得到深入而新颖的结果，丘成桐利用微分流形解决了正质量猜测。通过交流，她更进一步认识到国际交流的重要："国际交流一方面了解动态，知道那些是值得研究的，这使我们加深对有关问题的了解。另一方面，我们一些好的东西可以介绍出去，我国数学还是有一定基础的，有些很好的结果，我们比国际先得到，由于缺乏交流，别人不知道。"因此，她也认为"国内各校之间也要交流，取长补短，相互学习"[1]。胡和生这些感受与感想，未免不是她夫君谷超豪的。可以说，这次赴美访问交流，才真正是谷超豪第一次参与国际学术交流。

这次赴美交流完毕，1980 年 1—6 月，谷超豪又马不停蹄前往联邦德国波恩大学、海德堡大学及法国作学术报告；访问香港，参加香港数学会学术讨论会。将他的学术成果带往欧洲与香港，进一步扩展其学术影响。到他 1988 年出任中国科技大学校长之前，谷超豪主要出国学术访问与交流情况如下：

1982 年 4—8 月，访问联邦德国波恩大学、海德堡大学、Oberwolfach 数学究所，法国巴黎大学、第戎大学和法国自动化信息研究所，意大利里雅斯特大学、罗马大学和意大利理论物理国际中心，瑞士欧洲核子物理研究中心（CERN）。在大学和法兰西学院等学术机构做学术报告十余次。

1984 年 4—6 月，应日本前数学会会长藤田宏（Fujita）邀请，作为日本学术振兴会高级交流人员访问东京大学、京都大学、东北大学，在大阪参加日本数学会年会，多次作学术报告。

1985 年 2—3 月，访问法国、英国、瑞士、比利时、西德以及香港地区的 12 所大学和研究部门，就偏微分方程和数学物理等问题介绍自己的研究成果。

1986 年 6 月，应邀出席在法国召开的几何与物理学术会议。8 月 3—11 日，参加在美国加州大学伯克利分校举行的第二十届国际数学家大会。9 月，应邀参加在意大利召开的整体微分几何工作会议并短期访问。

---

[1]　胡和生：在美国进行三个月学术活动的汇报及体会。复旦大学档案馆。

1987 年 4 月 26—5 月 18 日，访问苏联，在莫斯科大学和列宁格勒大学会见两校领导与数学家，做三次学术演讲。5 月 18—7 月 29 日，在西德海德堡大学等处演讲研究，完成论文一篇，另获四项研究成果，做三次学术报告。第三次访问纽约州立大学石溪分校理论物理研究所。

　　1982 年访学归来，他以复旦大学副校长的身份，积极倡导在复旦大学数学系设立应用数学专业，组织召开会议介绍应用数学在国外发展情况，促进应用数学的快速发展。并在全校范围内组织科研联合体，促进国内外学术交流。1987 年，留苏回国近三十年后再次重游母校莫斯科大学，昔日的莘莘学子已成国际闻名数学家。这次不仅以一个数学家的身份与数学家们交流学术，更以复旦大学副校长的角色与苏联的高校领导交流高等教育的经验与教训。这些交流中，特别值得指出的是谷超豪 1986 年参加的国际数学家大会。

图 7-2　1986 年 8 月，国际数学家大会期间，谷超豪和王柔怀（左一）、吴文俊（左二）、程民德（左三）、齐民友（右二）、张恭庆（右一）合影

　　国际数学家大会于 1897 年在苏黎世召开第一届。1900 年的第二届巴黎大会上，希尔伯特提出了影响未来世界数学发展的 23 个问题。数学家大会后来形成四年召开一次的定例，但因第二次世界大战，1936 年奥斯陆大会后未再举行。1932 年中国数学家熊庆来、李仲珩等参加了苏黎世第九届大会，时为中山大学数学系教授的刘俊贤亦曾参加奥斯陆第十届大会。1950 年，数学家大会恢复召开，在美国哈佛大学举行，陈省身、王宪钟、钟开莱等华人数学大家与会，大陆因奉行"一边倒"外交政策未能与会。1951 年新的国际数学联盟成立，其主要任务就是组织四年一度的国际数学家大会。新国际数学联盟成立之初，中国因苏联和东欧等社会主义国家未参加联盟而拒绝加入。苏联等国参加后又因台湾问题大陆代表权一直不能得到解决，虽然华罗庚于 1954、1958 和 1974 年，吴文俊于 1958 年，陈景润于 1978 年都曾受到大会 45 分钟报告的邀请，但都未能与会。直到 1986 年 7 月 31 日—8 月 1 日在美国加州奥克兰举行的国际数学联盟大会上，中国才正式加入联盟，为一类会员国即享有 5 票投票权（中国数学会 3 票，台北数学会 2 票）[①]。大陆随即派代表出席加州伯克利举行的国际数学家大会，谷超豪作为大陆代表团成员之一与会，这是 1949 年以后，大陆科学家第一次正式参加国际数学家大会。

　　1988 年 2 月，谷超豪被任命为中国科学技术大学校长，但他在繁忙的政务之余，并未放弃他最心爱的数学研究，也积极参与国际学术交流。当年 6—7 月，应法国大学评议会数学组和巴黎第六大学相对论力学系邀请，作为访问教授赴法国学术交流。6 月 20 日，应邀参加法国科学院院士大会，也就是在这次大会上，肖盖（Choquet Bruhat）院士致介绍词，在称颂谷超豪研究成果的独特、高雅、深入、多变之后，接着说：

　　　　谷先生的学术研究品质和为人品格吸引了众多的学生，他曾在复旦大学主持中国的最杰出的数学系之一。我用过去时，是因为他从今年起就担任在合肥的中国科技大学新的校长，这是唯一属于中国科学

---

[①] 〔芬〕奥利·莱赫托著：《数学无国界：国际数学联盟的历史》。王善平译，张奠宙校。上海：上海教育出版社，2002 年，第 142-146、275-286 页。

图 7-3  1987 年 9 月 9 日，谷超豪、胡和生会见复旦大学名誉教授肖盖（Y. Bruhat Choquet）

院的大学，尽管他从整体利益出发所接受的行政工作十分繁忙，但是谷先生还是继续从事研究工作。这次他是借在巴黎的短期逗留之机来阐述研究和论述洛仑兹流形的混合型极值曲面的有关定理。这是可望在弦理论方面有应用价值的理论。①

7 月上旬到意大利科莫出席学术会议，15 日回国。这次学术交流，谷超豪一共做四个学术报告。第一个报告是国际变分问题会议的邀请报告。谷超豪有两个方案，一是把他独创的三维闵可夫斯基空间混合型极值曲面的结果做一综合报道。二是利用空闲时间继续研究，解决高维空间的相应问题，报告新成果。这个问题虽已思考不少时间，但有两个难点未解决。到巴黎后，谷超豪居然解决了难点，报告了新成果。他自己当然很高兴，报告反映也非常好，法国科学院一位新当选院士曾不止一次祝贺他取得的新成就。另外三场报告是关于孤立子理论的，每次报告都会加入新的内容。他对记者说，科研教学和体育运动相似，有一种"临场意识"，想尽一切办法在报告前将最新的成果做出。这一次有一个公式就是在晚上上床

---

① 肖盖院士的介绍原文刊载《法国科学院通讯》1988 年 6-7 月号，译文见：谷校长在欧洲的四十天。《中国科大》，1988 年 9 月 15 日。

后想出来，第二天在火车上完成计算与论证的[①]。

此后，谷超豪仍然不断出访，但大多数时候是以校长的身份率团，以数学家角色从事纯粹的学术交流的机会当然也不少。1993 年 3 月 11 日至 21 日，应台湾中研院吴大猷院长的邀请，谷超豪、胡和生夫妇与吴文俊、王佛松、石元春、陈中伟、陈创天等 11 人作为"第二批大陆杰出科学家"访问台湾，进行学术交流活动，谷超豪任领队。这次访问不仅在谷超豪的学术访问生涯中有重要意义，对促进两岸学术交流与合作的实质性发展也有重要意义。

亲自走出国门，与国外学者进行学术交流，进入世界学术共同体，是走向世界的一个途径，在国外杂志发表学术论文，出版学术专著是更为重要的平台与路径。谷超豪及其团队的学术研究成果在改革开放以后，受到国际学术界的极大重视，他自己后来的大多数论文发表在国外著名期刊杂志上，国际上非常著名的出版机构 Spring-Verlag 先后出版他主编的 *Differential Geometry and Differential Equations*（1985 年）、*Nonlinear Physics*（1990 年），Springer 也先后出版了他主编的 *Soliton Theory and Its Applications*（1995）、*Darboux Transformations in Integrable Systems*（2005 年）。这些论文和著作的出版，不仅是他的学术成就融入世界学术界的标志，也充分表征了国际学术界对他为人类知识视野的扩展所做贡献的认同与肯定。

在积极参与国际学术交流的同时，谷超豪也以他日渐提高的学术地位，组织主持国内、国际学术会议，为学术交流提供平台，为学术发展提供契机。

# 主事学术交流

"文化大革命"结束后，科学事业的发展呈现出蓬勃之势，数学工作者们学术交流的欲望在被长期的禁锢之后，呈井喷之势。1977 年 9—10

---

① 谷校长在欧洲的四十天。《中国科大》，1988 年 9 月 15 日。

月，全国自然科学学科规划会议召开，谷超豪与会。会议制定出数学、物理学、化学、天文学、地理学和生物学等基础学科及有关新兴学科的发展规划，提出了《全国基础科学规划纲要》（草案）。1978 年 3 月，全国科学大会召开，谷超豪"规范场的数学结构研究"获全国科学大会奖。8 月，谷超豪发起并组织在四川峨眉山举办"全国现代偏微分算子学术会议"。此后，谷超豪与老一辈数学家及其同辈一道组织了不少的学术讨论会，其间最值得提及是在陈省身倡导下在国内连续举办多届的"双微"会议。

　　"文化大革命"结束后，中国数学的发展与国际数学发展因阻隔多年，存在着极大的差距和相当深的隔膜。1978 年偏微分算子会议上，大家边学边讲，收获很大。陈省身得知后，认为这种讨论会很好，最好能请到一些国际上的权威学者来做系统的讲座，快速推动中国数学的发展。因微分方程和微分几何方面中国与国际上差距最大，而他自己又是国际上微分几何的权威，谷超豪在微分方程与微分几何方面都有专门的研究，他们商讨认为从微分方程和微分几何入手较好。在征求了很多人的意见后，经过多方努力，由陈省身出面邀请国际权威学者，谷超豪等负责具体组织的"微分方程和微分几何国际讨论会"（简称"双微会议"），1980 年 8 月 18 日—9 月 20 日在北京成功举行。会上，国际上十多位权威学者如阿蒂亚、拉

图 7-4　1978 年 8 月 1 日全国现代偏微分算子学术会议合影

克斯（P. D. Lax）、尼伦伯格（L. Nirenberg）、陈省身和丘成桐等都发表了演讲，内容涉及外微分系统、规范场与代数几何、量子场论中的数学问题、Morse 理论等，可谓盛况空间，"对于我国学者克服十年停顿和举世隔绝所造成的困难，起了极大的作用"[1]。以后，"双微"会议每年在各地举行，每次内容有所侧重，每次都邀请一定数量的国际名家与会作专题的系统演讲。

1981 年 8 月 20—9 月 13 日，由复旦大学数学系主办的第二届"双微"会议分两阶段在上海和合肥举行。谷超豪作为主办方之一复旦大学的组织者与主持人，为会议的顺利与圆满召开做出了极大的贡献与努力。与会代表 80 人，交流论文 30 篇，来自美国、法国和日本的 14 名外籍数学家应邀在会上做报告。与会报告和论文展示了国内外学术界在微分几何和微分方程领域的最新研究成果。会议还专门安排了关于未解决问题的讨论，引起了与会者的极大兴趣。中外数学家在会外的自由交谈和讨论也很活跃。会议决定第三次双微会议由吉林大学与武汉大学主办，以偏微分方程为重点[2]。

此后，"双微"会议分别在长春、北京等地召开。第六届"双微"会议由复旦大学举办，1985 年 6 月 20 日—7 月 10 日在复旦大学举行，来自全国各地高校和中国科学院代表 80 余人，美国、法国、日本、澳大利亚、德国及香港地区代表十余人出席会议。会议交流论文 30 余篇，反映了自第二届会议以来，我国学者在"调和映照"、"规范场及微分几何"、"微分方程"研究上所取得的成果与成就。此后，因陈省身在南开创办的数学研究所成立，每年举行类似的专题学术活动，"双微"会议也就不再召开。"双微"会议在 20 世纪 80 年代初期是中国数学界的盛会，"双微"专家们聚集在一起，消化吸收最新研究成果，极大地推动了中国微分方程和微分几何的发展，谷超豪在会议的组织与召开乃至具体的学术交流上都有不可磨灭的贡献。

组织主持学术会议外，谷超豪还积极参与学术刊物的工作。1980 年 3

---

[1]　谷超豪：雄伟的高峰——追忆陈省身先生。见谷超豪著：《奋斗的历程——谷超豪文选》。上海：复旦大学出版社，2005 年，第 136—137 页。

[2]　简讯·第二次双微讨论会。《自然杂志》，1981 年第 4 卷第 10 期，第 751 页。

月由复旦大学数学系创刊的《数学年刊》，是面向国内外的综合性数学刊物，主要刊载纯粹数学和应用数学方面具有创造性的学术论文，反映数学研究的最新成果，促进国内外学术交流，推动数学研究的发展。无论是创刊还是未来的发展，谷超豪都起了重要作用。从 1983 年起，分 A、B 两辑，A 辑为中文，双月刊；B 辑为英文版，季刊，两刊内容不重复。创刊之初，苏步青任主编，程民德、柯召、夏道行等为副主编，谷超豪任常务编委，对《数学年刊》的发展尽心尽力。创刊十周年时，苏步青等 5 位数学院士曾题词纪念，谷超豪题词为"坚持标准，提高质量，面向世界，迎接未来"。他还曾担任国际数学杂志《数学物理》（ *Mathematical Physics* ）和《中国科学》、《科学通报》、《偏微分方程》等杂志的编委或常务编委。

# 与中国数学会一同成长

中国数学会是中国数学工作者的组织，学术交流与学术交往是其主要功能。谷超豪积极参与中国数学会的活动，从最初的一般会员、与会代表、论文宣读者，日渐成为其组织者与重要领导人。1951 年 6 月 3 日，中国数学会杭州分会成立时，谷超豪作为浙江大学助教当选为理事与秘书[①]。1956 年 8 月，谷超豪出席中国数学会论文宣读大会，发表相关微分几何方面的成果，引起老一辈科学家们的重视与注意，与王元、陈景润、夏道行、万哲先、陆启铿、丁石孙等被誉为青年数学家代表：

> 许多青年数学研究工作者提出的论文也表现了他们突出的数学方面的才能。他们虽然从事数学研究只有四五年的时间，但他们的论文都达到一定的水平。老数学家们在谈到王元、严士健、尹文霖、谷超豪、夏道行、丁石孙等人的论文的时候，都认为，这是中国数学界十

---

[①] 任南衡、张友余编著：《中国数学会史料》。南京：江苏教育出版社，1995 年，第 175-176 页。

分可喜的成绩。从大学毕业才三年的陈景润，在两年的业余时间里，阅读了华罗庚的大部分著作，他提出的一篇关于"他利"问题的论文，对华罗庚的研究结果有了一些推进。①

"文化大革命"结束后，迎来了科学的春天。1978年11月20—30日，中国数学会第三次全国代表大会在四川成都举行，这是中国数学会成立以来规模最大的一次盛会，出席会议代表470多人，收到论文五百多篇，宣读论文407篇。谷超豪应邀作题为"偏微分方程的一些问题"的大会报告，另有关肇直、张耀成、侯振庭、杨乐与张广厚、夏道行、徐利治、柯召、吴文俊等做大会报告。可见，谷超豪已经成为吴新谋后第二代偏微分方程研究的代表人物，应邀在中国数学会做相关偏微分方程的综合报告。也就是在这次大会上，谷超豪当选为中国数学会理事，由此步入中国数学会的领导层②。

谷超豪虽然在1956年就引起国内数学界的注意与重视，1959年获得莫斯科大学物理—数学博士，可以说声名鹊起。但因各种各样的原因，中国数学会的活动并不正常，也没有真正成为联络中国数学工作者的纽带。"文化大革命"后，由于残酷的十年，老一辈数学工作者已物是人非，谷超豪也已年过半百，自然成为中国数学界的领军人物，当选为中国数学会理事也是水到渠成。

当选为理事后，谷超豪积极参与中国数学会的工作。1982年2月在北京召开的常务理事扩大会议，谷超豪出席会议。该次会议在中国数学会发展史上有非常重要的意义，会议提出理事会不仅要讨论会务工作，而且要讨论学术；理事会的学术讨论又不同于一般的学术交流会的学术成果交流与学术讨论，"而是在调查了解国内外数学发展和现状的基础上，作一些综合性的学术报告"，就数学发展的方针政策展开讨论。为保证代表大会

---

① 丁宝芳：中国数学研究工作发展迅速。见任南衡、张友余编著：《中国数学会史料》。南京：江苏教育出版社，1995年，第217页。

② 任南衡、张友余编著：《中国数学会史料》。南京：江苏教育出版社，1995年，第268、273、281页。

学术报告质量，会议决定委托相关领域专家组成学科组，负责审查和推荐本领域的学术报告，谷超豪负责"数学物理"学科组。在会议上，谷超豪当选为中国数学会国际交流工作委员会委员，与王寿仁、杨乐、许国志、姜伯驹等一同负责学会的国际交流。他的学生李大潜、俞文魿也分别当选为教育工作委员会委员、咨询服务部成员[1]。

1983 年 10 月，中国数学会第四次全国代表大会在武汉举行，大会向老一辈数学家致敬，推选华罗庚、苏步青、江泽涵、柯召、吴大任等五人为名誉理事长，吴新谋、赵访熊、李国平为名誉理事，标志着中国数学会的领导层新陈代谢完成。会议结束后，理事会推举谷超豪与吴文俊、杨乐、程民德、王寿仁、齐民友、段学复、林建祥、胡国定、王元等 10 人组成临时工作班子，负责筹组与选举产生常务理事会及其领导机构[2]。会后以无记名通讯投票方式，由全体理事会选举常务理事会。当年 12 月底，选出 19 位常务理事。翌年 1 月召开常务理事会第一次会议，通过民主协商，提出正副理事长和正副秘书长候选人名单，由全体理事无记名通讯选举方式选举。当月底，中国数学会第四届领导层诞生，理事长吴文俊，谷超豪与王元、胡国定、程民德当选为副理事长[3]。

1985 年 12 月 6—10 日，中国数学会成立五十周年年会在上海举行，开幕式在复旦大学相辉堂举行，苏步青、陈省身分别作题为《五十年间的回顾与今后的展望》、《国际数学五十年》的报告。谷超豪与吴文俊、冯康、龚升、廖山涛、杨乐、胡世华、万哲先、钟家庆、李大潜、陈木法等 11 人作大会报告，谷超豪报告题目为《微分几何中的双曲型方程和混合型方程》，他的学生李大潜题目为《从中国数学会应用研究讨论会看我国的应用数学》。这次大会不仅是中国数学家的年会，还有来自美国、日本、法国、加拿大、波兰、英国、意大利、德意志联邦共和国、菲律宾和香港等十个国家和地区的数学家代表。法国科学院院士、前法国数学会会

① 任南衡、张友余编著：《中国数学会史料》。南京：江苏教育出版社，1995 年，第 282、290 页。

② 任南衡、张友余编著：《中国数学会史料》。南京：江苏教育出版社，1995 年，第 297—299 页。

③ 任南衡、张友余编著：《中国数学会史料》。南京：江苏教育出版社，1995 年，第 311 页。

长 H·嘉当，日本数学会理事长小松彦三郎，美国数学会执行主席 W. J. LeVeque，菲律宾数学会和东南亚数学会前会长 B. F. Nebres 等也在大会上作专题学术演讲。正如记者所言，"这次年会上的学术报告有一个特点，综合性的报告数目占较大比重。一百多位中外学者介绍了许多学科及专题的发展动向与进展情况……中外数学家进行了广泛的接触和交流，加深了各国数学工作者之间的友谊，促进了中国数学会与一些国家和地区数学会的联系"① 。谷超豪是这次大会的主要组织者与主持者之一，作为主办单位复旦大学代表之一，大会的顺利召开与圆满结束显现了谷超豪的组织能力与在数学界的号召力。

1986 年 10 月，中国数学会第四届常务理事会举行第十一次会议，谷超豪与会。会议决议理事会应以"精干有效、老中青结合"为原则，缩减中国科学院数学研究所、系统研究所等单位和北京、上海等省市的理事名额，理事连任不得超过两届，新当选理事不得超过 60 岁。1988 年，中国数学会第五届理事会组成，王元当选为理事长，谷超豪与吴文俊等一批"老同志"退出领导层。与中国数学会一同成长的谷超豪，在中国数学会日渐规范化与成熟之后，日渐担当起它应该承担的责任与功能后，退出了中国数学会领导层。但他仍然关心中国数学会的发展，1995 年 5 月，应邀出席中国数学会第七次代表大会暨成立六十周年纪念会，并作为偏微分方程领域专家演讲"混合型偏微分方程在中国"。在这次大会上，他与中国科学院数学研究所万哲先院士同膺中国数学界最高奖第二届"华罗庚数学奖"。2003 年 10 月，专门赴武汉出席中国数学会第九次代表大会暨年会。

谷超豪不仅积极参与中国数学会的活动，也积极支持中国数学会主办的《数学学报》。《数学学报》创刊于 1936 年，原名《中国数学会学报》，具有国际影响，除发表中国数学家作品外，也曾发表维纳、哈达玛等国际著名数学家的论著。抗战期间停刊，1951 年复刊并改名，1964 年由季刊改

---

① 任南衡、张友余编著：《中国数学会史料》。南京：江苏教育出版社，1995 年，第 333、336、353 页。

为双月刊，1966年出刊4期后停刊，1974年复刊[1]。谷超豪通过《数学学报》这个平台，将自己的大量成果发布，贡献给学界。据统计，1936—1986年五十年间在《数学学报》上发表论文超过5篇（包括5篇）以上的作者共93人。谷超豪自1952年第4期发表第一篇论文，到1978年第2期共发表18篇，发表论文比他多的只有苏步青（29篇）、华罗庚（24篇）、夏道行（20篇）、许永华（20篇）、龚升（19篇）、吴文俊（19篇），他们不是他的老师辈就是同辈[2]。谷超豪还曾担任中国数学会主办的《应用数学学报》的编委、副主编。

1985年3月，中国数学会设立"陈省身数学奖"，奖励中青年数学工作者最近五年内发表的最佳数学成果。谷超豪担任"陈省身数学奖"评选委员会委员，与主任吴文俊，委员王元、程民德、胡国定、冯康、段学复等负责"陈省身数学奖"的评选工作，评选钟家庆、张恭庆为第一届，李邦河、姜伯驹为第二届得主。

---

① 苏步青：《数学学报》五十年。见任南衡、张友余编著：《中国数学会史料》。南京：江苏教育出版社，1995年，第355-358页，

② 任南衡、张友余编著：《中国数学会史料》。南京：江苏教育出版社，1995年，第362-364页。

# 第八章
# 校长生涯

"学而优则仕"是中国传统社会朝廷选取官员的准则。近代以来，虽随着科举制度的废除选官制度有根本性的改变，但因学问做得好而出任一官半职的并不鲜见，民国时期还出现一个所谓的"学者从政"现象。在学术教育共同体，因其特殊性，由学人出任教育学术机构的行政长官是一般的范例。谷超豪年轻时就有担任复旦大学校务委员、党委委员这样的经历，随着学术地位的提高和知识分子地位的提升，他也担当了一些行政职务，其中比较重要的有复旦大学副校长、中国科技大学校长、温州大学校长，显现了他的行政工作能力及其清廉作风，体现了一个共产党人的人格魅力。

## 复旦副校长

1977 年，中断多年的高考制度得以恢复，高校教育重新走上了正规化的轨道，这就需要具有丰富教育经验与教育才能的人引导、领导教育事业。1978 年 7 月，长期担任复旦大学副校长的苏步青出任复旦大学校长。9 月，谷超豪担任复旦大学数学系主任。1982 年，谷超豪升任复旦大学副校长，配合苏步青分管科研教学和研究生工作。在浙江大学时期，苏步青曾任教务长，主管教学工作。1952年院系调整来到复旦大学，仍然担任教务长，后长期担任复旦大学副校长。苏步青深知科研教学和研究生工作对于一所大学的重要性。因此，由谷超豪担任分管副校长，苏步青很放心，他完全相信自己这位学生一丝不苟的工作态度和杰出的工作能力。

复旦的研究生教育开展较早，1923年从金陵大学毕业的蔡乐生，进入复旦心理学院为研究生，师从郭任远教授从事实验动物学研究，首开国人自办高校研究生教育的先河。此后，复旦大学文、理、法、商学院都招过研究生，截至1937年，先后共招生47人，为保证教学质量，最后仅有17人毕业。1949年后，受华东军政委员会、华东财政委员会委托，由复旦大学经济研究所率先招考研究生。1955年，扩大研究生招生规模。1957年，国务院批转高教部《关于今年招收四年制研究生的几点意见》，要求四年制研究生经过4年时间的学习，一般应达到苏联科学副博士学位研究水平。然而，当时国内还没有建立起学位制度，相应的学位授予工作实际上并没有开展[1]。谷超豪与夏道行、龚升、胡和生也曾参加副博士的考试，并完成了论文，但未能获得副博士学位。1949年10月至1965年12月，复旦大学共培养研究生651人。"文化大革命"时期研究生招生中断，1977年10月恢复[2]。

进入改革开放新时期，实行与国际接轨的学位制度逐渐提上国家教育部门的议事日程。1980年2月12日，第五届全国人民代表大会常务委员会第十三次会议通过了《中华人民共和国学位条例》，并自1981年1月1日起施行。从此，研究生教育进入以培养学位研究生为主的建设与发展时期。作为国家重点高校，复旦大学学位制度的施行再一次走在了全国的前列。1980年12月，苏步青入选第一届国务院学位委员会委员。1981年7月，国务院学位委员会召开学科评议组第一次会议，复旦大学有8名教授受聘

① 《复旦大学百年志》编纂委员会编：《复旦大学百年志》（下编）。上海：复旦大学出版社，2005年，第743-745页。

② 《复旦大学百年志》编纂委员会编：《复旦大学百年志》（上编）。上海：复旦大学出版社，2005年，第304页。

为第一届学科评议组成员，其中苏步青和谷超豪为数学评议组成员。11 月，国务院批准公布了全国首批博士、硕士学位授予单位及相应的学科专业点名单。复旦大学是首批获得博士、硕士学位授予权的单位，其中博士学位学科专业点 23 个，硕士学位学科专业点 59 个，博士研究生指导教师 31 名，苏步青、谷超豪是首批博士生导师。1981 年下半年复旦大学开始筹建首届学位评定委员会，1982 年 2 月正式成立，苏步青为首届学位评定委员会主席，谷超豪是 18 名委员之一，此后一直担任二、三、四、五、六届委员，以及第二届学位评定委员会副主席①。

1982 年 5—6 月，复旦大学根据国务院学位委员会《关于进行博士学位授予工作问题的复文》精神，经批准率先在全国开展授予博士学位试点工作。学校对数学研究所基础数学专业 1981 届毕业研究生洪家兴、李绍宽、张荫南、童裕孙 4 人，于 5 月中旬举行博士课程考试，6 月中旬进行博士论文答辩。6 月 24 日，校学位评定委员会根据考试成绩和答辩结果，一致同意授予 4 人理学博士学位。这是新中国自行培养的第一批博士，全国总共 18 人，复旦就占了 4 人，而且全来自基础数学专业。其中，洪家兴是谷超豪和李大潜教授联合指导的博士生。1983 年 5 月 27 日，经国务院批准，由国务院学位委员会和北京市人民政府在人民大会堂联合组织召

图 8-1　1983 年 5 月 27 日谷超豪作为指导教师代表出席博士和硕士学位授予大会与党和国家领导人合影

---

① 《复旦大学百年志》编纂委员会编：《复旦大学百年志》（下编）。上海：复旦大学出版社，2005 年，第 846—849 页。

开了博士和硕士学位授予大会。洪家兴等 4 位复旦大学毕业的博士参加了会议，谷超豪作为指导教师的代表在大会上作了发言。

自从实行学位制度以来，博士、硕士学位学科专业点发展迅猛，招生数量逐年增加，复旦研究生教育培养工作有了很大的发展。正是在这一历史背景下，谷超豪接任复旦大学分管教学科研与研究生工作的副校长。谷超豪虽然苏联留学时即通过论文答辩获得了莫斯科大学物理—数学科学博士学位，也通过各种学术交流活动对西方的学位制度有一定的了解。但在国内，学位授予毕竟还是比较新鲜的事物，还要不断地摸索①。摆在谷超豪面前的，并不是一道简单的数学题。

复旦大学最初的研究生工作由学校注册组负责。1960 年 10 月，建立研究生工作领导小组，副校长苏步青兼任组长，下设研究生工作办公室。"文化大革命"后恢复研究生制度，1978 年学校设立研究生部，校长苏步青兼主任，下设办公室专职负责研究生工作。1983 年 3 月，改研究生部为研究生处。显然，仅仅依靠增配人手扩大行政机构的方式已经无法适应施行学位制度后的研究生教育了，应该实行一种在校长直接领导之下，而又超然于各系之上，统一领导全校研究生教育的行政管理体系。

国务院各有关部门也在探索符合中国高校研究生教育特色的全新管理模式。1984 年，教育部颁发《关于在部分全国重点高等院校试办研究生院的几点意见》，对高校内部设立研究生院的条件、规模、职能、经费预算、组织机构和人员编制等都作了具体的规定。按照文件的要求，"在全国重点高等院校中，学科、专业比较齐全，科学研究基础较好；有较多能够指导博士生和硕士生的教授、副教授和学科、专业学位授权点；有多年培养研究生工作的经验，管理制度比较健全；有供博士生、硕士生使用的专业实验室，并配有必需的实验设备和测试手段。图书资料比较齐全"的高校可以申请成立研究生院②。经国务院学位办批准，复旦大学成为全国首批

① 早在 20 世纪 30 年代，我国曾经制订过《学位授予法》，对学位授予的级别、学位获得者的资格和学位评定的办法等作了规定。1935-1949 年，全国共授予过 232 个硕士学位，没有授予过博士学位。

② 参见《关于在部分全国重点高等院校试办研究生院的几点意见》，教育部［84］教研字026 号文件附件二。

被批准成立研究生院的试点 22 所高校之一①。1984 年 11 月 6 日，复旦大学研究生院正式宣告成立，副校长谷超豪兼任院长，成为复旦大学首任研究生院院长。

研究生院的建立，是研究生教育管理工作的一项重大改革，标志着复旦大学研究生教育事业的发展进入了一个新的阶段。自研究生院成立之日起，复旦大学的研究生管理工作有了较明确的分工，成立了招生、培养、分配、学位兼院行政 4 个办公室，管理体系更趋合理，专职管理人员的配备逐渐增加，初步形成了一支精干的、具有较高层次和水准的研究生教育管理队伍。

高等院校与科学院等研究机构性质不同，必须以教学带动科研，以科研促进教学，科研和教学应该齐头并进实现双赢。1982—1984 年的两年多的时间里，谷超豪以复旦大学副校长的身份主抓科研教学和研究生工作。

图 8-2　1983 年 3 月谷超豪等与来复旦大学招生的丁肇中教授等合影

---

① 22 所大学分别是北京大学、中国人民大学、清华大学、北京工业学院（现北京理工大学）、北京航空学院（现北京航空航天大学）、北京农学院（现并入中国农业大学）、北京医学院（现并入北京大学）、北京师范大学、北京钢铁学院（现北京科技大学）、天津大学、南开大学、哈尔滨工业大学、吉林大学、复旦大学、上海交通大学、上海医学院（现并入复旦大学）、浙江大学、南京大学、武汉大学、华中工学院（现华中科技大学）、国防科学技术大学、西安交通大学。

1984—1987年，又兼任研究生院院长。在他任内，学位制度从无到有，研究生工作不断做大做强，已逐渐形成了具有复旦特色的强势品牌。

作为副校长，谷超豪先后配合校长苏步青、谢希德默默地做了大量的工作，如1983年5月23日，陪同来访的毛里求斯总理贾格纳特参观复旦大学；12月17日，主持复旦大学授予丘成桐博士名誉教授仪式。1984年9月14日，会见来复旦大学访问的苏联高等教育考察团。1985年9月11日，会见来复旦大学访问的美国科学促进会代表团；10月29日，出席授予黄开禄博士复旦大学顾问教授仪式。正是在繁重的行政工作锻炼中，谷超豪也积累了丰富的行政管理经验，为他以后就任中国科技大学校长和温州大学校长奠定了基础。

# 创业中科大

1988年2月，谷超豪被任命为中国科技大学校长。20世纪50年代，我国实行"一边倒"的外交政策，全方位向苏联学习。当时，苏联高校对于课堂教育非常重视，讲授基础课程的也是一些很有名的专家学者。为此，在周恩来总理的提议下，中国政府决定仿照苏联教育模式，由中国科学院筹建一所大学，全院科研人员兼任学校教师。1958年9月，中国科技大学在北京正式成立，首任校长由中国科学院院长郭沫若兼任。建校后，中国科学院实施"全院办校，所系结合"的办学方针，紧紧围绕国家急需的新兴科技领域设置系科专业，创造性地把理科与工科即前沿科学与高新技术相结合，注重基础课教学，高起点、宽口径培养新兴、边缘、交叉学科的尖端科技人才。学校各个系的系主任，就是中科院各个研究所的所长，汇集了华罗庚、严济慈、钱学森、赵忠尧、郭永怀、赵九章、贝时璋等一批国内最有声望的科学家。建校第二年，中国科技大学即被列为全国重点大学。中科大同时也承担着为中科院输送人才的任务。此前，应届毕业生大多由高校分配工作，各个学校都会把条件好的学生留下来，其次才分配给中科院。现在中科院有自己的大学，最优秀的毕业生就可以分配到相应的研究所，直接从事科研工作或进一步学习深造。国内一般大学都是四年本科毕业，中科大学习苏联模式，实行五年制，高年级的学生可以到研究所去实习，这种培养模式比较容易出人才。

1970年，中国科技大学从北京迁至安徽合肥。这对于饱受"文化大革命"摧残的中科大来说，某种程度上可以算是第二次大劫难。后来估算，经过此次搬迁，教学仪器损失了三分之二，图书资料损失更大①。本来中国科技大学的特点和优势，就是"全院办校，所系结合"，学校师资条件非常好。可搬到合肥以后，远在北京的各中科院研究所的专家学者就无法来学校教学，中科大一下子就失去了优势。因此，一些随中科大迁到合肥的老师，开始了艰难的第二次创业。

在全校师生的努力下，到了1986、1987年，中科大再一次走到了全国高校的前列，那时候的高考录取分数一度比清华、北大还高。但1986年秋冬时节开始持续三个月之久的学潮，对学校的发展产生了极大的影响。中央先派国家教委副主任、中国科学院副院长滕藤兼任中科大校长，教委副主任彭佩云兼任校党委书记。但兼任总不是办法，中科大一向对学术比较尊崇，对于校长的人选也趋向于有学术地位的科学家。因此，中央也倾向于学术上有声望的专家学者。兼任中没有多少办法的滕藤向中央提议，由谷超豪来接任中科大校长一职。谷超豪是14岁入党的老革命，又是中科院学部委员，国际闻名的数学家，还担任过复旦大学副校长兼研究生院院长，有行政经验。当时，谷超正在美国，与杨振宁一起合作研究。滕藤电话一直打到美国杨振宁家里，想征求谷超豪本人的意见②。

接到电话时，谷超豪的第一反应是想留在复旦继续做研究，此时他与杨振宁的合作正向纵深领域发展，还有大量的工作要做。但他是共产党员，必须服从组织上的安排。况且在这个特殊的时期，党和国家委以重任，也是对他的器重和信任。杨振宁鼓励他说："你去中国科技大学当校长，学术上肯定会有牺牲，但中国科技大学是一所非常好的学校，作为事

---

① 史济怀访谈，2012年3月15日，合肥。资料存于采集工程数据库。
② 同上。

业，你去工作也是值得的。"① 妻子胡和生和老师苏步青，也都表示全力予以支持。1988 年 2 月 9 日，中共中国科学院党组转发中共中央组织部组任字（1988）7 号文通知，调谷超豪任中国科学技术大学校长。谷超豪从"整体利益出发"，前往安徽合肥就任中国科技大学校长。

谷超豪明白，在这个特殊的时期，他上任后的首要任务是要维护学校的稳定，恢复正常的教学和科研秩序。他是知名科学家，更是一位坚定的革命者。来到中科大之后，他以自己的威望和言行感染了全校师生，很快稳定了学校的局面，把大家重新带回到学习与科研的氛围之中。渐渐地，中科大的教学与科研工作又步入了正规。谷超豪在全面管理学校科研行政工作之外，也充分发挥自己的专业优势，在中国科技大学规划创设非线性科学的研究。

中科大首任校长郭沫若一直强调，要"在实事求是的基础上大胆创造，在大胆创造的风格中实事求是"，他要求学生"不仅要创建校园，而

图 8-3　1988 年 9 月 20 日谷超豪校长参加中国科技大学三十周年校庆大会

---

① 尹邦奇主编：《星光灿烂》。上海：上海科学技术出版社，2008 年，第 12 页。

且还要创建校风，将来还要创建学派"①。中国科技大学的创办就是为了填补我国高等院校专业设置空白和培养国家急需的尖端科技人才，因此对于科技界的最新动向有着高度的敏感性。20 世纪 60 年代以来，随着计算机技术的普及和由此而发展起来的"计算物理"和"实验数学"方法的应用，人们越来越清楚地认识到，世界在本质上是非线性的。想要更加深刻地理解自然界和人类社会各种现象的本质，就必须研究十分复杂的非线性现象。由此逐渐形成了涉及物理学、数学、天文学、生物学、生命科学、空间科学、气象科学、环境科学等广泛领域，旨在揭示非线性系统的共性、探讨复杂性现象的一门新的学问"非线性科学"。"茫茫大千多奥秘，频频呈现非线型；个性累累蕴共性，普适类类觅花明。"②谷超豪以数学家独到的学术眼光，用文学性的语言表达了非线性的普遍性与复杂性，认识到非线性科学的重要性，积极推动非线性科学的研究。1989 年，他与中国科学院学部委员、理论物理学家郝柏林，中国科学院学部委员、力学专家郑哲敏一同倡议在国家攀登计划中建立"非线性科学"项目。

图 8-4　1988 年 4 月 24 日谷超豪与参加第二届非线性物理国际学术讨论会的代表合影

临渊羡鱼不如退而结网，更为重要的是，谷超豪身体力行，决心利用中科大的学科优势，推动对非线性科学的研究。1989年 11 月，中国科技大学非线性科学联合研究组正式成立，谷超

---

①　郁文：郭沫若与中国科学技术大学。见郭沫若故居、郭沫若研究会编：《郭沫若百年诞辰纪念文集》。北京：社会科学文献出版社，1994 年。

②　谷超豪：非线性科学的崛起。见谷超豪著：《奋斗的历程——谷超豪文选》。上海：复旦大学出版社，2005 年，第 52 页。

豪亲自担任组长，汪克林、李翊神、郭光灿教授担任副组长，将数学、物理、化学等学科科研人员聚集起来，如研究光学的郭光灿教授，研究理论物理的汪克林、阎沐霖、汪秉宏教授，研究离子体物理的俞昌旋教授，研究数学的李翊神教授，研究化学的辛厚文教授等，人家定期举行研讨会，开展非线性量子光学、非线性等离子体物理、化学等方面的研究。1990年9月，研究组举办了"非线性科学高年级试点班"，并建议在中国科技大学成立"非线性科学中心"。同时组织力量申报"非线性科学"国家课题，1991年8月，在国家基础性研究重大关键项目（即攀登计划）首席科学家联席会上，谷超豪被国家科委聘为"非线性科学"项目首席科学家。1992年4月，中科大获准成立非线性科学联合研究中心，作为国家在该领域开展研究工作的南方中心。离开中科大后，谷超豪曾在复旦设立非线性科学研究中心。2000年，向科技部建议在"973"计划中列入非线性科学。后来项目"非线性科学中的若干前沿问题"得到批准，他担任专家委员会顾问。

随着非线性科学研究的进一步深入，研究成果不断涌现：郭光灿教授的量子信息研究是在研究组"数学与非线形科学"的支持下逐步发展的，后来郭光灿小组在量子通信和量子计算领域取得了一系列具有世界领先水平的科研成果；李翊神与一些物理学教授合作，将非线性孤立子理论运用到水波和理论物理研究中，其成果得到了美国工程科学院院士、中国科学院外籍院士吴耀祖教授的高度评价；俞昌旋、辛厚文、阎沐霖等教授的科研小组也都在相关领域取得了重要成果，促进了相关理论和实验科学的发展。郭光灿和俞昌旋先后于2003年和2007年当选为中国科学院院士。辛厚文的科研成果"复杂化学体系中重要非线性问题和研究"，也获得了2003年度安徽省自然科学奖一等奖。

中科大非线性科学联合研究组每年举办的讲习班，吸引了许多国内研究机构和高校的科研人员前来听课。谷超豪对物理学也有深入的研究，带头做关于交叉研究方面的学术报告，并鼓励其他教师开设讲座。如今国内活跃在非线性研究领域的科研骨干，有相当一部分来自于这个讲习班。讲习班的一系列讲座，后来还结集出版了《非线性科学选讲》一

书<sup>①</sup>

书①。我国能在短短的十来年时间内，在非线性科学研究领域迎头赶上国际水平，这与谷超豪在中科大的大力倡导和身体力行是分不开的。

成立非线性科学联合研究组，就是想通过多学科交叉进行创新研究，带动有关理论和实验学科的发展，培育新的学科方向，并培养高层次人才，这也是为了实现郭沫若的愿望，创建科大自己的学派。时任中科大副校长的辛厚文教授说："作为非线性科学研究领域的首席专家，谷先生将数学、物理、化学等方面的专家集合在一起，诞生了许多一流的学术成果。充分利用科大的数理优势，尊重科大重视基础性、交叉性、前沿性研究的传统，集中优秀人才开展非线性科学研究，这也为后来科大集中物理、化学、材料、生物和信息学科力量筹办合肥微尺度物质科学国家实验室积累了经验和基础。这是他对科大最重要的贡献之一。"②

在中科大的改革和发展中，谷超豪强调，高校的任务首先是培养高质量人才，一切工作要把教书育人放在首位。作为一名高校教师，在做科研工作的同时，不能忘记教书育人的本职。当时中科大和清华试点实行"校长负责制"，校长是一把手③，所以谷超豪的行政事务尤其繁忙，社会活动也很频繁。尽管如此，他仍然抽出时间给研究生上课，一周一次两节课，还给全校研究生开设《孤立子理论》选修课。在中科大的5年时间里，谷超豪培养了一名物理学博士，一名数学博士，和一名硕士④。数量并不多，但质量很高，并没有因公务繁忙而放松对学生的指导。他的博士生王晓宏回忆说，每次报告最近的学习和研究进展时，谷超豪都会认真倾听、讨论，提出意见和建议。"尤其使我感到震惊的是，一些以前学的数学公式，连我都记不住，当时已六七十岁的谷先生竟能随手写出来，确实是大家风范。"对毕业论文的把关更为严格，王晓宏的博士论文手稿，谷超豪

---

① 李翊神、汪克林、郭光灿、汪秉宏编：《非线性科学选讲》。合肥：中国科学技术大学出版社，1994年。

② 杨保国、吴长锋：能得人和事不难——谷超豪与中国科大的非线性科学研究。《科技日报》，2010年1月15日。

③ 史济怀访谈，2012年3月15日，合肥。资料存于采集工程数据库。

④ 这两名博士分别是流体力学方向的王晓宏和偏微方程方向的胡茂林。王晓宏访谈，2012年3月16日，合肥。存地同上。

图8-5　1992年2月19日谷超豪校长与香港中文大学校长高琨签订两校合作协议

整整审阅修改了一个月，然后才让打印[1]。

谷超豪还以他广泛的国际学术资源为中国科技大学建立国际合作网络。先后率团出访，与国内外著名大学建立合作关系。如1990年率团访问东京大学、京都大学、九州大学等日本高校，总结过去的合作交流，商讨以后的合作交流方案；1992年2月，率团访问香港科技大学、香港中文大学、香港大学、香港理工学院，商讨合作交流，分别与香港大学、香港中文大学等签署合作协议。此外，还与罗蒙诺索夫大学、日本东京帝国大学等高校签署国际合作与国际学术交流协议。先后邀请超导专家朱经武、诺贝尔物理学奖获得者丁肇中教授等来校访问演讲，传输新知识与科学研究新方法。

在中科大师生的印象中，谷超豪对普通教师和工作人员的态度非常和蔼，始终是一位忠厚长者，讨论问题都以商量的口吻。"他是个大学者、老革命，但从来不以老前辈、老资格、老领导自居"。学校校办党支部活动，只要他有空，都会以一个普通党员的身份参加。时任中科大校办副主任的

---

[1]　王晓宏访谈，2012年3月16日，合肥。资料存于采集工程数据库。

图 8-6　1992 年 6 月 17 日中国科技大学为杨振宁举行七十寿辰后谷超豪与杨振宁在校园内合影

孙保明清楚地记得，有一次支部发展一名新党员，谷超豪既肯定了这位年轻同志的成绩、优点、长处，也指出了他的缺点和不足。"那时候的风气一般都是报喜不报忧，谷先生比较中肯，他不会只说好听的话。"[1]

在日常生活中，谷超豪更是廉洁奉公的楷模，从不利用自己的职权搞特殊化。当时学校新盖了宿舍楼，分给他一套 80 多平方米的住房，装修的钱都是自己掏的，家电也是自己买的。按理说这是过渡性住房，应该由学校配备，但谷超豪没有要求学校支付，花的都是自己的钱。他走了以后，这些也都没有带走，分送给身边的工作人员。每次外出参加会议，人家送的纪念品，他都会集中交给办公室，作为部门搞活动时候的奖品。因此，谷超豪在中科大的威信很高，有一年学校开党代会，党委委员选举他得票位列第一[2]。

时间飞逝，一转眼五年过去了。1993 年 8 月任职期满，谷超豪不再担任中科大校长。离任之际，学校新领导对他说：中科大迁到合肥，条件很差，但仍然有很高的建设目标，称为第二次创业。在他的任内，学校第二次创业算是完成了，现在要开始第三次创业了。为此，谷超豪感到十分欣慰。

---

[1]　孙保明访谈，2012 年 3 月 16 日，合肥。资料存于采集工程数据库。

[2]　同上。

# 筹建新温大

对于谷超豪来说，温州是生他养他的故乡，他与温州有深厚的感情，为温州创建一所真正的综合性大学自然也是他心之所愿。谷超豪与温州大学结缘于 1984 年。那一年，中央宣布温州为全国对外开放 14 个城市之一，在上海的温州籍专家学者举行座谈会，一致认为温州应该办一所综合性大学，为改革开放和经济振兴提供人才支撑，并举荐全国政协副主席苏步青出任名誉校长。8 月，谷超豪亲自陪同温州市有关领导，前往医院看望苏步青，就筹办温州大学事宜进行商量。苏步青向温州市领导举荐了谷超豪："今后让他多出面，代替我，这样不是更好吗？"[1] 12 月 25 日，浙江省政府批复同意正式建立温州大学，这是浙南地区第一所以工程技术和经济管理为主的综合性高等院校。在温州大学筹建的日子里，包括谷超豪在内的一大批温州籍专家学者，为这所家乡的大学倾注了大量的心血。尤其是名誉校长苏步青，经常来函和多次听取学校筹备工作的汇报，提出了许多有指导意义的办学思想。1987 年 9 月，他亲临温州大学，与学校干部、师生座谈，并巡视了实验室和图书馆，还向全校师生作了两个半小时的报告。苏步青号召全校师生，树立远大的理想——"花 30 年，把温州大学办成国内第一流的大学！"[2] 但温州大学作为一个专科学校，成立后十多年的发展并不很顺利，离一所真正的地方性综合性大学的目标还非常遥远。为了寻求温州大学的发展，温州市地方政府想起了曾任中国科技大学校长的谷超豪。

温州大学成立的第二年，谷超豪即受聘担任学校兼职教授。1999 年

---

① 苏步青院士与温州大学筹备领导小组成员谈话记录。见温州大学校长办公室编：《温州大学二十年》，2005 年内部印行，第 248 页。

② 名誉校长苏步青院士在 1987 年级新生开学典礼上的讲话。见温州大学校长办公室编：《温州大学二十年》，2005 年内部印行，第 256 页。

9月，应温州市委、市政府之邀，谷超豪出任温州大学校长。当时，他已73岁高龄，教学和科研任务非常繁重，复旦这里又离不开，必须温州、上海两边跑。不少人劝他，温州大学只是一所不知名的地方高校，做个名誉校长挂个名就可以了，何必去吃

图8-7 1999年谷超豪担任温州大学校长后到寝室了解学生学习生活情况

这份苦？谷超豪心里明白，温州大学不是普通的学校，而是家乡的一所大学，是一所由他的恩师苏步青指导下创办的学校。浓浓的乡情和恩师的期望，促使谷超豪欣然接受温州大学校长一职。对于当时这一决定，2000年10月22日，谷超豪在接受《温州日报》记者采访时说："我自己也觉得，我对温州感情很深，我一生发展的方向是在温州奠定的，温州情结比较深。去年5月份，我专程去温州实地调查，我觉得温州的确需要一所比较好的大学，就答应试试看。"①

上任之后，谷超豪亲自主持制订了《温州大学跨世纪改革与发展规划》。这个规划以科学发展为指导，确定了温州大学升格为本科院校的近期目标和发展为综合性大学的中远期目标，并相应提出了全面加强各项基本建设的工作任务。他对于学校的大政方针，例如如何实施学科建设、如何引进人才、如何培养人才、如何倡导良好的学术风气、如何使学校具有浓厚的学习氛围等，都提出了具体的要求和做法。当时，作为教育改革的一项具体措施，温州大学校园建设一度由温州教育产业集团有限公司负责。由于自身存在的先天不足，这一模式并不适应学校的发展，茶山新校

---

① 谷超豪校长答《温州日报》记者问。见温州大学校长办公室编：《温州大学二十年》，2005年内部印行，第265页。

区建设一直拖着无法完工，甚至在施工中还出现了一些资金运作不规范行为。由此引发了广大教职员工的普遍担忧和强烈不满，对温州大学的进一步发展造成了很大困扰，2000年甚至受到教育部的黄牌警告。谷超豪看在眼里急在心里，2001年以学校的名义向温州市政府呈报了《温州大学关于要求变更新校区建设业主的请示》，并向教育部和浙江省有关领导反映学校的情况。

图8-8　2000年4月1日谷超豪在新温州大学奠基仪式上讲话

不久，温州市人民政府批复同意，温州大学与温州教育产业集团有限公司脱钩，最终解决了管理体制不顺的问题，温州大学校园建设工作走上了正轨。为此，谷超豪也得罪了某些既得利益者。面对亲朋好友善意的提醒，谷超豪说："正因为这所学校不好，我才想把它办好呀！这是我们家乡的大学。"[1]

谷超豪曾经担任过复旦大学副校长兼研究生院院长、中国科技大学校长，有着丰富的行政管理经验。他深知，学校必须以教学为中心，学校要发展就要有一流的师资。为了这一目标，谷超豪四处奔走，利用自己的关系，请来好的老师。一时之间，温州大学的工作有了很大的起色。从浙大、复旦、同济、交大、杭大、中国美院等名校聘请一大批学科带头人，出任温州大学新成立的9个学院的掌门人，其中许多人是冲着谷超豪这面旗帜来投奔温大的。如杭州大学的王兴华教授，当时已经接到湖南师范大学的高规格邀请，但他冲着谷超豪还是投奔了温大数学学院[2]。经过几年

---

① 冯增荣访谈，2011年10月12日，北京。资料存于采集工程数据库。

② 顾颖：写在谷超豪院士获得国家最高科技奖之际。《温州日报》，2010年1月12日。

的不懈努力，温州大学办学规模不断扩大，办学条件明显改善，师资队伍素质显著提高，升格为本科院校的几项关键性指标已基本达到。2003 年 11 月，温州市人民政府向浙江省人民政府呈送了《关于要求温州大学升格为本科院校的请示》。

升格为本科院校，是温州大学历任领导班子和全校师生梦寐以求的奋斗目标。但谷超豪并不满足，他的脑海中始终牢记着苏步青的愿望："花30 年，把温州大学办成国内第一流的大学！"2002 年 5 月，谷超豪邀集孙义燧、陈式刚、戴金星、贺贤土、胡和生、姜伯驹、李邦河、林群、伍荣生 9 位中国科学院院士，向温州市委、市政府提出了联合温州师范学院一起组建新温州大学的建议。信中写道：

> 我们是一群中国科学院院士，长期在教育、科技战线上工作，大部分是温州人，我们经常关注着温州的建设和发展。近年来，我们欣喜地看到，温州社会经济得到了很大的发展，充满着生机和活力，在国内外引起了巨大的反响，温州正在朝着现代化大都市的目标大踏步迈进。这使我们感到十分欣慰和自豪。但是与此同时，我们也注意到温州高教事业的发展相对滞后，远远不能适应快速发展的温州经济建设和精神文明建设的需求。……温州高等教育发展的速度和高度，不但直接关系到温州经济的可持续发展，而且直接关系到温州市精神文明水平的提高，是实现建设现代化城市必不可少的一个方面。……温州必须采取有力措施，寻求高等教育有效的、快速的发展，特别是要尽快建设一所多科性、有一定水平的综合性大学，更是当务之急。……我们认为当前由温州师院和温州大学联合成为新的温州大学比较适宜，也较为稳妥可行。……这将会使温州地区的高等教育的规模和质量有一个飞跃，更有利于吸引优秀人才参与温州的建设。①

---

① 谷超豪校长等 10 位院士写给温州市委、市政府的一封信——关于尽快在温州建成一所综合性大学的建议。见温州大学校长办公室编：《温州大学二十年》。2005 年内部印行，第 263-264 页。

为了筹建新温州大学，谷超豪还先后多次当面或致函全国人大、全国政协、国家教育部、浙江省委、省政府、省教育厅及温州市委、市政府等有关部门和领导，争取得到各界的支持。经申报考察，2004 年 5 月，教育部发文同意将温州师范学院和原温州大学合并组建综合性大学，2006 年 2 月教育部发文批准正式设立新温州大学。强强联手，做大做实，温州高等教育事业掀开了新的一页。谷超豪在新温州大学揭牌仪式上欣喜寄语：“适应温州发展，放眼世界未来，团结协作奋进，争取杰出贡献。”

正处在改制过程中的温州大学经费有限，办学条件比较艰苦，谷超豪将自己一贯坚持的简朴作风带到了温大。他刚来温州时仅在宾馆住了一夜，第二天就搬了出来，住进学校图书馆旁边由办公室改成的小套房里。他住里间，秘书就住在外面连厅的房间。吃得也很简单，让秘书去菜场买些青菜、豆腐干，最奢侈的菜也不过是红烧肉[1]。有一次，他和秘书在温州大学校门外的小饭馆吃饭。许多年轻老师看到他居然也来这里吃饭，都很惊讶，不相信。还问同行的一位校办工作人员，这个是不是谷校长？谷校长怎么会在这里吃饭？那人回答说当然是谷校长。吃完饭准备付钱时，老板说那几位年轻老师已经把饭钱付了[2]。谷超豪一直强调要勤俭办学，把学生的学费、国家的资财用到学生身上和学校建设上，反对铺张浪费。“现在温州人比较有钱，但也应该看到，工薪阶层还是占了多数，一些家庭要拿出上民办高校的学费来，是要花很大力气的。”为此，他提出一定要创造条件吸引优秀学生到温大读书，要大幅度提高奖学金及助学金额度，甚至可以减免部分学业优异的学生的学费[3]。温州市委、市政府聘请谷超豪担任温州大学校长，当初开出的年薪是 20 万，整整五年时间他分文未取。2003 年，谷超豪将在温州工作期间的所有报酬悉数捐出，设立“谷超豪特优奖学金”，每年奖励 10 位品学兼优的学生。如今，这一奖学金已成为温大学子获得奖励的最高殊荣。

---

[1]　顾颖：写在谷超豪院士获得国家最高科技奖之际。《温州日报》，2010 年 1 月 12 日。

[2]　虞彬访谈，2012 年 10 月 17 日，上海。资料存于采集工程数据库。

[3]　谷超豪校长答《温州日报》记者问。见温州大学校长办公室编：《温州大学二十年》。2005 年内部印行，第 266 页。

图 8-9　2003 年 10 月 8 日谷超豪参加温州大学 2003 年新生开学典礼暨首届谷超豪特优奖学金颁奖大会

就任温州大学校长之后，谷超豪一般一个半月到温州一次。不在温州时，基本上每天要和校办的同志通电话，了解学校各方面的事情。火车是他往返于上海与温州的交通工具，为让有限的时间得到充分利用，每次来温州他总是算准了时间，选择坐夜班火车。这样刚好清晨至温州，马上可以投入工作。谷超豪是知名的科学家，同一间包厢内的乘客都会主动打招呼，和他聊上几句。他又没有任何架子，碰到每一个人都客客气气的，这样往往休息不好，也难以集中精力考虑一些问题。因此，他让秘书多买两张车票，把整间软卧包厢包了下来，可以有一个比较私密的空间。按理说，这是工作需要，也是合理的要求，这两张车票完全可以由温州大学报销。但谷超豪一向公私分明，他觉得这是额外的花销，不应该让国家财政来承担，必须由自己掏腰包[①]。

每年新生的开学典礼，谷超豪都会亲自到场。2001 年 10 月，谷超豪在茶山新校区的新学年开学典礼上对新生讲了三点希望：第一，学会做人，就是尊重他人，关心他人，关心公共事务，关心公共利益；第二，勤奋学习，就是要用功，要珍惜时间；第三，身心健康，身体要健康，心理

---

① 虞彬访谈，2012 年 10 月 17 日，上海。资料存于采集工程数据库。

也要健康，保持旺盛的青春活力①。谷超豪的谆谆教导成了温大学子的座右铭。辞去温州大学校长后，谷超豪也一直挂念着学校发展，经常打电话询问学校的情况。此外，还经常向温州市委、市政府就教育方面建言献策。他说："我在安徽时，人们一提及黄山，就会说起中国科技大学。我想今后人们说起温州时，不但有温州的经济，还有温州大学。"②这是谷超豪对温州大学的希望，更是对温州故土的热爱。

2004年5月，国家教育部同意温州师范学院与温州大学合并筹建新温州大学后，谷超豪不再担任温大校长一职，改任新的温州大学（筹）校务委员会顾问。正在不断发展的温州大学，不会忘记在其艰难发展过程中曾做出极大贡献的掌舵人谷超豪。

---

① 谷超豪校长在茶山新校区启用暨新学年开学典礼上的讲话。见温州大学校长办公室编：《温州大学二十年》。2005年内部印行，第261页。

② 黄小玲：展望新温大未来——老校长谷超豪寄语四句话。《温州都市报》，2006年6月23日。

# 第九章
# 成就与荣誉

　　自 1948 年在陈建功的指导下完成 Laplace 变换收敛横标公式的推导以来，谷超豪在数学王国勤奋耕耘近六十年，发表论文 150 余篇，出版专著 4 部、教材 3 部，主编论文集 10 本，在 20 世纪下半叶数学前沿活跃的三个分支微分几何、偏微分方程和数学物理及其交汇点上获得了一系列富有开创性、难度大、在国际上处于领先地位的成果，在国内外享有盛誉。在取得这些成就的过程中，当选为中国科学院数理学部学部委员，先后获得国家自然科学奖、华罗庚数学奖、何梁何利基金科学与技术成就奖、国家最高科学技术奖等重要奖项，紫金山天文台还将一颗新发现的小行星命名为"谷超豪星"。

## 数学"金三角"

　　谷超豪虽然第一篇论文是相关函数论的，但他首先取得有影响成就的却是微分几何研究，并很快成为以苏步青为核心的中国微分几何中坚力量。后他以深厚的微分几何学识为基础向偏微分方程领域进发，取得了十分突出的成就。又以其在数学与物理方面的深厚修养和坚实基础，在研究规范场理论取得系列成果基础上开拓了数学物理研究的新领域。在微分几何、偏微分方程和数学物理这三个相互联系的领域，谷超豪凭着他在科学上的敏锐目光和远见卓识，带领和团结一批学者，活跃在微分几何、偏微分方程和数学物理这一"金三角"地带，及时抓住关键性的问题，别开生面地做出一个接一个开创性的成果。他的研究有鲜明的特色，走出了自己的道路。1988 年 6 月 20 日，谷超豪出席法国科学院大会，法国科学院第一个女院士、相对论和数学物理学家肖盖如是介绍谷超豪：

> 能够向我们的科学院介绍中国科学院学部委员谷超豪教授对我来说是个荣誉和乐趣。谷超豪先生是一位很有影响的数学家，我最初是通过他的著述认识他，特别是他首次阐明的关于杨—米尔斯场的存在定理的著作。这项由一位数学家完成的关于物理问题的工作是谷先生独特、高雅、深入、多变的工作风格的典型范例。他是一位向难题进攻（有时是几何学，有时是物理学方面的问题）并解决难题的偏微分方程专家。[①]

肖盖简短的发言中，提及了谷超豪在数学上的巨大成就，虽然高度评价了他的关于规范场理论研究成果，但明白无误地指出，谷超豪是一位向难题进攻（有时是微分几何、有时是物理数学）并解决难题的偏微分方程专家。也就是说，在肖盖看来，谷超豪虽然在微分几何、数学物理方面都取得了巨大的成就，但其最重要的贡献却在偏微分方程领域，他作为一个著名数学家，其最重要的角色定位应该是数学金三角的偏微分方程。谷超豪在数学"金三角"主要取得了下述成就[②]。

---

[①] 肖盖院士的介绍原文刊载《法国科学院通讯》1988 年 6—7 月号。译文：谷校长在欧洲的四十天。《中国科大》，1988 年 9 月 15 日。

[②] 谷超豪在学术成就的简介主要参考了李大潜《谷超豪传》（未刊电子文档）、《谷超豪教授学术情况介绍》（为申报华罗庚数学奖准备材料）、《国家最高科学技术奖推荐书》，以下不再一一注明。

## 微分几何（1949—1962）

19 世纪出现的黎曼（Riemann）几何学，是以定义空间相邻二点距离平方的二次微分形式为基础建立起来的。20 世纪以来，由于黎曼几何在广义相对论中成功应用的刺激和推动，产生了诸如芬斯拉（Finsler）空间、嘉当空间以及道路空间、$K$ 展开空间等通称为一般空间的微分几何学。对由美国数学家道格拉斯最早提出的、用一组完全可积的偏微分方程组定义的 $K$ 展开空间，谷超豪另辟蹊径，用隐函数方程进行了研究，从而以相当新颖的形式导出了 $K$ 展开微分方程的可积条件，得到了空间的射影联络，并相当方便地证明了关于平面公理的定理，对 $K$ 展开空间的几何学做出了贡献。1956 年苏联《数学评论杂志》创刊时，曾登载一篇长篇评论，介绍了谷超豪的这一工作。研究抽象的几何对象能否在具体的空间中实现，是经典微分几何的一个中心问题。1956 年，纳什（J.Nash）证明了任一黎曼流形到欧氏空间的等距嵌入，是黎曼几何中的一个非常基本的定理。谷超豪则在 1956 年证明了紧致芬斯拉流形到闵可夫斯基（Minkowski）空间的嵌入。四十多年后，因材料科学研究的需要兴起了芬斯拉几何的研究高潮，谷超豪这一工作成为基础。

谷超豪在莫斯科大学以 "Lie-Cartan 无限变换群及其应用" 获得博士学位。无限维的连续变换拟群，首先是李提出，嘉当对其作了重大发展。谷超豪到苏联后，利用那里的条件，抓住这个课题，分析了结构常数的几何意义，对迷向群分为直积并具有不变向量的情况作了细致的分析，并将其应用于具辛尺度的空间和齐性黎曼空间，获得很有意义的结果，在嘉当之后，第一个对变换拟群的理论做出了重要的推进。另外，决定能作为迷向群的线性群，在无限连续变换拟群理论中起着关键作用。嘉当曾利用复数域上的半单纯李代数的表示理论，解决了所有能作为无限连续群的迷向群的不可约（复）线性群。谷超豪彻底解决实不可约线性群的情况。这也是对嘉当方法与结果的重要推进。

## 偏微分方程

谷超豪在偏微分方程领域开创了研究新局面，所取得的成就也最为巨大，培养的人才梯队也最为整齐。谷超豪在此领域主要有下述几方面成就。

### 拟线性双曲型方程组（1960—1982）

对气体动力学方程组相应于激波现象的间断解的研究，最早可追溯到黎曼（Riemann，1860）。到 20 世纪 40—50 年代，因库朗（R. Courant）和弗里德里希斯的倡导，掀起了拟线性双曲组间断解的研究热潮。但对方程组情形，只在分段常数的数据及直边界的情形下才能得到结果，像平面超音速尖头绕流这类重要的实际问题，却具有弯曲边界及非常数的数据，此时如何确定含激波的流场，成了迫切需要解决的问题。谷超豪在 1960年代初期，就针对等熵及不等熵这两种情况分别成功地解决了上述绕流问题。谷超豪和他的合作者还系统地解决了可化约双曲组具分段光滑初始数据的初值问题（广义黎曼问题）的局部间断解的构造问题。在这些研究中，通过适当的变换将未知的激波变为已知的边界以及设法化约掉中心波的多值性奇点的思想方法，一直在间断解的研究中发挥着作用。谷超豪还对后来有大发展的拟线性双曲组的整体经典解理论做了先驱性的工作。他在 1960 年对拟线性可化约双曲组的柯西问题，给出了在 $t \geqslant 0$ 上存在整体经典解的一个充分性条件。

### 正对称方程组理论（1963—1964）

正对称方程组突破了偏微分方程古典分类的限制，借助于能量积分的方法，用统一的观点处理一大类偏微分方程的定解问题。原有的理论只限于线性的情形，而且只停留在广义解的范围。谷超豪在 1963—1964 年间，首先建立了正对称方程组的高阶可微分解的理论，为利用这一理论得到偏微分方程的经典解奠定了基础，并由此建立了拟线性正对称方程组的理论，还对许多重要的偏微分方程指明了化为正对称组的可能性及具体方法，大大充实和拓宽了正对称方程组理论的框架和应用范围，将这一理论推进到一个新的高度。

### 混合型方程（1964—1985）

混合型偏微分方程受跨音速流动的推动而发展起来。但由于问题的复杂性和缺乏有力的工具，一直未有长足的进步，绝大多数研究集中在对一些二自变数的特殊的二阶线性方程的个别定解问题上。谷超豪在 1960 年代中期成功地将由他所发展的正对称方程组的理论用于混合型方程研究，将相当广泛的一类二阶多元线性与拟线性混合型方程化为正对称组，得到一大批可解的定解问题，证明了经典解的适定性，并深刻揭示了混合型方程的低阶项对定解条件的提法及解的正则性的本质影响。这一对多元混合型方程理论的突破性进展，改变了混合型方程研究的面貌，赢得了国际数学界的高度评价。美国《数学评论杂志》（*Math Reviews*）称谷超豪的上述工作是对高维混合型方程理论的出色贡献。1976 年美国数学家代表团的访华报告中，也称赞谷超豪的工作"十分新颖和相当重要"。1980 年代，谷超豪又将多元混合型方程的理论从二阶推广到高阶的情况，对高阶多元混合型方程做出了先驱性的工作。

### 微分几何与数学物理中的非线性偏微分方程（1980—2005）

调和映照作为某一作用量的极值，是测地线、极小曲面等概念的扩充。以往的研究均限于具有正定度量的黎曼空间上的调和映照问题，相应于对某一类椭圆型方程组的求解。1980 年，谷超豪首先研究了从二维闵可夫斯基空间 R1+1 到任何完备黎曼流形的调和映照，借助于几何上的考虑，证明了经典解的整体存在性，并由此揭示了一维非线性 σ - 模型若在某一时刻无奇性，则其过去及未来均无奇性的事实。这一结果开创了调和映照领域的一个新的研究方向——波映照，并作为波映照研究领域的经典性引文，在国际上引起很大的反响，引发了一些国际顶尖数学家的后续研究。1980 年发表至今已超过 30 年，单篇他引超过 50 次，影响不衰。谷超豪作为这一领域的开拓者地位已为调和映照的创始人、英国著名数学家 Eells 所肯定，谷超豪还和法国科学院院士肖盖合作研究了从四维闵可夫斯基空间 R3+1 到对称空间的双曲调和映照问题，在小初值的假设下得到解的整体存在性。

1980 年代中期以来，谷超豪还系统研究了与弦运动有关的四维闵可夫斯基空间 R3+1 中的类时极值曲面，并首先研究了同时包含类时、类光与类空部分的混合型极值曲面。这一研究同样涉及拟线性的混合型方程，谷超豪从零长解析曲线出发提出了一个统一的构造方法，不仅得到了整体的精确解，而且在双曲域中证明了解的解析性。他还提出了混合型极值曲面的一些边值问题，特别是制作通过给定边界曲线的极值曲面的问题，并证明了边界线为不封闭的零长曲线时解的存在性。

## 数学物理

### 规范场的数学理论（1974—1982）

杨—米尔斯方程提出后，1960 年代后期，物理学家格拉肖、温伯格、和萨拉姆利用这一理论所建立的弱相互作用与电磁相互作用的统一理论已为实验所证实，并获得诺贝尔物理奖。此后又有两项诺贝尔物理奖授予了有关规范场的研究。而规范场的概念又和数学中纤维丛上的联络相对应，这使规范场的研究进一步引起科学界的重视。杨—米尔斯方程是关于规范场的一组非常复杂的二阶非线性双曲型方程组，对它的初值问题，谷超豪与杨振宁于 1975 年最早证明了其局部解的存在唯一性。1976 年，谷超豪建立了（闭）环路位相因子的方法，成功地将纤维丛中的和乐群理论应用到规范场的研究中，并证明了利用某些标准环路的位相因子和规范场强可唯一地决定规范势。这一方法在其后的研究中得到广泛的应用。

谷超豪还和胡和生合作，利用李群的理论，完全决定了球对称规范场的一般结构及其分类，并给出规范势的具体表达式，为具体决定规范场做出了贡献。谷超豪给出一般紧致李群的规范场关于希格斯（Higgs）场的分解，从而得出了磁单极和拓扑荷，并给出了拓扑荷的数值及几何解释。杨振宁曾将谷超豪的这一项研究比喻为"站在高山上往下看，看到了全局"。

### 孤立子理论中的 Darboux 方法（1985—2005）

孤立子理论起源于传播过程中以及相互作用后保持波形不变的孤立波的研究。谷超豪从 1980 年代后期开始进入当代非线性科学的这一热门而重要的领域。很多具有孤立子解的非线性偏微分方程，可以视为一个线性方程组称为拉克斯（Lax）对的可积条件，从而原则上可利用达布（Darboux）变换的方法，由一个已知的解通过一次积分及每次重复进行的代数运算，构造出一系列的新解。但以往只能对每一具体方程分别进行验算，计算十分冗长，甚至实际上无法实现。谷超豪与胡和生合作，用巧妙的构思给出了普适性的方法，对具有孤立子解的一系列重要的数学物理方程都适用，大大发展了达布变换的方法。

在对二阶 AKNS 系统的达布矩阵的研究基础上，谷超豪进一步给出了平面上调和映射的酉子解（uniton）的显式构造，从而对相关的微分几何问题给出了系统的结果。谷超豪和美国数学家 D·萨廷根（Sattinger）分别独立地给出了一般的 $n$ 阶 AKNS 系统的达布矩阵的显式表达式，为 $n$ 阶 AKNS 系统中的非线性方程的显式求解提供了一个有效的方法，应用范围

图 9-1 谷超豪等著《孤立子理论中的 Darboux 变换及其几何应用》英文版书影

十分广泛。他进一步建立了高维 AKNS 系统以及更广泛的高维杨—米尔斯系统。这些系统包含大量在实际问题中产生的高维非线性偏微分方程，谷超豪所给出的达布矩阵在这些系统的显式求解中起了重要的作用。

谷超豪还和胡和生合作，对孤立子解的形态进行了研究，揭示了一些有趣的新现象，如周期振荡的孤立波，孤立子相互作用时会产生非弹性散射、无限次碰撞和相互粘合，以及非线性 σ - 模型的螺旋形的孤立子解等，为孤立波的研究增添了新的内容，受到广泛的重视。

谷超豪在孤立子理论方面发表论文 30 余

篇，被他人引用 148 次，1990 年由浙江科技出版社出版专著《孤立子理论及其应用》。他作为作者之一和主编的专著 *Soliton Theory and its Applications* 由著名的 Springer 出版社出版。德国《数学评论》评论此书"内容是广泛和深刻的"，"不仅对初学者而且对有经验的数学家、理论物理学家均是十分有参考价值的"，"此书将成为这一领域里的一本标准参考书"。1999 年，上海科学技术出版社出版专著《孤立子理论中的 Darboux 变换及其几何应用》，英文版 2005 年由 Springer 出版社出版。

谷超豪的数学研究生涯在微分几何成名，并取得了相当重要的成就，无论是以后的偏微分方程研究还是数学物理探索，都有微分几何作为基础，如他从 1980 年开始研究的调和映照研究，其间就有深刻的微分几何思想，而 1985 年开启的孤立子理论研究，也有微分几何的影子。可以说，虽然他 1962 年以后就不再瞩目于微分几何，但微分几何贯穿了他一生的数学的研究。正如肖盖院士所言，在谷超豪的数学"金三角"中，他成就最大而且培养人才与梯队最整齐的是偏微分方程领域。偏微分方程也是他平生用力最多的方向，也成为他以后数学物理探索，无论是规范场理论研究还是孤立子理论探讨的基础。因此，谷超豪在数学"金三角"取得如此成就，在数学发展的内部有其基本的逻辑关系。也就是说，谷超豪的数学"金三角"相互之间是有联系的，他每一次新领域的转向都有其基础。更为重要的是，因为他具有微分几何的坚实研究基础，在偏微分方程领域的进步就比单纯从事偏微分方程研究者更容易取得，因为他有偏微分方程和微分几何的基础，他在数学物理领域前行时，比别人多两个领域的工具，也更容易取得成就。可见，谷超豪是一个在多方面、多领域取得成就的人，不是固守于一个领域的专家。因此，他对数学的发展也就比别人看得更高，更具有宏观的视野与全局的战略眼光。谷超豪也非常欣赏他的"金三角"："别看它们表面上枯燥，其实只要深入进去，你就会发现奥妙无穷，简直是开发不尽的宝藏啊。"[①] 谷超豪在取得这些重要成就时，荣誉也接踵而至。

---

① 胡毓达主编：《数学家之乡》。上海：上海科学技术出版社，2011 年，第 199 页。

# 当选学部委员

当迎来科学的春天，谷超豪正在他开创的偏微分方程和数学物理领域奋力前行之时，他于 1980 年当选为中国科学院学部委员，时年 54 岁。当选为学部委员是当日国内学术界对一个科学工作者科学成就的肯定，也是国家科学技术的最高荣誉称号。当时推荐谷超豪候选学部委员的理由非常简单：

> 谷超豪同志现任复旦大学数学系主任，偏微分方程教研室主任，复旦大学数学研究所副所长，数学系教授。
>
> 该同志是我国数学家之一，在微分几何、偏微分方程方面有突出贡献。近几年他与杨振宁教授合作，在规范场理论方面发表了较多论文，《规范场数学结构》得 1978 年科学大会奖。他曾多次在国内外做学术报告，影响较大。在培养年轻数学工作者方面也做出了一定贡献。①

这可能是当日"文牍主义"还未盛行之时的作风，没有长篇大论也无详细的论说②。推荐强调他在微分几何、偏微分方程和规范场理论等方面的成就及其国际影响外，也提及他作为一个数学教育工作者在培养人才及其担任行政职务方面的贡献。此时的谷超豪，虽然在微分几何和偏微分方程领域已取得了重大成就，但在新开创的数学物理领域，才刚刚起步；在人才培养方面也还没有显现出大的优势。

1955 年，中国科学院学部成立。首届学部委员数学物理学部共 30 人，

---

① 推荐谷超豪为中国科学院学部委员候选人理由。复旦大学档案馆。
② 当然，复旦大学以为谷超豪当选学部委员是水到渠成之事，不需要长篇大论的宣扬与荐举。

其中数学学科只有华罗庚、苏步青、许宝騄、江泽涵、李国平、陈建功、柯召、段学复、王湘浩等 9 人，包括留在大陆的首届中央研究院院士华罗庚、苏步青、许宝騄三人[①]。他们代表当时大陆数学学科各个分支的最高水平。从学科分支来看，华罗庚专长数论和函数论，苏步青专业是微分几何，许宝騄是概率论与数理统计学家，江泽涵是拓扑学家，李国平擅长函数论，陈建功也是函数论专家，柯召专长代数、组合数学和数论，段学复擅长代数与组合数学，王湘浩专业是代数学。可见，当时中国数学在偏微分方程、数学物理方面还比较薄弱，还没有领军人物的出现。1957 年增补 6 名数学物理学部委员中数学学科只有吴文俊一人，他专长拓扑学。

正如哈代所说，数学是年轻人的事业。华罗庚、陈省身、许宝騄 1948 年当选首届中央研究院院士都不到 40 岁，苏步青也仅 46 岁，只有对中国数学开创有功的姜立夫年龄稍大，达 58 岁。上述 10 位学部委员当选时，年龄最大的陈建功 1893 年出生，年届 62 岁；年龄最小的吴文俊只有 38 岁，其他人华罗庚、许宝騄、李国平、柯召四人都是 45 岁，苏步青、江泽涵两人 53 岁，段学复 41 岁、王湘浩 40 岁。可见，对数学学科来说，正常当选为学部委员（院士）的年龄大致在 40 岁左右。这不仅是对以往院士或学部委员年龄分析得来的经验数据，而且是数学这门年轻人的学科所决定的。非常可惜的是，中国科学院学部委员在 1957 年增补后，并没有正常的选举与增补，一直到 1980 年才选举产生了第三批学部委员，时间已经过去了整整 23 年。23 年对一个学科的发展来说，正常代际更替至少有四五代。在此期间，不少的数学英才因各种各样的原因离开了人世，更有不少的才俊之士，因各种各样的原因"未尽才情"，被淹没、被淘汰。非常幸运的是，谷超豪历经各种困苦，在数学领域做出卓越贡献，也得到学术界的广泛承认，当选为新一届中国科学院数学物理学部学部委员。

"文化大革命"结束后，三分之一学部委员去世，剩下的三分之二平

---

[①] 首届中研院院士数学学科还有两人未能当选学部委员。陈省身滞留美国未归，他的老师姜立夫因政治等原因未能当选。姜立夫作为中国现代数学的奠基人之一，未能当选学部委员最重要的原因可能是他将中研院数学研究所搬迁到台湾。据说华罗庚反对他当选学部委员还有另一原因，他未能促使他的学生陈省身回国。参见竺可桢：《竺可桢全集》第 14 卷。上海：上海科技教育出版社，2008 年，第 51 页。

均年龄超过 73 岁，为适应科学技术现代化建设的需要，亟待把优秀科学家增选到各个学部中来。1979 年 1 月 15 日，中国科学院学部恢复活动，学部委员增补工作紧锣密鼓进行。1980 年 10 月 26 日，各学部对学部委员直接推荐以及各部门、各省、市、自治区按组织系统遴选的 996 位有效推荐人选，进行无记名投票，选出 283 位新学部委员，其中数学物理学部 51人。翌年 3 月 23 日，国务院批准增补学部委员名单。经过增补，中科院学部委员总数达到 400 人，平均年龄为 62.8 岁，50 岁以下者仅 18 人，年龄最低者 41 岁[①]。

数理科学部 51 人中，数学学科共有 11 人当选，他们大致情况如表9-1。从学科分布来说，传统优势学科数论、数学分析当选人数较多，数论方面有王元、陈景润，他们因在哥德巴赫猜想证明上的卓越贡献而声名鹊起；数学分析方面包括函数论、泛函分析等有程民德、陆启铿、夏道行、杨乐等 4 人。这说明数学分析和数论作为中国最有基础的学科，当时仍然占据主导地位。1956 年"十二年规划"作为重点发展的三个学科偏微分方程、计算数学、概率论与数理统计，分别有谷超豪、冯康、关肇直当选。严格意义上说，由许宝騄开创的概率论与数理统计似乎没有真正的传

表 9-1　1980 年数学学科当选学部委员简介

| 姓　名 | 出生地 | 生卒年 | 工作单位 | 研究领域与方向 |
|---|---|---|---|---|
| 胡世华 | 浙江吴兴 | 1912—1998 | 中科院计算机所 | 数理逻辑学 |
| 程民德 | 江苏泰州 | 1917—1998 | 北京大学数学系 | 函数论及应用数学 |
| 关肇直 | 天　津 | 1919—1982 | 中科院系统科学所 | 泛函分析、现代控制理论及应用 |
| 冯　康 | 江苏南京 | 1920—1993 | 中科院计算机所 | 计算数学、应用数学 |
| 谷超豪 | 浙江温州 | 1926—2012 | 复旦大学数学系 | 微分几何、偏微分方程、数学物理 |
| 陆启铿 | 广东佛山 | 1927— | 中科院数学所 | 复分析、数学物理 |
| 王　元 | 江苏兰溪 | 1930— | 中科院数学所 | 数论及其应用 |
| 夏道行 | 江苏泰州 | 1930— | 复旦大学数学系 | 泛函分析、复分析 |
| 陈景润 | 福建福州 | 1933—1996 | 中科院数学所 | 解析数论 |
| 姜伯驹 | 天　津 | 1937— | 北京大学数学系 | 拓扑学 |
| 杨　乐 | 江苏南通 | 1939— | 中科院数学所 | 函数论 |

---

① 樊洪业:《中国科学院编年史》。上海：上海科技教育出版社，1999 年，第 263 页。

人当选学部委员，正如苏步青开创的微分几何也没有真正传承人一样。正如前面所言，谷超豪当选虽然有微分几何的因素，但更重要的可能是偏微分方程。此外，江泽涵开创的拓扑学有姜伯驹继承。而胡世华以数理逻辑方面的成就当选。也就是说，谷超豪当选学部委员可能有微分几何、数学物理等方面的因素，但从中国数学学科的发展来看，更重要的原因可能是偏微分方程。因此，1991年第四批学部委员选举中，苏步青微分几何的真正传人胡和生当选。从当选学科来看，与其他当选学部委员或专门一个领域，或兼具理论与应用两个领域不一样，谷超豪在几何、偏微分方程和数学物理三个领域都有突出贡献，这是值得专门指出的。

从当选年龄看，超过60岁的有胡世华（68岁）、程民德（63岁）、关肇直（61岁）、冯康（60岁），接下来，谷超豪年龄最大54岁，其他50岁以上有陆启铿、王元、夏道行；陈景润47岁，姜伯驹43岁，杨乐41岁。正如1948年陈省身以37岁最小年龄当选首届中研院院士一样，杨乐以41岁最小年龄当选本次学部委员。可见，谷超豪是当选学部委员中年龄比较大的，这自然与23年中断选举有关。无论如何，谷超豪作为中国现代数学发展历程中第二代的佼佼者，代表了由吴新谋开创的偏微分方程这个学科分支。

从当选单位来看，中科院系统共有7人当选，远超一半。其中，数学所当选人数最多有陆启铿、王元、陈景润、杨乐等4人，考虑到系统科学所是从数学所分离出来，计算机所与数学所关系也非常密切，数学所力量之强大可以想见。这自然与华罗庚作为所领导及其超强的研究能力分不开。其他四人来自北京大学数学系和复旦大学数学系，分别有两人。复旦大学两人从学术传承上看，谷超豪是苏步青学生（虽然他第一篇论文是陈建功指导下完成），夏道行是陈建功学生。北京大学姜伯驹继承了江泽涵的拓扑学，程民德是陈建功在浙大的学生。

谷超豪当选学部委员后并没有躺在这个功劳簿上，而是在此前开创的偏微分方程和数学物理领域别开生面，寻找出新的学科生长点诸如"波映照"、孤立子理论，并率领他的研究团队继续前行，取得了一个接一个的成果。也就是在这个过程中，他迎来了一个又一个学术荣誉。

# 荣誉接踵而至

谷超豪的成就除引起同行们的广泛重视，极大地促进了相关领域的发展，也曾得到国家和社会的广泛承认，曾先后获得多种奖励，主要获奖情况见表9-2。这里特别介绍国家自然科学奖二等奖、华罗庚数学奖和何梁何利基金科学与技术成就奖，国家最高科学技术奖下面将专门述说。

国家自然科学奖1956年曾颁发过一次，一等奖3项、二等奖5项、三等奖26项，数学学科大出风头，一等奖2项，分别为华罗庚"典型域上的多元复变函数论"、吴文俊"示类型和示嵌类的研究"，二等奖1项为苏步青"$K$展开空间和一般度量空间的几何学、射影空间曲线论"，苏步青的获奖成果中有谷超豪的贡献。此后，因各种各样的原因，学术评议与奖励制度无形中断。"文化大革命"结束后，国家级别科学技术奖励（不包括人文社会科学）重新提上议事日程。1979年12月颁布《中华人民共和国自然科学奖励条例》，规定对阐明自然现象、特性或规律以及在科学技术发展中有重大意义的科学研究成果，可授予自然科学奖。自然科学奖

表9-2　谷超豪科研成就主要获奖情况一览表

| 时间 | 项目名称 | 奖 项 | 等 级 |
|------|---------|-------|-------|
| 1978 | 规范场的数学结构研究 | 科学大会奖 | 独立获奖人 |
| 1982 | 非线性双曲型方程组和多元混合型偏微分方程的研究 | 国家自然科学奖 | 二等奖 |
| 1982 | 经典规范场理论研究 | 国家自然科学奖 | 三等奖 |
| 1986 | 调和映照和规范场 | 国家教委科技进步奖 | 一等奖 |
| 1987 | 多元混合型方程 | 国家教委科技进步奖 | 一等奖 |
| 1992 | 超音速绕流气动力计算 | 上海市科技进步奖 | 二等奖 |
| 1995 |  | 华罗庚数学奖 | 独立获奖人 |
| 1995 |  | 何梁何利科技进步奖 | 独立获奖人 |
| 2002 |  | 上海科技功臣 | 独立获奖人 |
| 2005 |  | 何梁何利科技成就奖 | 独立获奖人 |
| 2010 |  | 国家最高科学技术奖 | 独立获奖人 |

获奖项目代表中国科学技术水平，因此要求获奖成果一般应具有世界先进水平或达到世界水平。

1982年，"文化大革命"后第一次国家自然科学奖颁发，谷超豪与其团队在偏微分方程方面所取得的成就获得国家自然科学奖二等奖，在规范场理论研究方面的成果获得三等奖。本次数学学科共有17项获奖成果，其中一等奖1项，为陈景润、王元"哥德巴赫猜想"；二等奖5项，除谷超豪及其团队成果外，还有冯康等"有限元方法"、宋健等"飞行器弹性控制理论研究"、杨乐与张广厚"整函数和亚纯函数的值分布理论"、廖山涛"微分动力体系"。另有三等奖8项，四等奖3项。对于谷超豪及其团队在偏微分方程方面取得的成就，《自然科学奖励项目公报》具体介绍了获奖理由、成果主要内容及其重要意义：

图9-2　1982年7月谷超豪等完成的"非线性双曲型方程组和多元混合型偏微分方程的研究"获自然科学二等奖证书

偏微分方程是一门既有重大理论意义，又在力学、物理、几何及工程技术中有广泛应用价值的数学分支。谷超豪等人自1960年开始，在非线性双曲型方程组、线性与拟线性正对称方程组、多元混合型方程、拟线性双曲—抛物耦合方程组等方面开展了系统深入的理论研究工作，并在超音速空气动力学、分布参数系统的最优控制及石油开发等方面得到了应用。共发表论文100篇左右，其中在美、法、英等国著名杂志上共发表论文15篇，收入国际会议论文集或研究报告7篇。他们主要取得以下几方面的成果：

1. 对二个自变数的双曲型方程组，谷超豪、李大潜等在六十年代就解决了和气体力学中激波现象密切联系的一些重要的定解问题，其中有的结果国外到 1976 年才重新得到。李大潜、俞文魭对拟线性双曲组的各种形式的边值问题及不定边界问题得到了保证局部可解性的充要代数条件，建立了目前国际上最完整深入的结果。

2. 美国数学家 K. O. Friedrichs 在五十年代后期建立的正对称方程组理论，概括了一大类具有重大实际意义的数理方程作为特例，是偏微分方程理论中的一个重要的发展。但是，他的理论只限于线性及广义解的情况，应用上还有不少局限。谷超豪在六十年代前期开始研究线性正对称方程组的可微分解理论，首创了拟线性情形的正对称组理论，得到许多重要的应用，使这一理论有了本质性的进展，得到国外不少学者的引用和好评。陈恕行关于对称双曲型方程组边值问题的局部解的研究，不仅比国外同类工作早，而且结果也更加细致深入。

3. 混合型方程来自空气动力学的跨音速流研究。谷超豪在这个现有成果接近空白的重要领域取得了重大的突破，解决了一大批定解问题，证明了经典解的存在性，揭示了这类方程一些重要的特性，并开始将结果推广到拟线性或高阶混合型的情况。

4. 在非线性双曲组整体光滑解的存在性方面，谷超豪第一次研究了 Minkoweki（明可夫斯基）空间上的调和映照问题，证明了相应的整体光滑解的存在性，并指出其在理论物理上的应用。这项成果国外学者评价是"开辟了一个新的有意义的研究方向"。

5. 李大潜、俞文魭等对拟线性双曲—抛物耦合方程组的边值问题及不定边界问题作了系统的研究，在辐射流体力学、非线性弹性力学等方面都有应用，并在一般情况下证实了美国布朗大学 C. M. Dafermee 教授关于不完全抛物阻尼对"粗糙"初值不能使解光滑化的猜测。[1]

---

[1] 国家科委科学技术研究成果管理办公室：《自然科学奖励项目公报 1982》。北京：科学技术文献出版社，1984 年，第 19—20 页。

国家自然科学奖二等奖的获得，可以说是对谷超豪为首包括李大潜、俞文鯱、陈恕行等在内的团队在偏微分方程领域二十多年辛勤探索的肯定。而华罗庚数学奖、何梁何利基金科学与技术成就奖却是对谷超豪个人的肯定。

自学成才的华罗庚是中国现代数学发展史上的传奇，他不仅自己取得了卓越的数学成就，闻名中外，而且培养了大批人才，极大地影响了中国现代数学的发展。1985 年 6 月 12 日，他不幸病逝于日本东京的学术讲坛上。为了纪念这位为中国数学发展功勋卓著的卓越数学家，激励数学工作者在发展我国数学事业中做出突出贡献，促进中国数学的发展，中国数学会与湖南教育出版社联合设立"华罗庚数学奖"，奖励在数学领域做出杰出学术成就的我国数学家，每两年评选一次，每次两人。华罗庚数学奖是中国数学领域的最高奖励，1992 年首次颁发，分别授予华罗庚的学生、中国科学院数学研究所的陈景润与陆启铿。谷超豪与中国科学院数学所的万哲先荣膺第二届。表 9-3 是 1992—2011 年历届获奖者名单。

可见，谷超豪是第一个中科院系统外获得华罗庚数学奖的数学家，他培养的学生李大潜也于 2007 年获奖。1992—2011 年间，该奖作为一个社会性奖励，并没有完全按照两年一次评选，如第二届就应该是 1994 年，结果是 1995 年；2000 年应该是 1999 年，2002—2003 年又连续，并没有隔年。2003 年以后完全按照章程了。这些情况的出现，可能与该奖励作为一个社会性项目，受到各种因素的影响有关。1992—2011 年十届 20 位获奖

表 9-3　1992—2011 年历届华罗庚数学奖获得者情况一览表

| 届次 | 姓　名 | 工作单位 | 姓　名 | 工作单位 | 获奖时间 |
|---|---|---|---|---|---|
| 一 | 陈景润 | 中国科学院数学研究所 | 陆启铿 | 中国科学院数学研究所 | 1992.11 |
| 二 | 谷超豪 | 复旦大学数学系 | 万哲先 | 中国科学院数学研究所 | 1995.5 |
| 三 | 杨　乐 | 中国科学院数学研究所 | 周毓麟 | 北京应用物理与计算数学所 | 1997.10 |
| 四 | 王　元 | 中国科学院数学研究所 | 丁夏畦 | 中国科学院应用数学研究所 | 2000.12 |
| 五 | 姜伯驹 | 北京大学数学学院 | 龚　昇 | 中国科学技术大学 | 2002.10 |
| 六 | 陆汝钤 | 中国科学院数学研究所 | 石钟慈 | 中国科学院计算数学研究所 | 2003.10 |
| 七 | 马志明 | 中国科学院应用数学研究所 | 姜礼尚 | 同济大学数学研究所 | 2005.7 |
| 八 | 严加安 | 中国科学院应用数学研究所 | 李大潜 | 复旦大学数学科学院 | 2007.11 |
| 九 | 张恭庆 | 北京大学数学学院 | 李邦河 | 中国科学院系统科学研究所 | 2009.4 |
| 十 | 文　兰 | 北京大学数学科学学院 | 彭实戈 | 山东大学数学学院 | 2011.11 |

图 9-3　1995 年 5 月谷超豪获第二届华罗庚数学奖证书

图 9-4　2005 年 10 月 14 日谷超豪荣获何梁何利基金 2005 年度科学与技术进步奖（成就奖）奖牌

人，中国科学院系统（包括中国科技大学）共有 12 人获奖，分别是陈景润、陆启铿、万哲先、杨乐、王元、丁夏畦、龚升、陆汝钤、石钟慈、马志明、严加安、李邦河；复旦大学两人，谷超豪、李大潜师徒；北京大学姜伯驹、张恭庆、文兰三人；其他北京应用物理与计算所、同济大学、山东大学各一人。到 2012 年，仅有龚升、姜礼尚未当选院士，而龚升已于 2011 年 1 月 10 日去世。姜礼尚毕业于北京大学，先后在多所大学任教，亦曾任苏州大学校长。另外，中国数学会还于 1986 年设立有专门奖励中青年数学工作者的"陈省身数学奖"，谷超豪的学生洪家兴院士亦曾当选。

"华罗庚数学奖"是中国数学界最高成就奖，属于数学共同体内部奖项。何梁何利奖却是面向整个中国科学技术领域，是中国科学技术奖励体系中较为重要的奖项，分为科学与技术成就奖和科学与技术进步奖。科学与技术成就奖授予长期致力于推进国家科学技术进步，贡献卓著，并取得国际高水平学术成就者，每年最多不超过 5 名。科学与技术进步奖授予在特定学科领域取得重大发明、发现和科技成果者，尤其是在近年内有突出贡献者。成就奖与进步奖，前者聚焦科技工作者毕生贡献、学术高度和在世界科学技术前沿的卓越地位，后者关注近十年内在科学技术不同领域从事研究开发和创新取得突出成果者，二者相辅相成，相得益彰。谷超豪分别于 1995 年、2005 年获得科学与技术进步奖和科学与技术成就奖。表 9-4 是谷超豪获何梁何利基金科学与技术成就奖之前各位成就奖获奖者情况一览表。可见，成就奖的评选是相当严格的，最初两届因做出重要贡献的科学家较多，每年有 4 人获奖，第三届只有 3 人，第四、五届只有两人，2001、2002、2004 年三届空缺。何梁何利奖开始关注的是与国家建设密切相关的核物理、地质学等学科，到 1998 年苏步青获奖之前，还没有一位真正的数学家获奖。此后，数学得到重视，又有柯召、谷超豪获奖。也就是说，2005 年之前，纯

表 9-4　1994—2005 年何梁何利基金科学与技术成就奖获得者名单

| 届次 | 姓　名 | 生卒年 | 籍　贯 | 获奖年龄 | 学　科 | 工作单位 |
|---|---|---|---|---|---|---|
| 1994年度 | 王淦昌 | 1907—1998 | 江苏常熟 | 87 | 核物理学 | 核工业部 |
|  | 王大珩 | 1915—2011 | 江苏吴县 | 79 | 光学 | 中科院技术科学部 |
|  | 黄汲清 | 1904—1995 | 四川仁寿 | 90 | 地质学 | 中国地质科学院 |
|  | 钱学森 | 1911—2009 | 浙江杭州 | 83 | 力学和系统科学 | 中国科协 |
| 1995年度 | 黄　昆 | 1919—2005 | 浙江嘉兴 | 76 | 理论物理学 | 中科院半导体所 |
|  | 唐敖庆 | 1915—2008 | 江苏宜兴 | 80 | 化学 | 国家自然基金委员会 |
|  | 叶笃正 | 1916—2013 | 安徽安庆 | 79 | 大气科学 | 中科院大气物理所 |
|  | 彭桓武 | 1915—2007 | 湖北麻城 | 80 | 理论物理学 | 中科院理论物理所 |
| 1996年度 | 王应睐 | 1907—2001 | 福建金门 | 89 | 生物化学 | 中科院生物化学所 |
|  | 朱光亚 | 1924—2011 | 湖北武汉 | 72 | 核物理学 | 国防科技工业委员会 |
|  | 侯祥麟 | 1912—2008 | 广东揭阳 | 84 | 石油化工 | 中国石油天然气总公司 |
| 1997年度 | 钱伟长 | 1912—2010 | 江苏无锡 | 85 | 数学力学 | 上海大学 |
|  | 王忠诚 | 1925—2012 | 山东烟台 | 72 | 医学 | 北京市神经外科所 |
| 1998年度 | 苏步青 | 1902—2003 | 浙江平阳 | 96 | 数学力学 | 复旦大学 |
|  | 宋　健 | 1931— | 山东荣成 | 67 | 控制论 | 全国政协 |
| 1999年度 | 侯仁之 | 1911—2013 | 山东恩县 | 88 | 地球科学 | 北京大学 |
|  | 卢嘉锡 | 1915—2001 | 台湾台南 | 84 | 化学 | 中国科学院 |
|  | 柯　召 | 1910—2002 | 浙江温岭 | 89 | 数学力学 | 四川大学 |
| 2000年度 | 张香桐 | 1907—2007 | 河北正定 | 93 | 生命科学 | 中科院神经科学所 |
|  | 吴汝康 | 1916—2006 | 江苏武进 | 84 | 生命科学 | 中科院古脊椎动物所 |
| 2003年度 | 吴征镒 | 1916—2013 | 安徽歙县 | 87 | 生物 | 中科院昆明植物所 |
|  | 邹承鲁 | 1923—2006 | 江苏无锡 | 80 | 生物化学与分子生物学 | 中科院生物物理所 |
| 2005年度 | 徐光宪 | 1920— | 浙江绍兴 | 85 | 化学 | 北京大学 |
|  | 谷超豪 | 1926—2012 | 浙江永嘉 | 79 | 数学力学 | 复旦大学 |

粹数学共有 3 人获得成就奖，谷超豪与其导师苏步青同膺，在在反映了师生俩在促进中国数学发展历程中的作用与地位。

从获奖年龄看，苏步青最高 96 岁，宋健最低 67 岁。24 位获奖人中有 17 人获奖年龄在 80 岁或以上，谷超豪 79 岁获奖还算比较年轻。除宋健外，其他获奖年龄比他小的还有 76 岁的黄昆、72 岁的朱光亚和王忠诚。可见，何梁何利基金科学与技术成就奖是真正的终身成就奖。这些成就奖获得者，也有相当一部分人后来获得国家最高科学技术奖，如黄昆、叶笃正、王忠诚、吴征镒、徐光宪和谷超豪。作为对谷超豪终身学术成就的肯定，除何梁何利基金科学与技术成就奖外，值得专门介绍的是"谷超豪星"的命名。

# 天上有颗"谷超豪星"

小行星是目前各类天体中唯一可以根据发现者意愿进行命名的天体。由于小行星命名的严肃性、唯一性和永久不可更改性，获得小行星命名便成为世界公认的殊荣，以著名科学家作为小行星的名字成为对科学家最好的纪念或最崇高的敬意。20 世纪 70 年代，一批小行星先后以我国古代科学家张衡、祖冲之、郭守敬、沈括等命名。1990 年 3 月，紫金山天文台将新发现的编号为"2752"的小行星命名为"吴健雄星"，开启我国以当代知名人士名字命名小行星先河。此后，一批小行星陆续以当代杰出科学家冠名，如著名物理学家杨振宁、李政道、周光召、钱学森、钱三强、朱光亚，著名数学家陈景润、陈省身等[1]。"谷超豪星"的命名与著名天体力学家孙义燧院士密切相关。

曾任南京大学研究生院院长的孙义燧生于浙江瑞安，是谷超豪的温州同乡。他和谷超豪是多年的好友，曾接任谷超豪"973"计划"非线性科学中的若干前沿问题"项目首席科学家。孙义燧还和谷超豪一起与另外 8 位

---

[1] 我科学家获小行星命名，探究太阳系里的中国名字。《人民日报》（海外版），2011 年 5 月 8 日。

院士联名致信国务院及浙江省的有关领导，建议组建新的综合性大学"温州大学"，并在谷超豪的建议下，出任温州大学瓯江学院的名誉院长。2007年9月11日，孙义燧一位在紫金山天文台工作的学生在盱眙观测站发现了一颗新的小行星。2009年2月18日，孙义燧打电话给谷超豪，表达他与他学生想请谷超豪同意以他的名字来命名这颗小行星的意愿。谷超豪没有立即答应，而是让秘书虞彬查阅有关小行星的命名资料，尤其是有哪些中国科学家拥有以自己名字命名的小行星。此时恰逢谷超豪刚刚申报国家最高科学技术奖，谷超豪的众多学生都劝说谷超豪接受孙义燧院士的"好意"。不久，虞彬就将查到的有关资料交给谷超豪。谷超豪见有不少国内的科学家有自己名字命名的小行星，如他尊敬的前辈老师、复旦大学的谈家桢院士[①]。便欣然同意了以他的名字来命名孙义燧学生所发现的这颗小行星。

8月6日，国际小行星中心和国际小行星命名委员会批准将这颗国际

编号为171448、绕口运行周期为3.47035年的小行星命名为"谷超豪星"，作为对谷超豪在人类科学技术发展上贡献的褒奖。2009年10月20日下午，中国科学院紫金山天文台在复旦大学隆重举行了"谷超豪星"的命名仪式。中共上海市委、市政府相关领导、孙义燧院士、南开大学葛墨林院士以及复旦大学领导共同出席了命名仪式。紫金山天文台在贺词中说：

图9-5　2009年10月20日谷超豪参加"谷超豪星"命名仪式

小行星的命名是一件很有意义的事情。自从1801年意大利天文学家皮亚齐发现第一

① 1999年，国际小行星中心和国际小行星命名委员会根据中国科学院紫金山天文台的申报，正式批准将该台1964年发现的，国际永久编号第3542的小行星命名为"谈家桢星"。

颗小行星—谷神星以来，世界各国对小行星进行了大量的观测研究，取得了重要进展。小行星的研究不仅对探讨太阳系的起源演化问题和天体力学的发展具有重要意义，而且对今后的宇宙航行和小行星资源开发利用具有特殊的意义。早年发现的小行星，大多用希腊神话中的神仙名字命名，后来好些国家、城市等地方名字和当代知名人士的名字纷纷上了"天界"，成为小行星的名字。以人士的名字命名小行星，旨在表彰被命名人士在科学、教育、文化、慈善等某个领域所作出的贡献，表达社会对他们的尊重。但小行星发现者提出的名字，必须得到由国际著名科学家组成的国际小行星命名委员会的审批，命名一旦获国际批准，将成为该天体的永久星名，并为世界各国所公认，所以说小行星命名具有国际性和历史性，是一项崇高的国际荣誉。今天谷超豪院士荣获小行星国际命名，这完全是实至名归。通过谷超豪星的命名，表达我们紫金山天文台对他的崇高敬意。

谷超豪也发表了答谢辞，他表示感谢后说：

抚今追昔我从事数学研究活动已60余年，我一贯认为数学研究要适应国家建设的需要，要不断创新和不断提高，并为此目标而努力奋斗，在数学研究上取得了一点点建树，但很有限。我非常感谢国家给了我优越的研究环境，感谢前辈老师的指导和同行们的交流和切磋。我非常感激各方面对我的研究工作的鼓励。特别地，这次"谷超豪星"的命名，就是一次极大的鼓励，我将为我国的数学事业继续奋斗。

天象观察和天体运动规律研究学习是我自小感兴趣的事之一。记得我国第一颗人造卫星上天时，正值"文化大革命"期间，当时我被打成反动学术权威，被罚和学生住在一起，由学生来看管我。当时我从报上公布的资料，判断报上登的卫星经过上海上空的时刻不准确，学生们不相信，当天人造卫星多次经过上海天空，都准确地验证了我所给出的时间，学生们感到非常惊讶，我告诉他们这是一件很简单的事，只需简单的计算。今天"谷超豪星"在广袤的太空中运行，我倍感兴奋，更激起我对天体运行的兴趣了。

　　对在座的青年学生，我还想说两句。第一：学习一定要打好基础，学习中要严格要求自己。第二，现代数学的应用越来越广泛，我们不仅要学好数学，更要学会如何用数学来解决实际问题。数学物理是一家，大家一定要重视物理的学习。

　　"仰望星空"是科学工作者从事科学研究最根本的原动力，也是人类天生具有的对自然的好奇心与探索精神。谷超豪终于以他对人类知识视野扩展的贡献将自己的名字永久地刻在宇宙星空，这可以说是对他克服各种困难长期"仰望星空"的最高与最好的褒奖。自转向偏微分方程研究特别是与杨振宁合作研究规范场理论以来，他对数学与物理之间的互动关系理解更为深刻，物理问题的出现与解决对数学发展的促进作用，数学作为解决物理问题的工具对物理学发展的影响，都使他深深地相信数学与物理是不可分割的。他劝勉学生们不仅要学好数学，更重要的是学会如何用数学来解决实际问题，因此必须学好物理，"数学物理是一家"。

　　谷超豪将他的名字刻入宇宙星空的次年，他获得了国家最高科学技术奖。

# 荣膺国家最高科学技术奖

　　国家最高科学技术奖 1999 年设立，是中国科学技术的最高荣誉。要摘取这项桂冠，首先需要省级政府、国务院有关部门推荐或最高奖获得者个人推荐，之后由院士、专家对推荐人选进行咨询、打分，再依次经国家最高科学技术奖励评审委员会评选、国家科技奖励委员会审定、科技部核准最后报国务院批准、国家主席签署证书，颁发奖金。国家最高科学技术奖授予在当代科学技术前沿取得重大突破或者在科学技术发展中有卓越建树、在科学技术创新、科学技术成果转化和高技术产业化中创造巨大经济效益或者社会效益的科学技术工作者，每年授予人数不超过 2 名 ①。

2001 年 2 月 19 日上午，中国科学院系统研究所研究员、中国科学院院士吴文俊和湖南杂交水稻研究中心研究员、中国工程院院士袁隆平，由于在基础研究和技术开发及产业化方面做出的卓越贡献，荣获首届国家最高科学技术奖。当天下午，谷超豪即让秘书虞彬给吴文俊院士发去了鲜花礼仪电报，祝贺吴文俊院士荣膺国家最高科学技术奖。之后不久，复旦大学领导即动员谷超豪申报国家最高科学技术奖，但谷超豪以首届国家最高科学技术奖得主中有数学家，第二届仍由数学家获奖几率不高为由，婉言谢绝。同年 9 月，为庆贺苏步青教授百岁华诞暨回国执教七十周年，复旦大学举行了"现代数学"国际会议，出席会议的有陈省身、吴文俊、周元燊、万哲先、张恭庆、姜伯驹、林群等。会议期间，不少数学家都找到谷超豪，建议他申报国家最高科学技术奖，也都被拒绝。年底，复旦大学推荐谷超豪为上海市科技功臣候选人，其他单位推荐的候选人有同济大学的李国豪、第二军医大学的吴孟超等。最后谷超豪与上海地铁总公司的刘建航院士一起当选为上海市科技功臣。因此，复旦大学校领导以及科技处领导不断动员谷超豪申报国家最高科学技术奖，仍然被谢绝。

谷超豪获得 2005 年度何梁何利基金科学与技术成就奖后，复旦大学有关领导在祝贺谷超豪的同时，又动员他申报国家最高科学技术奖："您拿了除国家最高科学技术奖之外的所有该拿的奖了。"谷超豪依然谢绝。

2006 年 1 月，吴孟超院士荣膺 2005 年国家最高科学技术奖。消息传到复旦大学，谷超豪的同事、学生、朋友以及复旦大学的各级领导纷纷请求谷超豪参评下一年的国家最高科学技术奖。很多人都对谷超豪说："吴孟超都拿了国家最高科学技术奖了，为什么您还不报这个奖？"谷超豪仍然拒绝，说自己离获最高奖还有不少差距。

与诺贝尔奖等国外著名学术奖励实行"提名制度"不一样，中国政府举办的学术奖励包括国家最高科学技术奖实行"申请制度"。自己申请与由别人提名是完全不同的两个程序，"提名制度"候选人与获奖者是不能

① 国家科学技术奖励办公室网站 http://www.nosta.gov.cn/web/detail.aspx?menuID=85&contentID=117。

控制的，要别人提名才能进入选决程序，是否获奖在评奖程序与过程中获奖人自己或单位作用很小。"申请制度"就完全不一样，首先是获奖者是否愿意主动申请。一个人无论成就如何突出，他自己不愿意介入奖励制度这样的"江湖"，不愿意去申请奖励，那么他就永远不可能获得奖励。在"提名制度"下，有些人获奖后并不理会奖励，如解决庞加莱猜想的俄罗斯数学家格里戈里·佩雷尔曼，根本就不理睬国际数学大会 2006 年颁给他的菲尔兹奖。而在"申请制度"下，获奖人愿意申请奖励后，申请人或申请人单位在评奖过程中就有不少事情要做。这里不厌其烦地述说谷超豪一再拒绝别人劝告申请国家最高科学技术奖，表明申请制度对像谷超豪这样比较谦虚的人来说，可能不太合适。无论怎样，谷超豪最终还是心动了。

　　表 9-5 列举了谷超豪获得国家最高科学技术奖前各位获奖人的大体情况。可见，该奖的评选还是比较慎重，并保持了宁缺毋滥的准则。2002 年度和 2006 年度都仅有一人获奖，2004 年度甚至空缺。从总体原则看，同

**表 9-5　2000—2009 年历届国家最高科学技术奖获得者一览表**

| 年度 | 姓　名 | 籍　贯 | 生卒年 | 获奖年龄 | 学　科 | 工作单位 |
|------|--------|--------|--------|----------|--------|----------|
| 2000 | 吴文俊 | 浙江嘉兴 | 1919— | 81 | 数学 | 中科院数学与系统科学研究院 |
|      | 袁隆平 | 江西德安 | 1930— | 70 | 水稻杂交 | 湖南省农业科学院 |
| 2001 | 黄　昆 | 浙江嘉兴 | 1919—2005 | 82 | 物理 | 中科院半导体所 |
|      | 王　选 | 江苏无锡 | 1937—2006 | 64 | 计算机应用 | 北京大学 |
| 2002 | 金怡濂 | 江苏常州 | 1929— | 73 | 计算机 | 国家并行计算机工程技术研究中心 |
| 2003 | 刘东生 | 天　津 | 1917—2008 | 86 | 环境地质 | 中科院地质与地球物理研究所 |
|      | 王永志 | 辽宁昌图 | 1932— | 71 | 航天技术 | 中国人民解放军总装备部 |
| 2005 | 叶笃正 | 安徽安庆 | 1916—2013 | 89 | 气象学 | 中科院大气物理研究所 |
|      | 吴孟超 | 福建闽清 | 1922— | 83 | 肝胆外科 | 中国人民解放军第二军医大学 |
| 2006 | 李振声 | 山东淄博 | 1931— | 75 | 小麦遗传育种 | 中科院遗传与发育生物学研究所 |
| 2007 | 闵恩泽 | 浙江吴兴 | 1924— | 83 | 石油化工 | 中石化石油化工科学研究院 |
|      | 吴征镒 | 安徽歙县 | 1916—2013 | 91 | 植物学 | 中科院昆明植物所 |
| 2008 | 王忠诚 | 山东烟台 | 1925—2012 | 83 | 神经外科 | 北京神经外科所、北京天坛医院 |
|      | 徐光宪 | 浙江绍兴 | 1920— | 88 | 化学 | 北京大学 |
| 2009 | 谷超豪 | 浙江永嘉 | 1926—2012 | 83 | 数学 | 复旦大学 |
|      | 孙家栋 | 辽宁瓦房店 | 1929— | 80 | 航天技术 | 中国航天科技集团 |

样重视纯粹科学研究与工程技术，两人获奖的年度基本上是一个从事纯粹研究的科学家，一个是在技术领域或与技术密切相关的科学领域做出重大贡献的专家。但似乎更偏重科学技术的社会化即成果的转化及其影响，如2000年度的金怡濂是计算技术专家，2006年的李振声是农业科学家，大体上还是以技术考虑为主，即使是2008年度的化学家徐光宪，其关于稀土与稀土化学的研究，对中国稀土产业的发展也有重要影响。在谷超豪之前获奖的14人，纯粹科学涉及学科有数学、物理、地质、气象、农学、植物学和化学，工程技术涉及的学科有水稻杂交、计算机及其应用、航天技术、医学、石油化工。可见，除工程技术方面曾重复出现计算机及其应用、航天技术、医学专家外，在基础科学研究方面还没有重复学科出现。因此，谷超豪认为吴文俊获奖后，数学领域再次获奖的可能性不大的考虑是有道理的。

如果将何梁何利基金科学与技术成就奖与国家最高科学技术奖获得者名单进行对比，可以发现，除吴文俊、袁隆平、王选、金怡濂、刘东生、王永志、吴孟超、李振声、闵恩泽、孙家栋等人未获得何梁何利基金科学与技术成就奖、但获得何梁何利基金科学与技术进步奖，其他人都曾获得何梁何利基金科学与技术成就奖。与谷超豪同膺2005年度何梁何利基金科学与技术成就奖的徐光宪获得2008年度国家最高科学技术奖。因此，谷超豪的心动似乎也有道理。2008年1月8日，中国科学院昆明植物研究所名誉所长吴征镒院士荣膺2007年度国家最高科学技术奖。这时，谷超豪有了申报国家最高科学技术奖的想法。他对秘书虞彬说："我对吴征镒有所了解，他是吴征铠的弟弟，吴征铠曾经在复旦大学工作过……，吴征镒没有拿过多少奖，似乎国家自然科学奖也没有得到过。我拿的奖比他多多了，我有信心去申报国家最高科学技术奖了"。9月8日，谷超豪又获得了上海市第二届教育功臣奖。不久，复旦大学校领导以及科技处领导再一次动员谷超豪申报国家最高科学技术奖，这次谷超豪终于答应了。

为申报2009年度国家最高科学技术奖，秘书虞彬给谷超豪准备了历届国家最高科学技术奖得主的材料，并告诉谷超豪，吴征镒院士曾获得国家自然科学奖一等奖。谷超豪回答说我还是很有信心去报最高奖，而且距离吴文俊获最高奖已经隔了好多年了。2008年的11月中旬起，复旦大学数学科学学院的洪家兴、周子翔、丁青、范恩贵以及虞彬投入到申报工作中。洪家兴总揽全局，周子翔负责数学物理方面的资料以及所有论文的引文检索，丁青负责微分几何方面的资料，范恩贵负责偏微分方程方面的资料，虞彬负责资料的收集、整理以及申报材料的计算机录入和扫描等工作。历时近3个月，终于在2009年2月1日零时顺利完成。

此后，洪家兴多次赴北京参加国家最高科学技术奖励评审委员会组织的答辩会。2009年6月25日，国家最高科学技术奖励评审委员会派出了以北京理工大学名誉校长王越为组长、上海航天局孟执中、中科院数学与系统科学研究院陈志明为成员的考察组来到复旦大学进行实地考察。考察组首先听取了洪家兴等的介绍，现场考察了谷超豪的办公室和谷超豪的研究成果展示，后组织相关科技人员进行了座谈。经过实地考察和座谈，考察组成员一致认为谷超豪的推荐材料真实、可靠，谷超豪在数学研究和数学教育两个方面均取得了杰出的成就，他在基础理论方面的研究成果完全符合国家最高科学技术奖的条件。

2009年8月25日中午，从北京传来消息，谷超豪顺利通过了国家最高科学技术奖励评审委员会组织的最后一轮评审。对于这次最高科学技术奖的评审，受邀参加2009年度国家最高科学技术奖评审工作的南开大学数学研究所教授张伟平院士接受了记者的采访。作为同行，张伟平在微分几何领域研究具有很深的造诣，他的"Atiyah-Singer指标理论的若干研究"曾获2005年度国家自然科学奖二等奖。同行评审是对评审结果准确度的最起码保证，张伟平回答《中国科技奖励》记者说，从那么多德高望重的候选人里，最后选出两位是很残酷的事情，"参与本次国家最高科学技术奖角逐的候选人有十多位，分别来自不同的领域"。由于国家最高科学技术奖的候选人是限额推荐产生，而且申报门槛极高，能够进入评审环节的候选人，无论来自哪个领域，他们的学术成就和科学贡献均已达到相当高的水平。面对来自自己不熟悉领域的候选人，评委们先是听取候选人的陈述报告（报告不一定由候选人自己做，由推荐单位负责，也就是"谁推荐谁陈述"）。通过对候选人工作的介绍，对候选人的工作以及影响有一个基本判断。尽管十多位候选人都非常优秀，他们"很多是国内外德高望重的老科学家，很难取舍"，但国家最高科学技术奖每年最多只能授予两位科学家，评委们必须做出取舍。在评审过程中，由于评委们各自专业背景不同，观察视角不同，对候选人进行评价时，难免发生分歧。这时需要"公开、公正的讨论"，原则是"坚持水平"，"不过这次评审，真正的分歧并不多"。通过听取候选人陈述报告和进行评委讨论，评委们对候选人的整体水平有了相对的把握，接下来就是根据自己的判断，以记名投票表决方式产生评审结果。当到会委员的三分之二以上多数（含三分之二）通过时，国家最高科学技术奖候选人方才尘埃落定。谷超豪和孙家栋院士就是在这样层层严格的评审下最终摘得 2009 年度国家最高科学技术奖的。因此，张伟平说他们"都是为我国科技事业做出了杰出贡献的科学家，是当之无愧的获奖人，是我们学习的榜样"[①]。

2010 年 1 月 11 日上午，党中央、国务院隆重召开 2009 年度国家科学技术奖励大会，谷超豪从国家主席胡锦涛手中接过国家最高科学技术奖证书。他的获奖理由为：

图 9-6　2010 年 1 月 11 日谷超豪从国家主席胡锦涛手中接过国家最高科学技术奖证书后，与胡锦涛握手

谷超豪院士是在国内外享有盛誉的数学家、教育家。他在多元混合型和双曲型偏微分方程、规范场的数学理论、可积系统理论和无限维变换群理论等多个重要领域都获得了富有开创性的、国际领先的重要成就，获得国内外高度评价。这些成就主要包括：1、率先解决了气体动力学方程组有关激波解的若

---

① 龙九尊、张伟平：坚持水平。《中国科技奖励》，2010 年第 1-2 期合刊（总第 127/128 期），第 47 页。

干数学问题；2、系统开创了多元和高阶混合型偏微分方程理论，发现了许多重要的前所未知的新现象；3、最早证明了Yang-Mills方程在弯曲时空中Cauchy问题局部解的存在性，超前国外相关研究达5年之久。

谷超豪院士在教学、科研第一线辛勤耕耘五十多年，为我国培养了一大批优秀的数学人才，在他的学生中，有6人当选中国科学院院士，3人当选中国工程院院士。他撰写专著和教材十多部，曾获得1995年"国家教委优秀教材奖"和1997年国家新闻出版署的"全国优秀科技图书特别奖"。目前，他仍然活跃在教学科研第一线。

谷超豪院士以祖国需要为己任，不但自己身体力行，适时调整科研方向，同时也对中国数学的全面发展做出了重要贡献。在2002年国际数学家大会上，国际数学家联盟主席帕里斯教授就把谷超豪院士列为"培育中国现代数学之树"的少数几位学者之一。

经国家最高科学技术奖评审委员会评审，建议授予谷超豪院士国家最高科学技术奖。

谷超豪摘取了国家最高科学技术奖，这是国家对他为中国科学事业发展的最高肯定。正如获奖理由所言，谷超豪获得国家最高科学技术奖，不仅是对他六十余年在数学王国辛勤耕耘并取得卓越成就的最高褒奖，也是对他长期从事数学教育并培育了一大批英才将他开创的学术领域继承下去的教育事业的最高褒奖。

# 第十章
# 学术传承

　　谷超豪是科学家，更是教育家。自 1948 年毕业留校担任助教起，谷超豪从事教育事业六十余载，传道解惑、培养学术新人是他科研之外另一工作重心。他在教育事业上辛勤耕耘，甘为人梯，不计个人名利，毫无保留地把自己的学识传授给年轻人，并鼓励他们在自己开创的新领域继续前行。无论是科研、教学还是行政工作，他一贯坚持以"育人"为核心，多年来培养了一批优秀的科学人才，亲自指导培养的研究生已有 3 人当选中国科学院院士，听过他课或受过指导的学生也有多人当选中国科学院、中国工程院院士。他不仅传承了他的导师苏步青开创的微分几何这个数学分支，开创了偏微分方程、数学物理新领域，并通过人才梯队的培养，将自己的学术传递给学生，继续保持复旦大学中国数学重镇的地位，并促成了上海数学中心的创建。

## 教 育 功 臣

　　2008 年 9 月，谷超豪荣获第二届"上海市教育功臣"称号，这是对他终身从事教育事业的肯定与褒奖。谷超豪在长期的执教生涯特别是研

图 10-1　2008 年 9 月 8 日谷超豪在"上海市教育功臣"获奖大会发表获奖感言

究生培养中，积累了丰富的经验，也有自己的思考，形成了自己独特的教育理念。

　　1948 年，谷超豪毕业留校担任钱宝琮助教，帮助批改微积分作业和答疑。钱宝琮这位首任浙大数学系主任曾对他说："学生来问问题，千万不要说这个问题很容易，免得使学生对自己失去信心。"他记住了这句话，在自己的学生培养中一直以此为圭臬①。激励、表扬、鼓励以增强学生的自信心，而不是批评、故意或不经意间贬低学生自信心，这可能是谷超豪在其教育生涯中影响学生最深、也最终能使学生成材的最佳法宝之一。这一理念在他培养研究生中得到充分体现的就是"因材施教"。

　　口号或理念天天在嘴里讲，在纸面上宣扬，自然不如将其化为实践重要。作为教育工作者无人不晓"因材施教"，可具体如何实行却没有多少人能说出个子丑寅卯。谷超豪不一样，他在研究生培养中从增强学生的自信心出发，真正施行了"因材施教"：

---

　　①　谷超豪：回忆钱宝琮老师。见钱永红编：《一代学人钱宝琮》。杭州：浙江大学出版社，2008 年，第 321 页。

　　培养研究生要注意因材施教。虽然目前的研究生是经过严格的考试入学的，但他们之间的差别还是相当大，不能统一要求。有些人自学能力很强，基础很好，就可向他们提较高的要求。有些人完成规定学习任务就已经很吃力了，不能把要求提得太高，否则非但他们不能胜任，而且一样也搞不好。我觉得如何去了解他们的能力情况是重要的一环，仅看他们的考试成绩是不够的，非常重要的是看他们掌握知识的能力。①

　　了解学生能力后，教学时可以根据学生的具体情况对不同的学生提出不同的要求，基础好、学习能力强的学生，可以让他们阅读课程以外的书籍或论文，要求他们学得更快更广更深，也可以让他们研究课题。对一些特别拔尖的学生，要予以特别培养，但又不能把他们的任务规定得太重太死，要充分发挥他们自己的能动性。对基础不够扎实或自学能力差的学生，一定要他们扎扎实实打好基础，不能好高骛远。

　　论文题目的选择更要因材施教，基础扎实、自学能力强的学生，"可为他选一个范围较大、难度较高的方向，有意识地培养他，希望他在硕士阶段就能达到博士水平"；对基础差自学能力弱的学生，给他选择范围较小、容易入手的题目，增强他们的信心，他们也能完成一篇合格的论文。一些基础差、自学能力弱的学生，在这样不断提高自信心的培养下，有可能慢慢地成长起来，成为不可多得的人才。如果选题不当，让他无所适从，可能打击其信心，最后不仅造成论文不能完成，也会对他未来的生活造成极大的影响。如对 1978 年入学的研究生洪家兴，谷超豪就严格要求，给他选择了难度较大的多元混合型方程，并要求他做出好成果，"放手让他去钻研，在关键地方给予一定的指导，又让他在国际性学术讨论会上报告和学习新的东西，终于完成了质量很好的论文"，对多元混合型方程的理论有重要推进，成为他的第一批博士②。洪家兴也迅速成长起来，是谷

---

① 谷超豪：在培养研究生工作中的几点体会。复旦大学档案馆。
② 同上。

超豪第二位当选为中科院院士的学生。

"做学问就像下棋，要有大眼界，只经营一小块地盘，容易失去大局"[①]。谷超豪在研究生培养中，强调学科交叉、视野宽广。他大学读数学系，也学习了一些物理方面的课程，这为他后来从微分几何转向偏微分方程、数学物理研究奠定了坚实的基础，因此他要求学生知识广博，有他自己亲身的经验与体会。谷超豪曾总结他多年培养研究生的经验教训特别是"文化大革命"前与"文化大革命"后培养模式的不同时指出，"研究生的基础应该广泛些"。"文化大革命"前的研究生，"入学后一般较快地就进入一个较小的研究方向"，这样的好处是"能较早地从事科研，较早地在导师指导下写出论文"。但也有不足之处，基础知识面太狭窄，"近代数学发展（其他科学也一样）中，各个分支的交叉起着重要作用"，微分几何与偏微分方程、微分几何与数学物理、微分几何与泛函分析等都有交叉，这些交叉点正是科学发展的新生长点。作为数学工作者，如果知识面太狭，不仅不能做出很好的研究，可能阅读一些近代论文都有困难，担任基础课的教学工作也难以胜任。复旦大学数学研究所的研究生至少要读四门基础课，使他们具备广博的基础[②]。因此，他一再强调学数学的人，不妨多读读物理、力学课程，研究基础数学或核心数学的人，也要了解邻近学科的发展现状。"数学的研究生、大学生，物理和力学知识太少，这是一个大问题，别的学科对形成数学直观是非常重要的，我希望要注意交叉，注意其他学科的深层次的问题"[③]。

瞄准学术前沿，一开始就制订较高的学术追求目标，这也是谷超豪培养研究生的法宝之一。所谓"取法其上，得乎其中"。研究生学习阶段在掌握广博的基础之上，进入研究阶段就要了解学术发展前沿，掌握最新的研究进展，这样才能做出真正好的研究成果。在制订高目标时，一是要考虑历史上未解决或许多大数学家做了努力但未解决的问题。虽然解决这些

---

① 谷超豪：我的数学生涯。见谷超豪著：《奋斗的历程——谷超豪文选》。上海：复旦大学出版社，2005 年，第 212 页。

② 谷超豪：在培养研究生工作中的几点体会，第 1 页。复旦大学档案馆。

③ 谷超豪：寄希望于青年一代。见谷超豪著：《奋斗的历程——谷超豪文选》。上海：复旦大学出版社，2005 年，第 24 页。

问题非常困难，而且也存在巨大的风险，有可能一无所获，但"关键是向这方面努力，向这方向前进"，在这些困难问题的解决上发出中国人的声音。二是不仅要解决别人提出的问题，更要开辟新的研究方向与领域，包括前人从未提出或未研究过的问题[1]。

当然，这就对导师提出了更高的要求。谷超豪一再强调导师对学术前沿了解的重要性，这是让研究生一开始就进入学术前沿的基础。"导师本人要努力了解国际上科学发展现状，并且在科学前沿做研究，这样才能指导好研究生"。他以体育运动作比喻，认为科学研究在一定意义上是国际比赛，谁走在科研的最前面谁就是胜利者。导师就是教练，不仅要了解世界最高水平，而且要千方百计将学生培养成世界水平的运动员，并让他们赛出世界水平的成绩。因此，研究生培养"对指导老师的要求是很高的，教师就必须努力使自己适应这种要求，有关部门也要给教师创造必要的条件"[2]。谷超豪在"文化大革命"前培养李大潜、陈恕行等研究生时，一开始就让他们进入偏微分方程研究的前沿，与他一起开创偏微分方程研究的新领域。

充分发挥、积极调动学生的能动性，"扶上马，送一程"，然后让他们自由成长，这也是谷超豪在学生培养上比较注重的地方。在选择论文题目时，谷超豪根据自己了解的学术发展前沿，让学生们读最新的论文，通过阅读发现可以继续研究的题目。陈恕行 1962 年本科毕业后考取谷超豪的研究生，谷超豪让他读费里德里希 1958 年发表的《正对称方程组》（*Symmetric positive system*）。陈恕行说，那篇文章很长，因为他不断读这篇文章，页码记得很清楚，从 333 页到 418 页，总共 86 页。他是 1963 年前后读这文章的，然后选定了"拟线性对称双曲组"作为论文题目，做出了当时世界领先的成果，也由此进入偏微分方程领域，成为我国偏微分方程领域的重要学者[3]。谷超豪在中国科技大学培养的力学博士王晓宏说，

---

① 谷超豪：寄希望于青年一代。见谷超豪著：《奋斗的历程——谷超豪文选》。上海：复旦大学出版社，2005 年，第 23 页。

② 谷超豪：在培养研究生工作中的几点体会，第 3 页。复旦大学档案馆。

③ 陈恕行访谈，2011 年 9 月 30 日，上海。资料存于采集工程数据库。

他的博士论文方向是谷超豪定的，但具体的题目与创新点是他自己在阅读国际上最新发表的论文过程中找到的[①]。

长期从事教学工作的谷超豪，还与他的团队一起将授课讲义编撰成教材（具体书目见表 10-1），影响了一代又一代数学学子，王晓宏就说，他在浙江大学读本科时就阅读过谷超豪编撰的教材。其中 1960 年由学生为主编撰的《数学物理方程》，1961 年就在谷超豪主持下进行了修订，作了较大的改动，到 1978 年 5 月是第 4 次印刷。后来又按照教育部的规定与要求重新编撰了一本《数学物理方程》作为教材，也不断再版印刷。

表 10-1　谷超豪编撰教材与科普作品一览表

| 类别 | 书　名 | 作　者 | 出版社 | 出版时间 |
|---|---|---|---|---|
| 教材 | 数学物理方程 | 复旦大学数学系 | 上海科学技术出版社 | 1960 年 |
| | 数学物理方程 | 谷超豪、许政范、李大潜、侯宗义、李立康 | 上海科学技术出版社 | 1961 年 |
| | 数学物理方程 | 谷超豪、李大潜、陈恕行、郑宋穆、谭永基 | 高等教育出版社 | 1979 年 |
| | 应用偏微分方程 | 谷超豪、李大潜、沈玮熙 | 高等教育出版社 | 1993 年 |
| 科普作品 | 最大值和最小值 | 谷超豪 | 上海教育出版社 | 1965 年 |
| | 谈谈数学中的无限 | 谷超豪 | 上海教育出版社 | 1988 年 |
| | 偏微分方程概貌 | 谷超豪 | 科学技术文献出版社 | 1989 年 |
| | 数学词典 | 谷超豪主编 | 上海辞书出版社 | 1992 年 |
| | 别有洞天：非线性科学 | 谷超豪主编 | 湖南科技出版社 | 2001 年 |

除从事正规的大学数学教学之外，谷超豪也非常重视科普作品的创作。为提高全民族的科学文化素养特别对数学知识的需求，谷超豪不顾科研与教学任务的繁重与时间的紧迫，撰写了不少科普著作，将自己的专业知识向更广大的社会与民众传播（具体书目见表 10-1）。早在 1965 年，谷超豪就撰著出版了一本面向高中高年级学生的科普读物《最大值和最小值》。他在前言中说："在这本小册子里，我们将尽可能地结合一些实际问题，来介绍解函数的极值问题的一些有效的方法。这些方法大致可

---

① 王晓宏访谈，2012 年 3 月 16 日，合肥。资料存于采集工程数据库。

图 10-2　谷超豪第一本科普读物
《最大值和最小值》

以分为三类：第一类是应用线性代数方程组的知识来求解的方法。这里，我们已经让读者接触到线性规划的最初步的原理；第二类是数学分析的方法。这里，通过极值问题的分析，我们介绍一下微分学里一些最基本的内容，并且举例说明了某些应用；第三类是几何的方法和物理的方法。在这里我们指出，适当地应用几何学和物理学，可以用比较简捷的方法来解决某些看来是相当困难的问题。"[1] 通过一本薄薄仅有 2.7 万字的通俗读物，谷超豪让中学生在解决实际的问题中，学习到线性规划、微积分及利用几何、物理来解决数学问题的方法。已经显现了他当时作为一个微分几何的研究者，关注解决实际物理问题的倾向，显现其视野与思考上的广阔纬度。

在该书的最后，谷超豪还引导高中生继续深造："要研究这些复杂的极值问题，只应用微分学的知识是远远不够的，我们需要用到积分学和微分方程的知识。此外，还有一个专门的数学分支——变分学来研究这一类问题。近年来，由于工程技术自动化程度的提高，变分学的内容又有了许多新的发展，还形成了最优控制的理论，这些理论都要用到近代数学的许多深入的成果，这里就不加以介绍了。"[2]

对其不断开拓并取得重大成就的偏微分方程领域，谷超豪也专门撰写了一本 3.6 万字的通俗读物《偏微分方程概貌》。他后来担任"973"项目非线性科学的首席科学家，也积极传播相关非线性科学的知识。在他作为主编的"攀登计划普及丛书"之一《别有洞天：非线性科学》一书长篇前言中，他从万有引力定律这个平方反比的非线性关系讲起，指出人类实践

---

① 谷超豪：《最大值最小值》。上海：上海教育出版社，1965 年，第 1 页。

② 谷超豪：《最大值最小值》。上海：上海教育出版社，1965 年，第 38 页。

活动中碰到的问题大多数是非线性的。对非线性问题一般是化为线性方程求解。对线性问题，数学家们积累了大量的解决方法，如傅立叶级数展开、积分变换（傅立叶变换、拉普拉斯变换等）、点源函数等等，复变函数理论和各式各样的特殊函数都是解决线性问题的方法。世界本身是非线性的，线性模型方法超出一定范围就不适用，需要寻找真正属于非线性模型的解决方法。从线性到非线性是一个质的飞跃，认识和解决各种非线性问题是科学发展面临的重大任务，对非线性问题的解决不仅可以促进数学学科及其相关学科如理论物理等的发展，也会改变人类对世界的看法[①]。

　　谷超豪就是在这样的教育理念与实践活动中，培养了大批的人才，不仅传承了他的学术事业，也极大地影响了中国数学的发展，对人类智力事业的扩展也做出了贡献。

# 从苏门弟子到谷门弟子

　　苏步青作为中国微分几何的奠基人之一，长期致力于仿射微分几何、射影微分几何、一般空间微分几何学和计算几何学等领域的研究，发表论文150多篇，著有专著和教材十多册。更重要的是，他自1931年回国任教浙江大学

图10-3　1991年9月祝贺苏步青九十寿辰，谷超豪、胡和生与苏步青合影

---

① 谷超豪：《别有洞天：非线性科学·前言》。长沙：湖南科技出版社，2001年。

第十章　学术传承　　**213**

数学系始，长期在数学教育园地耕耘，为中国现代数学的发展培养了大批人才。抗战期间，他带领他的学生方德植、熊全治、张素诚、白正国、吴祖基等克服困难，坚持微分几何的研究，产生了一系列的重要成果，熊全治、张素诚、吴祖基分别以"曲线及曲面之射影微分几何学"、"曲线与曲面射影微分理论之新基建"、"曲面之附属二次曲面系统"获得教育部学术奖励。谷超豪作为苏步青抗战胜利后培养的学生，自1946年到苏步青2003年去世，超过半个世纪的时间跟随苏步青，很好地传承了苏步青的学术，并予以极大地推进，他和他的夫人胡和生也成为苏步青弟子的代表人物。谷超豪在继承苏步青学术基础上开创了自己的研究新领域，也培育了一大批人才，将自己的学生传承了下去，在复旦大学完成了从苏门弟子到谷门弟子的转变。

　　从苏联留学回国不久，谷超豪就开设关于偏微分方程的讨论班，吸引年轻教师从事偏微分方程的研究，李大潜、俞文魮等人是第一批跟随谷超豪的年轻人。同时开始招收研究生，因当时研究生招生并不是很正规，有的是他指导的进修教师，一转就成了他的研究生；有的是组织上派来读他研究生的，只是在形式上考一下，或者以其他什么方式就招进来了；有的人读了一段时间就走了，有的人没有做毕业论文，有的人做了毕业论文却没答辩；当然也有正式答辩的。因此，目前谷超豪"文化大革命"前到底招收了多少研究生，他们的情况如何还不是很清楚。因为谷超豪对学生要求比较严格，有学生因做不出论文被批评，"文化大革命"期间还有人贴大字报说他迫害学生[①]。

　　1959年入学的林国被谷门弟子认为是大师兄。王能超1960年入学，现任华中科技大学教授。1961年入学的康寅巧毕业后到油田工作。1962年，谷超豪开始正规招收第一届研究生，当年全校研究生不过61人，谷超豪招收了李大潜、陈恕行、苏德昌三人。李大潜是在职研究生，苏德昌是苏步青儿子，毕业于力学专业。李大潜、陈恕行后来成为谷超豪偏微分方程的中坚力量，李大潜还是学生中第一个当选中国科学院院士的。当时，跟随谷超豪从事偏微分方程研究的，除他的研究生外，还有其他一些年轻的

---

① 　陈恕行访谈，2011年9月30日，上海。资料存于采集工程数据库。

教师。如以他与李大潜、侯宗义三人署名发表的第一篇偏微分方程研究成果《拟线性双曲型方程组的不连续初始值问题》（1961年4月完稿投寄）就曾有郭柏灵、孙薇荣、毛逸翔等参与其间。

"文化大革命"结束后，谷超豪作为第一批博士导师，不仅招收硕士研究生，也招收博士研究生。他指导的博士生洪家兴成为国内第一批博士学位获得者。表10-2和表10-3分别是"文化大革命"结束后，谷超豪在复旦大学培养的硕士生与博士生不完全名单。可以看出，他在基础数学专业微分几何、偏微分方程和数学物理三个研究方向招收硕士生，"微分

**表10-2　"文化大革命"后谷超豪培养硕士生名单**

| 姓　名 | 方　向 | 导　师 | 时间 | 论文题目 |
|---|---|---|---|---|
| 高志勇 | 微分几何 | 谷超豪、胡和生 | | |
| 李景功 | 微分几何 | 谷超豪、胡和生 | | |
| 洪家兴 | 偏微分方程 | 谷超豪、李大潜 | 1981 | 关于蜕型面为特征的混合型方程的边值问题 |
| 李得宁 | 偏微分方程 | 谷超豪 | 1981 | 正对称组的合格边值问题 |
| 罗伟民 | 偏微分方程 | 谷超豪、李大潜 | | |
| 秦铁虎 | 偏微分方程 | 谷超豪 | 1981 | 1. 一阶拟线性对称化偏微分方程组解的存在性<br>2. 劈状区域中一阶对称双曲组的边值问题 |
| 孙龙祥 | 偏微分方程 | 谷超豪 | 1981 | 1. 一阶正对称型方程组的可微分解<br>2. 关于二阶混合型方程的边值问题 |
| 林正国 | 偏微分方程 | 谷超豪、李大潜 | 1981 | 一类拟线性方程组的特征边值问题 |
| 董瑞涛 | 微分几何 | 谷超豪、胡和生 | 1984 | 关于 Yamabe 问题 |
| 林峻岷 | 微分几何 | 谷超豪、胡和生 | | |
| 宋士云 | 微分几何与数学物理 | 谷超豪、胡和生 | 1987 | 水平等距映照及其高斯映照 |
| 刘建成 | 微分几何与数学物理 | 谷超豪、胡和生 | 1987 | 偏微分方程的对称及应用 |
| 谢乐军 | 微分几何与数学物理 | 谷超豪、胡和生 | 1987 | R2.1 中极值曲面的一种表示 |
| 张志东 | 微分几何与数学物理 | 谷超豪、胡和生 | 1987 | 可积与不可积方程中的一些问题 |
| 章　琳 | 微分几何 | 谷超豪 | 1990 | 非正定度量的流形中级值曲面和调和映照的若干问题 |
| 刘芳兰 | 微分几何 | 谷超豪、胡和生 | | |
| 凌　枫 | 微分几何 | 谷超豪、胡和生 | | |
| 刘逸凡 | 数学物理 | 谷超豪、胡和生 | 2001 | Darboux 变换 AKNS 系统非线性迭加公式中的应用 |
| 李亦凡 | 微分几何 | 谷超豪、胡和生 | | |

几何"方向他与夫人胡和生共同培养（也间或有单独培养的）；"偏微分方程"方向他或与李大潜共同培养，或自己独立招生；"数学物理"方向与胡和生共同培养。在表 10-2 不完全统计的 19 人，微分几何 8 人，偏微分方程 6 人，数学物理 5 人。在时段分布上，偏微分方程集中在 1981 年，数学物理 1987 年开始，而微分几何前后都有，这与他研究方向与研究中心的转变有关。1980 年代初，他继续在偏微分方程方向开拓，而数学物理方面的孤立子理论研究起始于 1985 年，微分几何既可以作为一个专业研究

表 10-3　"文化大革命"后谷超豪培养博士名单

| 姓　名 | 研究方向 | 导　师 | 时间 | 论文题目 |
|---|---|---|---|---|
| 洪家兴 | 偏微分方程 | 谷超豪、李大潜 | 1982 | 蜕型面为特征的微分算子的边值问题 |
| 孙龙祥 | 偏微分方程 | 谷超豪、李大潜 | 1985 | 一类二阶混合型方程的边值解 |
| 李得宁 | 偏微分方程 | 谷超豪、李大潜 | 1985 | 拟线性双曲抛物耦合组的非线性初边值解与自由边界解 |
| 陈韵梅 | 偏微分方程 | 谷超豪、李大潜 | 1985 | 非线性发展方程解的整体存在性 |
| 穆　穆 | 偏微分方程 | 谷超豪、李大潜 | 1985 | 非线过度方程的一些定解问题 |
| 刘林启 | 偏微分方程 | 谷超豪、李大潜 | 1985 | 半线性双曲方程最佳奇性传播 |
| 赵彦淳 | 偏微分方程 | 谷超豪、李大潜 | 1986 | 拟线性双曲型方程组的经典解 |
| 余跃年 | 偏微分方程 | 谷超豪、李大潜、陈恕行 | 1988 | 非线性双曲型偏微分方程解的奇性 |
| 谢文正 | 流体力学 | 谷超豪 | 1987 | |
| 周子翔 | 数学物理 | 谷超豪 | 1989 | 1+1 和 1+2 维的 Darboux 变换 |
| 章　琳 | 数学物理 | 谷超豪、胡和生 | | |
| 丁　青 | 微分几何与数学物理 | 胡和生、谷超豪 | 1993 | Riemann 流形的 Lqplace 算子和伪 Riemann 流形的调和映照 |
| 洪剑峭 | 微分几何与数学物理 | 胡和生、谷超豪 | 1993 | 各种常平均曲率曲面的表示公式及其应用 |
| 陆宝群 | 数学物理 | 谷超豪、胡和生 | 1997 | 可积系统的变换方法 |
| 周汝光 | 数学物理 | 谷超豪、胡和生 | 1997 | 与孤立子方程相关的有限维可积系统 |
| 乔志军 | 数学物理 | 谷超豪、胡和生 | 1997 | 可积系统的广义 Lax 代数，r- 矩阵及代数几何解 |
| 稽庆春 | 可积系统与微积分 | 谷超豪、胡和生 | 2004 | 构造性方法在若干非线性问题中的应用 |
| 周羚君 | 数学物理 | 谷超豪、胡和生 | 2006 | 非等谱可积系统以及相应孤立子方程的若干结果 |
| 陈礼周 | 数学物理 | 谷超豪 | 2007 | Murphy-Cohen 猜想和台球系统的一些性质 |
| 谢纳庆 | 数学物理 | 谷超豪、胡和生 | 2007 | 有关引力能量的几个几何问题 |

方向，也是谷超豪后来从事数学物理研究的重要工具。

博士生主要招收偏微分方程和数学物理两个研究方向，不再培养微分几何方面的博士生，这与谷超豪 1980 年代以后的主攻学术方向是偏微分方程与数学物理，不再专门从事微分几何研究相关。也招收有流体力学方向的学生，这与他既是基础数学也是力学专业博士生导师有关，也与他自从事偏微分方程研究以来，长期关注与研究力学有密切关系。正如前面所言，他对复旦大学数学系力学专业的发展贡献颇大。不完全统计博士学生，从 1982 年第一届的洪家兴到 2007 年最后一届的谢纳庆共计 20 人。"偏微分方程"主要与李大潜联合培养，"数学物理"方向主要与胡和生共同指导。最后一个偏微分方程博士是他与李大潜、陈恕行三人合作培养，而也有两个"数学物理"博士是他自己单独指导的。两篇教育部优秀百篇博士论文获得者周汝光、乔志军都是他与胡和生共同指导的数理物理方向的博士，而且是同年毕业，但分获第一届与第二届优秀博士论文。除最后三名博士周羚君、陈礼周、谢纳庆是硕博连读外，也有不少硕士毕业再随他攻读博士学位，如孙龙祥、李得宁等。

另外，谷超豪在担任中国科学技术大学校长时，也在那里招收研究生，先后有 3 人毕业。1990—1993 年跟随谷超豪攻读博士学位的王晓宏，师从周培源 1990 年获得北京大学流体力学硕士学位，是谷超豪在科大培养的力学方面的博士，后任中国科大热科学和能源工程系教授，主要从事流体力等方面的研究。1994 年随谷超豪获得博士学位的胡茂林，后任中国科学院上海微系统与信息技术研究所研究员，主要从事计算机视觉、图像处理、模式识别和无线传感器网络的研究。

谷超豪培养的这些研究生，毕业后或留校任教成为复旦大学数学系与数学研究所的生力军如洪家兴、秦铁虎、周子翔、丁青，或留学国外继续在数学领域摸爬滚打如后任美国德克萨斯大学泛美分校数学系教授的乔志军，或到其他高校或研究所工作如后任江苏师范大学副校长的周汝光，将他们在谷超豪这里学习得来的无论是微分几何、偏微分方程还是数学物理包括力学方面的知识传承下去。其间，一代学术佳话是以谷超豪为承上启下的师徒三代当选为中国科学院院士。

# 师 徒 院 士

　　苏步青因"卵形论与投影微分几何等研究，主持浙江大学数学系"当选 1948 年首届中央研究院院士，是当年仅有的五位数学学科院士之一，其他 4 人分别是姜立夫、华罗庚、陈省身、许宝骕。作为中国微分几何学派的开山者，苏步青自然也当选为 1955 年中科院首届学部委员。他培养的学生谷超豪 1980 年因在微分几何、偏微分方程、数学物理等方面的卓越成就当选为学部委员，谷超豪的夫人胡和生作为苏步青微分几何的传人也于 1991 年当选为学部委员。李大潜、洪家兴作为谷超豪在偏微分方程领域的嫡传弟子分别于 1995 年、2003 年当选为院士。与苏步青、谷超豪、胡和生、李大潜、洪家兴等都是当选为中国科学院数学物理学部（数学科）院士不同，1985 年随谷超豪获得博士论文的穆穆，博士论文虽也是偏微分方程领域的研究，但主要是气象学方面的数学应用研究，2007 年作为大气动力学家当选中国科学院地学部院士。

　　1937 年 10 月出生于江苏南通的李大潜，1953 年考取复旦大学数学系，在这里他一头扎进了数学的海洋，先后跟随苏步青、谷超豪学习研究微分几何、偏微分方程，在纯粹数学与应用数学方面都取得了卓越成就。对一般形式的二自变数拟线性双曲型方程组的自由边界问题和间断解的系统研究，以及对非线性波动方程经典解的整体存在性及生命跨度的完整结果研究，均处于国际领先地位，得到国际上的高度评价。在理论研究的基础上，对各种电阻率测井建立了统一的数学模型和方法，并成功地在国内十多个油田推广使用。1997 年当选为第三世界科学院院士，2005 年荣膺为法国科学院外籍院士，2007 年被选为欧洲科学院院士，2005 年获得何梁何利基金科学与技术进步奖，2008 年获得中国数学界最高奖"华罗庚数学奖"。先后担任复旦大学研究生院院长、中法应用数学研究所所长、中国工业与应用数学学会理事长、国际工业与应用数学联合会执行委员等。

在复旦大学读本科期间，李大潜跟随苏步青与谷超豪，"知道了怎么思考问题，怎么做论文"，不完全停留于念书，开始从事科研。1956 年大学三年级时，在谷超豪的指导下写作了微分几何方面的学年论文

图 10-4  2005 年 5 月 15 日谷超豪八十华诞庆祝会上，谷超豪、胡和生夫妇与李大潜合影

《关于 $n$ 型卵形线》，并发表在国内知名的期刊《数学进展》上。1960 年，跟随谷超豪开始以高速飞行为背景从事拟线性方程组的理论及应用研究。翌年，谷超豪推荐他参加全国首届微分方程学术会议，将研究成果在大会上介绍。当谷超豪转向混合型方程的新领域时，李大潜接过了谷超豪在拟线性双曲组的领域接力棒，开始了自己的系统研究。"文化大革命"结束后，又在苏步青与谷超豪的鼓励与推荐下，赴法国深造，在法国现代应用数学学派创始人里翁斯院士指导下，走进了应用数学这一广阔的领域[1]。

李大潜说谷超豪的博学深刻地影响了他们这些学生辈，"他对我们的选择也很支持。但他对我们有一个要求，就是要越做越好，不能在一个层次上重复。这样的要求时刻警醒着我，工作要更加深入，要不断开辟新的领域"。李大潜在拟线性双曲型方程组的研究成果曾引起国内外的广泛重视，美国数学家 A. Majda 一再称颂李大潜的成果"已经发展了一个完整的理论"；美国数学家 D. G. Schaeffer 对李大潜与俞文魮合著的英文专著"拟线性双曲组的边值问题"（1985）评论道："他们以如此的功力和尽善尽美的方式来处理这一主题……将其推进到超过我原来想象可以达到的程度。"1992 年，李大潜与他的博士生合著的英文专著《非线性发展方程的整体经

① 闵卓：李大潜。见程民德主编：《中国现代数学家传》第 4 卷，南京：江苏教育出版社，2000 年，第 518-526 页。

典解》在英国出版，国际数学界评论该书"无疑将成为这项高难度研究中的一个里程碑"①。

1965 年毕业于复旦大学数学系的洪家兴，1942 年出生于上海，是改革开放后第一批博士学位获得者。他大学毕业后被分配到上海业余大学当老

图 10-5　1982 年谷超豪和洪家兴讨论数学问题

师。"文化大革命"结束后，考取复旦大学研究生，随谷超豪攻读硕士学位。谷超豪发现他基础扎实，悟性较高，故对他严格要求。读书期间，洪家兴曾因母亲生病产生退学念头，谷超豪知道后竭尽全力为他

解决困难，使他安心学习。1980 年 9 月，洪家兴参加了由北京大学、复旦大学、中国科学院、美国科学院联合举办的首届"国际微分几何与微分方程会议"（"双微会议"），发表论文《蜕型面为特征的混合型方程》，引起与会者的广泛重视。1982 年以《蜕型面为特征的微分算子的边值问题》获得博士学位，极大地推进了混合型偏微分方程的研究。毕业留校任教，全力从事偏微分方程及其几何应用方面的研究。

洪家兴说谷超豪带着大家"探索、开路"，"种种创业之初困难的事都由谷先生做了，而在找了一条通往金矿之路后，他就把金矿让给跟随他的年轻人去继续挖掘，自己则带着另一批年轻人去寻找另一个金矿"。在拟线性双曲型方程的研究上是这样，在混合型偏微分方程方面也是这样，谷超豪开山之后，就交给洪家兴等去继续探索。洪家兴全身心投入偏微分方程领域混合型方程的研究，在关于二维黎曼流形在三维欧氏空间中实现的经典问题的研究，首次得到了单连通完备负曲率曲面在三维欧氏空间中实

① 方正怡：展双翅翱翔——李大潜的数学人生。见方正怡、方鸿辉：《院士怎样做人与做事》。上海：上海教育出版社，2011 年，第 26-27 页。

现的存在性定理，所得条件接近最佳，对丘成桐所提出的有关问题的研究作了重要的推进。关于蜕型面为特征的多元混合型方程（包括高阶）的研究，获得了相当一般的边值问题的正则性和适定性，建立了迄今为止最一般的理论。他先后担任复旦大学数学研究所所长、"非线性数学模型与方法"教育部重点实验室主任。1991年获"做出突出贡献的中国博士学位获得者"，1995年获中国数学界专门授予杰出青年数学工作者的"陈省身数学奖"，1996年获求是科学基金会"杰出青年学者奖"，1997年获上海科技精英称号，2002年北京第24届国际数学家大会上作45分钟报告。

对于自己取得的成就，洪家兴认为是碰到了好老师："我跟对了老师，正好碰上历史给予的这样一个机会，又正好把握住了，所以才走上了这条路。"他说自己每次去见老师，谷超豪总要问："最近做些什么题目？进展如何？"这使他即使已功成名就也不敢停下前进的步伐。而谷超豪严谨的学风，也被洪家兴视为"传家宝"："论文里如何提及别人的学术贡献？与别人合作的文章，自己够不够资格署名？谷先生对这些都很严谨，我在指导学生时，在这些方面也就特别严格。"[1]

2007年当选中科院地学部院士时，穆穆才53岁，与谷超豪1980年当选中科院学部委员年龄差不多。他1954年8月出生于安徽省定远县，1978年毕业于安徽大学数学系，1982年获该校应用数学硕士学位，后考取复旦大学师从谷超豪攻读博士学位，1985年以《非线过度方程的一些定解问题》获得应用数学博士学位。他相关"大气物理"毕业论文完成后虽得到了谷超豪的肯定，但还是被派遣到中国科学院大气物理所实习半年，再回复旦大学答辩，原因是他对大气物理的基础了解不够。

博士毕业后，穆穆曾到大气物理研究所作博士后研究，也在多伦多大学物理系、剑桥大学牛顿研究所、香港科技大学、法国动力气象实验室与夏威夷大学国际太平洋研究中心进行合作研究。是首届国家杰出青年科学基金获得者，曾荣获中国科学院自然科学奖一等奖，"全国优秀博士后"

---

① 《年届七旬身欲退心未许——记中科院院士复旦大学数学研究所所长洪家兴》。网址（2013年1月15日下载）http://www.shanghai.gov.cn/shanghai/node2314/node2315/node4411/u21ai496225.html。

图 10-6　1984 年 11 月 30 日复旦大学博士研究生毕业合影（左一为穆穆）

称号，指导的学生曾获全国百篇优秀博士论文。在大气与海洋运动的非线性（不）稳定性方面，对于两维正压、多层斜压和三维连续层结准地转模式，建立了 Arnold 第二非线性稳定性判据。在天气、气候的可预报性研究方面，提出了条件非线性最优扰动（CNOP）方法，用该方法研究了厄尔尼诺春季预报障碍，海洋热盐环流对淡水通量扰动的敏感性等问题，揭示了研究可预报性问题时，使用 CNOP 方法考察非线性过程的重要性。

谷超豪最早的硕士研究生之一陈恕行教授，1941 年出生于浙江镇海，1962 年毕业于复旦大学数学系。1962—1965 年师从谷超豪读研究生，从事偏微分方程研究。毕业后留校任教，历任复旦大学讲师、副教授、教授，专于偏微分方程。与谷超豪等合作研究的"非线性双曲型方程组和多元混合型偏微分方程"获 1982 年国家自然科学奖二等奖，独立完成的"高维非线性守恒律方程组与激波理论"2005 年获得国家自然科学奖二等奖。2010 年应邀在印度海得拉巴城第 26 届国际数学家大会上代表偏微分

图 10-7　2005 年谷超豪与陈恕行合影

方程组作 45 分钟报告。著有 *Analysis of singularities for partial differential equations*（2011）、《拟微分算子》（2006）、《现代偏微分方程导论》（2005）等书。陈恕行说谷超豪在数学上看得很远，他在培养研究生的时候，"会教你一个很长远的战略眼光，这点是他的特长"。他很少和学生讨论具体问题，只是给你一个方向性的指导，让你自己去摸索，以培养学生的独立思考能力。不像现在有些导师一开始就让学生做很具体的问题，学生离开老师后就不知干什么。谷超豪这样的老师，他会给你指出一个好的有发展前景的方向，可以在其间耕耘一辈子[①]。

　　洪家兴自愧在研究生培养方面不如谷超豪，谷超豪对研究生的选题"独特而精妙"，总能给学生一个很好的方向。他让学生有抓手，而且深入下去会发现广阔的天地。"这就是大师的风度，在科研上他有很好的全局观。我现在带学生，就做不到老师这一点。"不仅洪家兴如此，谷超豪的其他学生可能也有相同的感受。正如陈恕行所说，复旦大学数学学科虽然

---

① 陈恕行访谈，2011 年 9 月 30 日，上海。资料存于采集工程数据库。

在全国还是占据非常重要的地位，特别是微分几何、偏微分方程、泛函分析等方面非常突出，但不可否认的是，面临新的发展局面，复旦大学的数学也面临危机，关键问题是未出现像谷超豪那样的在学科上很有影响的大师级人物 [①] 。对复旦大学、上海乃至中国数学的未来发展，可能是一直萦绕谷超豪晚年脑际不去的重要问题之一。

## "上海数学中心" 愿望终实现

2010 年，谷超豪获得 2009 年度国家最高科学技术奖。这是他生命中最为崇高的荣誉，但他从北京载誉归来后，却为如何培养数学人才而焦虑失眠。如何将上海周围的数学人才团聚起来，共同致力于中国数学的发展成为他日思夜想的问题。

人才是任何一门科学发展的基础，但数学科学的发展与物理、化学和生命科学等自然科学需要实验设备不一样，只要有人才和安静的书桌就可以。因此，人才的培养、聚集与吸引成为数学科学发展的关键。2005 年，由国家出资建设的北京国际数学研究中心在北京大学成立，致力于培养一流的数学人才，并成为海外优秀学者回国工作的平台与桥梁。作为北京国际数学研究中心学术指导委员会委员，谷超豪深知北京国际数学研究中心的成立与北方数学发展的关系。他以为该中心与天津的"陈省身数学研究所"作为北方数学研究的中心，可以带动北方数学的发展，那么在南方的上海建立一个南方数学中心，整合南方的数学力量，以带动南方数学的发展的蓝图日渐在谷超豪心目中呈现。2010 年 2 月，谷超豪以"建'南方数学研究中心'以数学强国"为题致函国家主席胡锦涛，请求国家拨款在上海创建"南方数学研究中心"：

---

① 陈恕行访谈，2011 年 9 月 30 日，上海。资料存于采集工程数据库。

尊敬的胡锦涛同志：

我很荣幸地获得2009年度国家最高科学技术奖。作为一个自然科学工作者，能获此殊荣我深为激动。我深深地感谢党和政府对我的关怀和重视，决心继续努力，为国家的科学事业贡献我的力量。我和复旦大学数学学院的一些同志经过讨论，特提出以下建议和想法，请您指正和考虑。

数学是一种文化，是人类文明的重要组成部分。数学在自然科学、社会科学，以及经济、金融、生物医学、信息科学和许多重要的高技术领域的发展中占有重要地位，具有深远影响。在科技高速发展的当代，世界发达国家都把保持数学方面的领先地位作为一项国家战略目标（最近美国总统奥巴马在其国情咨文中两次特别指出数学和科学的重要性），大力支持数学研究是确保国家科技持续发展的战略需要。

复旦大学数学学科在苏步青、陈建功等老一辈数学家的领导下，经过半个多世纪的建设，已成为一个学科门类齐全，师资力量雄厚，有一批在学术界有突出贡献的学科带头人的学科。现有中科院院士4名。复旦大学数学学科曾获得10项国家自然科学奖、3项国家科技进步奖，在上海乃至全国有着举足轻重的地位。复旦大学数学学科培养的学生中不断涌现出在各行各业有突出成就的人才与精英。就2010年国际数学家大会（四年一届的国际数学界最高盛会）而言，应邀在大会上作45分钟报告和一小时报告的6名大陆学者中，复旦的教师就占了2名。[①] 复旦大学亦是我国数学学科对外学术交流的重要阵地和吸引国际一流数学人才特别是学有所成的海外学子回国服务的理想家园。

上海是一个充满活力的大都市。改革开放三十年来，特别是近十年来，上海及周边地区的经济、社会建设取得了巨大的成就，数学事业也有了很大的发展和进步。2009年国务院明确提出要把上海建设

---

① 其中1小时报告为山东大学的彭实戈院士，45分钟报告分别是傅吉祥（几何组，复旦大学）、程崇庆（动力系统及常微分方程组，南京大学）、陈恕行（偏微分方程组，复旦大学）、张旭（控制与优化组，中科院数学与系统科学研究院）、徐宗本（科学与技术中的数学组，西安交通大学）。

成国际金融中心和国际航运中心。上海在建设"两个中心"的过程中需要数学的支持；上海建设"两个中心"也必将促进数学与其他学科的交叉并推动数学自身的发展。在此，我建议中央和上海市支持建立一个以上海为基地、联动周边地区高校与研究所的"南方数学研究中心"，与现已建成的"陈省身数学研究所"（天津）、"北京国际数学研究中心"南北呼应，形成我国数学事业科学发展的良好格局。建设一个与上海的国际地位相匹配的数学高等研究中心也是形势发展的需要。上海有海纳百川的传统，有厚重的历史文化底蕴，是我国对外开放的最重要窗口之一。我们希望抓住当前有利的国际形势，把南方数学研究中心建成为一个吸引海外高层次人才回归的平台。

历史上，许多在科学（包括技术）中产生很大影响的重要数学研究成果，其研究过程到被应用于具体实践相隔了几十甚至上百年。数学研究成果的这种后效性，具有普遍性。我们希望南方数学研究中心能够以人为本，遵守学科的发展规律，为青年人的迅速成长创造良好的条件，着眼于学生的培养，着眼于数学学科杰出人才的培养，构造和稳定一支具有高素质的创新人才团队，营造一个真正依科学规律办事的数学研究平台。

自20世纪80年代以来，高技术、新材料和生物工程的发展越来越多地依赖于数学、物理、生物、化学和电子工程等学科的交叉。这种学科的交叉是最有希望产生重大科学发现的领域，而数学总是起最重要的，甚至关键的作用。未来的南方数学研究中心将为数学与其他学科的交叉建设一个高水平的平台。

我们希望在不太长的时间里，把南方数学研究中心建设成为一个国际上有重要学术影响的数学研究中心，为我国早日建成"数学强国"作出积极的贡献。

上述建议是否有当，希望得到中央领导的指正和支持。

谷超豪不仅指出复旦大学数学的深厚传统与现有优势，并强调上海作为中国最为重要的都市之一，也具有海纳百川的文化传统与底蕴，建立一个与上海相匹配的数学研究中心，与已建成的"北京国际数学中心"、天津"陈省身数学研究所"南北呼应，形成中国数学发展的良好格局，推动中国数学的快速发展。谷超豪的信引起了中央的高度重视，胡锦涛三次作出重要批示。"南方数学中心"改名为"上海数学中心"进行筹建，成为2011年国内数学界的一件大事。上海数学中心的设立也成为谷超豪生命中最后最为关切与挂念的事情。2012年1月，再次中风的谷超豪已失去了语言表达能力。2月，得知上海数学中心已经获批即将成立时却突然十分激动，似乎有许多话要说。2012年5月13日，上海数学中心正式在复旦大学江湾校区正式挂牌。与已有的数学研究中心相比，上海数学中心首次将人才培养放在突出地位，将从本科生、研究生、博士生与青年数学家四个不同层次为国家培养数学后备人才。

就在上海数学中心奠基一个多月后，2012年6月24日，谷超豪的心脏停止了跳动，走完了他作为一个共产党人的数学人生。

# 第十一章
# 婚姻与家庭

日常生活和学术研究不能两全，科学家的家庭，似乎总要牺牲一个人，以使另外一个人有更多的精力来作更大的贡献。因此，人们常说："每一个成功的男人，背后必定有一个支持他的女人。"对于谷超豪来说，他的背后有一个成功的女人，还有一个全力支持他事业的家庭。

## 浪漫的邂逅

谷超豪生命中的"另一半"胡和生，是中国数学领域唯一的女院士。

胡和生祖籍江苏南京，1928年生于上海。祖父胡郯卿，号龙江居士，擅长写意花鸟，是南京很有名的画家。后携子寓居上海，以卖画为生，为海上六十名家之一。胡郯卿画风近程瑶笙，两人皆与国画大师吴昌硕友善，吴常常在胡郯卿画上代为题跋。父亲胡伯翔，名鹤翼，别署石城翁。幼承家学，绘画以山水为主，也作人物、走兽。作品曾受前辈吴昌硕、王一亭、程瑶笙等赞许。吴曾为之题曰"缶年已七一余矣，见有宋元笔意者，胡君一人而已"，并亲笔代订润例，称为忘年交①。胡伯翔还是中国早期摄影艺术的开拓者之一。1928年，他与郎静山、黄伯惠及北京的陈万里等人一起组织中华摄影学社。1931年又创办《中华摄影》杂志，担任中华摄影学社理事长。自20世纪40年代起，胡伯翔投身实业，先后任家庭工业社总经理、工业协会常务理事、机制国货工厂联合会常务理事、生产促进会上海分会副理事长、上海市化妆品工业同业会理事长等职。1949年后，为中国美术家协会会员、上海市美术家协会会员、上海中国画院画师。

胡和生出身于艺术之家，也会画上那么几笔。但她并没有像祖父、父亲那样走上艺术之路，却喜欢上了一般女孩子视为畏途、觉得枯燥无味的数学。中学毕业后，胡和生考上了上海交通大学数学系，1948年转入大夏大学数理系。毕业时，老师推荐她到同济大学担任助教。但胡和生还想继续深造，报考了北京大学和浙江大学的研究生，结果被两所著名高校同时录取。北大录取需进行入学体检，胡和生因肺结核未完全钙化，须进校后再次体检。而她一向对几何学感兴趣，知道浙江大学苏步青在几何学上的造诣，很是仰慕。于是她选择了浙江大学数学系，成了谷超豪的师妹。当时，谷超豪刚刚留校担任助教，兼管数学系图书室。1950年，胡和生和谷超豪因一个数学问题，在浙大求是园的图书室里相遇了。五十多年过去后，谷超豪仍清晰记得与胡和生初次见面的情景：

有一天我在数学系图书室里，遇到我们系的一位女研究生，叫胡和生，她说苏先生给了她一篇论文，她念了一些地方，有些地方没有弄清楚，她找别的教师问，别的教师看了也不大清楚，她就让我帮她看一看。我说：好啊。我问她：论文呢？她说她的论文在宿舍里面，她的宿舍离我的办公室还比较远，至少有十多分钟的路。当时已是秋天了，但天气还很热，她就回去拿了，气喘嘘嘘的拿了回来，我觉得这个小姑娘还不错，对学问很肯钻研。我把论文拿回去看了一看，觉

---

① 《上海美术志》编纂委员会：《上海美术志》。上海：上海书画出版社，2004年，第436页。

得还是可以理解的。我们共同讨论了一下，她就把论文的内容都弄清楚了。这是我们共同讨论数学的开始，她对我有一个好的印象。①

　　这是他俩讨论数学的开始，也是他们交往的开始。谷超豪的数学才能征服了胡和生，谷超豪也对这位小师妹产生了好感，不知不觉中爱情悄悄地来临了。胡和生后来对秘书虞彬说，那篇论文相当难，她找了很多老师，最后还是白正国教授让她去找谷超豪帮忙的②。谷超豪那时还是中共浙大总支统战委员和民盟杭州市委委员，在承担繁重的教学与科研任务的同时，还要从事党务工作，平时很忙。胡和生学习压力也很大，苏步青布置她读的论文，都是发表在国际数学杂志上的最新研究成果，有英文的，有德文的，甚至还有俄文的。有的是近百页的长文章，当时又没有复印机，手抄摘录都要花很多时间。在这样的重压下，胡和生感到只有依靠加倍的努力来攻克难关。因此，她硬着头皮复习英语、德文，又自学了俄文，借助各种字典，仔细阅读文章，逐步推导公式，一步步弄懂论文的主要内容和难点。这样的演算和思索，往往需要一整天时间，有时还要开夜车到深夜。这个时候，看似木讷却又善解人意的谷超豪，往往会给予她精神上的支持和学术上的帮助。苏步青讲解外微分形式课程时，有意引导学生重视难度很高的 Cartan-Kahler 外微分形式方程的理论，自己也是一边讲授一边学习，教学相长，互相讨论。苏步青说，外微分形式课程，真正学到手的只有谷超豪和胡和生两人。可以想见当时师徒三人共同讨论的景象，也可以想见谷超豪、胡和生两人相知相映共同学习互相促进的情形③。

　　少女情怀总是诗。谷超豪，温文尔雅，古文修养很好，能脱口成诗；胡和生，开朗健谈，喜爱音乐、绘画、摄影。他们除了切磋学问外，总有说不完的话题，两个年轻人的心迅速靠近。秘书虞彬曾经问谷超豪："您

　　① 谷超豪：答中央电视台"大家栏目"记者问。见谷超豪著：《奋斗的历程——谷超豪文选》。上海：复旦大学出版社，2005 年，第 221 页。

　　② 虞彬访谈，2012 年 10 月 17 日，上海。资料存于采集工程数据库。

　　③ 胡和生：严师的风范。见谷超豪、胡和生、李大潜主编：《文章道德仰高风——庆贺苏步青教授百岁华诞文集》。上海：复旦大学出版社 2001 年版，第 131 页。

和胡先生在杭州的时候，去哪里约会啊？"谷超豪思考了很久，回答说："孤山。"胡和生对秘书虞彬说，她和谷超豪互相有好感，但他俩都把主要精力投入到科研上。虽然浙江大学就在美丽的西子湖畔，但是两人一起游览西湖的次数屈指可数，难怪谷超豪想了老半天。

1950 年 6 月，苏步青受命作为主任，筹备中国科学院数学研究所。翌年，胡和生转为中国科学院数学研究所研究实习员，获得了第一份工作。1956 年，苏步青和陈建功受中国科学院委托，开始筹建上海数学研究室，后改名中国科学院上海分院数学研究所，苏步青任所长，胡和生也转入该所工作，并晋升为助理研究员。1958 年，数学研究所划归复旦大学，胡和生转任复旦数学系教师。

经过 7 年的"爱情长跑"，浙大埋下的爱情种子终于在复旦开花结果。1957 年元旦，谷超豪和胡和生喜结连理，成了人人称羡的数苑"神雕侠侣"。友人王元、魏道政等在给谷超豪、胡和生夫妇俩的贺信中写道：

一九五七年是一个幸福的年，这一年的第一天—元旦，更是一个大好的日子，我们由衷地向二位致以最友好的祝贺。

我们也借这个机会祝贺谷先生升为副教授，和生同志升为助理研究员。

您们是数学事业中的好战友，今天又成为最亲密的伴侣。说实在话，我们是很羡慕您们的。

我们一定虚心向您们学习。学习您们对数学研究工作及教育工作的热爱。学习您们刻苦钻研的精神，为人民做更多的事。

最后，让我们来提一个要求：别忘了把这最甜蜜的，富有意义的，同时也是幸福的糖，送一点给我们。

春节期间，谷超豪、胡和生伉俪特地在上海最好的国际饭店摆了三桌酒席，特意邀请了苏步青、金福临等复旦师友。谷超豪在温州的妹妹谷月霞、在杭州的妹妹谷月婵也赶来道喜，胡和生在南京的哥哥胡东初与放寒

图 11-1　1957 年夏谷超豪、胡和生夫妇合影

假回沪的妹妹胡美琛也一同参加了喜宴。在沪期间，谷家、胡家兄妹还去复兴公园等地游玩摄影，留下了美好的纪念。这一年夏天，当得知谷超豪正式被批准去苏联进修后，岳父胡伯翔亲自为女儿、女婿在复兴公园拍摄结婚照，镜头里记录下了小两口幸福甜蜜的时刻。

# 学 术 知 音

　　1957 年，谷超豪与胡和生结婚时，他们就商定，谁也不要因为家庭影响数学研究。还制定了"二保二"原则，即两个人共同持家，两个人在事业上共同进步。随后，谷超豪与胡和生在各自的研究和教学领域里独领风骚，各有建树，在共同感兴趣的领域也相互帮助，共同促进，为中国数学的发展做出了卓越贡献，也成为数学领域一对令人羡慕的"佳偶"。

　　浙江大学时期，胡和生随苏步青学习"一般空间微分几何学"和嘉当的"黎曼几何"两门课程。到复旦后，苏步青又以苏联几何学家诺尔琴的俄文专著《仿射联络空间》作为教材讲授仿射联络空间，他详细介绍了诺尔琴引进的一对共轭仿射联络。听课之际，胡和生想为什么只有一对共轭仿射联络？为什么不可以有多对呢？于是她提出多重共轭仿射联络的概念，并推导出几个定理，写成处女作《共轭的仿射联络的扩充》，交给苏步青。苏步青非常高兴，修改后推荐到《数学学报》（1953 年）发表。论文发表后，得到诺尔琴的重视和肯定，他在苏联《数学评论》作了详细介绍。在此基础上，胡和生又很快得出了关于仿射联络空间的一些成果，并写成两篇论文发表。

仿射联络空间的几何学是胡和生数学研究的起点，也奠定了她向数学领域继续前行的基础。仿射联络空间研究成果的取得，增强了胡和生迈向数学王国的信心，女性不仅可以在数学王国徜徉，而且可以很快取得非常重要的成就。她利用外微分形式方法的技巧，研究高维欧氏空间与常曲率空间中超曲面的变形理论、常曲率流形的结构等，发表了十多篇论文，这些工作改进了著名几何学家 E. Cartan、T. Y. Thomas 和苏联通讯院士 Yanenko 的研究成果。陈省身在美国的《数学评论》中介绍了她的成果，并给予高度评价。由于出色的研究成绩，1956 年她被评为中国科学院数学研究所先进工作者，所长华罗庚亲自写信向她表示祝贺和鼓励。

1958 年，否定、批判基础研究的"左倾"思潮干扰了中国数学界，胡和生也被波及，她和著名数学家陈建功一时间都成了众矢之的，成为走"白专道路"的典型。这位倔强的女性在压力面前并未气馁，反而更为进取。既然批判她脱离实际只重视理论研究，那就努力去做到理论结合实际。在那段时期，胡和生学习了弹性力学、量子力学和广义相对论等领域的知识，还和复旦大学原子能系的几位教师合作，开展了群论和核谱的研究，又学习了齐性黎曼空间几何学、群论和群表示论，进入了黎曼空间运动解空隙性的深入研究。她利用齐性空间理论，以李群及其表示论为工具，给出了正交群的最大不可约子群维数的最佳公式，建立了决定黎曼空间运动解的全部空隙性的有效办法，并由此得出了黎曼空间运动群的所有空隙。这一成就，解决了意大利著名数学家福比尼在 20 世纪初提出的问题。

也正是在这一时期，谷超豪在苏步青的指导下赴苏联进修并转向偏微分方程研究，胡和生成为苏步青微分几何在复旦最为倚重的助手。谷超豪留苏回国，对自己在微分几何方面的研究成果做了一个基本的总结，出版了他的第一本学术专著《齐性空间微分几何学》。胡和生在谷超豪的初稿上对全书做了增补，其参考文献不仅包括胡和生已经发表的论文，更有她未发表的相关黎曼几何的 3 篇论文。可以说，这部专著的出版，是谷超豪、胡和生夫妇在微分几何领域共同探讨与共同研究的结晶。

1974 年，应杨振宁的要求，胡和生与谷超豪等和杨振宁合作研究规范场理论。作为谷超豪之外最为重要的合作者，胡和生在合作研究中解决了不少重要问题，得到了杨振宁的赞赏（具体参阅本书第七章）。他们的研究成果后来曾获得国家自然科学奖三等奖。1979 年，胡和生单独研究了有质量的规范场。她把规范场的作用量和调和映照的作用量耦合起来，得出了有质量的规范场的一种生成方法。她还深入研究了静态解的存在性问题，发现了质量 $m \to 0$ 的极限情况和 $m=0$ 的情况大不相同。对于这一由数学推导出物理事实，美国著名物理学家德赛（S. Deser）曾称胡和生"是第一个给出了经典场论中极限 $m \to 0$ 时不连续性的显式事例"。法国 Lichnerowicz 院士和 Choquet–Bruhat 院士也十分称赞胡和生对规范场的工作，认为她在规范场方面取得了实质性的进展，得出了在物理上和数学上都很有意义的成果。

20 世纪 80 年代中期开始，胡和生和谷超豪把现代的孤立子理论和微分几何联系起来，发展了孤立子理论中的 Darboux 变换方法并将其应用到调和映照、常曲率曲面构造和线集论等问题。他们夫妇俩共同发表论文，联合指导研究生，将复旦大学的微分几何与数学物理研究向前推进。胡和生自己还建立起射影空间的 Laplace 序列和二维 Toda 方程二者的联系，得出求解方法，并又证明了复射影空间中 Laplace 序列成为调和序列的充要条件等等。

胡和生在微分几何、数学物理等领域成果累累，引起国际国内学术界的广泛重视，她多次出现在法国、德国、意大利、瑞士、日本的国际数学大会讲台上。在 2002 年世界数学家大会上，胡和生应世界妇女数学组织的邀请，作艾米·诺特讲座报告。这个讲座是为纪念伟大的德国女数学家艾米·诺特而设立的，从 1994 年起每四年请一位女数学家作学术演讲，能在世界数学家大会上作诺特报告，是女数学家的最高荣誉。1991 年，胡和生当选中国科学院院士；2003 年，荣膺第三世界科学院院士。她先后担任过中国数学会副理事长、上海数学会理事长和《数学学报》副主编。胡和生长期担任复旦大学数学研究所微分几何研究室主任，1993—2002 年曾担任国家自然科学基金会重点项目"整体微分几何和物理应用"负责人。

从研究生时期开始，胡和生一直从事教学工作，承担着大量的基础课和专业课的教学任务，指导高年级学生的微分几何专门化讨论班和毕业论文，长期协助苏步青培养研究生和独立培养研究生。1958年仅仅一个学期，就指导学生毕业论文达40篇之多。她关心学生，深受学生的敬爱与尊

图 11-2　谷超豪、胡和生夫妇与学生在一起

重，也培养了不少优秀的微分几何学家，她共有三位学生获得全国百篇优秀博士论文[①]。胡和生以她杰出的研究成果与卓越的教学能力，将苏步青开创的微分几何学研究不断向前推进，对我国数学学科的发展作出了相当大的贡献。

谷超豪接受中央电视台《大家》栏目专访时说："我和胡和生俩人在生活和研究上是相互支持的，我做的工作可以讲给胡和生听，她能够理解；胡和生做的工作可以讲给我听，我也可以理解。互相理解，互相激励，就是最大的乐趣。当然还可以互相提问题、建议和相互核验。"[②] 胡和

---

① 除与谷超豪合带的周汝光、乔志军外，还有与忻元龙合带的黎镇琦。

② 谷超豪：答中央电视台"大家栏目"记者问。见谷超豪著：《奋斗的历程——谷超豪文选》。上海：复旦大学出版社，2005年，第222页。

生则说："男人都深怕自己不如自己的老婆，我如果做出很好的工作出来，就会激励谷超豪也做出好的工作。同时我这个人不服输，不认为女人在业务上会不如男人，谷超豪做出好的工作，也会激励我也去做出好的工作。"胡和生还开玩笑："就是因为我太出色了，才逼着谷超豪更加努力，最后取得了那么多成就。"[1]

这就是我国数学界唯一的夫妻院士的真实心声，他们在相互帮助与相互支持中取得了一个又一个科学成就。胡和生每取得一个成果，谷超豪都会为她高兴，她每获得一个荣誉，谷超豪都会为她骄傲。1991 年胡和生荣膺中科院院士时，谷超豪曾赋诗《贺和生》云：[2]

苦读寒窗夜，挑灯黎明前。几何得真传，物理试新篇。

红妆不须理，秀色天然妍。学苑有令名，共庆艳阳天。

自 1950 年相识以来，这一对相知相印的老夫妇，一同面对各种困难与艰辛，也一同分享着取得科研成就的快乐。

# 相 濡 以 沫

谷超豪与胡和生婚后，一致认为生活应该力求简朴。他们当时住 12 平方米的房子，请了一个钟点工。阿姨是安徽人，非常能干，样样想得很周到，饭菜做得很好，针线活儿也漂亮，让夫妇两人节省了很多时间。想起这位勤劳善良的女性，谷超豪曾感动地说："阿姨在我家做了 45 年，退休了有时还来帮忙，可惜去年去世了，但她一家都还是我们的朋友。"[3]

---

[1]　虞彬访谈，2012 年 10 月 17 日，上海。资料存于采集工程数据库。

[2]　谷超豪：贺和生。见谷超豪著：《奋斗的历程——谷超豪文选》。上海：复旦大学出版社，2005 年，第 237 页。

[3]　《文汇报·近距离》编：《影响中国》上海：文汇出版社，2006 年，第 94 页。

这位安徽阿姨退休后，新的钟点工每天来工作一两个小时。其他零碎家务夫妇两人总是尽可能地自己多承担一些，好让对方有更多的工作和休息时间。作为妻子，胡和生常常想亲自动手弄点好的东西给谷超豪吃，让他增加点营养。谷超豪觉得这样太花时间了，他希望妻子尽可能地把时间挤出来搞学问，生活能简单就简单。

俗话说："时间就像海绵里的水，挤一挤总会有的。"夫妇俩总是想尽办法来节省时间。谷超豪会做些简单的饭菜，他戏称这是"自作自受"——自己做饭，自己享受。饭菜之所以简单，就是为了节省时间。他曾对采访他的记者说："比如炒个菜，你当然可以先把碗洗好再去炒菜，然后把炒好的菜盛到碗里去。但是根据统筹的方法就先炒菜，在煮菜的时间里去洗碗，洗好碗后把这个菜盛到碗里面，这样洗碗的时间就省出来了。总之，做得好不好不用管，时间要紧。"[1] 一整套流程完全符合运筹学的原理，数学家的生活中处处有数学。

谷超豪和胡和生都怕排队，排队太耽误时间，所以一般都不怎么去理发店。等到头发长了，都是自己洗了头，然后互相为对方剪头发，稍微修短一些就可以了。开始谷超豪不敢给胡和生剪，深怕把她的头发剪坏。胡和生就鼓励他说，不要怕，剪坏就剪坏呗！慢慢地，谷超豪学会了简单的理发，后来他还学会了给胡和生漂染头发。

1962 年 6 月，谷超豪和胡和生的儿子谷晓明出生。谷超豪已 36 岁，胡和生也年过 34 岁，中年得子，夫妇两人都沉浸在喜悦之中。此时，国家刚刚经历了三年困难

图 11-3 谷超豪、胡和生夫妇与儿子谷晓明合影

① 谷超豪：答中央电视台"大家栏目"记者问。见谷超豪著：《奋斗的历程——谷超豪文选》。上海：复旦大学出版社，2005 年，第 222 页。

时期，经济形势逐渐好转，政治运动相对较少，也重视科学研究工作。这段时间正是谷超豪和胡和生科研事业的发展上升期，夫妇俩顾不上在家照顾孩子，全身心投身于教学与科研工作。不久"文化大革命"开始了，谷超豪和胡和生都受到了冲击。一旦环境有所好转，夫妇俩又忙于科研，根本没时间去照顾谷晓明。有一年冬天，谷超豪妹妹谷月卿到上海出差，看到年幼的侄子还穿着单裤，冻得直发抖。谷晓明说，爸爸、妈妈只知道工作，忘记给他买棉裤了。谷晓明到杭州亲戚家去玩，穿的鞋都是破的，姑姑实在看不下去，掏钱给他买了新一双新鞋①。改革开放后，谷晓明大学毕业，远赴德国攻读数学博士学位，后曾长期留居国外。对于这个儿子，谷超豪、胡和生夫妇俩总觉得有一些愧疚。

少年夫妻老来伴，儿子出国以后，谷超豪和胡和生夫妇二人相互照顾，生活方面虽然过于简单了一些，但各自忙于科研，倒也其乐融融。

谷超豪家里有十多个大书柜，夫妇俩的藏书并不分彼此。胡和生说："我们两人研究的问题不一样，各人有各人的领域，但有共同的兴趣。把书放在一起，共用一个书房还是很方便的。我自己另有一张小书桌，有轮子可以推来推去，哪里光线好，我就在哪里看书。这个活动书桌不是我设计的，是华山医院用来给病人送饭送药的活动推车，我买回来当多功能书桌用。谷超豪很羡慕，他也想买一个。"其实，胡和生总是把靠窗的光线最好的地方留给谷超豪，自己就用房间里光线不怎么好的地方。

谷超豪自小由信佛的婶婶领大，所以受其影响，幼年只吃素食，肉和鱼都不吃。后来在外求学，改变了偏食的习惯，开始喜欢吃肉但一直不爱吃鱼，他嫌吃鱼太麻烦，太浪费时间。胡和生说："刚刚结婚的时候，他不肯吃鱼。我说这人嘴巴好刁，后来发现谷超豪的确对鱼难以下咽。可是吃鱼有利于健康，我就想办法，做最新鲜、最好吃的鱼，让他一点点适应，最后谷超豪总算学会吃鱼了。"

胡和生爱吃鱼，谷超豪爱吃肉，尤其爱吃红烧狮子头。2008年，谷超豪因病住在华东医院，当时新来了一位年轻的营养师，他认为谷超豪甘油

---

① 谷月卿访谈，2011年10月11日，北京。资料存于采集工程数据库。

三酯较高，不允许他吃医院的红烧狮子头。谷超豪吃不到红烧狮子头，就向前来探望的胡和生诉苦。胡和生特地找到那位营养师，希望能通融一下，让谷超豪解解馋。但年轻的营养师很讲原则，一是一二是二，不管谁求情，坚决不同意。胡和生了解谷超豪，知道红烧狮子头是他的最爱，若是吃不到嘴不开心，也不利于病情的康复。于是，胡和生去找了营养科的主任，又找了谷超豪的主治医生。两位科学院院士，为了要吃红烧狮子头，上上下下不知跑了几次，一时成了华东医院的趣闻。没办法，两位主任医生只好向胡和生妥协，同意给谷超豪吃半份红烧狮子头。当谷超豪得知医生同意他吃红烧狮子头，高兴得像个小孩。出院之后，胡和生独创了一种用龙凤汤圆里的肉馅做红烧狮子头新方法。她先把鲜肉汤圆在水里煮熟，再取出里面的肉馅，加入酱油后煸炒，这样油脂既少又美味可口的红烧狮子头就做好了。谷超豪品尝后，对此赞不绝口。

至于平时，谷超豪和胡和生的饮食非常简单。早饭一般是上海人常吃的泡饭，下饭的小菜为蘸着酱油的白切豆腐干。午饭和晚饭，基本上也就两三个菜，有荤有素。谷超豪喜欢吃肉，所以经常会烧些芹菜肉丝、青菜肉丝。胡和生喜欢吃鱼，于是也常常会烧点小黄鱼、鲈鱼等水产品。

2004 年秋天，谷超豪在例行的体检中查出前列腺某些指标偏高。胡和生打听到吃炒西红柿有利于前列腺的保养。从此之后，胡和生每天都要为谷超豪炒一盘西红柿。如果遇到谷超豪在外地出差，胡和生就会特别叮嘱秘书虞彬，每天至少保证替谷超豪点一份炒西红柿。

胡和生出身书画世家，对美有天生的感悟力，尤其在意色彩的搭配和样式的和谐。平时忙于工作，胡和生不怎么修饰打扮，在一些正式的场合，也会化些淡妆，显得更加优雅和知性。谷超豪每次出席重要活动，胡和生都要为他挑选最合适的衬衣和领带。2010 年谷超豪荣获国家最高科学技术奖，去北京人民大会堂出席颁奖大会，与胡锦涛主席合影留念。当时他穿的西服、衬衣和领带，都是胡和生精心挑选的。

胡和生爱花，领导、同事、朋友登门拜访，总会送来一些君子兰、蝴蝶兰、牡丹花，所以家里种着很多花。如果送的是花束或花篮，胡和生就会挑出最喜欢的花朵插到花瓶里，摆在桌子上。胡和生也喜欢养花，养的最多是太阳花。谷超豪会帮忙给花浇水、施肥，遇到台风或霜冻天，负责把一盆盆花从阳台搬到室内。胡和生喜欢太阳花，谷超豪还专门写过一首《咏太阳花》的诗①：

> 偏怜人间酷暑中，朝朝新蕾化新丛。
> 笑倾骄阳不零落，护育精华无闲空。

业余时间，除了种花，胡和生喜欢看些轻松休闲的连续剧，比如《还珠格格》。而谷超豪则喜欢看抗日题材的连续剧，比如《亮剑》。谷超豪偶尔还会看一些球赛，2004 年雅典奥运会时，他曾熬夜看中国女排的比赛。谷超豪对足球兴趣不大，他说："我不大看足球，球门那么大，踢来踢去，半天也进不了一个球，真急人。还是篮球、排球好看，不过到了最激烈的时候，我也不看，太紧张，吃不消。"②

夫妇两人也有小别的时候，有的时候谷超豪要出国参加学术活动，一走就是几个月。胡和生最牵挂的就是谷超豪的健康，一次她在信中写道：

> 你在外面，我最关心的是你的健康。因为这样忙这样累，天冷，所以请你多多注意。晚上泡泡脚，多泡一些时间。由于天气冷，西洋参和白参一起吃。我寄给你的白参想必已收到。这白参很新鲜。
> ……
> 好好注意身体，平平安安地回到上海，我在家里欢迎你。

写这封信的时候，胡和生自己正患病住在医院，信中处处流露着对丈夫的关心和思念。

---

① 谷超豪：咏太阳花。见谷超豪著：《奋斗的历程——谷超豪文选》。上海：复旦大学出版社，2005 年，第 235 页。
② 虞彬访谈，2012 年 10 月 17 日，上海。资料存于采集工程数据库。

1990 年，胡和生访日归来，谷超豪即兴做了一首《赏花》诗<sup>①</sup>：

> 小楼朝朝报花开，骄阳倩影两相辉。
> 近日花群更艳盛，护花和姨东瀛归。

谷超豪借用胡和生喜爱的太阳花为喻，写出了对爱妻胡和生归来的欣喜，夫妻之情溢于言表。

## 兄 弟 姐 妹

谷超豪有两个姐姐、一个哥哥、两个弟弟和三个妹妹。大姐谷素莲、二姐谷仲莲在他还未出生的时候就已经出嫁了，平时往来不多。其他几个兄弟姐妹，年龄比较接近，大家从小一起长大。

谷超豪的大哥谷超英，后改名谷力虹，对他影响很深，是他投身革命事业的领路人。谷力虹在中共中央宣传部工作，后调入中共中央对外联络部任职。每次去北京出差，谷超豪都要抽空去看看大哥。2005 年 7 月，上海电视台《七分之一》

图 11-4  1950 年谷超豪在济南和兄谷力虹（超英）、嫂林悦合影

---

① 谷超豪：赏花。见谷超豪著：《奋斗的历程——谷超豪文选》。上海：复旦大学出版社，2005 年，第 235 页。

栏目做了一档访谈节目，记者问谷超豪对他影响最大的人是谁？谷超豪毫不犹豫地说是他大哥谷力虹。事后，记者对谷超豪秘书虞彬说："我原以为谷先生肯定会说是苏步青先生，因此事先还准备了采访提纲，没想到谷先生说的是他大哥。"后来，这段采访内容被电视台剪辑了，没有播出。2006 年 5 月，谷力虹在北京病逝。谷超豪得到消息，立即打电话给秘书虞彬，一边流泪，一边口述了下面这首悼念诗，让虞彬将此诗传到北京：

敬爱的大哥，谷力虹同志
你永远地离开我们了
你那坚强的、革命的、理性的明灯
会永远发射光芒

你的中学时代
是我开始懂事的时候
你摆脱旧式家庭的阻挡
参加抗日宣传的队伍
开始了革命的一生
温州中学的进步组织"九月"、"五月"读书会
有你的心血和勤劳
白色恐怖下的温州城区
你英勇机智顽强
领导着地下的斗争

孱弱的身躯
充满着火一样的热情
奔赴新四军皖南总部
奔赴苏南敌后根据地
奔赴山东解放区战场
用你的笔奋勇争斗立下功劳

作为你的弟弟
深深感谢你的教育和关怀
当我沉湎于武侠小说的谜团
你向我展示了《大众哲学》
使我眼界豁然开朗
当我对抗战前途感到迷惘
你向我展示了《论持久战》
使我认识了中国共产党
你知道我爱好科学
向我介绍了《十万个为什么》
使我在日常生活中体会到科学的光芒
你的行为感动了我
为我的一生奠定了基础和方向
也为弟妹们树立了榜样

全国解放结束了九年的分离
济南的欢聚永志不忘
在北京幸常能相见
虽说是和平的环境
你却总是在风口浪尖
你的工作内容十分机密
我只知道你的深入细致和勤劳
你钻研深刻的理论问题
又从头学习艰难的俄文
为一些词句的翻译费尽推敲

离休的生活带来了宁静
病痛的折磨仍然难逃

骨折后还能练得起床行走

三十二公斤的体重

抗击病魔的侵扰

八十五高龄已是奇迹

体现出你意志的坚强


革命者淡看生死

我们悲伤但也不过分忧伤

我们将按共同的理想安排高龄的人生

你这明灯永远在我们心中点燃[1]


　　谷超豪的大妹妹谷月卿，自幼学习成绩优秀，高中毕业后谷超豪鼓励她走出家乡报考大学。那是 1949 年，谷月卿只身来到杭州，找到二哥谷超豪。当时，谷超豪刚刚毕业留校当助教。他把妹妹安顿在浙大女生宿舍，并有意让一位女学生党员来接近她，在生活上照顾她，引导她走上进步的道路。后来，在谷超豪的支持下，谷月卿考上了上海医学院药学专业，毕业后分配到长春第一军医大学工作。20 世纪 80 年代中期，谷月卿与爱人傅方浩一起调到北京中国康复研究中心担任研究员，是中国药学领域著名的专家。回忆起二哥谷超豪对她的帮助，谷月卿深情地说："我上大学是二哥全力支持的，没有二哥我不会上大学的，解放以前女孩子上大学的很少。你想，一个女孩子从来没有出过门，要去一个陌生的城市读书，多不容易啊！无论是思想上、生活上还是学习上，二哥对我帮助挺大的。"[2] 谷超豪也特别喜欢这个聪明的大妹妹。1951 年，谷超豪到布拉格参加世界科协代表大会，回国后把在布拉格买的水晶鞋送给了谷月卿。

　　谷月婵是谷超豪的二妹，在杭州工作，是单位的会计。谷超豪经常去杭州出差，所以和这个妹妹的联系比较多。

---

① 谷超豪：悼念大哥谷力虹同志。《温州日报》，2006 年 6 月 5 日瓯越副刊。

② 谷月卿访谈，2011 年 10 月 11 日，北京。资料存于采集工程数据库。

谷月霞是谷超豪唯一的同父同母的妹妹，一直在温州工作，长期担任妇女干部和农村干部。谷超豪每次回温州，再忙也要抽空与谷月霞见面。时间允许的话，还会请谷月霞一家吃饭。谷月霞的腿脚不太好，来谷超豪住宿的宾馆看望哥哥，路上很不方便。出于对妹妹的疼爱，一向公私分明的谷超豪动了点私心，他请温州有关方面派车顺路接送她一下。但谷月霞知道哥哥的性格脾气，每次都予以拒绝。她说我来看自己的哥哥，何必要沾公家的光？

　　谷超豪同父异母的弟弟谷超志，年少时在平阳县跟着二舅舅学习酱油制造，1949年在温州开了一家小的酱油杂货店，做点小生意。谷超志的妻子是大妈妈陆仲祯的侄女、谷超豪的表妹陆兰聪。在所有的兄弟姐妹中，谷超志一家生活相对比较清贫，谷超豪经常寄钱给他们。1962年，相传台湾计划反攻大陆，东南沿海地区进入战备状态。谷超志年仅5岁的女儿谷小娥曾跟着奶奶，投奔上海的二伯谷超豪，并在一起生活了将近一年。谷超志自幼体弱多病，1995年1月15日去世。弟弟去世后，谷超豪非常惦念家乡的亲人，每次回温州总会买些上海的糕点，带给弟媳妇和侄子、侄女们。虽然见面不多，侄子谷远行、谷远来还是很熟悉这位住在上海的二伯伯，父母常常会在孩子们面前提起他。"离开家乡那么多年，二伯一直保留着家乡的口味，尤其喜欢瓯柑。每次去探望他，若是瓯柑产出季节，总会带很多过去。他说瓯柑好吃，苦中带甜。"[1]

　　谷超俊是谷超豪最小的弟弟。在他的印象中，谷超豪是一位德才兼备的数学家，或者说是一位又红又专的数学家。而在弟弟妹妹的眼中，谷超豪更是一位可亲可敬的兄长。"二哥比我大7岁。小时候，我大约五六岁的样子，他已经十二三岁了。我只到他半腰那么高，他两只手把着我，这么托着我往前走。嘴里还哼着歌，我记得哼的是《夜半歌声》。这件事情，这首歌曲，我还有印象。"[2] 在二哥的影响下，谷超俊很早就参加了地下党的外围组织，后参加了空军，成为空军通讯学院教授，知名的密码专家。

---

① 郑海华、翁卿仑：写在谷超豪院士获得国家最高科技奖之际。《温州日报》，2010年1月12日。

② 谷超俊访谈，2011年10月11日，北京。资料存于采集工程数据库。

图 11-5  谷超豪与兄弟姐妹等人合影

当组织上选调谷超俊参军从事机密工作路经杭州时，谷超豪特意帮他给一位北京的熟人写了封信，托他照顾年幼的弟弟①。谷超俊有个女儿在德国，由于他的工作涉及国家机密，几次申请出国探亲都没被批准。对此，谷超豪认为组织上不让弟弟出国是正确的，和国家安全比起来，个人利益受点损失又算得了什么呢？在哥哥的影响下，谷超俊也有着一身的正气，他在学校当领导的时候没有人敢给他送礼。

谷家兄弟姐妹之间感情很好，但大家天各一方，很少有聚在一起的机会。20 世纪 90 年代，有一次谷超豪来北京开会，谷月卿打算乘这个机会召集兄弟姐妹们一起到北京聚一聚。那时谷月卿已经退休，在深圳某单位帮忙。谷力虹和谷超俊在北京，谷月婵在杭州，谷月霞和谷超志在温州。外地的这些弟弟妹妹约定，在北京飞机场集合，然后一起坐车去谷月卿家。第二天，谷超豪也来了，大家一起吃饭、聊天，都很高兴。由于谷超豪还有会要开，需要早些休息，谷月卿就安排他睡在另一套住房内。其他兄弟姐妹聊得很晚，大家都睡在一起。那天兄弟姐妹聚会，光顾着高兴

①  谷超俊访谈，2011 年 10 月 11 日，北京。资料存于采集工程数据库。

了，竟然忘记拍照片了，现在想想谷月卿还是一肚子的遗憾[1]。2005 年 5 月 15 日，谷超豪八十大寿[2]，弟弟妹妹们都赶来了，还带着各自的儿女，给这位老寿星祝寿。谷超豪很开心，那是一次难得的家庭大聚会。亲人们的祝福也是谷超豪收到的最好的一份生日礼物。

---

[1] 谷月卿访谈，2011 年 10 月 11 日，北京。资料存于采集工程数据库。

[2] 谷超豪出生于 1926 年 5 月 15 日农历四月初四，中国南方地区有"过九不过十"的习俗，因此 2005 年 5 月 15 日是谷超豪八十寿辰。

# 第十二章
# 业余生活

在一般人的心目中，科学家不是在实验室手忙脚乱，就是枯坐书桌前苦思闷想，他们的生活不是紧张就是枯燥无味。其实，科学家也是人，他们也有丰富多彩的日常生活，也要与亲友聚会，也要与儿孙一起享受天伦之乐。谷超豪作为一个卓有成就的数学家，他的业余生活丰富多彩。与导师苏步青一样，谷超豪在古诗词上有较好的修养，留下不少诗篇，更留下不少追念师友的文字，不仅供后人品评，更让人们了解他深厚的情感世界。

## 诗 歌 创 作

孔子曰："仁者乐山，智者乐水。"温州素有"七分山，二分水，半分路屋，半分田"之称。生于斯，长于斯的瓯越文化自然也离不开山水，山之仁在于其庄重，水之智在于其灵动，这激发了文人墨客对温州山水的歌颂。温州是中国山水诗的发祥地，山水诗派的开创者谢灵运，于公元422年出任永嘉太守，留下了不少描写温州山水的诗歌。其中《登江中孤屿》诗，引来李白、韩愈、杜甫、孟浩然等历代诗人相继讴歌赞美。据不完全统计，历代达官显宦、文人墨客留下吟咏江心屿的诗词歌赋约800多首，江心屿由此被誉为"中国诗之岛"。雁山云影，瓯海潮踪，从山水诗鼻祖谢灵运，到南宋时期的"永嘉四灵"，再至一代词宗夏承焘，温州是个诗人辈出的地方，一个堆积诗歌的城市。

谷超豪从小就喜爱古典文学，小学四年级时开始读《三国演义》、《东周列国志》等历史小说。小学四五年级时，家里还请了一位老先生教"夜学"。老先生让谷超豪读《千家诗》，又要他背诵《诗经》，并不作解释，也不要求他读懂。回想起来幼时的"夜学"，谷超豪说这种不求甚解的教学方式并不好，对小孩身心是一种摧残，但毕竟"开卷有益"，多多少少总能留下一点印象，为他以后的诗歌创作奠定了基础。

谷超豪读高中的时候，词学大师夏承焘到温州中学来兼课。出于对传统诗歌的喜爱，谷超豪和一些同学常去旁听。他听过夏承焘对杜甫的《月夜》和苏轼的《临江仙》的讲解，简朴的语言所蕴含的深沉的感情和意境，深深映入了脑海，让人回味无穷。那时，谷超豪常常自己阅读《唐诗》和《庄子》的部分篇章[①]。

诗是文学中的文学，在艺术领域中，诗无所不在。数学是自然科学王冠上一颗璀璨的明珠，"一门科学只有成功地运用数学时，才算达到了真正完善的地步"[②]。谷超豪认为古典诗词和数学是相通的，文学艺术的潜移默化，对于他的数学思维，也许起了一定的作用：

> 我觉得中国文学作品中，非常精炼、非常简朴的词句可以包含许多深刻的内容。"欲穷千里目，更上一层楼"、"野火烧不尽，春风吹又生"等名句，在具体的事物中蕴含深刻的哲理，既具体又抽象。我在大学时代特别喜欢射影几何学，我觉得它具有与古诗词相仿的美，因为它的基础概念就是直线、点以及相交性这样简朴的概念，却能据

---

① 谷超豪：古典文学对我的熏陶。见谷超豪著：《奋斗的历程——谷超豪文选》。上海：复旦大学出版社，2005年，第173—174页。

② 保尔·拉法格：忆马克思。见：《回忆马克思恩格斯》，北京：人民出版社，1973年，第7页。

此建立起非常丰满、完善的理论。

　　数学非常重视对称，中国古典文学中，对称表现得非常突出，这和汉语的结构有关。旧体诗中的"对仗"所显现出的独特的美，用其他民族的语言文字，似乎是无法实现的。如"无边落木萧萧下，不尽长江滚滚来"、"楼船夜雪瓜洲渡，铁马秋风大散关"等，这些蕴含着对比、联想的诗句，比一幅幅宏伟的图画更加壮丽，更能体现那种哀怨、豪放的情操，这是何等地动人！在数学中，对称性的引入，不仅产生了非常有力的研究方法，而且，对各门科学都产生了巨大的影响，并使数学因此而增添了惊人的美感。在这一点上，数学与古典诗文两者之间又是何等地相似！[①]

　　更重要的是，谷超豪认为古典诗词与数学相通的地方是其简洁性："中国古典诗词最大的魅力在于它能用简洁的语言来表达丰富的意思。在某种程度上它与数学有相通的地方，数学中的好成果也往往是很简洁而具有精深内容的东西。"简洁性是科学之美最为突出的表现，也使科学家们最高的终身追求，就像爱因斯坦想用统一场论这样简洁的理论来表征丰富的自然世界一样。这可能是谷超豪在数学之外，喜好诗词的重要因素。

　　谷超豪曾告诫广大热爱理科的青少年："不要重理轻文，任何科学都需要语言的表达。读理要有文学功底作支撑。"他认为文学作品也很讲究逻辑，比如"诸葛亮舌战群儒"一段，诸葛亮与群儒都是聪明人，他们的逻辑推理能力很强，辩论起来，能使对方无懈可击。

　　"除了诗歌和小说以外，马克思还有一种独特的精神休息法，那就是他十分喜爱演算数学。代数甚至是他精神上的安慰。"[②] 诗歌则是谷超豪科研教育工作之余的调味剂。谷超豪说，数学工作者也是平常的人，他们不仅仅是终日和数字、公式、公理、定理打交道的人。他们也有喜怒哀乐，也会欣赏大自然的美，对社会、对人生同样有理想和志向，并且也有把它

---

[①] 谷超豪：古典文学对我的熏陶。见谷超豪著：《奋斗的历程——谷超豪文选》。上海：复旦大学出版社，2005 年，第 175 页。

[②] 保尔·拉法格：忆马克思。见：《回忆马克思恩格斯》，北京：人民出版社，1973 年，第 6 页。

们表达出来的愿望。

谷超豪偶尔也写一点旧体诗，但他未曾经过正规的训练，又由于温州方言、上海话和普通话的混杂，他始终没有掌握好平仄，也不懂音律，但却经常试图用旧体诗的形式来表达他自己的感情。"写到哪里是兴致所致，不一定非常讲究格律。我写诗是要以诗言志，有时就是把某一段时间里碰到的事情写下来，自娱自乐。"谷超豪还说："用最少的几句话，就能既抽象又具体地表现出一种意境，一种思想感情，这是很大的快慰。"[①]

据统计，谷超豪公开发表的诗作共计42首[②]。在这些诗里，有谷超豪对科研的感悟，对故乡的眷恋，对往事的追忆，对亲友的怀念……

在许多人眼里，数字枯燥而无味，谷超豪却看到了数学之美。"人言数无味，我道味无穷。良师多启发，珍本富精蕴。解题岂一法，寻思求百通。幸得桑梓教，终生为动容。"这是谷超豪为母校温州中学90周年校庆作的一首诗，尽情抒发了他对数学终其一生的热爱与眷恋。

在几十年如一日的数学研究中，谷超豪经常利用自己深厚的文学功底，将数字化枯燥为神奇的无穷乐趣用诗意的语言表达出来。1986年，他乘船去浙江舟山讲学时，曾写过一首诗："昨辞匡庐今蓬莱，浪拍船舷夜不眠。曲面全凸形难变，线素双曲群可迁。晴空灿烂霞掩日，碧海苍茫水映天。人生几何学几何，不学庄生殆无边。"其中第二句讲的就是微分几何中的两个著名定理。"人生几何学几何"这样隽永的诗句，表达了丰富的内涵，"第一是几何一定要学"，"第二要活到老、学到老"，"第三人生虽然有限，但可以去探索无限的学问，能够不断地掌握新知识"[③]。

谷超豪曾将自己的三大研究领域——微分几何、偏微分方程和数学物理，亲昵地称为"金三角"。他将科学与美的思维完美结合，在《观巨型皂泡飞舞》的诗中写道："斯人雅兴殊堪羡，盈尺珠玑迤逦开。凸凹婆娑飘飘

---

① 谷超豪：古典文学对我的熏陶。见谷超豪著：《奋斗的历程——谷超豪文选》。上海：复旦大学出版社，2005年，第175页。

② 本节所引诗歌，均收入谷超豪著《奋斗的历程——谷超豪文选》。复旦大学出版社，2005年出版，不再一一注明。

③ 谷超豪：获奖是对数学这门学科地位的肯定。见谷超豪著：《奋斗的历程——谷超豪文选》。上海：复旦大学出版社，2005年，第190-191页。

舞，谁能解得方程来。"他所从事的数学研究，在这首诗中巧妙地得以表现。

苏步青也喜爱诗歌，常有佳作。1982 年，苏步青、谷超豪、胡和生、李大潜三代学人同游巴黎，苏步青作诗一首以志其事。诗曰："万里西来羁旅中，朝车暮宴亦称雄。家家塔影残春雨，处处林岚初夏风。杯酒真成千载遇，远游难得四人同。无须秉烛二更候，塞纳河边夕照红。"多年以后，谷超豪重访巴黎，想起师生 4 人当年那次难得的美好时光，感慨万分，也写了一首和诗："此行不觉独行苦，但忆昔行四人同。艾菲金光壮夜色，塞纳银波逐晨钟。灯船穿梭天桥下，飞车织网地道中。不羡花都繁华地，多重孤子上高空。"

从教六十多年多年，谷超豪桃李满天下。在他培养的众多学生中，涌现了李大潜、洪家兴、穆穆、陈恕行等众多人才。"半纪随镫习所之，神州盛世正可为。乐育英才是夙愿，奖掖后学有新辉。"这首《和苏诗》正是谷超豪一生诲人不倦的真实写照。

图 12-1 谷超豪登黄山天都峰留影

生活中的谷超豪喜欢爬山。"上得山丘好，欢乐舍苦辛，请勿歌仰止，雄峰正相迎。"这首诗，也是他不断攀登数学高峰艰辛与欢乐的真实写照。"谁云花甲是老人，孜孜学数犹童心。更兼巧荆喜硕果，夜阑求索乐知新。"在科学的王国中，没有止境，在数学的世界里，谷超豪永远保持着一份勇于探索的童心。

"诗言志，歌永言。"谷超豪说这些诗是他对于情、事、志的真切的、简洁的叙述。这些诗也陪伴着他登上了一座又一座科学的高峰。

# 师 友 情 深

谷超豪坎坷的一生，受到不少人的影响，他们在他的生命历程中留下了深深的烙印，谷超豪也用文字表达了对这些师友的怀念与思念。其中，谷超豪对恩师苏步青着笔最多，写了不少的纪念文章，包括《苏步青先生与进步学生运动》、《离乱坚斗志、盛世展宏图——悼念苏步青老师》、《科学和教育战线上的伟人——追思苏步青老师》等。为庆祝苏步青百岁诞辰，还与胡和生、李大潜主编一本纪念集《文章道德仰高风》。苏步青逝世后，谷超豪在《离乱坚斗志、盛世展宏图——悼念苏步青老师》一文写道：

> 我在他身边学习、工作了 57 年，他的去世，我感到特别的悲痛。同时，我也为有他这样的老师而感到自豪。在他的一百年生涯中，做出了这么多的贡献，创建和发展了这么多的重要的事业，培养了这么多的人才，的的确确是辉煌灿烂的一生。作为后人，我们大家都应该化悲痛为力量，努力学习他那艰苦奋斗，奋进创造，不断学习的精神；继承他的遗愿，把他所开创的各项事业办好，把研究、教育等各项工作做好，青年学生更应遵循他的谆谆教导，努力学习，在德智体美诸方面得到全面发展，为国家的建设继续作出应有的贡献。[①]

谷超豪最早的一篇纪念文章，是 1947 年于子三牺牲后写的，编入《踏着烈士血迹前进》这本由浙大党总支定稿的纪念文集中，可惜现在已经无法找到了。于子三，原名于泽西，山东牟平县初家镇（今属烟台市莱山

---

① 谷超豪：离乱坚斗志 盛世展宏图——悼念苏步青老师。见谷超豪著：《奋斗的历程——谷超豪文选》。上海：复旦大学出版社，2005 年，第 127 页。

区）前七奓村人。在中共杭州地下党组织领导下，于子三带领浙大和杭州其他大专院校学生与政府当局展开了英勇顽强的斗争，成为一名著名的学运领袖。1947 年 10 月，于子三被特务秘密逮捕，惨遭杀害。50 年后，在《纪念于子三烈士牺牲五十年》的文章里，谷超豪写道：

> 于子三是为人民利益而死的。当时我们有一句口号："一个人倒下去，千万人站起来。"他的牺牲，教育了千万的青年学生，更坚决地和敌人作斗争，也感动了以竺可桢校长为代表的主持正义的教授们，使他们认清了反动派的真正面目。后来在杭州爆发的于子三运动，震动了全国，加速了解放战争胜利的到来。所以，他的死是重于泰山的。①

在浙江大学求学以及在复旦大学工作期间，谷超豪还曾受到过华罗庚、陈省身、钱宝琮、杨武之诸位先生的帮助和指导。前辈学者病逝后，谷超豪都写过回忆文章，表达对他们的缅怀与纪念。

1950 年代，谷超豪刚刚踏入数学领域时，华罗庚曾给过他许多鼓励，教导他要学习数学中最深刻、最有意义的成果、方法和思想。1960 年代初，华罗庚提醒谷超豪要抓紧时间，要努力去创造有特点的数学工具和方法。华罗庚晚年多次和谷超豪谈到应该努力使数学为国民经济服务，同时又要努力发展数学的基础理论。1985 年 2 月 22 日，谷超豪和胡和生为去欧洲进行学术交流而经过广州，再一次见到了华罗庚。那一天，华罗庚兴致很高，说了他最近的工作情况，并要谷超豪代他向法国的学者问好。没想到，这是他们最后一次见面，6 月 12 日华罗庚心脏病突发，于日本东京病逝。在悼念华罗庚先生的文章中，谷超豪写道：

> 我个人认识华老已经 34 年了。34 年中，我虽然没有直接在华老身边工作过，但有许多和他见面的机会，不断地得到他的关怀、鼓励

---

① 谷超豪：纪念于子三烈士牺牲 50 年。见谷超豪著：《奋斗的历程——谷超豪文选》。上海：复旦大学出版社，2005 年，第 113 页。

和教导。……这些年来，华老身体很不好，但他仍然不辞辛劳，为四化建设而到处奔波，我们感到非常敬佩，也非常担心，希望他不要过分劳累。……华老已经离开我们而去了，他的重大贡献将永留人间。我们的祖国正欣欣向荣，华老所直接或间接教导的学生们，正一批一批地成长。我们大家一定会继承华老的遗愿，把发展数学、振兴中华的重任很好地承担起来。①

2004 年 12 月 3 日，著名数学家陈省身在天津逝世。谷超豪专门撰文悼念这位曾长期给予他指导和帮助的数学前辈：

我大学毕业后不久，学习了陈先生关于射影联络的论文和外微分形式方法，后来我在研究李－嘉当变换拟群理论时受到他关于群结构的论文的很多启发。七十年代以来，他关于示性类、指标定理等等一系列演讲，大大开拓了我的眼界。我感到，他就像一座雄伟的高峰，矗立数学发展的征途中，给人以方向，给人以动力，给人以鼓舞，吸引着人们向更高的目标前进。②

钱宝琮教授，是数学史家、数学教育家，中国古代数学史和中国古代天文学史研究领域的开拓者之一。1946 年下半年，浙大总校从贵州复员杭州，钱宝琮专为大三、大四学生开设中国数学史选修课程，谷超豪选修成了他的学生。60 年过去了，谷超豪对钱先生的课程仍然记忆犹新，而钱先生的一句话更是让谷超豪受益终生：

1948 年我大学毕业后，有幸担任钱先生的助教，他讲授工学院（大概是电机系）的微积分，我帮他批改学生作业和答疑。钱先生对

---

① 谷超豪：在华罗庚教授追悼会上的讲话。见谷超豪著：《奋斗的历程——谷超豪文选》。上海：复旦大学出版社，2005 年，第 105 页。

② 谷超豪：雄伟的高峰——追忆陈省身先生。见谷超豪著：《奋斗的历程——谷超豪文选》。上海：复旦大学出版社，2005 年，第 135 页。

于我怎样做教学工作有很多指导，他对我说："学生来问问题时，千万不要说这个问题很容易，免得使得学生对自己失去信心"。我一直记得钱先生这一番话，五十几年来一直照做。从这样一句简单明了的话中，我深深感到钱先生不愧是经验丰富，重视开发学生智力的名师。①

杨武之教授长期担任清华大学和西南联合大学数学系主任或代主任，是我国早期从事现代数论和代数学教学与研究的学者，是诺贝尔奖获得者杨振宁的父亲。1952 年起，杨武之在复旦大学任教，他的爱国热情以及对年轻人的关怀，给谷超豪留下了深刻印象。在《深切怀念杨武之教授》一文中，谷超豪写道：

> 直到 73 年杨武之先生去世，我才被准许去参加追悼会，会场隆重肃穆，杨振宁先生在讲话中用自己的亲身经历，以非常悲痛的心情和语调，以具体的事情表述出杨武之先生热爱祖国的精神和崇高的道德风范，陈述了杨武之先生对他的教育和影响，……在场的人无不深受感动。我当时非常悲痛，想不到就这样和杨武之先生永别了，同时也更加敬仰杨武之先生，作为"文化大革命"中被迫害的老人，能有这样高的思想境界，真是难能可贵。他的崇高形象，深深地留在我的心中。②

台湾中央研究院院士杨忠道是苏步青的学生，也是谷超豪的学长，更是谷超豪的温州同乡。在浙大时相从甚密，改革开放后学术交流与交往甚多。2005 年 9 月，杨忠道因病在美国去世，谷超豪立即写文沉痛悼念：

> 惊悉杨忠道学长病逝，在温中和浙大时，他是我的高年级同学，更是我的辅导老师，他对几何学的浓厚兴趣，我深受教益和感染，后

---

①　谷超豪：回忆钱琮老师。见谷超豪著：《奋斗的历程——谷超豪文选》。上海：复旦大学出版社，2005 年，第 134 页。

②　谷超豪：深切怀念杨武之教授。见谷超豪著：《奋斗的历程——谷超豪文选》。上海：复旦大学出版社，2005 年，第 109 页。

来他还使我了解到拓扑学和代数学的重要作用。他为人忠厚诚恳，主持正义，爱祖国，爱家乡，道德足为后人楷模。失此良师益友，我不胜悲痛。学生时期的影响，1949年的远别，1972年的重逢，及此后在宾州家中的多次接待，2002年在温州的最后面叙，六十多年的深情交往，我都历历在目，永记不忘。他的数学贡献将永载史册，他将永远活在朋友们和学生们的心中。①

温州同乡张鸣镛教授，与谷超豪同年同月出生。1946—1952年，又是浙江大学数学系的同班好友。大学4年级开始，谷超豪与张鸣镛两人被苏步青、陈建功同时接收为微分几何和分析学讨论班的学员。对于张鸣镛在学术上的超常卓识，谷超豪非常钦佩。1986年，张鸣镛因肺癌去世，消息传来，谷超豪伤心不已：

> 张鸣镛……侧重分析，我侧重几何，但他在几何学的成就是超常的，我们在讨论几何对象在坐标变换下不变性时，增进了不少体会。特别是他在听了苏步青先生现代微分几何讲义后不久，就写出有关 Finsler 空间平均曲率超曲面的创造性论文。与此同时，他在函数论方面也有很好研究成果，受到陈建功先生的重视。……院系调整和周围环境限制了他的发展，尽管他为厦门大学数学学科的建设，在数学研究上都作出了杰出的贡献，但他的能量和作用还没有充分地发挥出来。愿这颗划过新中国长空的数学英才的光辉永垂不朽。②

曾容是谷超豪的学生，生前是上海复旦大学附属中学数学教师。1983年，教学成绩卓著的曾容被选为中国数学会理事。曾容逝世一周年之际，复旦附属中学编印出版了一本纪念文集，请谷超豪为文集作序。在序中，谷超豪写道：

---

① 谷超豪：沉痛悼念杨忠道教授。http://www.cms.zju.edu.cn/news.asp?id=950。
② 谷超豪：壮志超常，才华横溢——纪念张鸣镛教授。见周勇胜、吴炯圻主编：《"数学王国"忘我的耕耘者——纪念张鸣镛教授诞辰80周年》。厦门：厦门大学出版社，2007年，第157-158页。

在 1954 年，他成为我真正授课的学生。他在课堂上时常根据中学教育的需要提出各种问题，显得很活跃。他的提问使我很感兴趣，使我了解到中学数学教学中有关内容和方法的各种问题，这些正好也是我感到需要了解的东西。那一年的教学工作，给大家留下了深刻的回忆。我在上海和其他同志共同创办了苏步青数学教育奖。曾容同志因为在中学数学教育所取得的突出成绩，成为了第一届"苏步青数学教育奖"的获奖人，之后他多次向我介绍得奖人的情况和群众的反映，并为"苏步青数学教育奖"的发展献言献策，为"苏步青数学教育奖"依正确的方向进行作出了很大贡献。[①]

无论是苏步青、华罗庚等学界前辈，还是曾容这样的普通学者，从这些纪念文章中无不深深地反映出谷超豪对于师友们那份真挚的感情。

## 情 系 家 乡

"难忘家乡山和水，清新俊逸见峥嵘。世人都说莱茵美，只缘未到瓯越东。"温州山清水秀，景色宜人，在谷超豪心里有着对家乡剪不断的乡情。自浙江大学毕业后，谷超豪投身祖国解放事业，又积极从事科研和教学工作，一直没有时间回家乡看看。直到 1961 年，谷超豪随苏步青夫妇到温州参观，并访问了自己的母校温州中学和广场路小学，这是他 40 年代中期离开温州后第一次回家乡。此次故乡之行，谷超豪兴致很高，在参观访问之余，还陪同苏老夫妇游览了浙东名胜雁荡山。面对故乡的山山水水，谷超豪难以抑制激动的心情，挥笔写下了《困难时期看大龙湫》一诗："龙湫幽谷白龙游，七彩缤纷舞还休。潜龙终须归大海，东风化雨益

---

① 谷超豪：代序。见黄玉峰主编：《难以道别的曾容》。上海：复旦大学出版社，2010 年，第 2 页。

神州。"

进入改革开放新时期后，谷超豪和家乡温州之间的交往日渐增多。1983 年 12 月 21 日，谷超豪应邀到温州参加市科协第一次代表大会并讲话。在讲话中，谷超豪深情地回忆起幼年在家乡接受的中小学教育，也欣喜地提到温州这几年来所发生的翻天覆地的变化，他希望广大科技工作者能为家乡经济进一步繁荣发展多作出贡献[①]。第二天，谷超豪再一次回到母校广场路小学和温州中学，探望了原瓯江小学校长吴文瑛，并在温州中学发表讲话。1984 年，谷超豪在母校温州中学设立了"课外科技活动奖学金"[②]。1991 年 11 月，谷超豪和苏步青一起，受聘担任温州中学建校九十周年校庆筹备委员会名誉主任。尽管事务繁忙，谷超豪未能参加次年 10 月召开的校庆盛典，但他专门为母校写了三首诗歌，以表达自己对师友的思念和对母校的感激[③]。其中，第三首写道："离乡已半纪，难忘故园情。踏遍穿云路，系紧滨海心。冬日复夏日，长亭更短亭。师友应无恙，当尝江风新。"1996 年，谷超豪出任温州市广场路小学百年校庆筹备委员会名誉会长，为母校欣然题词："为难起先觉，建设育良才。"[④]

1999 年，应温州市委、市政府之邀，谷超豪出任温州大学校长。因工作的需要，他经常往来与上海与温州两地。那一年，他邀请了国内教育界、科技界一批著名的专家学者，在乐清雁荡山召开温州大学发展规划会议。5 月 4 日青年节那一天，他又专程前往温州中学，为高三年级全体学生作了题为《国家兴旺，匹夫有责》的报告，并为母校题词："发扬优良传统，迎接光辉未来。"[⑤]

2001 年国庆节前夕，谷超豪又为温州中学《数学小论文》题词："切磋解题方法，做到熟练机智；学习数学思维，力求融会贯通。"给同学们

① 谷超豪：寄希望于温州科协。见谷超豪著：《奋斗的历程——谷超豪文选》。上海：复旦大学出版社，2005 年，第 155-162 页。

② 温州中学校庆筹委会编：《温中百年》（内部印刷）。2002 年，第 37 页。

③ 谷超豪：寄母校温州中学。见谷超豪著：《奋斗的历程——谷超豪文选》。上海：复旦大学出版社，2005 年，第 236-237 页。

④ 广场路小学百年校庆筹委会办公室编：《温州市广场路小学百年校庆（1896-1996）纪念刊》。1996 年，内部印行。

⑤ 《温中百年》。2002 年，第 78 页。

以巨大的鼓舞。10 月，为庆贺恩师百岁华诞，谷超豪又专门前往平阳县腾蛟镇参观苏步青故居。应当地领导之邀，谷超豪挥笔题词："温州终成数学乡，苏师砥柱立中流。春风教化沐全国，百折不挠建神州。"后来，他将题词略加修改，与其他两首诗歌合并成《温州行三首》①。

2000 年 10 月 4 日，温州中学百年校庆筹委会成立，苏步青、谷超豪等担任名誉会长。2002 年 10 月 11 日，温州中学百年庆典隆重召开，谷超豪出席这次盛会并发表了讲话。他说，温州中学有着优良的革命传统，为国家培养了许许多多优秀人才，回顾自己中学时期的那段经历，他感到非常激动，非常感谢母校对他的培养。现在学习条件好了，学校有了这么美丽、现代化的校舍，祖国和人民对温州中学寄予了更大的期望。谷超豪寄语广大温中师生不懈努力，与时俱进，为中华民族的伟大复兴作出重大贡献！②另外，谷超豪还赋诗四首，为温州中学百年校庆献上了一份厚礼。

温州是数学之乡，2002 年 8 月 20 日，在第 24 届国际数学家大会上，温籍数学家群体再一次引起大会关注。为传承老一辈温籍数学家的成就，及严谨踏实、刻苦勤奋的钻研精神，探索和创新数学人才培养模式，时任温州市长钱兴中根据谷超豪等几位温籍数学家建议，决定实施"数学家摇篮工程"，定期邀请温籍数学家回家乡举行恳谈会，聘请著名数学家来温州讲学，开展国内外数学家学术交流，开展课题研究。就在温州中学百年校庆典礼结束后的第二天，谷超豪与杨忠道等著名温籍数学家出席了温州市"数学家摇篮工程"启动仪式，并赠送亲自题写的牌匾。谷超豪受聘担任"数学家摇篮工程"理事会名誉理事长。自启动实施"数学家摇篮工程"以来，在温州全市中小学校中设立了 100 个活动基地，发掘和培养了一批具有潜质的青少年数学后备人才，在各类数学竞赛中脱颖而出。"摇篮工程"不仅摇出了尖子，也推动了温州市数学教育的整体发展③。

---

① 修改后的诗歌为："温州竟成数学乡，苏师砥柱立中流。百折不饶勤创业，春风教化沐神州。"参见谷超豪：温州行三首（三）。见谷超豪著：《奋斗的历程——谷超豪文选》。上海：复旦大学出版社，2005 年，第 249 页。

② 谷超豪：在浙江省温州中学建校 100 周年庆祝大会上的讲话。见谷超豪著：《奋斗的历程——谷超豪文选》。上海：复旦大学出版社，2005 年。第 193-194 页。

③ 谷超豪：数学家摇篮的推动者，新温州大学的倡导者。浙江在线新闻网站，2012 年 6 月 5 日。

谷超豪还非常关心在外奋斗打拼的温州籍同乡，赢得了家乡父老的赞誉。2008年金秋时节，第二届世界温州人大会即将拉开帷幕，来自东西南北五湖四海的温州人将汇聚在一起，共叙情谊，为家乡的发展出谋划策。会议主办方也特别邀请了谷超豪回温州参加这一盛会。为此谷超豪特别高兴，他对前来采访的《温州都市报》记者说："这次回温参加世界温州人大会，是家乡的一次盛会，这里洋溢着乡情和亲情，令人向往，我期待着这个日子，也预祝大会完满成功。"然而，因身体不适，谷超豪最终未能成行。但他仍关注大会的召开，并请记者再次转告他对家乡父老的问候，预祝大会完满成功[①]。第二届世界温州人大会于2008年11月8日如期开幕，9日下午大会选举产生了新一届的理事会，谷超豪等10位温州籍著名人士当选为理事会顾问。

2011年5月，中共温州市委统战部、世界温州人联谊总会首次组织评选"世界温州人年度人物"，谷超豪被授予"2010世界温州人年度特别杰出个人奖"。组委会在评价谷超豪的颁奖辞中说："他以祖国需要为己任，不但自己身体力行，适时调整科研方向，同时也对中国数学的全面发展作出了重要贡献。"[②]

# 社 会 活 动

谷超豪科研教学之外，也积极参与各项社会活动，尤其在晚年，还担任了不少社会兼职，他的业余生活由此更为充实而多彩。

早在1950年，谷超豪就以科技界人士的身份被推选为浙江省和杭州市的人民代表会议的代表，积极参与地方大政方针决策和法律法规的制定。

---

① 谷超豪：预祝世温会成功。浙江在线新闻网站，2008年11月6日，http://zjnews.zjol.com.cn/05zjnews/system/2008/11/06/014940775.shtml。

② 温州人评选心目中骄傲，数学家谷超豪获"特别个人杰出奖"。新华网，2011年5月3日，http://news.xinhuanet.com/local/2011-05/03/c_121373988.htm。

图 12-2 1964 年谷超豪第三届全国人民代表大会代表证书

1964 年，谷超豪又被选为第三届全国人民代表大会代表，前往北京参加了三届全国人大一次会议。1965 年 8 月，谷超豪当选上海市第五届人民代表大会代表。1983 年和 1985 年，谷超豪连续被选为第六届和第七届两届全国人大代表。在 1989 年 3 月 28 日召开的七届人大二次会议上，谷超豪大声疾呼："要重视和关心国内培养的博士。"第二天的《人民日报》海外版、《文汇报》等重要媒体，均在主要版面予以重点报道。

新政权建立初期，谷超豪出任中国科协杭州分会理事兼秘书，以党支部书记的身份主持日常工作。1951 年，浙江大学党组织又让谷超豪担任党总支的统战委员。为了更好地开展科技界上层人士的统战工作，谷超豪按照党组织的要求加入了中国民主同盟，帮助浙大民盟支部发展盟员。从此，谷超豪和党的统战工作结下了不解之缘。

政协是一所大学校，政协活动是谷超豪一生经历中很重要的组成部分[①]。1977 年，谷超豪被推选为第五届全国政协委员。1978 年 2 月 24 日至 3 月 8 日，谷超豪前往北京出席全国政协五届一次会议。当时，谷超豪还属于比较年轻的委员，在北上的火车上，他和阮雪榆委员就临时负担起照顾老委员的义务，帮助他们拿行李，照顾大家上下车，彼此相处得十分愉快[②]。1992 年，谷超豪担任中国科技大学校长任期将满，按照规定不能再占有安徽省全国人大代表的名额。经安徽和上海两地领导研究决定，应该继续发挥谷超豪在参政议政中的作用，因此推荐他为第八届全国政协委

---

① 谷超豪：我在人民政协中的经历。见谷超豪著：《奋斗的历程——谷超豪文选》。上海：复旦大学出版社，2005 年，第 203 页。

② 谷超豪：我在人民政协中的经历。见谷超豪著：《奋斗的历程——谷超豪文选》。上海：复旦大学出版社，2005 年，第 201 页。

员。在 1993 年 3 月召开的全国政协八届一次会议期间，谷超豪担任教育一组的召集人，并当选为全国政协常委①。1997 年，谷超豪在政协会议中提出重视基础研究和重视人才培养的建议。1998 年，谷超豪再次被推选为第九届全国政协委员、常委。从第八届后期到第九届，全国政协大会中还有一项特别的活动。在政协开幕后、人大进入讨论前，中央领导同志分别到各界听取委员们的意见和建议。为此，谷超豪所在的教育组举行了联席会议，准备了有分量的发言，便于领导同志更深入地了解实际情况和相关问题。例如，关于国家对教育的投入过低问题，几乎是每次会议的主题之一，通过和领导同志的直接交流，委员们了解了政府的实际困难。大家也运用集体智慧献计献策，促成了教育经费的增加应快于财政收入、吸收各方面力量的投资兴办教育等等解决的途径②。因年龄问题，谷超豪不再担任第十届全国政协委员职务，但他仍然关心着政协的各项活动，他相信人民政协会继续在我国的政治生活中，在经济和社会发展中发挥越来越大的作用。

对于国家大事，谷超豪一直非常关心。早在 1990 年第十一届亚运会前夕，当时还在中国科技大学校长任上的谷超豪，就参与了参加亚运会火炬的传递交接仪式。上海成功获得第 41 届世界博览会的主办权，谷超豪非常高兴，急切盼望能在上海看到这一举世瞩目的盛会。2010 年 1 月 11 日，谷超豪不顾年迈体弱，接受《东方早报·世博日报》的邀请，担任《东方早报》世博科技大使，并欣然为《东方早报》题词，寄语读者："追求真理，努力创新。"他深信："世博会将带来人类对自然的最新思考，分享智慧和好奇心，应对共同的挑战，也用新的科学视野，为子孙后代展现一个更美好的未来！"③

作为名人，谷超豪有许多荣誉性的社会职务。他是华东理工大学、杭州大学、南京大学、东南大学、汕头大学、上海交通大学、浙江大学、山西大学等多所高校的兼职教授。还是上海市委宣传部特邀研究员、首届中

---

① 谷超豪：我在人民政协中的经历。见谷超豪著：《奋斗的历程——谷超豪文选》。上海：复旦大学出版社，2005 年，第 201-202 页。

② 谷超豪：我在人民政协中的经历。见谷超豪著：《奋斗的历程——谷超豪文选》。上海：复旦大学出版社，2005 年，第 202 页。

③ 韩晓蓉：谷超豪担任东方早报世博科技大使。《东方早报》，2010 年 1 月 12 日。

图 12-3　谷超豪参加亚运会火炬传递交接仪式

国教育国际交流协会副会长、上海市张江高科技园区高级顾问、东方电视
台科技节目科学顾问、大型科普图书《十万个为什么》（新世纪版）编委、
温州市人民政府高级顾问、宝钢教育基金会顾问。另外，他还是苏步青数
学教育奖评审委员会主任委员、上海市中学生业余数学学校名誉校长、数
学研究生暑期学校学术委员会委员、全国中学生数学冬令营名誉营主任。
诸如此类的社会兼职不胜枚举。在其位谋其责，谷超豪并不把这些兼职看
作可有可无的荣誉，而是在繁忙的科研与教学工作之余尽可能地参与其
中。他也把这些工作视为接触社会了解社会的一个途径，正如他在受聘为
上海市中学生业余数学学校名誉校长后所说："这所学校为上海广大学有
余力的青少年提高数学水平提供了非常好的机会，并聘请我为名誉校长，
使我有更多机会了解中学数学。"①

　　在担任中科大校长期间，谷超豪已经认识到发挥调动校友积极性为母
校服务、为社会服务的重要性。1990 年 11 月 17 日，谷超豪在上海参加了

---

① 谷超豪：代序。见黄玉峰主编：《难以道别的曾容》。上海：复旦大学出版社，2010 年，
第 2 页。

图 12-4　2005 年复旦大学上海校友会梁信军、谷超豪、严瑾、丁法章（左起）合影

中国科技大学上海校友分会 90 年度茶话会。1992 年 4 月 23 日，中国科学院第六次学部委员大会在北京召开，谷超豪邀请与会的中科大兼职教授和各届校友，就学校的建设与发展进行座谈。1997 年 7 月 17 日，谷超豪受聘担任中国科技大学上海校友会名誉会长。2000 年 1 月 16 日，又受聘担任浙江大学校友总会副会长。

　　2005 年 3 月 27 日，复旦大学上海校友会第五届会员代表大会选举谷超豪为新一届校友会会长。此时，谷超豪已步入耄耋之年，由于健康原因无法承担繁重的日常工作，因此由复星集团副董事长梁信军担任校友会执行会长。不过只要身体允许，但凡校友会重要的活动，常常能够看到谷超豪的身影。若因病不能亲临会场，他以贺信的形式或专门写下委托书，向校友们表示歉意，并寄望于大家精诚团结，将校友事业推向更高峰。谷超豪总认为自己的毛笔字不好，凡是能推掉的题词基本上都推掉了[①]。除了家乡的两所母校，他为复旦校友会所留下的墨迹应该算是最多的了。2005

---

　　①　虞彬访谈，2012 年 10 月 17 日，上海。资料存于采集工程数据库。

年 3 月，谷超豪为第五届复旦大学校友会全体会议题词："为校友服务，为母校服务，为和谐社会服务。"2005 年 9 月，第九届复旦大学世界校友联谊会在无锡召开，谷超豪题词："爱国、奉献、求实、创新。"2007 年 9 月，第十届复旦大学世界校友联谊会在南昌召开，谷超豪再一次为大会题词："充分发挥专长，为祖国现代化作杰出贡献。"[①] 言语之中，充满了他对广大复旦校友深切的期望与鼓励。2010 年 6 月 12 日，复旦大学上海校友会第六届会员代表大会召开，由于谷超豪在过去的五年中为校友会做了大量实质性的工作，再次当选为新一届的校友会会长[②]。

2012 年 6 月 24 日，谷超豪因病逝世。追思会上，复旦大学上海校友会名誉会长钱冬生深情地回忆起谷超豪在校友会会长任上所取得的杰出成就。他说：

> 自 2005 年担任会长以来，他（谷超豪）亲力亲为，改革创新，务实前行，为上海地区的校友工作发展作出了突出贡献。在谷老的带领下，校友会对内完善各项规章制度、建立秘书处专职工作小组、加强了《复旦校友》报的编辑发行工作，并紧跟时代步伐建立了网站；对外搭建了企业界、金融界、生物医药界、新闻界、教育界等界别同学会交流平台。在保证经费的基础上，另拨款支持老校友各项有益活动，为他们的晚年带去了欢乐。在短短几年的时间里，校友会老、中、青三代的队伍不断壮大，社会影响力显著提升，有力地弘扬了复旦精神。同时，谷会长还带领着广大校友和校友企业积极为母校作贡献。例如：向复旦捐赠、为母校盖楼、支持学术发展、提供学子实习机会等。[③]

钱冬生号召大家，铭记谷超豪会长的教诲，为校友事业继续携手共进。这也是广大复旦学子对这位老校长、老校友的最高评价。

---

① 《上海复旦大学校友会纪念册》（内部资料）。2008 年，第 3 页。
② 《上海复旦大学校友会 2010 年大事记》（内部资料）。2011 年，第 4-7 页。
③ 《上海复旦大学校友会 2012 年会长资料》（内部资料）。2012 年，第 6 页。

谷超豪无疑具有卓越的数学天分，但他却在尚未展露天分的 14 岁时加入了中国共产党。14 岁的少年，应该天真烂漫，对自然充满好奇，仰望星空，探寻大地；14 岁的少年，应该无拘无束，充分展现天性，对什么都没有成见。可谷超豪非常不幸，他生逢多灾多难的时代，中华民族的生存面临最为严重的危机，不能安放平静的书桌。因此，他背弃他出生的阶级，过早地介入生活，过早地介入严酷的政治活动。从此，他的一生，就纠缠于发挥数学天分与政治运动之间，起起落落，有时数学才情借助政治或远离政治得以发挥，但更多的时候政治妨碍他数学才情的扩展。他一生的许多宝贵时光并没有用在数学研究与探讨中，而是耗费在政治生活与政治运动中。谷超豪虽以 86 岁的高龄辞世，但从其所具有的数学天分角度来看，他纠缠学术与政治的一生仍然是 "才情未尽" 的一生[①]。

---

① "才情未尽" 是余英时为台北版《顾颉刚日记》所作长篇序言中对顾颉刚一生的评价，其中蕴涵的 "才" 与 "情" 是分开的，即顾颉刚的才华未能充分发挥，他的感情也未能尽情抒发（余英时：《未尽的才情——从〈顾颉刚日记〉看顾颉刚的内心世界》，联经出版公司，2007 年）。这里借用此一说法，"才情" 是一个词，仅指谷超豪的数学才华。

# 彷徨与选择

在陈建功、苏步青所开创的浙江大学数学系数学研讨班历史上，只有谷超豪与他的同班同学张鸣镛几何与分析两个班都参加。随苏步青学几何的谷超豪啃下了首届菲尔兹奖获得者道格拉斯长达数十页的论文，为他以后的学术成长奠定了坚实的基础，也显示他在数学上"打硬仗"的能力；同时在陈建功的函数分析讨论班上表现特出，撰写了他的第一篇数学论文，显现了他在数学上的天赋。他在讨论班的突出表现，使几十年后他的同班同学、国际知名数理统计学家、中研院院士周元燊回忆时还对他佩服不已。周元燊说自己比不过谷超豪，只好改读数理统计了（"比不过时，何必再比"）。而这段时间正是谷超豪作为党的积极分子，把大量的时间花费在各种各样的学生运动中（"当时我有很多政治活动，占去我大部分时间"）。也就是说，谷超豪在他大学生涯的高年级阶段，仅将很少的时间用于数学学习，成绩就远远超过了他的同学，可见他在数学上的天分与才能。即使是与他同读两个讨论班的张鸣镛，虽然也得到苏步青、陈建功两人的激赏，但表现似乎不如仅花少量时间在数学上的谷超豪。

其实，整个求学阶段，谷超豪都未能全身心地投入学习，而是将大量的时间与精力分心于社会活动或严酷的政治斗争，并极大地影响了他自己的身心与成长。他刚入初中就在大哥谷超英的影响下参与政治活动，阅读《大众哲学》、《十万个为什么》等书籍，滋生背离他出生阶级的思想；初中三年级还不满 14 周岁就加入了中国共产党，并积极参与各种政治活动，担任中共温州中学支部组织委员。过多的课外政治活动，自然影响到他用于学习的时间，开始大量缺课。大量的缺课，自然也影响到他的学习成绩，即使是他最喜欢的数学也由最初的 90 分以上下降到初中三年级两学期都仅仅只有 70 多分。但他毕竟天资聪慧，即使缺课如此之多，还是以初中毕业第一名考入高中。

中学是一个人身心成长非常重要的阶段，对世界与社会的看法大多在此阶段形成，过早地介入成人世界，特别是参与残酷的政治斗争，对一个青少年来说，未见得是幸事。中学阶段也是奠定一个人求学基础知识的时期，广泛兴趣的培育，广博知识的涉猎，对一个学者的成长至关重要。在这样求学的黄金时代，谷超豪却将大量的时间花费在课堂之外、学校之外，可以说失去了系统学习与系统掌握基础知识的机会。更为重要的是，高中三年级17岁时，党组织遭到了破坏，他无形中与党脱离了关系，陷入了苦闷与彷徨之中。他似乎找不到生活的出路，日渐消沉下去，与他自己本来背离的家庭越走越近。父亲1939年去世，哥哥1940年离开家庭投奔革命，家庭顶梁柱的重任随之降落到年轻的谷超豪身上，他不得不参与打理家族生意。这种个人追求与无奈的环境之间的矛盾，这种崇高理想与庸俗现实的分离乃至冲突，对一个成年人来说也是痛苦的经历，对一个年方17岁的青年来说，实在是太残酷了。他在痛苦中考入了浙江大学，也许是长时段的痛苦使他出现了精神上的恍惚，居然糊里糊涂地填报了工学院。幸好当年的大学转系非常容易，入学即转入他喜好的理学院数学系。

无形中脱党，对谷超豪来说可能是一种解脱，他开始在他喜欢的数学上用力。他认为在学术上做出大成就也是对国家与社会的贡献，并非仅有革命一途。大学一年级在浙大龙泉分校，因脱离了党组织，谷超豪全身心投入学习，结合微积分将中学没有学好的数学课程重新补上，并广泛阅读课外书籍。这些不仅训练了他的直观能力、演算能力和解应用问题的能力，打下了扎实的数学基础，而且使他对几何学产生了兴趣。二年级要到湄潭本部，却因交通阻塞只得滞留家乡，又陷入他所"痛恶"的家庭事务和往来应酬。幸好他很快就觉悟了，开始自学他喜好的数学课程，对数学分析有了更多的了解，还掌握了若干射影几何的知识。学习的动力代替了无聊的生活，谷超豪似乎找到了在学术上安身立命的人生道路。

可抗战胜利后，浙大贵州本部和龙泉分校都搬迁回杭州，风起云涌的学生运动又深深地刺激了谷超豪，他再次投身于政治运动中。领导示威游行、组织进步社团，参与各种政治活动成为他的主业，并于1948年4月再次参加了中国共产党。可能是吸取了中学阶段的教训抑或是苏步青、陈建功等老师的个人魅力，谷超豪虽将不少时间花费在革命工作上，但并不放松学习："那时苏步青老师教我们'综合几何'，陈建功老师教我们'复变函数论',讲得很深刻,很有启发性,这些课程深深地吸引着我,使我对数学的兴趣越来越浓。同时我也深信,在我们祖国的明天,数学将会是有重大作用的一门科学,所以在学生运动、党的地下工作十分繁忙的时候,我还是分秒必争,尽量挤时间来学好数学。"① 因此,谷超豪各科成绩都非常优秀,得以毕业留校任助教。留校任教后,谷超豪还是将主要精力投入革命工作中,致使耽误了图书馆管理员的职责,只得交出了图书室的钥匙。尽管苏步青非常同情学生运动,却也担心谷超豪过多地把时间和精力花费在学生运动上而影响学习,因此曾对谷超豪说:"学生会这类事情少做一点吧!"②

可革命工作对谷超豪具有极大的吸引力。新政权建立后,谷超豪因在革命工作中做出了不小的贡献,先后参加全国自然科学工作者代表大会、杭州市和浙江省各界人民代表会议,全国科普协会也拟调他担任秘书处副处长。在杭州,他也担任浙江省科协党组书记兼浙江省文化局科普科科长。1951 年 4 月,作为全国科联代表,与梁希等五人出席世界科协第二次代表会议,并在莫斯科参观访问三周。回国后,中国科学院想调他留苏,因有肺结核而作罢。这一连串经历,按他自己的说法,使他有"青云直上"的感觉。此时,他已经完全成为一个党务工作者,作为苏步青的学生领导苏步青在科联的工作,只有业余时间才去听苏步青的课。可就是在这短短的业余听课期间,谷超豪在苏步青的指导下第一次完成了系统的科学研究工作,撰写了《隐函数方程式表示下的 $K$ 展开空间理论》等一系列论文,在《中国科学》、《科学记录》上发表。数学科研成果的取得与发表,极大地激发了他对数学的兴趣。1951 年 9 月,因不能割舍对数学的热爱,谷超豪放弃了浙江省科联党组书记等行政工作岗位,重新回到了浙大,"回归到数学的队伍中"。此时,他已年满 25 岁。

数学被认为是年轻人的事业。20 世纪伟大的数学家 G. H. 哈代说过,"数学家们都不应该忘记这一点:比起其他技艺或科学,数学更是年轻人

---

① 谷超豪:大学生活的几个片段。《高教战线》,1985 年,第 1 期。

② 谷超豪:答中央电视台"大家栏目"记者问。见谷超豪著:《奋斗的历程——谷超豪文选》。上海:复旦大学出版社,2005 年,第 221 页。

的工作"。"我还不知道有哪一个重要的数学进展是由一个年过半百的人创始的。假如一个年长的人对数学不感兴趣而放弃了它，这种损失不论对数学本身还是他本人来说，都不十分严重"①。想想现代数学的开创者阿贝尔、伽罗瓦、黎曼等天才在 20 岁左右所开创的激动人心的数学事业，中国现代第一代数学家华罗庚、陈省身、许宝騄等也在 30 岁以前取得举世闻名的成就，我们就会明白，谷超豪将 25 岁以前的生命激情大部分奉献给数学以外的事业，这对他喜好的数学、特别是对正处于发展中的中国数学来说，是多么大的损失。中国不缺少革命者，但缺少真正的数学家。这时，他的同班同学张鸣镛已经在微分几何与函数论方面取得了引起国际学术界瞩目的成绩。

## 政治纠缠学术

回归数学的谷超豪很快取得了一系列的成就，晋升为讲师。作为党靠得住的人才，他被选派到北京俄专培训，为留学苏联、向数学大国取经做准备，以期在数学上有更大的作为。不想，1943 年无意间脱党、地主资产阶级家庭出生及自己根深蒂固的名位思想这些"原罪"对他这一人生规划是一个毁灭性的打击，不仅未能成功留苏，反而在整党运动中受到留党察看一年的处分。留苏不成，谷超豪只得来到已院系调整的复旦大学。这里不仅有导师苏步青、陈建功，更有恋人胡和生。他在这里没有自暴自弃，而是在数学科研上奋力前行，研究仿射联络空间和芬斯拉空间整体安装问题，并取得突破，很快成为苏步青在微分几何方面的得力助手。同时，在政治上也严格要求自己，先后担任数学系几何教研室副主任、支部书记、数学系党总支委员等。

不得不说，北京俄专培训的经历阻隔了谷超豪更早接触世界数学前沿，对他更早了解世界数学发展现状产生了影响，也可能延迟了他未来数学科研工作的进程。"在一切知识领域中，俄罗斯与苏联做出最大贡献的

---

① 〔英〕G. H. 哈代等著：《科学家的辩白》。毛虹等译。南京：江苏人民出版社，1999 年，第 39–40 页。

是数学。"① 当时的苏联，虽然学术的发展受到了政治的极大伤害，但仍然是数学超级大国。1956 年，谷超豪脱党历史问题查清，晋升为副教授，被推选为全国先进生产工作者，当选为校党委委员，也再次获得了前往苏联进修的机会。他在世界数学重镇莫斯科大学力学数学系亲炙数学大师们的教诲，更感受了大师们的所养成的数学研究氛围，获得了物理－数学科学博士学位。

回国后作为"又红又专"的典型，谷超豪在数学科研与教学上取得了瞩目的成就，特别是新开创的偏微分方程领域，不仅自己做出了重要的成就，更培养了李大潜、陈恕行等团队与梯队。当然，我们也必须注意到，即使此时他也将不少的宝贵时光贡献于数学之外的政治活动中，包括各种各样的会议与党务活动等，这对一个以学术为生命的数学家来说，意味着什么是不言而喻的。问题是，在当时的社会环境与社会条件下，如果没有机会参加这些政治活动，社会地位得不到保障，从事科研工作的机会可能也就没有了。当日即使像竺可桢、华罗庚这样一些顶尖的科学家，一面抱怨社会兼职、参加会议和社会活动太多，"苦不堪言"，一面又声称开会可以休息头脑。其实他们各具苦衷，"如果不参加这些社会活动，没有这些社会兼职，他们丧失的可能不只是从事科研的时间"② 。将谷超豪此时的经历与下面我们将看到的他同学张鸣镛的经历相比较，也许更能理解谷超豪参与政治活动对他数学研究的意义，这不能不说是他这一辈科学工作者的悲哀和中华民族长久的哀痛。

当谷超豪借助政治的东风（被树为各种典型与先进）在学术上大踏步向前时，"文化大革命"到来。这是谷超豪这一辈所有科学工作者不得不共同面对的遭遇，不仅科研的权力被剥夺，而且因中外隔绝，了解国际学术界发展状态的机会也微乎其微。对谷超豪而言，他留学苏联的经历此时也成为"污点"，不仅是资产阶级的学术权威还是修正主义的代理人，只得接受不断的审查与劳动。应该说，相比其他科学工作者来说，

① 〔英〕洛伦·R·格雷厄姆著：《俄罗斯和苏联科学简史》。叶式辉、黄一勤译。上海：复旦大学出版社 2000 年版第 239 页。

② 路振朝、王扬宗：中国科学家的科研时间问题。《科学文化评论》，2004 年，第 2 期。

他又是幸运的，他参加了上海市委写作班子理科大批判组，虽然思想与精神得不到自由，但至少身体不需要继续承受艰苦的劳累。更加幸运的是，随着中美关系解冻，他与杨振宁进行了合作研究，开启了数学物理研究的新领域，在规范场理论方面也取得了相当的成就。这些支撑他度过"文化大革命"岁月，因为有不少的科学工作者没能走过共和国的这一特殊时期。

当然，即使这样，谷超豪也因政治的原因，有机会而未能及时前往美国了解世界数学发展前沿。1974 年杨振宁与谷超豪初次合作研究后，即邀请谷超豪到他就职的纽约州立大学石溪分校理论物理研究所担任客座教授，进行学术访问。这一了解世界学术发展前沿的绝好机会，却因各种各样的政治原因被耽误。这无论是对谷超豪个人学术成长还是对中美学术交流来说都是巨大的损失。

"科学的春天"来临时，谷超豪已经年过五十，按照哈代的说法，他已经进入没有数学创造力的人生阶段。当然，谷超豪继续在数学物理领域探索，并在孤立子理论方面取得了瞩目的成就。但他主要的精力在短期的数学研究之后，又投入了高校行政工作，相继担任复旦大学副校长兼首任研究生院院长、中国科学技术大学校长、温州大学校长等。

中国现代科学技术发展史上像谷超豪这样有革命经历者并不少见。数学家关肇直在燕京大学求学期间就积极参加革命活动，大学毕业后不久就参加中共，1947 年受中共委派考取公费留法学生。1912 年出生的石油化工学家侯祥麟，1938 年加入中共，工作期间从事秘密工作，1944 年受中共委派考取公费留美。他们都是在大学毕业以后或大学期间与党发生关系，并最终加入中共，积极为党工作。谷超豪与他们不一样，他年仅 14 岁就参加了中共，中间又经历了无意间脱党这样的非常事件。关肇直、侯祥麟的革命经历可能对他们未来的学术生涯产生了积极的影响，而谷超豪的革命生涯有时却不利于他的学术活动的扩展。

正如马克思所说，人是社会的人，他不能脱离他生活的时代与环境而独立生存与发展。在这个时代与环境，每个人都会做出自己的选择，从谷超豪作为一个共产党员的数学人生来看，他将太多的岁月献给了数学以外的事业。从更广泛的意义上说，谷超豪这辈科学工作者因各种各样的原因大多都"才情未尽"。但谷超豪与他们不同，他因少年就参加革命，生命的相当一部分时间纠缠于学术与政治之间，特别是革命的经历有时候反而阻碍了他学术活动的展开。因此，相比其他同辈非共产党人科学工作者而言，他的才情更未能得到充分发挥。

学术与政治的关系，离开谷超豪个人从一般意义上看，首先是学术要取得独立于政治的社会体制，其次是培育为学术而学术的寻求真理的精神。可惜，这两个方面无论是近代中国还是现代中国做得都非常不够。这些相对谷超豪个人来说的社会大环境或长时段的历史因素也影响了谷超豪的数学人生。

## 国家需求与学术转向

应国家需要改变学术研究方向乃至专业，这是谷超豪一辈科学工作者所面临的共同问题与共同际遇，也是政治影响学术的重要表现。谷超豪在微分几何领域展现才华时，已经敏感地认识到与实践有密切关系的偏微分方程领域的发展前景，早在1952年到北京俄专留苏预备部学习时，他所填写的留苏计划是想学习相关偏微分方程的"非线性微分方程式与动力学系统的理论"。留苏不成，他想方设法在该领域充电，1954年到北京大学吴新谋偏微分方程讲习班学习，回复旦大学后开设"微分方程"和"数学物理方程"等课程。

偏微分方程是连接数学与实践的桥梁，当时国内毫无基础，没有起码的研究，可又是实践活动特别是与国家着力发展的原子弹、导弹等高科技领域急需的数学知识，在1956年的十二年科技规划中与计算数学、概率论等被作为数学学科的重点发展的方向。后来谷超豪回忆说，他转向偏微分方程有两个原因：一是十二年规划将偏微分方程等作为重点学科，"国家希望这些领域能有所发展，使得数学和其他科学、工程技术有更好的结合。我当时也就是自觉地要担负着这样的使命，开始开拓偏微分方程这块园地"；二是当时苏联人造地球卫星上天，在苏联进修时有意识地选读了"空气动力学"。回国后将"空气动力学"中许多困难而有意义的数学问题选取为偏微分方程研究的切入点[①]。

进入偏微分方程领域，谷超豪及其团队除在纯粹数学研究方面做出了重大贡献，奠定了中国偏微分方程的发展基础，至少在三个方面为国家需要直接做出了贡献。一是解决了机翼的超音速绕流问题，他自己不仅给出数学证明，他的学生李大潜等又将其向前发展。这个实践问题的解决还推动了数学本身的发展，使偏微分方程有了新的发展方向。第二是"文化大革命"期间，实际领导和参加了钝头物体超音速绕流的计算，用很落后的计算机计算出远程导弹飞行中弹头烧蚀问题，为我国研制中程导弹、洲际导弹的重大国防科研项目作出了贡献。第三，在复旦大学创办了力学专业，1959—1960年间为力学专业开设"空气动力学"、"差分方程稳定性"等课程，培养了一批力学人才，有些人已经当选为中国科学院院士，也为复旦大学力学工程系的发展奠定了基础。

应该说，谷超豪应国家之需转向偏微分方程，为我国偏微分方程领域的发展做出了重大的贡献，他及他所开创的学派在国际上也有相当的影响，他也作为我国偏微分方程学科的领军人物载入了史册。谷超豪一辈科学工作者不少人都以国家需要而改变研究方向甚至改变专业，并在改变中迅速成长起来，为我国科学事业的发展做出了重大贡献，他们也以应国家需要而自豪。他们在国家建设与富强过程所做出的贡献自然会被历史所铭记，这也是他们那辈科学工作者留给后代的财富。问题是，他们这种学术转向如果离开国家需要的层面，是否满足了他们自身的学术兴趣，充分发挥了他们自己的学术潜能？从中国科学整体发展角度看，是否真正有利于中国科学的发展？从更广阔的角度看，是否真正扩展了人类知识的视野？

对于应国家需要而发展像数学这样的所谓纯粹科学，至少可以有两个层面可以思考。首先，对谷超豪个人来说，他应国家需要的研究领域转向是否合理，是否符合他个人的研究兴趣与研究特长？是否符合数学发展潮流？这要从数学发展的内部而不是社会需要角度看，主要是看他的转向是否符合数学发展的潮流，是否促进了数学这门学科的发展。正如谷超豪所

---

[①] 谷超豪：获奖是对数学这门学科地位的肯定。见谷超豪著：《奋斗的历程——谷超豪文选》。上海：复旦大学出版社，2005年，第189页。

说:"推动数学发展的动力既来自于内部,即解决自身的问题;也来自于外部,即研究各门科学所提出的问题。"① 谷超豪后来转向所从事的研究无论是偏微分方程还是数学物理,都是来自数学外部需求的数学问题。他最初从事的微分几何的研究,是来自数学发展内部的数学问题。微分几何特别是法国数学家 E. 嘉当开创、陈省身接续的整体微分几何是 20 世纪数学的主流之一,谷超豪最初从事的关于黎曼几何的研究,对嘉当的理论有所推进,自然属于微分几何主流中的成果。但他未能继续在微分几何领域前行,未能将苏步青所开创的中国微分几何真正提高到国际水平,而是转向到偏微分方程。偏微分方程的研究似乎不是 20 世纪的数学主流,也不是谷超豪所谓的"核心数学"。因此,国际上从事偏微分方程研究的并不是很多,"他们比较重视核心数学纯理论的东西,那些人在国外数学界地位更高一些"② 。谷超豪本人也在 20 世纪世界数学史上难以找到他自己的位置。由于谷超豪一生在微分几何、偏微分方程、数学物理这个数学金三角都取得了重要的成就,他个人的研究兴趣与研究特长我们也就不得而知。中国数学界 1999 年提出的面向 21 世纪的数学研究计划中,整体微分几何还是作为"核心数学"重点发展方向;非线性偏微分方程作为"非线性问题的数学理论和方法"也成为重点发展方向之一③ 。也就是说,如果仅仅从数学这门学科的发展来说,如果谷超豪一直在微分几何领域耕耘,做出的成果可能更接近 20 世纪数学主流,对中国数学的这门学科贡献可能更大。他转向偏微分方程对国家建设的实际需要做出贡献,但似乎偏离了 20 世纪数学发展的主流。因而从数学这门学科的发展来说,无论是对谷超豪个人还是对国家,可能都是一种损失。

第二个层面的思考可能更为重要。"应国家需要"其实是将科学作为一种工具,特别是国家建设的工具。但科学不仅仅是工具,它首先是一种知识体系,有独特的研究方法与社会体制,在整个社会体系中有独立的地位。科

---

① 谷超豪:数学学科发展战略。见谷超豪著:《奋斗的历程——谷超豪文选》。上海:复旦大学出版社,2005 年,第 65 页。

② 陈恕行访谈,2011 年 9 月 30 日,上海。资料存于采集工程数据库。

③ 张奠宙:《20 世纪数学经纬》。上海:华东师范大学出版社,2002 年,第 495—501 页。

学的本质是对真理的追求，是对人类知识视野的扩展，需要为学术而学术、为科学而科学的求真精神。也就是说，"应国家需要"仍然没有把科学作为一种独立于社会的学术追求，科学仍然从属国家需要、从属社会需要乃至政治需要，没有自己独立的地位。这一状况在中国的出现，除与当时社会历史发展的现状有关外，更与中国的实用性传统密切相关。这既是中国未像西方一样发展出近代科学即所谓"李约瑟问题"的主要原因之一，也是从鸦片战争以来至今一百七十余年，中国一直在科学上向西方学习，而仍未有独立的国际科学地位、仍未能独立于世界科学最为重要的因素之一[①]。

1918 年 4 月，在柏林物理学会举办的庆贺普朗克 60 寿辰的大会上，爱因斯坦曾就科学家科学研究的动机说：

在科学的庙堂里有许多房舍，住在里面的人真是各式各样，而引导他们到那里去的动机实在也各不相同。有许多人所以爱好科学，是因为科学给他们超乎常人智力上的快感，科学是他们自己的特殊娱乐，他们在这种娱乐中寻求生动活泼的经验和雄心壮志的满足；在这庙堂里，另外还有许多人所以把他们的脑力产物奉献在祭坛上，为的是纯粹功利的目的。如果上帝派位天使跑来把所有这两类的人都赶出庙堂，那么聚集在那里的人就会大大减少，但是仍然还有一些人留在里面，其中有古人，也有今人。我们的普朗克就是其中之一，这也就是我们所以爱戴他的原因。[②]

像普朗克一样受到天使宠爱不被驱赶而留下来的人，他们与前两类人又有什么不同之处呢？这两类人，"只要有机会，人类活动的任何领域他们都会从事；他们究竟成为工程师、官吏、商人还是科学家，完全取决于环境"。而像普朗克这样的人，他从事科学有两种动机，即消极的动机和

---

① 相关问题的具体讨论见张剑：从"科学救国"到"科学不能救国"——近代中国"科学救国"思潮演进。《自然科学史研究》，2010 年，第 1 期。张剑：从"科学救国"到"科学不能救国"——近代中国对科学认知的演进。《史林》，2010 年，第 3 期。

② 爱因斯坦：探索的动机。见许良英等编译：《爱因斯坦文集》第 1 卷。北京：商务印书馆，1994 年，第 100-103 页。

积极的动机。所谓消极的动机，也是最强烈的动机，"是要逃避日常生活中令人厌恶的粗俗和使人绝望的沉闷，是要摆脱人们自己反复无常的欲望的桎梏"。所谓"积极的动机"，就是"总想以最适当的方式来画出一幅简化和易领悟的世界图像"，并试图以之代替经验世界。这样，他"专心致志于这门科学中的最普遍的问题，而不使自己分心于比较愉快和容易达到的目标上去"。像普朗克、爱因斯坦这类科学家，他们每天的努力并非来自深思熟虑的意向和计划，而是直接来源于激情，他们工作时的精神状态同信仰宗教的人或谈恋爱的人相类似，完全达到了一种忘我的境界。相较普朗克、爱因斯坦这类科学的巨人，我们的科学工作者似乎仅仅是为"纯粹的功利"（"国家需要"亦为最重要的表现之一），连"超乎常人智力上的快感"这种特殊娱乐也似乎难以体验。他们似乎都难以在科学的庙堂找到自己的位置，而都要被天使驱赶出去。

自鸦片战争以来，科学在中国就背负了救国与强国的重担，掩盖了科学自身的独立地位与独特性，反而阻碍了科学在中国的真正发展、科学精神在中国的真正生根，中国科学的发展也一直逡巡于这种实用战略与实用境地。科学在我们的社会从没有做过神学的婢女，也就没有从神学解放出来的运动，也就没有西方社会对科学独立性的认知。希望科学在未来中国也从国家需要、从实用需要这样的婢女位置解放出来，科学工作者在追求个人兴趣的智力快感的同时，也逐渐向爱因斯坦一类靠拢，研究科学是为了"逃避日常生活中令人厌恶的粗俗和使人绝望的沉闷"，"摆脱人们自己反复无常的欲望的桎梏"，寻求世界统一图像，使科学与科学家个人都能获取自身独立的地位。

无论谷超豪的数学研究如何受制于政治活动、如何受制于国家需要，政治如何干扰了他的学术生命，但他毕竟是幸运的，在其漫长的学术生涯中在微分几何、偏微分方程、数学物理等领域都取得了相当的成就，成为中国现代数学家第二代代表人物。

## 团队力量与第二代数学家代表

与谷超豪相比，他的同班同学、与他同时参加浙江大学数学系两个讨论班、毕业后同样留校任教的张鸣镛可谓命途多舛。正如前面所说，张鸣铺学术启航在谷超豪之前，而且同时在微分几何与函数论两个方向做出了重要成就。他1950年发表了两篇微分几何论文，引起了国际学术界的广泛注意，1959年联邦德国出版的一本芬斯拉空间微分几何专著中仅引用了4位华人学者的论文，苏步青1篇、陈省身2篇、王宪钟1篇、张鸣铺2篇。张鸣铺在微分几何方面雏凤初鸣，成果就跻身于陈省身等国际级数学大师之列，其潜力可想而知。1951—1952年，他又发表了几篇相关函数论的出色论文。但命运在院系调整时做出了不同的安排，谷超豪随恩师一同来到了复旦大学，继续跟随苏步青及其团队一起在数学领域探索，而张鸣铺则被分配到了相对闭塞的厦门大学。在厦门大学，张鸣铺克服各种困难，继续在函数论和微分几何方面前行，但势头已经不能与同时期的谷超豪相提并论了。更悲催的是，1957年张鸣铺被划为右派，他的科研生命就此基本结束[①]。后来，陈建功到杭州大学做副校长，张鸣铺也想回杭州，可厦门大学不放人，他被继续封闭在厦门。也就是说，与谷超豪相比，张鸣铺真正的学术生命只有1950年至1956年短短六七年的时间。

与张鸣铺相比，谷超豪实在是太幸运了。这幸运的背后其实也隐藏着一些看得见的因素，即复旦大学与复旦大学数学系团队的力量。浙江大学数学系被拆散后，其主体力量来到了复旦大学，除苏步青、陈建功外，还有教师卢庆骏（教授兼系主任）、金福临（讲师），研究生夏道行、胡和生、龚升、谢兰安和学生石钟慈、叶敬棠等。院系调整时，还从同济大学调入曾长期担任清华大学数学系主任的杨武之，加上复旦大学本来已有的教授陈传璋、周绍濂、孙振宪、李锐夫、周怀衡、黄缘芳等人，一时间复旦大学数学系可谓人才济济。

浙大和复旦的老师双方都很顾全大局，都希望充分发挥各自的优势，把新的复旦大学数学系建设好。谷超豪1953年到复旦后，担任系主任陈传璋的助手，讲授高等微积分，除了上辅导课，还要负责批改学生习题、答疑等事宜，与陈传璋配合得很好。另外，谷超豪和两位原复旦数理系的教师，给化学系一年级学生上高等数学课。在原复旦数理系老师的那里，谷

---

① 张鸣华：张鸣铺。见程民德主编：《中国现代数学家传》第1卷。南京：江苏教育出版社，1994年，第487-499页。

超豪学到了教书育人的精神和授课经验。同样，原复旦老师也感受到了浙大学者刻苦钻研的学术氛围，一度停顿的科研工作重新开展起来了。在苏步青、陈建功的微分几何和函数讨论班的影响下，陈传璋、黄缘芳、周怀衡等也都仿效起来，举办了积分方程、代数和分析方面的讨论班，作为促进学术研究、培养青年人才的有效手段。这样，就把青年教师的科研工作也带动起来。复旦大学数学系在苏步青、陈建功、陈传璋的领导下，在老中青三代学人的努力配合下，科研和教学质量很快就上去了，日渐成为国内数学重镇。

复旦大学也非常重视数学系这个团队，1956 年，苏步青担任副校长，校领导杨西光、王零等对谷超豪等年轻人的成长也非常关心。在复旦大学每年举行的校庆科学讨论会上，谷超豪汇报了他一系列最新研究成果。1956 年，复旦大学举行第一次学生科学讨论会，谷超豪分别指导李大潜做"关于 n 型卵形线"、吴定嘉做"平曲线可表奇点的理论及其应用"的报告。另外，1954—1955 年，谷超豪还是苏步青主持项目"二阶偏微分方程组的几何学"课题执行人；也是系主任陈传璋负责的课题"波动方程解的性质"执行人。正是在上述一系列的学术报告会和课题研究中，谷超豪逐渐成长起来。1956 年 8 月，他出席中国数学会论文宣读大会，发表相关微分几何方面的成果，引起老一辈科学家们的重视与注意，被誉为青年数学家代表，也被作为国内有能力培养数学工作者的标志。

这些训练与培养，对后来谷超豪留苏回来转向偏微分方程研究并迅速取得重大成就也奠定了相当的基础。这样，谷超豪作为苏步青、陈建功后第二代数学家代表，在这个团队里可谓如鱼得水，逐渐成长起来，并培养了李大潜、陈恕行、洪家兴、穆穆等第三代，形成了一个延续不断的梯队。也就是说，谷超豪的成长离开不复旦大学和复旦大学数学系团队，离不开苏步青、陈建功等老师辈的照顾与提携，也离不开他培养的学生及其梯队。

正是因为有复旦大学数学系这个以苏步青、陈建功为首的团队存在，使谷超豪在未来的数学研究道路上越走越宽。他在苏步青的指导与帮助下转向偏微分方程研究，在该领域卓然成家。正是因为有复旦大学这个学术品牌，他与他的团队才有机会与杨振宁合作，开始数学物理的研究，在谷超豪中晚年的学术生涯中发出光耀。也就是说，谷超豪在数学"金三角"能取得成就，与复旦大学及复旦大学数学团队有着密切的关系。当1979年中科院开始遴选新一批学部委员时，谷超豪作为中国现代数学家第二代代表人物脱颖而出，与陈建功学生程民德（1942年研究生毕业）、夏道行，华罗庚学生陈景润、王元、陆启铿，熊庆来学生杨乐，江泽涵学生姜伯驹，和冯康、关肇直、胡世华等11人当选为新一届数学学科学部委员，他也成为中国偏微分方程研究的领军人物。

正是因为复旦大学数学系函数论、微分几何、偏微分方程、计算数学乃至力学等数学领域的共同发展，谷超豪在他的数学"金三角"不断取得成就的过程中，也对数学发展有进一步思考，逐渐形成了他相关数学发展的全局性眼光与战略性视野。

## 全局眼光与战略视野

陈省身曾说，数学研究需要两种能力，一是"有丰富的想象力，能够提出理论框架"，构造新的概念，在此基础上提出问题，找到解决问题的关键；二是"强大的攻坚能力，能够把一个一个具体对象构造出来，把不变量找出来，把要找的量准确地计算出来"。就像造大楼，需要设计师，也要工匠具体去建造。"数学也是一样，要有数学设计师，也要有数学工匠，两者都不可少、好的数学家都是一身二任，自己设计自己制造"①。谷超豪在苏步青的几何讨论班上啃下道格拉斯的论文就已表明他具有强大的攻坚能力，能解决一个个具体的数学问题。对于一个数学家来说，这种解决具体数学问题的"工匠"一样的本领应该是所有数学工作者的基本素质，即具有严密的逻辑分析能力与精密计算的能力。数学家的高下之分表现在"设计师"角色上，即陈省身所谓的"丰富的想象力"，也就是陈恕行所说的"宏观思考的能力，整体地把握研究方向"的

---

① 张奠宙，王善平：《陈省身传》（修订版）。天津：南开大学出版社，2011年，第258页。

能力。总体而言，谷超豪属于"一身二任，自己设计自己制造"的数学家，正如陈恕行所说：

> 我觉得谷先生在宏观思考这方面是比别人略胜一筹的。譬如他原来做几何能很快找到几何的核心问题，他从几何转方程的时间很短，在方程这方面是完全新手，但他又很快找到了重要的方向，重要的核心的问题。后来他跟杨振宁他们合作做数学物理，做波映射，他又是很快的进入那个领域中，所以我觉得这是他的一个特点。①

谷超豪虽然未能像陈省身一样自行开创全新研究领域，极大地影响20世纪数学主流发展，但他在自己的数学"金三角"内也表现出超强的想象力与宏观思考的能力，他在偏微分方程领域开创新的研究方向，寻找到重要的核心问题，让学生们在其中继续摸爬滚打，自己又继续寻找新的学科生长点。这些，都在在表现了他高瞻远瞩的战略眼光。谷超豪对世界学术发展最新动态、最新方法也比较敏感，而且能敏锐地抓住其核心问题。如谷超豪1965年就看到了国际上偏微分方程研究的微局部分析理论，即拟微分算子的研究。可惜，因为"文化大革命"他未能继续关注并进一步研究，失去了领先国际偏微分方程研究的机会。谷超豪这种具有战略视野的宏观思考能力，也表现在研究生的培养上。他与研究生很少讨论具体问题，而是给一个有相当发展前途的研究方向，让学生自己去摸索，培养学生的独立思考与解决问题的能力。这样，当学生解决一个问题之后，也就有了继续寻找问题并解决问题的能力，也就有独立的研究能力②。对于谷超豪这种全局性与战略性的宏观能力，他的学生都非常佩服，都为今后复旦大学数学团队缺乏这样的帅才而忧心忡忡。

谷超豪具备这种全局性眼光与战略性视野，使他对数学作为一种文化的认知及其中国数学的未来发展都有自己的独到的见解与看法。谷超豪认

---

① 刘太平：有朋自远方来——专访陈恕行教授。《数学传播》，2011年，第35卷第1期，第6页。

② 陈恕行访谈，2011年9月30日，上海。资料存于采集工程数据库。

为数学不仅为其他科学提供语言、观念和工具，更是一种文化，"在人类理性地认识世界的过程中起着重要的作用"。他对基础数学有着深刻的了解，明了基础数学各个分支之间的关系及其发展方向："基础数学的研究在不断深入，努力朝高处走，出现了许多新的分支，分支之间又出现了交叉融合的趋势，并解决了历史上遗留下来的许多重大问题"。基础数学是数学最基本的部分即核心部分，"看起来虽然抽象，但它是应用数学、甚至各门科学的思想库"。没有群论、微分几何、微分方程、泛函分析便没有理论物理，没有数理逻辑就没有电子计算机，没有概率论就不可能对经济发展做出预测。他在偏微分方程、数学物理等领域取得了突出成就，深知应用科学的重要性。他认为 20 世纪数学发展的一个方向是数学更加深入到各门科学系，"不仅自然科学、工程技术要用数学，而且经济、管理甚至人文科学都用到越来越多、越来越深的数学"[①]。

随着非线性科学的兴起，谷超豪看出非线性科学研究的发展前景及其重大意义，成为国内非线性科学研究的倡导人，不仅在中国科技大学创设非线性科学研究中心，而且成为攀登计划"非线性科学"首席科学家。他认为从科学发展的历史长河来看，近代科学长期由线性的方法所统治，今后也会继续发挥重大作用。但自然现象和人类社会主要表现为非线性，因此"现在应该是进入研究非线性现象的时代，这是一个重要的转折点"，"它的研究会对科学的各个领域，甚至我们的自然观产生重大影响"[②]。

正因为谷超豪在数学金三角取得了重大的成就，对数学有全局性的思考，对数学未来的发展趋势也有着深刻的理解，他得以代表中国数学界在中国科学院院士大会做有关中国数学未来发展规划的报告即《数学学科发展战略》[③]。在战略规划中，谷超豪等将中国数学的发展分为四个大块：

---

① 谷超豪：上海需要数学。见谷超豪著：《奋斗的历程——谷超豪文选》。上海：复旦大学出版社，2005 年，第 49 页。

② 谷超豪：非线性科学的崛起。见谷超豪著：《奋斗的历程——谷超豪文选》。上海：复旦大学出版社，2005 年，第 54 页。

③ 1997 年科技部组织实施"国家重点基础研究发展规划"，国内数学界围绕数学的学科发展战略进行了多次讨论，有十多位院士与百余位专家参与最终形成文字稿。谷超豪在其间起核心作用，并在院士大会发表前对文稿进行了修改。

一是核心数学；二是非线性问题的数学理论和方法；三是金融和高科技中的数学建模计算和运筹决策；四是复杂系统的建模、分析、控制和优化。

"核心数学"是纯粹数学的核心，包括代数与数论、几何与拓扑、数学分析三大部分，是应用数学乃至整个数学学科的基础。它的发展推动力虽然也受到其他分支和其他科学的影响，但主要来自于自身提出的问题。核心数学的重大进展和成果的实际应用难以预料，但一旦出现常常会产生不可估量的作用。根据世界数学发展的趋势与实际情况，确定数学与代数几何、群与代数及其表示理论、整体微分几何、流形和复形的拓扑学、现代分析、随机分析和无穷维分析等六个重要方向为发展重点。

"非线性问题的数学理论和方法"主要研究各门自然科学中的非线性现象及其与纯粹数学各分支相互交叉形成的许多新的学科生长点，直接为各门自然科学探索非线性现象的定性及定量规律提供精确的语言、有效的方法和进一步发展的理论基础。主要研究方向有：非线性偏微分方程、变分理论与几何分析、动力系统、经典和量子系统的数学问题、随机系统的数学问题。

"金融和高科技中的数学建模、计算与运筹决策"主要研究方向包括：数学物理问题的高性能计算方法，高维流体动力学计算方法，数学机械化和现代组合方法，高维、定性和不完全数据的统计分析，经济和高科技中的统计建模、推断与计算，大规模、高复杂性问题的最优化方法，金融、财政中的数学问题等七个方面。

"复杂系统的建模、分析、控制和优化"包括复杂系统的建模，随机动态系统的控制和适应控制，非线性现象的分析、控制与利用，无穷维系统控制，复杂随机系统的分析、优化、决策与可靠性，大规模、多层的离散及连续系统的优化理论与方法，复杂系统环境下的决策理论与方法研究等七个方面。

可见，这个关于 21 世纪中国数学科学发展的规划是一个基础数学、应用数学并重的战略，也是充分考虑世界数学发展趋势与中国数学发展现状相结合的战略部署，反映了谷超豪作为一个具有全局性眼光数学家的视野。谷超豪不仅在中国数学发展的学科布局上有如是高远的思考，在数学研究机构与研究力量的布局上也有自己的看法。作为中国现代数学家第二代代表人物之一，振兴和发展复旦大学数学，将中国建设成为一个数学强国，是谷超豪一生的心愿。<sup>①</sup> 他从苏联留学回来，就提出要在复旦大学建立一个数学学派的雄心壮志和响亮口号，表示要学习莫斯科大学，超过莫斯科大学。中苏交恶后，不再提起。后来到美国访问，他带回库朗研究所的详细资料。向库朗研究所学习，在复旦大学建立数学学派的心愿又在他心中涌动。他提出在上海建立"南方数学中心"，整合上海及其周边的数学研究力量，以与以"北京国际数学中心"、"陈省身数学研究所"形成的"北方数学中心"南北呼应，形成中国数学事业科学发展的良好格局。这也表现了他作为中国现代数学家第二代代表人物之一所具有的战略视野与眼光。

---

① 李大潜：继承遗志，告慰恩师——在谷超豪先生追思会上的发言。《高等数学研究》，2012年第4期，第1-4页。

# 附录一　谷超豪年表

## 1926 年

5 月 15 日（四月初四），出生于浙江永嘉县城区（现温州市鹿城区）高盈里 7 号。父亲谷传声，字伯琴，生母陆仲祯。

幼年，交由没有子女的寡婶抚养。

## 1931 年

入私塾，接受启蒙教育。

## 1933 年

插班进入瓯江小学（今温州市广场路小学）二年级就读。

## 1937 年

7 月 7 日，全面抗战爆发。

瓯江小学毕业。

8 月入联立中学（今温州二中）学习。

**1938 年**

2 月，免试转学温州中学初中部。

受哥哥谷力虹影响，阅读《大众哲学》、《通俗经济学讲话》、《十万个为什么》等进步书籍。

加入进步组织"九月读书会"，曾任小组长。

**1939 年**

年初，父亲与婶婶相继病逝。

参加温中学生抗日宣传队，下乡宣传抗日。

随温州中学到青田水南继续学习。

暑期里，成为暑假工作队的积极分子。

参加由"九月读书会"扩充而成的进步学生组织"五月读书会"。

**1940 年**

3 月，经冯增荣介绍加入中国共产党，同年 10 月转正。

参加温中剧团，为抗日宣传做后勤工作。

温州中学初中部毕业，以第一名成绩考入该校高中，在青田水南学习。

下半年，哥哥谷力虹离开温州参加新四军。

因参加进步活动，受到军训教官的调查和警告。

**1941 年**

4 月，温州被日军占领，随学校逃难至青田白岩。

参加温中剧团到丽水演出抗日话剧，作后勤工作。

**1942 年**

7 月 11 日，温州再度被日军占领，至茶山避难。

秋季，日军撤退后，温州中学迁回温州市区，继续学习。

被任命为中共温中支部组织委员。

### 1943 年

1 月，中共温中支部书记何生被捕，组织关系中断。

阅读课外读物《数学的园地》，接触到微积分的初步概念。

温州中学高中部毕业，考入浙江大学工学院。

9 月，入浙江大学龙泉分校，转入理学院，就读数学系。

参加浙江大学温州同学会。

### 1944 年

暑期回温州。去湄潭浙大本部路阻，被迫滞留家乡。

9 月，日军第三次占领温州，避难茶山，后困居温州城内。

### 1945 年

8 月，抗日战争胜利。

做家庭教师，教亲戚、亲属小孩的中学课程。

自学 Gousart 的《数学分析》。

10 月，到浙大龙泉分校复学。

自学射影几何。

12 月，浙大龙泉分校迁回杭州，此间回家乡温州。

### 1946 年

年初，随浙大回杭州学习

4 月，和浙大同学吴士濂、薛天士发起组织"求是学社"，任社长，学习马列主义，推动进步学生运动。

邀请马寅初到浙大演讲。

6 月，参与发动并参加"六一三"杭州反对内战、保卫政协决议游行，马寅初带头走在队伍前面。

暑期，回温州参加"温州大专学校学生暑期联谊会"（大联），任理事。

参与抵制英国轮船开进瓯江的抗议活动。

在"大联"举办的暑期学校任教,教高中数学课程。

与中共温州地区领导人曾绍文取得联系。

下半年,浙江大学总校回迁杭州,进入数学系三年级。

任浙江大学学生自治会代表会数学系代表,筹编学生自治会机关报《求是周报》。

## 1947 年

1 月,参加浙大学生抗议美军暴行游行。

任浙江大学学生自治会代表会秘书。

5 月,参加"五二〇"反饥饿、反内战学生运动,任罢课抗议委员会主任秘书。

参加进步组织"华社",即人民世纪创造建设社。

暑期,继续参加温州"大联"的活动,成立第二届"大联"理事会,任补习学校教务主任。

参加由苏步青、陈建功教授分别指导的微分几何、函数论讨论班。开始阅读数学论文,并在讨论班上报告。

10 月,参加抗议政府杀害于子三的游行,在军警监视下目睹遗体入殓。

11 月 2 日,当选浙江大学学生自治会理事,任副常务理事(后兼任主任秘书),负责司法方面的斗争。

## 1948 年

上半年,继续参加于子三运动,抗议特务入侵校园殴打学生。

撰写于子三运动的纪念文章。

4 月,重新入党,介绍人赵槐,候补期 6 个月,10 月转正。

夏天,发展邵浩然和包洪枢参加华社,年底两人被批准入党。

毕业,留校任助教。

9 月(或 10 月),介绍华社杭州分社负责人任雨吉入党。

10月，完成 Laplace 变换收敛横标公式的推导，写入与陈建功、越民义合作完成的论文。

加入中国科学工作者协会杭州分会和科学时代社杭州分会，执行党组织安排的团结科技工作者、迎接解放的任务。

和李文铸、张翰等发起组织社团"求是科学社"，学生和青年教师百余人参加，从事组织科普报告等活动，历时半年，其中成员潘家铮、胡海昌、杨福榆、沈允纲、沈家骢等人后来成为中国科学院院士。

## 1949 年

在中共杭州市委领导下，成立科协工作组，准备迎接解放，任组长，成员有朱兆祥、任雨吉、过兴先。致力于杭州各科技单位的联系，进行调研，发展科协，组织应变会保护本单位。直接领导人为徐恭慧。

4月，推动国民政府国防部雷达研究所起义。

5月3日，杭州解放，杭州各个重要的科技单位都完整地保全下来。

5月10日，参加解放大军、中共地方武装和地下党会师大会。

5月下旬，科协杭州分会召开会员大会，邀请谭震林讲话，成立新的理事会，开展科技咨询和科学普及工作。任科协杭州分会理事、秘书，主持经常性工作，理事长陈立。成立科协党支部，任书记，直属市委。

参加中苏友好协会，为浙江分会发起人之一，任杭州分会理事。

## 1950 年

1月，兼任浙江省人民政府文教厅文化局科普科科长。

8月，在北京参加中华全国第一次自然科学工作者代表大会，参加全国科普协会，为发起人之一。

参加中国教育工会，任浙江大学基层委员会候补委员。

任浙江省和杭州市的人民代表会议的代表。

任浙江科联（筹）党组书记，主任苏步青。

经苏步青介绍，参加中国数学会，任杭州分会理事。

继续在浙大任助教。完成了第一批较系统科学研究工作，写成"隐函

数表示下的 $K$ 展开空间"等论文，在《中国科学》、《科学记录》上发表。

与胡和生相识，胡为苏步青研究生。

### 1951 年

4 月 10 日，作为中国科联 5 人代表团成员，赴布拉格参加第二届世界科协代表大会，代表团首席代表是梁希。行前，代表团受到周恩来总理接见。

4 月 12—13 日，布拉格会场开会。

4 月 24 日，与梁希、张昌绍先行从布拉格飞抵莫斯科。

4 月 24 日至 5 月 21 日，随中国科联代表团在苏联进行为期三周的参观活动。

4 月 28 日晚，出席苏联科学院主持召开的科学工作者庆祝五一劳动节晚会。

5 月 1 日，出席五一节红场观礼。

5 月 13 日，出席苏联科学院为中国代表团举行的欢迎茶会。

在苏联拜访诺维柯夫院士，谈数学基础问题。

6 月 3 日，当选为中国数学会杭州分会理事兼秘书。

8 月，因患肺结核，到北戴河疗养，担任中科院休养所管理员，并陪同李四光教授休养。

9 月，回浙大，从事教学和科研工作，任中共浙大总支统战委员。

12 月，经党组织决定，加入中国民主同盟，任杭州市委委员，帮助民盟浙大支部发展盟员。第一批发展苏步青、谈家桢加入民盟。

### 1952 年

参加"三反"、思想改造运动，帮助民盟盟员参加运动。

晋升为讲师。

6 月，在上海参加留苏预备生考试，经审查后通过。

9 月，到北京俄文专修学校留苏预备部学习俄语。

## 1953 年

1 月，在俄专参加整党及审查历史，受到"等待一年，限期提高"的处分。

7 月，培训结束，因政审不过关，未获准出国。

8 月，到复旦大学从事教学科研工作，为化学系开设高等数学课程，辅导陈传璋讲授的数学系《数学分析（二）》课程，思想上严格要求自己。

继续在苏步青指导下从事科学研究。

年底，荣获"上海市高等学校青年团积极分子"称号。

## 1954 年

4 月，数学系党总支讨论，基本符合共产党员条件。

夏天，参加北京大学吴新谋主办的偏微分方程暑期讲习班，听吴新谋与彭桓武授课，奠定了一定的偏微分方程研究基础。

10 月 28 日，莫斯科大学校长彼得洛夫斯基率团访问上海，在复旦大学作关于微分方程的学术报告，谷超豪任现场翻译。

开设"常微分方程"课程。

## 1955 年

开设"数学物理方程"新课程，并讲授"几何基础"。

研究仿射联络空间和芬斯拉空间整体安装问题，获进展。

暑假以后，任数学系几何代数教研组副主任、数学系教师团支部书记。

## 1956 年

5 月 1 日，参加庆祝五一国际劳动节观礼。

本月，获中国新民主主义青年团上海市委员会表彰。被推选为上海市和全国先进生产者，并作为全国先进生产者代表大会主席团成员，受到党和国家领导集体的接见。

8 月，出席中国数学会论文宣读大会，发表相关微分几何方面的成果，引起老一辈科学家们的重视与注意，与王元、陈景润、夏道行、万哲先、陆启铿、丁石孙等被誉为青年数学家代表。

9 月，参加中共复旦大学第一届党代会，当选党委委员。

10 月，苏步青、谷超豪合译的《三十年来的苏联数学 1917—1947：几何学》（С.Л. 菲尼可夫等著）由科学出版社出版。

脱党历史情况被查清。以教研室主任身份任校务委员会委员、数学系党总支委员和几何代数教研组及研究生支部书记，一度代理数学系党总支书记。

研究几何物场的群不变结构。

晋升为副教授。

### 1957 年

1 月 1 日，与胡和生结婚。岳父胡伯翔，上海中国画院画师。

5 月，高等教育部批复同意谷超豪以副教授身份与夏道行赴苏联莫斯科大学力学数学系进修。

9 月，到苏联莫斯科大学进修，并担任中国留学生力学数学系党支部书记，参加拉舍夫斯基和菲尼可夫分别领导的两个微分几何讨论班。开始研究李－嘉当变换拟群。听盖尔芬特和奥列尼克关于守恒律方程组的课程。

11 月 7 日，作为中国进修教师代表参加苏联十月革命四十周年红场观礼。

### 1958 年

5 月，苏步青应邀赴罗马尼亚、匈牙利等东欧国家讲学两个月，顺访苏联莫斯科大学 10 天。谷超豪陪同并做翻译。

6 月，学期快要结束的时候，拉舍夫斯基教授认为谷超豪这一年的科研成果已经到达了"博士水平"，建议其向学校提出申请，参加博士学位答辩。

7 月，谷超豪、金福临合译的《高等数学教程》第 4 卷第 2 分册（斯米尔诺夫著）由人民教育出版社出版。

8 月，帮助前来探亲的胡和生与拉舍夫斯基作学术长谈，并和胡和生一起瞻仰了列宁墓、参观了公园和博物馆。两人还去列宁格勒旅游，4 天里游览了市区和郊区各个景点。

继续研究李－嘉当变换拟群，并开始研究双曲守恒律，参加彼得洛夫领导的偏微分方程讨论班，听流体力学课程。

### 1959 年

2 月，拉舍夫斯基和谷超豪商谈学习计划，他说："时间很快，你在这里只有几个月时间了，你的科研结果可以答辩博士学位，建议你搞完答辩回国。"菲尼可夫、拉普切夫几位老师也都是这个意见，希望谷超豪申请莫斯科大学的博士学位。准备博士论文答辩。

6 月 5 日，通过莫斯科大学科学博士论文答辩，被授予物理－数学科学博士学位。

7 月份回国，建立双曲守恒律讨论班，任微分方程教研组主任，开始招收研究生。

### 1960 年

2 月，参加中共复旦大学第三届党代会，当选党委委员。以后连续当选第四—七届党委委员。

同月，当选校务委员会委员。

参与数学专业课程革新，为负责人之一。

6 月，复旦大学数学系被评为全国文教先进集体，作为代表参加全国教育和文化、卫生、体育、新闻方面社会主义建设先进单位和先进工作者代表大会，在周总理主持的交流大会上发言："找到一条多快好省培养数学干部的途径"。

为力学专业开设"空气动力学"专门课程，又开设"差分方程稳定性"课程。

在空气动力学方程的间断初始值问题的研究中取得成果。

晋升为教授。

## 1961 年

随同苏步青夫妇到温州参观访问，游览雁荡山。

访问母校温州中学和广场路小学。

解决超音速机翼绕流有关的数学问题。

对含两个未知函数的拟线性双曲型方程组得不定界问题作了深刻的研究，详细分析了不连续的初始值问题。

## 1962 年

3 月，在广州参加党中央召开的全国科技工作会议和文艺工作会议，周恩来总理出席。

6 月 30 日，儿子谷晓明出生。

8 月，受聘任全国科学技术委员会数学组组员。

10 月，任复旦大学数学研究所副所长，直到 1986 年 10 月。

研究正对称偏微分方程组理论。

获上海市科技论文奖。

## 1963 年

1 月 29 日，参加上海市科学技术委员会召开的科学技术工作会议，受到周恩来总理的接见。

对多变元混合型边值问题的研究取得突破性成果。

## 1964 年

当选第三届全国人民代表大会代表，参加第一次会议。

## 1965 年

1 月，著作《最大值和最小值》（中学生课外读物）由上海教育出版社出版。

3 月，专著《齐性空间微分几何学》由上海科技出版社出版。

8 月，当选上海市第五届人民代表大会代表。

到上海县梅陇公社朱行大队参加"四清"运动。

### 1966 年

继续在朱行大队参加"四清"运动。

6 月，"文化大革命"开始，回学校接受批判。

### 1967 年

继续受批判，在校内劳动。

### 1968 年

继续受批判，在校内劳动，暑期至横沙岛劳动。

### 1969 年

继续受批判，至宝山县罗店公社徐家宅大队劳动。

### 1970 年

继续受批判，分配到复旦大学理科大批判组，查阅、整理数学、物理方面的资料。

### 1971 年

继续受批判，继续在理科大批判组查阅、整理材料。

### 1972 年

继续受批判。

接待任之恭、林家翘为首的美籍华人学者代表团。又先后接待李政道、杨忠道等人。

研究黑洞外奇点的形成。

9 月，接待陈省身，陈做相关示类性演讲。

### 1973 年

接待美国加州华人学者（有项武义、伍鸿熙等数学家参加）访问团。

接受钝头物体超音速绕流计算任务。

### 1974 年

6 月，开始和美籍华人科学家杨振宁合作研究规范场的数学结构。

10 月，主持陈省身两场学术报告会，题目分别为《关于最近国际数学界的动态》、《高斯—包耐公式》。

完成钝头物体超音速绕流计算。

### 1975 年

9 月，与杨振宁合作研究成果以《规范场理论若干问题》发表在《中国科学》等刊物上。

继续在理科大批判组查阅、整理材料。

接待以 Mclane 为首的美国数学家代表团。

继续研究规范场的数学结构。

接待美国数学会代表团。

### 1976 年

3 月，杨振宁再次来复旦大学，谷超豪团队与杨振宁继续合作进行规范场研究。

"文化大革命"结束，回到数学研究所，继续从事规范场数学结构的研究。

### 1977 年

10 月，参加全国自然科学学科规划会议，受到党和国家领导人接见。

11 月 19 日至 12 月 17 日，随杨廷宝任团长的中国高等教育代表团，访问美国高等学校以及库朗数学研究所，在加州大学伯克利分校和马里兰大学作有关混合型偏微分方程的学术报告。

12 月，《规范场的数学结构研究》获上海市重大科学技术成果奖。荣获上海市先进科技工作者称号。

## 1978 年

2 月 24 日至 3 月 8 日，出席全国政协五届第一次会议。

3 月，《规范场的数学结构研究》获全国科学大会奖。

8 月，发起并组织在四川峨眉山举办的"全国现代偏微分算子学术会议"。

9 月，任复旦大学数学系主任。

11 月，在中国数学会于四川成都召开的第三次全国代表大会上，作题为《偏微分方程的一些问题》的报告。

研究规范场闭环路位相因子方法。

任《中国科学》、《科学通报》编委。

## 1979 年

2 月 9 日，离京赴美国纽约州立大学石溪分校理论物理研究所，从事研究工作，行前受到教育部部长蒋南翔接见。

访问墨西哥，作规范场报告。

访问库朗研究所，作混合型方程报告。

6—9 月，应邀与吴文俊、廖山涛、胡和生等人一同出席加州大学伯克利分校为陈省身退休举行的"整体分析与整体几何国际研讨会"。顺访美国哈佛、麻省理工、普林斯顿、罗特格斯等高校数学系。

与哥伦比亚大学统计系周元燊教授约定，每年选派复旦大学优秀毕业生到该校学习统计。

任《数学年刊》常务编委。

研究高阶混合型方程，提出可解的边值问题。

## 1980 年

5 月，受聘担任教育部高等学校理科数学、力学、天文学教材编审委员会委员。

访问联邦德国波恩大学、海德堡大学，作学术报告。

访问香港，参加香港数学会学术讨论会。

继续研究规范场，提出波映照理论。

当选中国科学院数理学部学部委员（后称院士）。

任基础数学、流体力学两个专业博士生导师。

8—9 月，参与在北京举行的首届"国际微分几何与微分方程会议"（简称"双微会议"）的组织工作。

任《大百科全书》数学卷编委会副主任。

## 1981 年

1 月，参加中共复旦大学第九届党代会，当选党委委员。

5 月 26 日，在庆祝复旦大学建校 76 周年大会暨第 15 届科学报告讨论会上，为祝贺苏步青教授执教 50 周年，向与会者介绍苏步青 50 年教学生涯和治学经验。

8—9 月，组织和主持的第二届"国际微分几何与微分方程会议"（双微会议 II）分两阶段在上海和合肥举行，会议以微分几何为重点，与会代表 80 人，交流论文 30 篇。

12 月，专著《经典规范场》（Physics Report 第 80 卷第 4 期）出版。

## 1982 年

1 月，任复旦大学副校长。

4—8 月，访问联邦德国波恩大学、海德堡大学，Oberwolfach 数学究所，法国巴黎大学、第戎大学，意大利的里雅斯特大学、罗马大学，瑞士 CERN。在一些学校和法兰西学院等学术机构做学术报告。

与李大潜、俞文魮、陈恕行合作的《非线性双曲型方程组和多元混合型偏微分方程的研究》获得国家自然科学奖二等奖，与胡和生、李华钟等合作的《经典规范场理论研究》获国家自然科学奖三等奖。

11月16日，在复旦大学召开的理科教师、研究生和科研人员大会上，传达全国自然科学奖励委员会颁奖情况。

### 1983 年

5月23日，陪同来访的毛里求斯总理贾格纳特参观复旦大学。

5月24日，出席复旦大学执教逾40周年教师庆祝会。

5月27日，在北京人民大会堂举行的博士和硕士学位授予大会上，作为首届博士生指导老师代表讲话，并与赵紫阳等党和国家领导人合影留念。

5月，受聘担任上海市科学技术开发交流中心董事会董事。

6月，出席在北京召开的第六届全国人民代表大会第一次会议。

8月，担任在美国科罗拉多大学博尔德分校召开的第七届国际数学物理会议顾问委员会委员。

12月17日，主持复旦大学授予丘成桐博士名誉教授仪式。

12月21日，在温州市科协第一次代表大会上发表"寄希望于温州科协"的讲话。

12月22日，访问母校温州中学（时称温州一中），并发表讲话。

12月，访问母校广场路小学。

### 1984 年

4—6月，作为日本学术振兴会高级交流人员访问东京大学、京都大学、东北大学，在大阪参加日本数学会年会，多次作学术报告。

8月1日，出席授予马里兰大学叶祖尧复旦大学名誉教授仪式。

8月24日，经校党委、校长联席会议讨论通过，教育部批准，任复旦大学第二届学位评定委员会副主任委员。

9月14日，会见来复旦大学访问的苏联高等教育考察团。

9月25日，兼任复旦大学研究生院首任院长。

10 月 9 日，会见来复旦大学访问的美国普林斯顿大学程心一教授

12 月 19 日，会见来复旦大学讲学的杨振宁教授。

任国务院学位委员会数学学科评议组成员（后任组长）。

## 1985 年

2 月，复旦大学成立上海市第一家"应用数学咨询开发中心"，与苏步青、钱伟长一起出任该中心顾问委员会主任。

2 月 22 日，出访欧洲途经广州，拜访华罗庚。

2 月下旬至 3 月上旬，访问法国、英国、瑞士、比利时、西德以及香港地区的 12 所大学和研究部门，就偏微分方程和数学物理等问题介绍其研究成果。

"混合型偏微分方程"项目获国家教委科技进步奖一等奖。

5 月 31 日，参加复旦大学博士学位授予大会，其指导的刘林启、李得宁、孙龙祥、陈韵梅获博士学位。

6 月 3 日，会见来复旦大学访问的美国软件中心教师。

6 月 5 日，会见美国客人 Kirwan。

6 月 21 日，代表苏步青、中国数学会、复旦大学数学研究所、复旦大学数学系，出席华罗庚追悼会并讲话。

6 月 21 日，出席在复旦大学召开的第六届"国际微分几何与微分方程会议"（双微会议 Ⅵ），担任组委会主席。

7 月 1 日，受聘担任南开数学研究所学术委员会委员。

9 月 11 日，会见来复旦大学访问的美国科学促进会董事会代表团。

10 月 29 日，出席授予黄开禄博士复旦大学顾问教授仪式。

12 月 6—10 日，参与组织的中国数学会 50 周年年会在上海举行，作《微分几何中的双曲型方程和混合型方程》的大会发言。

开始研究孤立子理论。

主持首届自然科学基金重点项目"整体微分几何及物理应用"。

任国家教委数学教材编审委员会（后改为数学教学指导委员会）主任。

任中国数学会副理事长，上海数学会理事长。

## 1986 年

1 月 8 日，受聘担任上海市高等学校教师学衔委员会数学学科组成员。

3 月 5 日，受聘担任《计算物理丛书》名誉编委。

5 月 10 日，受聘担任温州大学兼职教授。

5 月，"调和映照和规范场"获国家教委科技进步奖一等奖。

6 月 10 日，受聘担任温州科技开发公司总顾问。

6 月 12 日，不再担任复旦大学副校长职务。本月，应邀出席在法国召开的几何与物理学术会议。

7 月 1 日，受聘担任上海铁路分局上海列车段 13/14、161/162 次列车特邀路风监督员。

7 月 7 日，受聘担任《应用数学丛书》主编。

8 月，参加在美国加州大学伯克利分校举行的第二十届国际数学家大会，这是中国大陆 1949 年后作为国际数学联盟成员首次以正式身份出席的数学家大会。

9 月 1 日，受聘担任国家自然科学基金委员数学学科评审组成员。本月，应邀参加在意大利召开的整体微分几何工作会议并短期访问。

10 月，任复旦大学数学研究所所长。

10 月 26 日，主持仪式，授予著名数学家陈省身复旦大学名誉教授并颁发证书。

11 月 12 日，受聘担任上海市委宣传部特邀研究员。

## 1987 年

1 月 1 日，受聘担任辞海编辑委员会编委、分科主编。

1 月，复旦大学出版社成立"大学应用数学丛书"编审委员会，担任编审委员会主任。

2 月 10 日，受聘担任中国科学院应用数学研究所学术委员会委员。

3 月，上海市中学生业余数学学校开学，任名誉校长。

4 月 20 日，受聘担任《数学辞海》编审顾问。

4月26—5月18日，访问苏联，在莫斯科大学和列宁格勒大学会见两校领导与数学家，做三次学术演讲。

5月18—7月29日，在西德海德堡大学等处演讲研究，完成论文一篇，另获四项研究成果，做三次学术报告。第三次访问纽约州立大学石溪分校理论物理研究所。

6月10日，不再担任复旦大学研究生院院长职务。

6月16日，受聘担任第二届国家自然科学奖励委员会委员。

7月，"多元混合型方程"获国家教委科技进步奖一等奖。

9月9日，与胡和生一起会见复旦名誉教授、法国科学院院士肖盖（Y.Bruhat Choquet）。

10月，受聘担任1987年国家自然科学奖数理科学部评审组成员。

12月2日，受聘担任《系统科学与数学》编委会名誉编委。

赴杭州参加于子三烈士墓重修竣工仪式。


### 1988年

2月26日，被任命为中国科学技术大学校长。同时，继续担任复旦大学数学研究所所长。

3月25至4月13日，出席第七届全国人民代表大会第一次会议。

3月，中共上海市教育卫生工作委员会发文批准，恢复谷超豪组织关系中断期间（1943年至1948年初）的党籍，党龄和参加革命工作时间从1940年3月起连续计算。

4月15日，兼任中国科学技术大学研究生院院长。

4月15日，会见来中国科技大学访问的法国科研中心代表团。

4月24日，出席第二届非线性物理国际学术讨论会大会。

4月，会见旅美作家江南的遗孀崔蓉芝女士。

6—7月，应法国大学评议会数学组和巴黎第六大学相对论力学系邀请，作为访问教授赴法国作学术交流。6月20日，应邀参加法国科学院院士大会，肖盖院士致介绍词，称颂其研究。

7月，上旬到意大利科莫出席学术会议，15日回国。

8 月 20—24 日，参加由陈省身提议、在南开大学数学研究所召开的"21 世纪中国数学展望学术讨论会"。会议主题是"群策群力，使数学率先赶上国际先进水平"，会议重要成果是决定设立国家自然科学基金委数学"天元基金"。谷超豪积极参加筹备工作，12 月正式设立，任基金领导小组成员。

8 月 29 日，向中科大副教授以上的教师、各部处系负责人传达高教工作会议精神。

8 月，《谈谈数学中的无限》（中学生文库）由上海教育出版社出版。

9 月 2 日，中科大教师职务评审委员会改为教师职务聘任工作委员会，谷超豪任主任。

9 月 18 日，会见来中科大访问并参加校庆活动的朝鲜理科大学校长鲁相均一行。

9 月 19 日，会见来中科大参加校庆活动的日本东京大学副校长有马朗人教授一行。

9 月 19 日，会见帝国理工学院代表团菲尔普斯教授。

9 月 20 日，参加中国科技大学三十周年校庆大会，并讲话。与严济慈名誉校长等一起主持中国科技大学郭沫若铜像落成仪式。

9 月 20 日，会见来中科大参加校庆活动的日本九州大学校长高桥良平教授一行。

9 月 20 日，会见中科大张宗植奖学金、奖教金设立者张宗植先生。

10 月 11 日，会见来中国科技大学访问的美籍华人、超导专家朱经武教授。

### 1989 年

1 月 4 日，为中科大首批获得"研究生优秀论文奖"的毕业生颁奖。

3 月 29 日，新华社报道，谷超豪在七届人大二次会议上疾呼：要重视和关心国内培养的博士。次日，《人民日报》海外版、《文汇报》等均予以报道。

4 月，受聘担任华东化工学院名誉教授。

和中国科技大学干部、教师一起，为学校的稳定进行一系列工作。

8 月，与中国科技大学外办主任戚伯云一行访问苏联莫斯科国立罗蒙诺索夫大学。

8 月，受聘担任南开数学研究所第二届学术委员会委员。

9 月 20 日，在中国科技大学校庆大会上发表讲话。

9 月 23 日，代表中国科技大学与苏联莫斯科国立罗蒙诺索夫大学签署校际合作协议。

9 月 27 日，受聘担任上海市工业与应用数学学会顾问。

10 月 4 日，率中科大代表团访问日本东京大学。

11 月 28 日，中科大非线性科学联合研究组正式成立，担任组长。

12 月 30 日，《偏微分方程和微分几何学》（谷超豪、胡和生、李大潜）获上海市 1989 年优秀教学成果优秀奖。

12 月，《偏微分方程概貌》（数学概貌丛书）由科学技术文献出版社出版。

和郝柏林、郑哲敏一同倡议在国家攀登计划中建立"非线性科学"项目。

主持在上海召开的可积系统国际会议。

任 *Review in Mathematical Physics* 的合作编委。

任《辞海》编委兼数学分科主编。

## 1990 年

3 月，参加全国人大会议。

9 月 13 日，参加亚运会火炬传递交接仪式。

10 月，《谈谈数学中的无限》（上海教育出版社 1988 年版）一书荣获上海市第三届优秀科普作品奖二等奖。

11 月 17 日，参加中科大上海校友分会 1990 年茶话会。

12 月 4 日，向到中科大视察的全国政协副主席、中国农工民主党主席、原中科院院长卢嘉锡汇报情况。

12 月 22 日，受聘担任首届高等学校数学与力学教学指导委员会成员。

12月，受聘担任《现代数学丛书》编辑委员会主编。

建议在中国科技大学成立"非线性科学中心"。

率中国科技大学代表团访问东京大学、京都大学、九州大学等日本高校，总结过去的合作交流，商讨以后的合作交流方案，作学术报告。

中文专著《孤立子理论与应用》（中文版）由浙江科技出版社出版，为主编及作者之一。

## 1991 年

1月13日，在中科大"贯彻理科教育工作座谈会精神，深化教育改革研讨会"上，作总结报告。

6月1日，向世界著名超导专家、美国休斯敦大学物理系教授、德克萨斯超导研究中心主任朱经武颁发中国科技大学名誉教授证书。

8月31日，在国家基础性研究重大关键项目首席科学家联席会上，被国家科委聘为"非线性科学"项目首席科学家。

9月2日，赴安徽灾区慰问群众。

9月21日，与日本帝京大学总长冲永庄一签署校际学术交流协议。

9月，参加在复旦大学召开的微分几何国际学术讨论会，并发言。

10月14日，与项武义、谢婉贞夫妇和胡和生一起作为共同发起人，倡议设立的"苏步青数学教育奖"成立，并受聘担任苏步青数学教育奖理事会理事长。

11月22日，陪同江泽民总书记视察合肥同步辐射国家实验室。

12月22日，受聘担任首届高等学校数学与力学教学指导委员会成员。

访问保加利亚，参加国际偏微分方程会议，作大会报告。

访问苏联莫斯科大学、苏联科学院数学研究所、核子研究中心，作学术报告。

任首届中国教育国际交流协会副会长，会长为黄辛白，副会长有季羡林等。

率中国高校研究生院院长小组（成员有吴佑寿、赵春山）赴美国考察。

胡和生当选中国科学院院士，赋诗祝贺。

## 1992 年

1 月 16 日，受聘担任苏步青数学教育奖第一届评审委员会主任委员。

2 月，率中国科技大学代表团访问香港科技大学、香港中文大学、香港大学、香港理工学院，商讨合作交流。

4 月 10 日至 20 日，率中国科技大学代表团访问朝鲜理科大学，并签订两校激光室友好关系协议书。在朝期间，代表团还应邀参加了金日成主席八十寿辰的庆祝活动，金日成主席授予谷超豪二级友谊勋章和证书。

4 月 23 日，在北京邀请参加中国科学院第六次学部委员大会的中科大兼职教授和校友就学校建设与发展进行座谈。

6 月 17 日，参加中国科技大学举办的庆祝杨振宁教授七十寿辰典礼。

6 月 24 日，会见第 33 届奥林匹克数学竞赛中国代表队选手。

7 月 4 日，会见来中科大访问的丁肇中教授、刘永龄先生。

8 月 27 日，在上海主持颁发第一届"苏步青数学教育奖"。

8 月，主编的《数学词典》由上海辞书出版社出版。

10 月 10 日，在中国科技大学青年教师岗前培训班开学典礼上讲话。

11 月 4 日，出席中国科技大学授予东京大学校长有马朗人名誉教授称号仪式。

11 月 14 日，主持中国科技大学研究生院（北京）郭沫若铜像揭幕仪式。

11 月 16 日，在中国科技大学纪念首任校长郭沫若百年诞辰大会上发表题为"郭沫若与中国科学技术大学的前进道路"讲话。

11 月，向国家教委副主任朱开轩汇报工作。

12 月 1 日，出席中国科协首届青年学术年会"兴皖之光"卫星会议。

12 月，"超音速绕流气动力计算"（谷超豪为第一完成人）获上海市科学技术进步二等奖。

12 月，出席中科大第二届职工代表大会第三次会议，并作工作报告。

参加中国科学院第三次"科大"工作会议，提出若干建议。

1993 年

3 月 11 日至 21 日，应台湾"中央研究院"吴大猷院长的邀请，与胡和生等作为"第二批大陆杰出科学家"访问台湾，进行学术交流活动。谷超豪任领队。

3 月 26 日，当选为全国政协常委。

4 月 10 日，代表中科大与韩国浦项大学校长 KimHogil 邮签两校学术交流协议。

6 月，与李大潜、沈纬熙合著的《应用偏微分方程》由高等教育出版社出版。

8 月，中国科学技术大学校长任期期满离职。

中国科学院成立"中国科学技术大学校长顾问委员会"，任副主任委员。

9 月 9 日，受聘担任杭州大学名誉教授。

9 月 16 日，当选"全国教育系统劳动模范"，并被授予人民教师奖章。

10 月 14 日，受聘担任南京大学数学系兼职教授。

10 月，受聘担任东南大学名誉教授。

12 月 16 日，受聘担任"复旦大学二十一世纪学会"专家指导组成员。

1994 年

1 月，参加 1994 中国数学奥林匹克（第 9 届全国中学生数学冬令营）闭营式。

2 月 8 日，当选莫斯科国际高等教育科学院院士。

2 月 20 日，复旦大学非线性科学研究中心成立，任中心学术委员会主任。

3 月，在京出席全国政协会议。

3 月，担任复旦大学数学学科博士后科研流动站负责人。

4 月 8 日，受聘担任汕头大学数学研究所学术委员会名誉顾问。

11 月 9 日，上海市市长黄菊在上海锦江饭店会见陈省身夫妇，谷超豪、胡和生在座。

在上海主持颁发第二届"苏步青数学教育奖"。

12 月 19 日，向复旦大学 211 部门预审专家作汇报。

12 月，受聘担任数学研究生暑期学校学术委员会委员。

12 月，受聘担任上海市张江高科技园区顾问委员会高级顾问。

## 1995 年

1 月 4 日，出席宝钢教育基金会资助数学和物理学基础研究捐赠仪式。

1 月，受聘担任上海交通大学应用数学系兼任教授。

2 月 16 日，受聘担任第一届（1994—1996）国家杰出青年科学基金评审委员会委员。

3 月 6 日，胡和生、谷超豪荣获 1994 年度复旦大学"比翼双飞"奖。

3 月 15 日，受聘担任浙江大学数学系兼职教授。受聘担任浙江大学高等数学研究所学术委员会主任。

4 月 10 日至 5 月 14 日，前往荷兰执行出席 KDV 学术会议，并顺访美国参加基本力和量子技术国际会议，并赴德国短期讲学。

5 月，受聘担任国家科学技术奖励数、理、天文学科评委会评审委员。

5 月 18—21 日，在清华大学举行中国数学会第七次代表大会暨六十周年年会，颁布第二届"华罗庚数学奖"，与中国科学院数学研究所万哲先荣膺。

6 月 17 日，复旦大学数学系、数学所在逸夫楼举行谷超豪七十寿辰及教学工作 50 年庆典。

10 月 19 日，荣获 1995 年度"何梁何利基金科学与技术进步奖"。

10 月 16 日至 12 月 15 日，与胡和生一同赴德国短期讲学。

12 月，受聘担任第二届数学天元基金学术领导小组成员。

用孤立子理论研究调和映照。

访问日本庆应大学、东京大学作调和映照和极值曲面的报告。

《应用偏微分方程》获国家教委优秀教材一等奖。

英文专著 *Soliton Theory and its Applications* 由 Springer 和浙江科技出版社联合出版。

3 月 3 日至 13 日，参加中国人民政治协商会议第八届全国委员会第四次会议。

3 月，《应用偏微分方程》（谷超豪、李大潜、沈玮熙）获 1995 年度上海普通高等学校优秀教材一等奖。

5 月，参与筹备在复旦大学建立的"杨武之论坛"，首次主讲人为杨振宁。

5 月 4 日，受聘担任复旦大学名誉学生辅导员。

5 月 27 日下午，主持"非线性科学与非线性问题"专场报告会的交流与研讨。

6 月 6 日，受聘担任高等学校"数学研究与高等人才培养中心"学术委员会副主任。

7 月 9 日，受聘担任第三届"中国青年科学家奖"终审工作委员会委员。

7 月 19 日，受聘担任山西大学名誉教授。

10 月 11 日至 11 月 10 日，访问台湾"中央研究院"数学研究所及多所大学，作有关孤立子理论的报告。

10 月 25 日，受聘担任《中国科学》第七届、《科学通报》第十届编辑委员会委员。

下半年因面瘫和肝胆阻塞，住院治疗。

12 月，获香港柏宁顿（中国）教育基金会第二届孺子牛金球奖（杰出奖），并在颁奖大会上发言。

3 月 26 日，受聘担任上海东方电视台科技节目科学顾问。

7 月 17 日，受聘担任中国科技大学上海校友会名誉会长。

8 月 30 日，受聘担任《科学与工程计算丛书》第二届编辑委员会名誉编委。

9 月 10 日，因在 SCI 发表论文，荣获 1997 年度复华教学科研奖励基金奖励。

10 月 15 日，受聘担任第二届（1997—1999）国家杰出青年科学基金评审委员会委员。

11 月，受聘担任《应用数学学报》第五届编辑委员会顾问。

12 月 1—31 日，与胡和生一起前往香港讲学交流一个月。

在政协中提出重视基础研究和重视人才培养的建议。

1998 年

1 月 4—10 日，与胡和生一同赴澳门短期讲学。

2 月，出席中法应用数学研究中心成立时举办的中法应用数学讨论会。

4 月 1 日至 5 月 10 日，应台湾中研院数学所所长刘丰哲邀请，与胡和生一同赴台湾短期讲学。

8 月 23 日，会见来复旦大学访问的诺贝尔奖获得者朱棣文教授。

12 月，受聘担任大型科普图书《十万个为什么》（新世纪版）编委。

任第九届全国政协委员、常委。

1999 年

3 月，出席授予李骏博士为复旦大学教授仪式，并讲话。

5 月 4 日，对母校温州中学高三年级全体学生发表"国家兴旺　匹夫有责"讲话。参观温州大学并作学术报告。

本月，出席求是科技基金会九九年杰出奖颁奖会，并讲话。

6 月 13 日，在庆祝数学天元基金设立 10 周年大会上发表"寄希望与青年一代"讲话。

8 月 19 日，浙江教育工委干〔1999〕51 号文件，同意谷超豪任温州大学校长。

8 月 21 日至 9 月 10 日，与胡和生共同前往法国，出席"纪念莫许法拉都学术会议"。

9 月 10 日，谷超豪、胡和生指导全国首届优秀博士学位论文《可积系统的广义 Lax 代数、$\gamma$－矩阵及代数几何解》荣获 1999 年度"复华教学科研奖励基金"奖励。

9 月 15 日，出席温州大学 1999 级新生入学典礼。

9 月，出席复旦大学召开的迎国庆座谈会，并讲话。

9—10 月，邀陈省身教授到复旦大学作"杨武之论坛"演讲，陈省身演讲"什么是几何"。

10 月 24 日，在上海复旦大学主持颁发第四届"苏步青数学教育奖"，并发表讲话。

10 月，当选首届复旦大学"研究生心目中十大杰出教授"。

11 月 10 日，受聘担任温州市人民政府高级顾问。

去雁荡山参加并主持制定温州大学发展规划。

由复旦大学向中组部推荐为专家。

## 2000 年

1 月 16 日，受聘担任浙江大学校友总会副会长。

4 月 1 日，主持温州大学新校址奠基典礼。

4 月 17 日，受聘担任华东师范大学"中学骨干教师国家级培训"讲座教授。

7 月 15—23 日，与胡和生一同赴日本，参加"可积系统与微分几何"国际学术会议。

9 月 7—30 日，与胡和生一同赴法国 Bourgogne 大学，参加"数学物理"国际会议并讲学。

9 月 30 日，受聘担任温州中学百年校庆筹委会名誉会长。

10 月 12 日，中国国家主席江泽民接见参加"陈国才、周炜良纪念会议——代数几何与代数拓扑国际会议"贵宾陈省身等，谷超豪与吴文俊、张恭庆等陪同。

10 月 22 日，接受《温州日报》记者专访，谈任温州大学校长一年来的工作情况。

本月份晕倒，住院休养。

12 月 5—30 日，与胡和生一同赴香港城市大学讲学，期间参加美国数学会与香港数学会联合举办的学术会议。

12 月，指导的《孤立子方程相关的有限维可积系统》论文荣获 2000 年度"复华教学科研奖励基金"奖励。

邀请丘成桐教授至复旦大学作"杨武之论坛"演讲。

作为建议人之一，向国家科技部建议在"973"计划中列入"非线性科学"和"核心数学"两个项目。

2001 年

1 月 7—16 日，与胡和生一同赴香港出席"国际工科数学教学及应用研讨会"，并顺作学术访问。

5 月 29 日，发表"致亲爱的少年队员"讲话。

7 月 10 日，出席第二届数学之星夏令营开营式。

7 月 30—31 日，参加浙江大学数学系等单位举办的庆祝苏步青教授百年荣寿暨国际会议，介绍苏老生平与学术成就。

组织和主持纪念苏步青百年寿辰国际微分几何讨论会。

编辑苏步青教授纪念文集《文章道德仰高风》。

9 月 22 日，出席苏步青教授百岁诞辰庆贺会，并致贺词。

任"973"项目"非线性科学"专家委员会顾问。

10 月 15 日，参观苏步青浙江平阳旧居并题词。

10 月 16 日，出席温州大学茶山新校区启用暨新学年开学典礼，并讲话。

11 月 20 日至 12 月 19 日，与胡和生一同赴香港城市大学短期讲学及学术交流。

12 月 25 日，出席温州大学合作办学协议签字仪式，并讲话。

12 月 28 日，主持复旦大学授予 P.D.Lax 名誉教授的仪式。

12 月，主编的《别有洞天——非线性科学》（攀登计划普及丛书）一书由湖南科学技术出版社出版。

2002 年

1 月，担任 2002 中国数学奥林匹克（第十七届全国中学生数学冬令营）

名誉营主任。

2 月 11 日，荣获 2001 年度"上海市科技功臣"称号。

3 月 18 日，作为上海市科学技术奖励大会获奖者，受到上海市领导接见。

5 月 6 日，联名孙义燧等院士，致信温州市委、市政府，建议尽快组建综合性的新温州大学。

5 月，参加南京大学百年校庆"世界著名科学家论坛"。

6 月 27 日，参加在清华大学召开的前沿科学国际研讨会，祝贺杨振宁教授八十寿辰。

7 月 1 日，出席温州大学 2002 届学生毕业典礼。

8 月 6 日，受聘担任《科学工程与计算丛书》第三届编辑委员会名誉编委。

8 月 20—28 日，与胡和生、李大潜等赴北京参加第 24 次国际数学家大会，担任会议荣誉委员会委员。

在杭州和温州市委、省教育厅领导商讨温州大学基建问题，温州大学和"温州教育产业集团"脱钩。

9 月 10 日教师节，作为教育系统干部教师代表与上海市领导合影。

10 月 10 日，受聘担任温州市"数学家摇篮工程"理事会名誉理事长。参加温州市"数学家摇篮工程"启动仪式并题词。在温州大学 2002 级新生开学典礼上致辞。陪同浙江省教育厅厅长侯靖方视察温州大学。

10 月 11 日，参加温州中学 100 年校庆，发表讲话。

10 月，在温州大学作"从数学科学的性质看中小学数学教育"学术报告。参加广场路小学"踏着名校友的足迹成长"暨庆祝少先队建队 53 周年主题活动。

### 2003 年

1 月 21 日，出席温州大学金融研究中心和复旦大学金融研究院温州分院的成立仪式。

1 月 23 日，主持温州大学引进教授新春团拜会，并与温州大学引进教授合影。

1月，受聘担任《高校应用数学学报》编辑委员会名誉委员。

2月，与胡和生、周子翔合著的中文专著《孤立子理论中的达布变换及其几何应用》由上海科技出版社出版。

3月24日，在"复旦师生缅怀名誉校长苏步青教授座谈会"上发言，缅怀苏步青教授。

在浙江大学数学研究中心作关于苏步青教授贡献的报告。

4月28日，温州大学设立"谷超豪特优奖学基金"。

就数学基础教育，作"数学科学的特征和作用"的普及演讲。

任宝钢教育基金会顾问，首次参加评审工作。

参加申请成立综合性大学（新）温州大学的应审活动。

9月，荣获2003年度"复华教学科研奖励基金"突出贡献奖。

10月8日，出席港湾网络有限公司向温州大学捐赠设备仪式。参加温州大学2003级新生开学典礼暨首届谷超豪特优奖学金颁奖仪式，为14位获奖学生颁奖。出席温州大学苏步青院士铜像揭幕仪式，并为铜像揭幕。

10月12日，与陈省身教授一起，为温州的数学工作者、大中学生和广大数学爱好者作有关数学普及的演讲。

本月，参加在武汉召开的中国数学会第九次全国代表大会暨学术年会。邀请陈省身教授访问温州、视察温州大学。

11月11日，在第六届苏步青数学教育奖获奖人经验交流会上发表"打好基础　启发思维　训练能力"的讲话。

11月，谷超豪、胡和生、肖盖应邀访问浙江大学数学科学研究中心。

12月5日，受聘担任宝钢教育基金理事会顾问，出席2003年宝钢教育奖颁奖仪式并发表讲话。受聘担任南开大学核心数学与组合数学教育部重点实验室学术委员会委员。

## 2004年

3月24日至4月5日，与胡和生一同赴香港短期讲学，并为优秀中学毕业生作数学演讲。

3 月 28 日，电贺浙江大学经济学院扶持温州大学经济学院办学合作协议签字仪式举行。

4 月 28 日，在新温州大学发展规划研讨会上发表讲话。

5 月，任新的温州大学（筹）校务委员会顾问。

10 月 15 日，出席《数学季刊》创刊 20 周年庆典暨学术报告会，并作报告。

到开封、郑州、洛阳访问，作学术演讲。

10 月 23 日，参加"院士与中国"院士专家科普巡讲报告会，在浙江宁波理工学院作"数学科学的若干特性"演讲，在宁波大学作"谈珍惜时间"演讲。

12 月，在香港参加 2004 世界华人数学家大会。

合著的英文专著 *Darboux Transformations in Integrable Systems* 由 Springer 出版。

## 2005 年

3 月 27 日，担任新一届复旦大学上海校友会会长。

4 月 9 日，与胡和生一起在宁波大学作报告。

5 月 15 日，庆祝谷超豪院士八十华诞暨"偏微分方程及其在微分几何和物理中的应用"国际会议开幕式在复旦大学举行。会上还举行了《奋斗的历程——谷超豪文选》（复旦大学出版社 2005 年版）一书的首发式。

10 月，荣获 2005 年度"何梁何利基金科学与技术成就奖"。

12 月 21 日，出席宝钢教育基金成立暨 05'宝钢教育奖颁奖大会。

## 2006 年

4 月 4 日上午，做客上海社会科学院主办的第二次大家学术论坛，就其学术生涯中的思考和实践作了"请勿歌仰止　雄峰正相迎"的主题演讲。

4 月 8 日下午，与胡和生一起做客上海交通大学数学学术文化节"名师讲坛"，两位院士分别以"学习数学的动力"和"几何学与引力论"为题为交大师生报告。

5 月，被评为复旦大学"优秀共产党员"。

6 月 23 日，出席新温州大学揭牌庆典大会并讲话。

9 月 20 日，不慎摔伤骨折。

## 2008 年

9 月 8 日，荣获第二届"上海市教育功臣"称号。

## 2009 年

8 月 6 日，经国际小行星中心和国际小行星命名委员会批准，一颗国际编号为 171448 的小行星被命名为"谷超豪星"。

9 月，当选新中国成立 60 周年上海杰出科技人物。

10 月 20 日，在复旦大学举行的"谷超豪星"命名仪式上发言。

## 2010 年

1 月 11 日，获国家最高科学技术奖，出席 2009 年度国家科学技术奖励大会，国家主席胡锦涛颁奖。担任东方早报世博科技大使，并为东方早报题词："追求真理，努力创新"。

1 月 12 日，中共复旦大学委员会、复旦大学作出"关于向谷超豪教授学习的决定"

2 月，致信胡锦涛总书记，建议建立南方数学研究中心。

10 月 23 日，获第五届老教授"科教兴国贡献奖"。

11 月 11—13 日，赴江苏金坛参加华罗庚诞辰百周年纪念会。

## 2011 年

1 月 10 日，中风。

6 月，荣获上海市优秀共产党员称号。

### 2012 年

1 月 4 日，再次中风。

5 月 13 日，提议建立的“上海数学中心”（南方数学研究中心）在复旦大学江湾校区奠基。

6 月 24 日，因病在上海逝世。

9 月，荣获第二届感动上海年度十大人物特别奖。

# 附录二　谷超豪主要论著目录

## 中文论文

［1］谷超豪. 隐函数方程式表示下的 $K$ 展开空间理论. 中国科学（A 辑），1951，2（1）：1–19.

［2］谷超豪. 关于 $K$ 展开空间的子空间理论. 中国科学（A 辑），1951，2（2）：165–178.

［3］谷超豪，苏步青. 关于多重面积测度空间的体积积分的第一及第二变差. 数学学报，1952，2（4）：231–245.

［4］谷超豪. 二阶非线型方程稳定性问题的一解. 数学学报，1954，4（3）：347–357.

［5］谷超豪. 道路空间的安装问题. 数学学报，1955，5（3）：369–381.

［6］谷超豪. 论平面素的平行移动与非完整流形. 数学学报，1955，5（3）：383–392.

［7］谷超豪. 论射影空间曲面上的道路系统. 复旦学报（自然科学版），1955（1）：42–45.

［8］谷超豪. 波动方程解的间断曲线与间断曲面. 复旦学报（自然科学版），1955（1）：55–57.

［9］谷超豪. 芬斯拉空间到明可夫斯基空间的安装. 数学学报，1956，6
　　　（2）：215-232.

［10］谷超豪. 二阶偏微分方程组的联络对与积分流形（Ⅰ）. 数学学报，
　　　1956，6（2）：153-162.

［11］谷超豪. 二阶偏微分方程组的联络对与积分流形（Ⅱ）. 数学学报，
　　　1956，6（2）：163-169.

［12］谷超豪. 二阶偏微分方程组的联络对与积分流形（Ⅲ）. 数学学报，
　　　1956，6（3）：426-432.

［13］谷超豪. 论仿射的安装问题. 数学学报，1956，6（3）：464-471.

［14］谷超豪. 论几何微分物场的同构. 复旦学报（自然科学版），1956（1）：
　　　89-92.

［15］谷超豪. 论几何学对象与其解析表示间的矛盾与统一. 复旦学报
　　　（自然科学版），1956（1）：93-98.

［16］谷超豪. 非线性几何物的高阶李氏导数与不变性群. 复旦学报（自
　　　然科学版），1956（2）：29-34.

［17］谷超豪. 全测地曲面的一种推广. 复旦学报（自然科学版），1957
　　　（1）：111-116.

［18］谷超豪. 几种特殊的仿射联络空间的安装问题. 复旦学报（自然科
　　　学版），1957（2）：357-361.

［19］谷超豪. 容有最大阶数运动群的芬斯拉空间. 科学记录，1957（4）：
　　　197-200.

［20］谷超豪. 仿射联络空间的整体安装问题. 科学记录，1958（1）：7-10.

［21］谷超豪. 芬斯拉流形的整体安装问题. 数学学报，1958（2）：272-275.

［22］谷超豪. 具不变向量场的齐次黎曼空间. 复旦学报（自然科学版），
　　　1959（2）：12-25.

［23］谷超豪. 具不变向量场的齐次黎曼空间（续）. 复旦学报（自然科学
　　　版），1960（1）：19-37.

［24］谷超豪. 二阶偏微分方程组的积分流形的几何解释. 复旦学报（自然
　　　科学版），1960（1）：14-18.

［25］谷超豪等（复旦大学非线性微分方程小组）. 典型双曲型方程组的不连续初始值问题. 复旦大学数学系编. 数学论文集. 上海科学技术出版社，1960：1-16.

［26］谷超豪等（复旦大学非线性微分方程小组）. 平面超音速尖头绕流问题. 复旦大学数学系编. 数学论文集. 上海科学技术出版社，1960：17-28.

［27］谷超豪. 论无限连续拟群的不可约一阶迷向群. 复旦大学数学系编. 数学论文集. 上海科学技术出版社，1960：310-327.

［28］谷超豪，李大潜，侯宗义. 拟线性双曲型方程组的不连续初始值问题（Ⅰ）. 数学学报，1961（4）：314-323.

［29］谷超豪，李大潜，侯宗义. 拟线性双曲型方程组的不连续初始值问题（Ⅱ）. 数学学报，1961（4）：324-327.

［30］谷超豪等（复旦大学非线性微分方程小组）. 具间断系数的准线性方程. 复旦大学数学系编. 数学论文集. 上海科学技术出版社，1962：29-32.

［31］谷超豪等（复旦大学非线性微分方程小组）. 具间断系数准线性方程激波的形成. 复旦大学数学系编. 数学论文集. 上海科学技术出版社，1962：33-35.

［32］谷超豪等（复旦大学非线性微分方程小组）. 拟线性双曲型方程组的无激波整体解的讨论. 复旦大学数学系编. 数学论文集. 上海科学技术出版社，1962：36-39.

［33］谷超豪等（复旦大学非线性微分方程小组）. 一种多变量的拟线性微分方程的柯西问题. 复旦大学数学系编. 数学论文集. 上海科学技术出版社，1962：40-45.

［34］谷超豪，李大潜，侯宗义. 拟线性双曲型方程组的不连续初始值问题（Ⅲ）. 数学学报，1962（2）：132-143.

［35］谷超豪. 超声速绕流问题的一个解法. 复旦学报（自然科学版），1962（1）：11-14.

［36］谷超豪，李大潜，侯宗义. 双曲型方程组的连续初始值问题. 1960上海市科学技术论文选集（数学化学）. 上海科学技术出版社，1962：55-65.

［37］谷超豪. 双曲型方程组的一个边界问题和它的应用. 数学学报，1963（1）：32-48.

［38］谷超豪. 正对称型方程组的一种推广. 复旦学报（自然科学版），1963（1）：31-38.

［39］谷超豪. 群不变的高阶正对称型偏微分方程组. 复旦学报（自然科学版）1963年第2期221-226

［40］谷超豪. 正对称型偏微分方程组的可微分解. 数学学报，1964（4）：503-516.

［41］谷超豪. 对称双曲型方程组的一些边值问题. 数学进展，1965（3）：272-276.

［42］谷超豪. 论多维空间的一类混合型方程. 数学进展，1965（3）：277-282.

［43］谷超豪，李大潜，侯宗义. 关于论文"拟线性双曲型方程组的不连续初始值问题"的一些改正. 数学学报，1965（2）：303-476.

［44］谷超豪. 非均匀的球对称引力坍缩问题. 复旦学报（自然科学版），1973（3）：72-78.

［45］谷超豪. 电磁场和U1群的整体规范场Ⅰ. 复旦学报（自然科学版），1975（4）：83-90.

［46］谷超豪. 电磁场和U1群的整体规范场Ⅱ. 复旦学报（自然科学版），1975（4）：91-94.

［47］谷超豪. 电磁场和U1群的整体规范场. 中国科学（A辑），1976（3）：320-328.

［48］谷超豪，杨振宁. 规范场理论的若干问题. 复旦学报（自然科学版），1975（2）：27-41；中国科学（A辑），1975（5）：471-483.

［49］谷超豪，杨振宁. 规范场理论的若干问题Ⅱ. 复旦学报（自然科学版），1976（3-4）：146-160；中国科学（A辑），1976（6）：610-623.

［50］谷超豪. SUN规范场中的U1规范场和其对偶荷的量子化数值. 复旦学报（自然科学版），1976（3-4）：161-168；高能物理与核物理，1978（1-6）：295-305.

［51］谷超豪. 规范场理论的环路位相因子方法. 复旦学报（自然科学版），
1976（2）：51–60；高能物理与核物理，1978（2）：97–108.

［52］侯伯宇，谷超豪，胡和生. 关于球对称的 SU2 规范场. 复旦学报（自
然科学版），1977（1）：92–99.

［53］谷超豪. 球对称规范场的决定. 复旦学报（自然科学版），1977（2）：
30–36.

［54］谷超豪. 带 Higgs 场的紧致群规范场的结构. 复旦学报（自然科学
版），1977（3）：28–34.

［55］谷超豪，李大潜，忻元龙，沈纯理，胡和生，杨振宁. 局部对偶的黎
曼空间和引力瞬子解. 复旦学报（自然科学版），1977（4）：1–7；中
国科学（A 辑），1978（3）：288–293.

［56］谷超豪，沈纯理，胡和生，杨振宁. 欧氏空间瞬子解的几何解释. 复
旦学报（自然科学版），1977（4）：8–12；中国科学（A 辑），1978（2）：
160–164.

［57］谷超豪，胡和生. 球对称的 SU2 规范场和磁单极的规范场描述. 物
理学报，1977（2）：155–168.

［58］谷超豪. 紧致群规范场的对称破缺和对偶荷. 复旦学报（自然科学
版），1978（2）：1–7.

［59］谷超豪. 关于偏微分方程的边界条件. 复旦学报（自然科学版），
1978（4）：1–5；中国科学（A 辑），1980（6）：517–521.

［60］谷超豪. n 自变数线性混合型方程的边值问题. 科学通报，1978（12）：
335–339.

［61］谷超豪. 拟线性正对称方程组的边值问题及其对混合型方程的应用.
数学学报，1978（2）：119–129.

［62］谷超豪. 拟线性对称双曲型方程组的某些整体解及其渐近性质. 数学
学报，1978（2）：130–134.

［63］谷超豪，陈恕行，陈光宇. 用差分法解拟线性方程组的不定边界问题.
应用数学学报，1978（3）：250–265.

［64］谷超豪 胡和生. 关于规范条件的变分问题. 科学通报，1979（11）：492-495.

［65］谷超豪. 容有平行杨—米尔斯场的黎曼空间. 数学年刊，1980（2）：177-183.

［66］谷超豪. 一类高阶混合型偏微分方程. 数学年刊，1982（1-6）：503-515.

［67］谷超豪. Minkowski 平面的调和映照及其物理应用. 李华钟，谷超豪，周光召主编. 规范场及其他物理问题讨论会文集. 上海科学技术出版社，1984：41-44.

［68］谷超豪. Darboux 变换的可逆性，可换性和周期性. 中国科学技术大学学报，1993（1）：9-14.

［69］华中一，谷超豪，王阳，范承善. 利用连读变电位封闭边界产生理想四极场. 真空科学与技术，1986（3-4）：1-6.

［70］谷超豪. 混合型偏微分方程在中国. 中国数学会 60 年. 湖南教育出版社，1996：239-250.

## 外文论文

［71］Gu Chaohao. New treatment of geometries in a space of $K$-spreads. Science Record, 1950. No.1: 41-51.

［72］Gu Chaohao. On the descriptive geometry of a space of $K$-spreads. Science Record, 1950. No.1: 53-59.

［73］Gu Chaohao. A note on boundedschlicht functions. Science Record, 1950. No. 2-4: 157-159.

［74］Gu Chaohao. On the theory of subspaces in a space of $K$-spreads. Science Record, 1951. No.1: 31-36.

［75］Gu Chaohao, Yue Mingyi, Chen Jiangong. The abscissa of uniform convergence of a Laplace integral. J. London Math. Soc., 1952, Vol. 27: 356-359.

［76］Gu Chaohao. On the reducibility fo the infinite continuous group of E. Cartan. Izv.Vyssh.Uchebn. Zaved, 1958（4）: 60−66.

［77］Gu Chaohao. Semi−reducible homogeneous Riemannian spaces. G.E.Kruchkovich Dokl.Akad.Nauk.USSR, 1958, 1183−1186.

［78］Gu Chaohao . Some classes of homogeneous Riemannian spaces. Dokl. Akad.Nauk.USSR, 1959, 171−174.

［79］Gu Chaohao. On the guoup of motions for spaces with sympletic measure. Nauk.Dokl.Vyssh.ShkoliPhys.mat. , 1959.

［80］Su Buqing, Gu Chaohao. The developments of differential geometry in China for the past ten years. Scientia Sinica    1959, 1238−1242.

［81］Gu Chaohao. Group invariant positive symmetric systems of high order. Acta Nat.Sci in Univ., 1964, 39−44.

［82］Gu Chaohao, Yang Chen Ning. Some probles on the gauge field theories. Scientia Sinica, 1975（4）: 483−501.

［83］Gu Chaohao, Yang Chen Ning. Some probles on the gauge field theories （Ⅱ）. Scientia Sinica, 1977（1）: 47−55.

［84］Gu Chaohao, Yang Chen Ning. Some probles on the gauge field theories （Ⅲ）. Scientia Sinica, 1977（2）: 177−185.

［85］Gu Chaohao, Li Daqian, Xin Yuanlong, ShenChunli, Hu Hesheng, Yang Chennilng. Riemannian spaces with local duality and Gravitati. Scientia Sinica, 1978（4）: 475−482.

［86］Gu Chaohao, ShenChunli, Hu Hesheng, Yang Chennilng. A geometrical interpretation of instanton solution. Scientia Sinica, 1978（6）: 767−772.

［87］Gu Chaohao. On the boundary conditions for partial differentia. Scientia Sinica, 1980（8）: 939−944.

［88］Gu Chaohao. Conformally flat spaces and solutions to Yang−Mills equations. Physical Review. 1980（4）: 970−971.

［89］Gu Chaohao, Ling_Lie Chau Wang. Loop−Space Formulation of Gauge Theories. Physical Review Letter, 1980（25）: 2004−2007.

[ 90 ] Gu Chaohao . On the C $\infty$ solutions of a class of linear partial differential equations. Communications in Partial Differential Equations, 1980 ( 10 ) : 985－997.

[ 91 ] Gu Chaohao . On the Cauchy problem for harmonic maps defined on two－dimensional Minkowski space. Communications on Pure and Applied Mathematics, 1980, 33: 727－737.

[ 92 ] Gu Chaohao. On the initial boundary value problems for harmonic maps from 2－dimential Minkowski space. Manuscripta Mathematics, 1980, 33: 51－58.

[ 93 ] Gu Chaohao. On the mixde partial differential equations in n independent variables. Journees "Equations aux Dericees Pariielles" , Saint－Jean－de－Monts, 1980.

[ 94 ] Gu Chaohao. On the Spherically Symmetric Gauge Fields. Communications in Mathematical Physics, 1981, 79: 75－90.

[ 95 ] Gu Chaohao. On Partial Differential Equations of Mixed Type in n Independent Variables. Communications on Pure and Applied Mathematics, 1981, 34: 333－345.

[ 96 ] Gu Chaohao. On the boundary value problems for mixde pattial differential equations in n independent variables. Nonlinear partial differential equations ( II ) , edited by H.Brezis and J.L.Lions, College de France Seminar, 1981, 200－203.

[ 97 ] Gu Chaohao. On the structure of Yang－Mills fields. Hadronic Jour., 1981, 4.

[ 98 ] Gu Chaohao. On a class of mixed partial differential equations of higher order. Chinese Annals of Mathmaticis, 1982 ( 4 ) : 503－514.

[ 99 ] Gu Chaohao. Analycity of solutions to a class of mixde PDEs. Preprint No.549, Institute of Mathematics, Bonn Univ. 1982.

[ 100 ] Gu Chaohao. Harmonica maps form Minkowski plane and applications in physics. Pric.of Symposium iin Gauge Fields and Related Problems in

Physics, 1982, 41−44.

[ 101 ] Gu Chaohao. On Parallel Yang−Mills fields. Seminar on differential geometry, edited by S.T.Yau, 1982, 443−453.

[ 102 ] Gu Chaohao. On the motion of a string in a curved space−time. Proc.of 1982 Grossmann Symposium, 1982, 139−142.

[ 103 ] Gu Chaohao. Some problems on nonlinear hyperbolic systems. Proc.of 1980, Beijing DD Symposium, 1982, 467−479.

[ 104 ] Gu Chaohao. Harmonic maps of manifolds with indefinite metric. Proc.of DD3 Symposium, 1983, 5−112.

[ 105 ] Gu Chaohao. On the hormonic maps form R1,1 to S1,1. J.Reine Angw. math.346, 1984, 101−107.

[ 106 ] Gu Chaohao. The extremal surfaces in the 3−dimensional Minkowski space. Acta Mathematica Sinica, New Series, 1985（2）: 173−180.

[ 107 ] Gu Chaohao. Mathematical aspects of the classical Yang−Mills theory. Proc.of Symposium on Yang−Mills Gauge Theories, Comm.in Theor. Phys., 1985, 4: 675−680.

[ 108 ] Gu Chaohao, Hu Hesheng. On some developments of harmonic maps. Advances in Chinese Math., 1986, 1: 109−127.

[ 109 ] Gu Chaohao, Hu Hesheng. On the determination of nonlinear partial differential equation admitting integrable system. Scientia Sinica, 1986（7）: 704−719.

[ 110 ] Gu Chaohao, Hu Hesheng. A unified explicit form of Bäcklund transformations for generalized hierarchies of KdV equations. Letter in Mathematical Physics, 1986, 11（4）: 325−335.

[ 111 ] Gu Chaohao. On the Backlund transformations for generalized hierachies of compound MKdV−SG equations. Letter in Mathematical Physics, 1986, 12: 31−41.

[ 112 ] Gu Chaohao, Hong Jiaxing. Some developments of the theory of partial differential equations of mixed type. Teubner Texte Zur Mathematik

Bund 90, 1986, 120−135.

[ 113 ] Gu Chaohao. A global study of extremal surfaces in 3−dimensional Minkowski space. DD6 roc.Springer−Verlag, Lect.Notes in Math.1225, 1988.

[ 114 ] Gu Chaohao, Zhou Zhixiang. On the Darboux matrices of Backlund trnasformations for AKNS system. Letter in Mathematical Physics, 1987, 13: 179−187.

[ 115 ] Gu Chaohao. A class of boundary problems for extremal surfaces in Minkowski 3−space. JOURNAL FUR DIE REINE UND ANGEWANDTE MATHEMATIK, 1988, 385: 195−202.

[ 116 ] Gu Chaohao.The mixed PDEs for amplifying spiral waves. Letter in Mathematical Physics, 1988, 16: 69−76.

[ 117 ] Gu Chaohao. A one−dimensional N fermion problem with factorized S matrix. Comm. Math.Phys., 1989, 122: 105−116.

[ 118 ] Gu Chaohao, Y.Choquet−Bruhat. Existence globale d'applications harmonique sur l'espace−temps de Minkowski M3. C.R.Acad.Sci.Paris, 1989, 308: 167−170.

[ 119 ] Gu Chaohao, Zhou Zhixiang. Explicit form of backlund transformations for GL ( N ) ,U ( N ) and O ( 2N ) principal chiral fields. Nonlinear evolution equations: integrability and spectral methods, Proc.of Workshop on Evoluntion equtions, Como, Manchester Univ.press, 1990: 115−123.

[ 120 ] Gu Chaohao. Extremal surfaces of mixed type on Minkowski space Rn+1. Variational Methods Progress in Nonlinear Differential Equations and Their Applications, 1990, 4: 283−296.

[ 121 ] Gu Chaohao. On the Darboux form of backlund transformations. Proc.of Symposium of Integrable Systems, Nankai Lectures on Math. Phys., World Scientific, Singapore, 1990, 162−168.

[ 122 ] Gu Chaohao. On the interaction of solitons for a class of integrable systems in the space−time Rn+1. Letter in Mathematical Physics, 1992, 26: 199−209.

[ 123 ] Gu Chaohao. Darboux transformation for a class of integrable systems in n variables. Physics on manifolds Mathematical Physics studies, 1994, 15: 153−160.

[ 124 ] Gu Chaohao. Explicit solutions to the intrinsic generalization for the wave and sine−Gordon equations. Letter in Mathematical Physics, 1993, 29: 1−11.

[ 125 ] Gu Chaohao, Lin Junming. On the minimal surface and stationary conical flow in R3. Differential Geometry Proc. of International Symposium on Differential Geometry, Shanghai, 1991, World Scientific, Singapore, 1993:79−86.

[ 126 ] Gu Chaohao, Hu Hesheng. The soliton behavior of the principal chiral fields. Proc.of Ⅹ Ⅹ Ⅰ DGM CONF., Tianjin, 1992, World Scientific, Singapore, 1993: 501−510.

[ 127 ] Gu Chaohao. Complete extremal surfaces of mixed type in 3−dimensional Minkowski space. Chin. Ann. of Math., 1994 ( 4 ) : 385−400.

[ 128 ] Gu Chaohao. On Darboux transformation for soliton equations in high− dimensional space−time. Letter in Mathematical Physics, 1994, 32: 1−10.

[ 129 ] Gu Chaohao, Hong Jiaxing. Some developments of the theory of mixed PDFs. Partial Differential Equations in China, edited by C. H. Gu, X. X. Ding & G. C. Yang, Kluwer Academic Publishers, 1994, 288: 50−66.

[ 130 ] Gu Chaohao, Hu Hesheng. Explicit construction of harmonic maps from R2 to U( N ) . Chin. Ann. of Math. 1995 ( 2 ) : 139−152.

[ 131 ] Gu Chaohao. Generalized self−dual Yang−Mills flows explicit solutions and reductions. Proc. of KdV '95, Acta Applicandae Mathematicae, 1995, 39: 349−360.

[ 132 ] Gu Chaohao. Integrable evolution systems based on generalized self− dual Yang−Mill equations and their solition−like solutions. Letter in Mathematical Physics, 1995, 35: 61−74.

[ 133 ] Gu Chaohao. Unitons of harmonic maps from R2 to U ( p,q ) . Letter in Mathematical Physics, 1998, 46: 347−351.

[ 134 ] Gu Chaohao. SOME CONSIDERATIONS ON BASIC REEEESEARCH. Bullletin of the Academy of Sciences, 1998: 142−145.

[ 135 ] Gu Chaohao, Shen Yibing, Dong Yuxin. Constructive factorizations of unitons via singular Darboux transformations. Scientia Sinica, 2000（2）: 149−157.

[ 136 ] Gu Chaohao, Hu Hesheng. Construction of unitons via purely algebraic algorithm. Chin. Ann. of Math., 1999（1）: 1−6.

[ 137 ] Gu Chaohao. The group property of Darboux transformations from R2 to U（N）. Letter in Mathematical Physics, 1999, 48: 181−185.

[ 138 ] Gu Chaohao, Hu Hesheng. Some remarks on singular Darboux transformations for unitons. Chin. Ann. of Math. 2001（3）: 263−266.

[ 139 ] Gu Chaohao. Darboux transformation and solitons of Yang−Mills−Higgs equations in R2,1. Scientia Sinica, 2002（6）: 706−715.

[ 140 ] Gu Chaohao, Hu Hesheng. On time−like surfaces of positive constant Gaussian curvatures. Journal of Geometry and Physics, 2002, 41: 296 − 311.

[ 141 ] Gu Chaohao. On the classification of initial data for nonlinear wave equation. Chin. Ann .of Math. 2002（2）: 205−208.

[ 142 ] Gu Chaohao, Hu Hesheng, Li Daqian. Differential geometry and related topics. World Scientific Publishing co., 2002.

[ 143 ] Gu Chaohao. DARBOUX TRANSFORMATION AND HARMONIC MAP. Mathematical Physics Studies Vol. 26, Darboux Transformations in Integrable Systems Theory and their Applications to Geometry Applications to Geometry.

[ 144 ] Gu Chaohao. SURFACES OF CONSTANT CURVATURE, BACKLUND CONGRUENCES AND DARBOUX TRANSFORMATION. Mathematical Physics Studies Vol. 27, Darboux Transformations in Integrable Systems Theory and their Applications to Geometry.

## 中文著作

［145］谷超豪，许政范，李大潜，侯宗义，李立康编. 数学物理方程（第二版）. 上海：上海科学技术出版社，1961.

［146］谷超豪. 齐性空间微分几何学. 上海：上海科学技术出版社，1965.

［147］谷超豪，李大潜，陈恕行，郑宋穆，谭永基编. 数学物理方程. 北京：高等教育出版社，1979，2002，2012.

［148］李华钟，谷超豪编. 规范场及其他物理问题讨论会文集. 上海：上海科学技术出版社，1984.

［149］谷超豪，等. 孤立子理论与应用. 杭州：浙江科学技术出版社，1990.

［150］谷超豪主编. 非线性最优化理论和方法. 杭州：浙江科学技术出版社，1992.

［151］谷超豪，李大潜，沈玮熙编著. 应用偏微分方程. 北京：高等教育出版社，1993.

［152］谷超豪，胡和生，周子翔. 孤立子理论中的达布变换及其几何应用. 上海：上海科学技术出版社，1999，2005.

［153］谷超豪，胡和生，李大潜主编. 文章道德仰高风—庆贺苏步青教授百岁华诞文集. 上海：复旦大学出版社，2001.

［154］谷超豪，等主编. 苏步青数学论文全集. 北京：高等教育出版社，2001.

［155］谷超豪. 奋斗的历程—谷超豪文选. 上海：复旦大学出版社，2005.

## 外文著作

［156］Gu Chaohao. On classical Yang−Mils fields. Physics report: A Review Section of Physical Letters. Section C, 1981 No.4.

［157］Edited by Gu Chaohao. Proceedings of the 1981 Shanghai Symposium on Differential Geometry and Differential Equations. Science Press, 1984, Ⅷ.

[ 158 ] Gu Chaohao. Differential Geometry and Differential Equations. Marcel Berger and Robert L. Bryant, Spring—Verlag, 1987.

[ 159 ] Gu Chaohao et. Differential Geometry—Proceedings of the Symposium in Honor of Professor Su Buchin on His 90th Birthday, World Scientific, 1991.

[ 160 ] Gu Chaohao et. Soliton Theory and Its Applications. Berlin, New York: Springer, 1995.

[ 161 ] Gu Chaohao, Hu Hesheng, Li Daqian. Differential Geometry and Related Topics: Proceedings of the International Conference and Modern Mathematics and the International Symposium on Differential Geometry. World Scientific, 2002.

[ 162 ] Gu Chaohao, Hu Hesheng, Zhou Zhixiang. Darboux Transformations in Integrable Systems: Theory and their Applications to Geometry. Springer, 2005.

# 参考文献

## 谷超豪著述

*(《奋斗的历程——谷超豪文选》中的篇目不一一注出)*

［1］谷超豪. 最大值最小值［M］. 上海：上海教育出版社，1965.

［2］谷超豪主编. 别有洞天：非线性科学［M］. 长沙：湖南科技出版社，2001.

［3］谷超豪，胡和生，李大潜主编. 文章道德仰高风——庆贺苏步青教授百岁华诞文集［C］. 上海：复旦大学出版社，2001.

［4］谷超豪. 奋斗的历程——谷超豪文选［C］. 上海：复旦大学出版社，2005.

［5］谷超豪. 隐函数方程式表示下的 $K$ 展空间理论［J］. 中国科学，1951，2（1）.

［6］谷超豪. 参加世界科学工作者协会两届大会的观感［J］. 科学通报，1951，2（8）.

［7］谷超豪. 处处是温暖与友谊［N］. 复旦. 1957-11-6.

［8］谷超豪. 学习苏联先进经验［N］. 复旦. 1959-11-10.

［9］谷超豪. 我在中学里如何学数学的［N］. 解放日报，1962-10-10.

［10］谷超豪. 无产阶级"文化大革命"使我焕发出革命青春［J］. 学习与批判，1976，1.

［11］谷超豪. 曾是离乱坚斗志识途犹抱百年心——敬贺苏步青老师九十五寿辰［J］. 数学物理学报，1997，3.

［12］谷超豪. 请勿歌仰止，雄峰正相迎——谷超豪院士在上海社会科学院的演讲

［N］. 解放日报，2006-5-14.

［13］谷超豪. 悼念大哥谷力虹同志［N］. 温州日报，2006-6-5.

［14］谷超豪. 沉痛悼念杨忠道教授. http://www.cms.zju.edu.cn/news.asp?id=950.

［15］谷超豪. 壮志超常，才华横溢——纪念张鸣镛教授. "数学王国"忘我的耕耘者——纪念张鸣镛教授诞辰 80 周年［C］. 厦门：厦门大学出版社，2007.

［16］谷超豪. 代序. 难以道别的曾容［C］. 上海：复旦大学出版社，2010.

## 档案资料

［17］谷超豪温州中学（初中）学籍表. 存于藏温州市档案.

［18］谷超豪初中成绩表. 存于藏温州市档案馆.

［19］谷超豪温州中学（高中）学籍表. 存于温州市档案馆.

［20］谷超豪浙江大学成绩单. 存于浙江省档案馆.

［21］谷超豪. 复旦大学数学系的教学改革. 存于上海档案馆档案.

［22］谷超豪. 在培养研究生工作中的几点体会. 存于复旦大学档案馆.

［23］谷超豪博士学位论文答辩材料. 原件存俄罗斯莫斯科大学档案馆藏，复印件存于复旦大学档案馆.

［24］复旦大学数学系谷超豪先进事迹. 存于复旦大学档案馆.

［25］复旦大学数学系先进事迹. 存于上海市档案馆.

［26］杨振宁教授三月卅日来复旦情况. 存于复旦大学档案馆.

［27］4 月 1 日与杨振宁先生学术交流情况. 存于复旦大学档案馆.

［28］4 月 9 日与杨振宁教授学术交流情况. 存于复旦大学档案馆.

［29］接待杨振宁情况简报（四）. 存于复旦大学档案馆.

［30］上海市科学技术交流站对外技术交流组. 来沪学术报告 74—99：《关于最近国际数学界动态》、《高斯—包耐公式》. 存于复旦大学档案馆.

［31］规范场介绍. 中国科学院，国务院科教组，中央调查部，外交部致函国务院《关于杨振宁所提几点要求的请示报告》（1974 年 11 月 26 日）. 存于复旦大学档案馆.

［32］杨振宁再次表示欢迎谷超豪去美讲学. 存于复旦大学档案馆.

［33］接待杨振宁情况简报. 存于复旦大学档案馆.

［34］胡和生. 在美国进行三个月学术活动的汇报及体会. 存于复旦大学档案馆.

## 口述访谈

（资料存于采集工程数据库）

［35］冯增荣口述。

［36］周元燊口述。

［37］谷月卿口述。

［38］虞彬口述。

［39］傅方浩口述。

［40］陈恕行口述。

［41］史济怀口述。

［42］王晓宏口述。

［43］孙保明口述。

［44］谷超俊口述。

## 研究资料

［45］刘熏宇. 数学的园地. 上海：开明书店，1933.

［46］温州中学校庆筹委会编. 温中百年（1902—2002），2002（内部印行）.

［47］温州大学校长办公室编. 温州大学二十年. 2005（内部印行）.

［48］竺可桢全集（6）. 樊洪业编. 上海：上海科技教育出版社，2005.

［49］竺可桢全集（10）. 樊洪业编. 上海：上海科技教育出版社，2006.

［50］竺可桢全集（12）. 樊洪业编. 上海：上海科技教育出版社，2007.

［51］竺可桢全集（14）. 樊洪业编. 上海：上海科技教育出版社，2008.

［52］苏步青. 序言.《陈建功文集》编写组. 陈建功文集. 北京：科学出版社，1981.

［53］梁希. 世界科学工作者协会在团结中前进［J］. 科学通报，1951，2（8）.

［54］《复旦大学百年志》编纂委员会编. 复旦大学百年志. 上海：复旦大学出版社，2005.

［55］单刚，王英辉. 岁月无痕——中国留苏群体纪实. 北京：中央编译出版社，2007.

［56］张以传. 两个数学家的友谊［N］. 复旦. 1957－11－6.

［57］冯康. 伊·格·彼得罗夫斯基院士学术报告简记［J］. 数学通报，1954，11.

［58］彼图霍夫. 攀登科学高峰——记第一个在莫斯科大学获得博士学位的中国同志谷超豪［N］. 浙江日报. 1959-8-22.

［59］杨振宁. 杨振宁演讲集［C］. 天津：南开大学出版社，1989.

［60］国家科委科学技术研究成果管理办公室编. 自然科学奖励项目公报，1982. 北京：科学技术文献出版社，1984.

［61］G.H. 哈代，等著. 科学家的辩白. 毛虹，等译. 南京：江苏人民出版社，1999.

［62］许良英等编译. 爱因斯坦文集（1）. 北京：商务印书馆，1994.

［63］国家科委科学技术研究成果管理办公室编. 自然科学奖励项目公报，1982. 北京：科学技术文献出版社，1984.

［64］胡维佳主编. 中国科技政策资料选辑（上）. 济南：山东教育出版社，2006.

［65］苏步青. 一般空间的微分几何学［M］. 北京：科学出版社，1958.

［66］苏步青，胡和生，等. 微分几何［M］. 北京：高等教育出版社，1985.

［67］菲尼可夫著. 在微分几何学中的嘉当的外形式法：全微分及偏微分方程系统的共存论. 苏步青，译. 北京：科学出版社，1956.

［68］菲尼可夫著. 几何学：三十年来的苏联数学（1917—1947）. 苏步青，谷超豪译. 北京：科学出版社，1956.

［69］任南衡，张友余编著. 中国数学会史料. 南京：江苏教育出版社，1995.

## 研究著述

［70］胡毓达主编. 数学家之乡［M］. 上海：上海科学技术出版社，2011.

［71］张鸣华，张鸣镛，程民德主编. 中国现代数学家传（1）. 南京：江苏教育出版社，1994.

［72］程民德，陈建功，程民德主编. 中国现代数学家传（2）. 南京：江苏教育出版社，1994.

［73］白苏华，魏时珍，程民德主编. 中国现代数学家传（3）. 南京：江苏教育出版社，1998.

［74］王柔怀，等. 程毓淮，程民德主编. 中国现代数学家传（4）. 南京：江苏教育出版社，2000.

［75］毛礼锐，沈灌群主编. 中国教育通史（6）. 济南：山东教育出版社，1989.

［76］李滔主编. 中华留学教育史录（1949年以后）. 北京：高等教育出版社，2005.

［77］莫里斯·克莱因著．古今数学思想（2-3）．万伟勋，石生明，孙树本，等译．上海：上海科学技术出版社，2009．

［78］张奠宙．中国近现代数学的发展．石家庄：河北科学技术出版社，1999．

［79］洛伦·R·格雷厄姆著．俄罗斯和苏联科学简史．叶式辉，黄一勤译．上海：复旦大学出版社，2000．

［80］江才健．规范与对称之美：杨振宁传．广州：广东经济出版社，2011．

［81］樊洪业主编．中国科学院编年史．上海：上海科技教育出版社，1999．

［82］余英时．未尽的才情—从《顾颉刚日记》看顾颉刚的内心世界．台北：联经出版公司，2007．

［83］张奠宙．20 世纪数学经纬．上海：华东师范大学出版社，2002．

## 报刊文章

［84］胡作玄．纯粹数学：哈代的世外桃源——评哈代《一个数学家的自白》．科学文化评论．2004，1（1）．

［85］路振朝，王扬宗．中国科学家的科研时间问题．科学文化评论．2004,1（2）．

［86］张剑．从"科学救国"到"科学不能救国"——近代中国"科学救国"思潮演进．自然科学史研究，2010（1）．

［87］张宪文．清代温州东山、中山书院史事考录．温州师范学院学报．1985（1）．

［88］陈芳．伊林《十万个为什么》在中国的传播．中国社会科学报．2010-1-28．

［89］尤莼洁．谷超豪——学海茫茫欲何之人生几何学几何．解放日报．2010-1-12．

［90］陈怡采访整理．谷超豪：数学对我就像诗．东方早报．2008-11-13．

［91］黄加佳．策反：数学大师谷超豪早年的一段"谍战传奇"．北京日报．2010-2-9．

［92］郑海华，翁卿仑．写在谷超豪院士获得国家最高科技奖之际．温州日报．2010-1-12．

［93］杨保国，吴长锋．能得人和事不难—谷超豪与中国科大的非线性科学研究．科技日报．2010-1-15．

［94］我科学家获小行星命名探究太阳系里的中国名字．人民日报（海外版）．2011-5-8．

［95］龙九尊，张伟平：坚持水平．中国科技奖励．2010（1-2）．

# 后 记

    课题组运行以来，在"采集工程领导小组办公室"特别是张藜教授的指导下和负责人周桂发馆长的领导下，各成员通力合作，各尽其责，各展其能，圆满完成了谷超豪院士学术成长资料采集工程。感谢谷超豪院士生前求学、工作过的温州市广场路小学、温州中学、浙江大学、复旦大学、中国科技大学相关部门及相关工作人员，感谢谷超豪院士的亲朋好友，没有他们的大力支持和帮助，本课题的完成难以想象。本书的撰写是课题组成员通力合作的结果，在商定撰写大纲以后，各位分头准备，各就自己熟悉的方面或提供材料，或撰写初稿。各章节撰写具体分工如下："导言"由段炼、张剑负责；段炼撰写第一、二、三、八、十二章；张剑写作第四、六、七、九、十章和结语；周桂发撰写第四章第二节、第五章；虞彬撰写第十一章并提供第九章第四、五节和十二章部分材料；丁士华提供第六章第四节、第七章第一节初稿；全书最后由张剑通稿和定稿。"年表"、"主要论著目录"由虞彬、丁士华主要负责，张剑、段炼、周桂发也参与修改；"参考文献"由张剑编定。这里要特别感谢谷超豪哲嗣谷晓明先生，本课题的完成不仅得到他的大力支持和帮助，他还通读书稿，提出了不少建设性的修改意见。本书的完成与出版仅仅是迈出谷超豪研究的第一小步，其间的缺陷与问题一定很多，还望专家、学者和广大的读者提出宝贵意见，更希望相关的研究者一起来推动谷超豪研究，向前推进当代中国科学家及其科学家群体的研究。